Stalins hämnd

Stalins hämnd

Röda armén i Tyskland 1944–45

Niclas Sennerteg

Historiska Media

Historiska Media
Box 1206
221 05 LUND

Omslag: Jacob Wiberg
Omslagsbild: Leipzig 1945, foto: Corbis/Scanpix
Kartor: Svante Ström
Faktagranskning: Thomas Roth
Tryck: Books on Demand GmbH
ISBN: 978-91-7593-078-7

Innehåll

Kartor

Förord

Egentligen är den här boken föråldrad. Samtidigt är den rykande aktuell.

Den påbörjades när vi ännu hade svårt att sätta tilltro till uppgifterna om grymheterna i Bosnien, varvid ett nytt uttryck infogades i vårt språkbruk: ”etnisk rensning”.

Syftet med boken var att på ett populärhistoriskt sätt skildra en etnisk rensning som inträffade fem decennier innan uttrycket uppfanns, det vill säga när 15 miljoner tyskar flydde eller fördrevs från sina hem i östra Europa som ett resultat av Tysklands nederlag i andra världskriget och en hämnd för nazisternas grymma raspolitik.

Men sedan idén med denna bok tog form har vi bland annat fått skakande filmsekvenser från konflikterna i Rwanda och Kosovo serverade i våra vardagsrum. I den meningen är boken föråldrad då vi idag kan konstatera att denna form av krigföring tycks ha kommit för att stanna. I samma andetag är boken därmed aktuell, eftersom den skildrar ett avslutat historiskt förlopp där vi kan ta del av vittnesmål och dokument från båda sidor.

I likhet med Kosovokonflikten representerar fördrivningen av tyskarna från Östeuropa 1944–50 ett moraliskt sammanbrott, emedan varje åtgärd för att lösa konflikten (i det förra fallet att förhindra fördrivningen av kosovoalbanerna, i det senare bland annat att undanröja framtida etniska konflikthärdar i Östeuropa) riskerar att skapa nya oförrätter och brott.

Fem års efterforskningar har resulterat i en bok som behandlar de olika aspekterna av flykten, fördrivningen och Röda arméns behandling av civila tyskar under tidsperioden mellan augusti 1944 och början av april 1945 – det vill säga från ryssarnas första uppdykande vid Ostpreussens gräns till Königsbergs fall. Därvid behandlas det geografiska område där huvuddelen av fördrivningarna ägde rum (öster om Oder-Neisse).

Arkivmaterial har utnyttjats från bland annat Bundesarchiv (Koblenz), Bundesarchiv-Institut für Ostdokumentation (Bayreuth), Bundesarchiv-Militärarchiv (Freiburg/Br.), Imperial War Museum (German Documents Collection).

Intervjuer har genomförts av författaren med ett femtiotal ögonvittnen, de flesta soldater och flyktingar. Deras berättelser bildar grundvalen till denna bok.

1
”Rädde sig den som kan”

Detta är katastrofen!
(En hög officer i tyska generalstaben vid underrättelsen om Röda arméns uppdykande vid Ostpreussens gräns)

Först kom de så kallade påfåglarna.

I rasande fart susade deras flotta Mercedesar från Vitryssland, Polen eller Baltikum in i de tyska gränsbyarna i Ostpreussen sommaren 1944. Lika snabbt var de försvunna igen i ett moln av damm, men för de ostpreussiska bönderna i vägkanten var deras framfart ett olycksbådande förebud om kommande olycka.

Påfåglar var i folkmun namnet på nazistpartiets funktionärer, på grund av allt kråset på deras uniformer. Någonting hade hastigt gjort den tyska ockupationsmaktens tjänstemän i öster arbetslösa och förmått dem att sätta sig i säkerhet så fort hjulen bar. Deras fordon var fullastade med ”de otroligaste föremål, vars syfte för krigföringen var obegripligt”, konstskatter och annat krigsbyte från tre års förslavande av de östeuropeiska folken. En av påfåglarna såg ut som om hela Röda armén var efter honom när han frågade en polis på torget i Gumbinnen: ”Hur kör man till Berlin?”[1]

Hitlers fälttåg i öster hade fått ett abrupt slut genom en militär katastrof som i omfattning till och med överträffade debaclet vid Stalingrad. I juni och juli 1944 brakade försvarslinjen i Vitryssland samman, då ryssarna krossade och förintade 28 tyska divisioner ur armégrupp Mitten mellan Bobrujsk och Vitebsk. Cirka 350 000 tyska soldater dödades, sårades eller tillfångatogs och hela östfronten mellan Karpaterna och Finland tappade fotfästet. Sovjetiska arméer vällde fram genom den cirka 400 kilometer breda luckan i fronten i riktning mot Litauen, Polen och Tysklands östligaste provins, Ostpreussen. Från fronten till riksgränsen var det bara 500 kilometer fågelvägen och avståndet krympte snabbt för varje dag.

Även om nyheterna tillrättalades och censurerades för den tyska allmänheten, gick det knappast att dölja att något oerhört var å färde i och med att ortsnamn som inte nämnts i krigsbulletinerna sedan 1939 och 1941, plötsligt dök upp igen i detta sammanhang. Vitrysslands huvudstad Minsk föll den 3 juli, Wilna den 13 juli och tre dagar senare stod fienden i Grodno. Den 23 juli erövrade ryssarna Lublin och den 31 nådde de Warszawas östra förorter, där ett våldsamt polskt uppror bröt ut strax därefter.

Förbi de ostpreussiska gränsposteringarna skramlade dammiga kolonner av små hästdragna träkärror och slamriga kokvagnar. Det var de besegrade arméernas tross på reträtt till nya basområden, men det gick knappt att tro att detta var en modern armé i rörelse. Nästan överallt såg man de östeuropeiska panjehästarna och -vagnarna, vilka såg ut som förminskade kopior av de kärror som förknippas med nybyggarna i Vilda Västern. Ett militärt ögonvittne till det sällsamma återtåget berättar att panjevagnarnas

> ...ringa lastutrymme knappast tycktes rättfärdiga ansträngningen att transportera något med dem. Det var delvis så kallade ”mobila skvadroner”, vilka fört kampen mot partisanerna på sitt eget sätt. Tillsammans med dem kom det ”hiwis”, det utländska hjälpmanskapet, vilket man emellertid av försiktighetsmått fråntagit vapnen vid gränsen. Det var påfallande att bara enstaka litauiska och polska familjer hade flytt undan ryssarna.
>
> Desto mer uppseendeväckande och upprörande, särskilt för de ostpreussiska kvinnorna, var att varje tross förde med sig en hoper mestadels vitryska kvinnor och flickor för att ”skala potatis” och underlätta för trupperna på andra sätt. Man tog anstöt av det, men en soldat menade bara att dessa kvinnor var flitiga som bin, anspråkslösa och trogna som guld. Och vad deras dygd anbelangade, så kunde många tyska kvinnor ha dem som förebild. Det såg ut som ett zigenarfölje när trossen slog läger, och man trodde att man befann sig i trettioåriga kriget och inte i ett modernt med stridsvagnar och flygplan.
>
> Det dök också upp en mängd ”skingrade” soldater vilka gett sig iväg ensamma eller i grupper, men som nu fångades upp av militärpolisen vid gränsen. Men i allmänhet hade de för avsikt att komma så långt bort som möjligt från de framryckande ryssarna. Så småningom blev det åter tukt och ordning hos dessa vilda horder. Varje plundring bestraffades drakoniskt.[2]

Ostpreussen var Tyska rikets östligaste provins med mer av Östeuropas heta somrar och bistra vintrar än av det mildare västeuropeiska klimatet. Det var också den lantligaste trakten i landet, och stereotypen av den sunde och hårdnackade ostpreussiske bonden sågs som ett ideal av de nazistiska *Blut und Boden*-fantasterna. Här hade riddarna av Tyska orden satt upp standaren 700 år tidigare och tvångsdöpt de slaviska inbyggarna eller dödat dem. Genom århundradena hade området koloniserats till nästan hundra procent av tyskar och inlemmats helt i den tyska kultursfären. Däremot saknades naturliga gränser, och främmande härar hade gång på gång invaderat eller genomkorsat trakten under seklernas lopp.

Ryssarnas uppdykande vid gränsen 1944 väckte obehagliga minnen till liv hos den äldre generationen ostpreussare, som kom ihåg de heta sommardagarna nästan exakt 30 år tidigare, då två tsarryska arméer trängt djupt in i provinsen och förorsakat en massflykt bland befolkningen. "Kosackerna kommer!" var ett rop som injagat skräck hos tyskarna den gången. Tsar Nikolaus II hade hoppats på en snabb seger vid första världskrigets utbrott, men redan i slutet av augusti led ryssarna ett svidande nederlag när Hindenburgs och Ludendorffs hastigt hopskramlade styrkor omringade och krossade general Samsonovs 2. armé i slaget vid Tannenberg. Samsonov gick ut i skogen och sköt sig, medan 125 000 ryska soldater anträdde vandringen till fånglägren. Invasionen 1914–15 satte djupa spår. Allt som allt hade två tredjedelar av provinsen ockuperats av ryssarna under kortare eller längre tid. Hundratusentals tyskar flydde och 40 000 byggnader förstördes på grund av striderna. Cirka 13 600 tyska civila deporterades till Ryssland och av dessa hördes 4 000 aldrig av igen.[3]

Nästan exakt på dagen tre decennier efter Tannenberg var ryssarna tillbaka igen. Under i stort sett hela andra världskriget hade denna efterblivna landsända legat så långt från krigshändelserna att cirka 200 000 mödrar och barn från Berlin och andra sönderbombade storstäder funnit en trygg tillflyktsort där. Men nu kom kriget in på knutarna och många vände bekymrat blicken mot öster, varifrån de lätta, nästan omärkbara luftstötarna från fjärran artillerikrevader svepte in och fick landskapet att darra i takt med dess bebyggare. Skulle de egna soldaterna lyckas hejda fienden? Att uttrycka sina farhågor offentligt eller flytta till tryggare landsändar utan tillstånd från nazistpartiet, var strängeligen förbjudet och kunde leda till hårda straff. Ostpreussens nazistiske provinsguvernör (Gauleiter) Erich Koch hade bannlyst allt prat om flykt och evakueringar, på grund av att det kunde skada den officiella doktrin som sade att Tredje riket i sinom tid skulle vinna kriget. Inte heller fick några praktiska evakueringsförberedelser vidtas av myndigheterna.

Resterna av de armédivisioner som överlevt nederlaget i Vitryssland reorganiserades och förstärkningar skyndade till från andra håll, så att Röda armén temporärt kunde hejdas några mil öster om riksgränsen. En någorlunda sammanhängande frontlinje bildades mellan Siauliai i norra Litauen och Warszawa. Armégrupp Mitten, som försvarade detta 700 kilometer breda frontavsnitt, bestod vid det här laget av tre arméer på totalt en halv miljon man, men den var alldeles för liten i förhållande till ryssarnas växande styrkor. Till tyskarnas lycka började Röda arméns framryckning emellertid tappa fart, främst till följd av uttänjda underhållsvägar och försörjningssvårigheter.

Vissa begränsade evakueringar av civila genomfördes i gränsdistrikten

Sovjetiska propagandans bild av de ryska truppernas tillvaro i Ostpreussen 1944: gemytlig avkoppling i det gröna runt grammofonen. Foto: Imperial War Museum.

Memel, Schlossberg och Ebenrode som låg närmast bakom frontlinjen. Allt skedde dock hals över huvud.

•

Tioåriga Helga vaknade med ett ryck. Hon blev rädd, för hon förstod att allt inte var som det skulle. Mamma hade väckt henne samt småsyskonen Rita, sex år, och Gerhard, fem, men hon hade inte gjort det varsamt som hon brukade, utan mycket bryskt. Det var bråttom att ge sig av någonstans, väldigt bråttom.

”Vi måste fly. Ryssarna kommer”, sa mamma Anna Zimmermann till sina små.

Klockan var bara fyra på morgonen. Ännu en het julidag stod för dörren, då hela staden vaknade till samma skräckrop: ”Ryssen är här! Rädde sig den som kan!” I fredstid hade den lilla staden Eydtkau varit tullstation på järnvägssträckan Berlin–Königsberg–Kaunas–Moskva, men de enda tåg som rullat förbi stationen de senaste åren hade varit militärtransporter. Länge hade kriget varit en affär som pågått långt därifrån, men nu närmade sig fienden med stormsteg och stämningen i gränsorterna var olidligt nervös.

Helga Zimmermann berättar:

Det kom några soldater och sa till mamma att det var dags, och sedan väckte hon oss barn. Det enda vi fick med oss var kläderna vi hade på kroppen. Vi bara sprang. Alla sprang. Det var kaos. Jag var vettskrämd och tänkte bara på att mamma och mina syskon inte fick dö. Mamma hade upplevt ett krig tidigare i sitt liv och hon var helt förstörd. Vi sprang över fälten bort från staden och kom till sist till en bondgård, där vi fick stanna några dagar innan vi kunde återvända hem. Ingenting var förstört där hemma när vi kom tillbaka, men snart måste vi fly igen.

Det var en vacker eftermiddag när vi gav oss av för andra gången, minns jag. Min mamma var väldigt sjuk då. Jag vet inte vad det var, men hon var lite krasslig – sådär som man kan bli ibland. Hon sa att eftersom jag var äldst skulle jag ta lite kläder åt oss och lägga ned dem i ett bylte. Något annat kunde vi inte ta med oss, mer än det vi hade på kroppen. Inte ens maten hemma. Sedan sprang jag in till farmor, som bodde i en annan lägenhet i samma hus som vårt och bad henne att följa med oss, men hon ville inte lämna sitt hem. Hon var 88 år gammal, född i Ryssland och tyckte inte att hon hade något att frukta av ryska soldater.

Jag minns att mamma ville att vi skulle ta med ett sybord som pappa gjort, men det kunde vi inte. Vi kånkade det till stationen, och där fick det stå. Det var många som gjorde sig av med onödiga saker på den platsen. På järnvägsstationen var det totalt kaos... Alla trängdes på perrongen för att komma därifrån. Jag kommer ihåg att det var ett riktigt persontåg med träbänkar som väntade på oss. Människor kom ifrån varandra i trängseln, många skrek. Jag grät. Vi var så rädda för ryssarna, för vi hade ju hört så mycket om dem genom propagandan. Inte för att jag idag tror att det var sant, men rädda var vi. De vuxna sa till exempel att ryska partisaner lurade överallt i buskarna.

Vi kom i alla fall med tåget och fick till och med sittplatser. Tåget var överfullt. Människor satt på taken, de åkte till och med ute på trappstegen. Men det tog lång tid innan vi kom någonvart, för vi rullade inte några längre sträckor varje dag. Ibland stod tåget stilla, ibland backade vi... Det tog tre dygn för oss att resa de drygt tio milen till Königsberg.

Sedan blev vi inkvarterade på landsbygden hos en godsägarfamilj... Vi fick bo i deras stora bostadshus; de som hade sina hem kvar fick ju ta hand om oss andra och ge oss mat. Men vi fick inget vidare mottagande. Familjen var väldigt förmögen och hade stora parker, men godsägaren vägrade först att ge oss att äta, vilket han var kommenderad till. Sedan tvingades han i alla fall att ge efter. Vi sov på halmsäckar i de fina salongerna och hade gråa hästfiltar att svepa om oss på natten. Vilken kontrast!

Det tog lång tid innan vi fick veta vad som hänt farmor. Efter flera år

> fick vi besked att hon var död. Just de ryska soldater som hon inte trodde sig ha någonting att frukta av sades vara orsaken.[4]

Stadsinspektorn i Eydtkau, Karl Samel, uppger att staden snabbt tömdes på sin befolkning under dessa hysteriska sommardagar. Utrymningen

> ... ägde rum den 30, 31 juli och 1 augusti 44. Under de dagarna avgick fem eller sex tåg med 800 personer vardera. Det var huvudsakligen kvinnor, barn, gamla och sjuka. De avresande kunde ta med allt utom lösöret. Tillräckligt många godsvagnar hade kopplats på för den sakens skull. Jag uppskattar de evakuerade till cirka 4 000 personer. Myndigheterna evakuerades. Ungefär 160 anställda från järnvägs-, post-, tull- och stadsförvaltningen stannade kvar, dessutom ytterligare omkring 50 man som brandkårsstyrka, vilken senare inlemmades i folkstormen. Evakueringen skedde till distrikten Bartenstein, Preussisch-Eylau och staden Landsberg.[5]

Därmed förvandlades orten till en nästan helt öde spökstad, men i största delen av Ostpreussen stannade invånarna kvar hemma, förhindrade att fly av nazistpartiet som till varje pris ville behålla lugn och ordning i de breda folklagren.

•

Sommarvärmen och törsten var direkt plågsam för de 200 000 tyska civila, vilka vid samma tid kommenderats ut av nazistpartiet för att stoppa ryssarna med hacka och spade. Människorna hämtades från sina hem och arbetsplatser och skickades över gränsen till Litauen eller Polen för att gräva den så kallade Östvallen eller Erich-Koch-vallen, en försvarslinje som sedan skulle bemannas av arméntrupperna.

Då den 15-årige Hitlerjugend-medlemmen Alfred Adomeit rätade på ryggen och stödde sig på spaden såg han andra grävande människor så långt ögat nådde. De såg ut precis som slavarna på faraos byggnadsverk, eller myror, vilka utförde sina arbetsuppgifter lika blint som effektivt. Män, kvinnor och barn hade skickats ut för att gräva, och där fanns exempelvis Hitlerjugend, riksarbetstjänst, kontorister, lantbrukare, industriarbetare och straffångar.

> Det var högsommar när vi kallades ut. Jag var hemma på gården och arbetade när far sa att det hade kommit en kallelse från partiet att alla skulle hjälpa till att gräva. Vi var flera pojkar från min by som skickades ut samtidigt. De som

hade spadar skulle ta med dem och den som hade ett vapen skulle också ha med sig det. Jag kommer inte ihåg ifall jag tänkte något särskilt om det. Det var bara att bege sig ut, och mina föräldrar var väldigt oroliga för mig.

Jag tillhörde en stor grupp Hitlerjugend-medlemmar i åldern tolv till sexton år som samlades i vår närmaste stad, Insterburg. Från Insterburg åkte vi sedan tåg till Litauen och den sista biten fick vi gå till fots. Vi gick en hel natt innan vi kom fram till platsen där vi skulle gräva, kommer jag ihåg. Tälten sattes upp vid en litauisk bondgård och varje morgon var det uppställning klockan sju och sedan var det en halvtimmes marsch till arbetsplatsen. På de öppna fälten grävde vi skyttegravar samt ett stridsvagnsdike. Diket var flera meter brett och djupt för att hindra stridsvagnar från att köra fram. Partifolk övervakade arbetet hela tiden och sa åt oss var vi skulle gräva.

Det största problemet var inte det tunga arbetet – var och en grävde efter sin egen förmåga – utan vattnet. I och med att det var så varmt fick vi inte dricka vattnet ur brunnarna, eftersom det var fullt av bakterier. Allt vårt vatten måste därför kokas, men den litauiska bondfamiljen som skulle göra det åt oss, hann inte med. Och därför fick vi ofta gå törstiga. Det sattes ut vaktposter vid brunnarna för att hindra oss från att dricka, men de hann inte med att vakta överallt och så kom det sig att några som ändå druckit av vattnet blev sjuka.

Fronten hörde vi ibland då striderna blossade upp i olika väderstreck, men på vårt avsnitt var det lugnt. Först när vi kommit hem igen fick vi höra att ryssen gått igenom på ett annat ställe och fått tag på en hel kolonn grävare. Själva grävandet så nära fronten tog jag nog som ett äventyr på den tiden, för jag kunde inte överblicka konsekvenserna – inte just då, de kom ju först senare.[6]

På tre månader byggdes en försvarslinje mellan Östersjön och Warszawa, men eftersom de till största delen tillkom utan militär hjälp blev skyttegravarna och värnen oftast amatörmässiga och oanvändbara.

·

I mitten av augusti lyckades två bataljoner ur sovjetiska 5. armén ur Tredje Vitryska Fronten tränga fram till tyska riksgränsen i närheten av staden Schirwindt norr om Eydtkau, men de slogs snabbt tillbaka. Plötsligt fylldes vägarna av panikslagna flyktingar och herrelös boskap. Paul Bernecker, som var sockenpräst i Aulowönen i närheten av Insterburg, mötte de första flyende i slutet av augusti.

> Dagligen förflyttade sig cirka 10 000 [människor] med vagnar, boskap och hästar genom byarna. Vädret var gynnsamt för flykten, emedan man kunde övernatta i det fria, inte heller förelåg det ännu någon fara för flygplan. Åtskilliga dagar drevs hjordar på upp till 5 000 högklassiga nötkreatur genom byarna ända till de stora ängsmarkerna vid Insterburg och Georgenburg. Här hade redan en hjord på ungefär 40 000 stycken av de värdefullaste ostpreussiska nötkreaturen samlats, men bara omkring 1 000 stycken kunde transporteras bort per dag. Det var ett elände att uppleva boskapens död. Huvuddelen av djuren kunde inte mjölkas, eftersom det inte fanns tillräckligt många personer till hands för det. Det förorsakade korna oerhörda smärtor och kreaturens kusliga råmanden hördes vida omkring.[7]

Under de ljumma nätterna syntes fronten som en nord-sydlig eldlinje i fjärran för många ostpreussare. Gränsstäderna – Memel, Tilsit, Schirwindt och Euydtkau – sken som starkare ljuspunkter på grund av bränderna, liknande pärlor i en kedja. Så småningom mattades striderna av och bränderna slocknade. Ett lurpassande skyttegravskrig inleddes, medan kontrahenterna rustade sig för fortsättningen. Befolkningens oro stillades genom optimistiska, men totalt grundlösa löften och upprop från nazistpartiet.

•

Några veckor senare fylldes den stora Königin-Luise-bron i Tilsit av tyska lantbrukarfamiljers högt lastade hästvagnar i långa kolonner. Överraskad insåg den 40-årige översten Burkhard Müller-Hillebrand att de här människorna inte var på väg *bort* från den hotade stridszonen, utan *tillbaka* till den.

Bron knöt samman Ostpreussen med det så kallade Memellandet – en del av Tyska riket som tillfallit Litauen under mellankrigstiden men annekterats av Hitler i mars 1939. Vid de sovjetiska framstötarna i Litauen i juli 1944 hade de cirka 100 000 tysktalande memelländarna evakuerats i all hast, men nu var de alltså på väg hem igen.

> Till min förvåning måste jag konstatera att evakueringsfrågan var en angelägenhet för riksförsvarskommissarien (Gauleiter Koch) och att denne godkänt att befolkningen fördes tillbaka till Memellandet.[8]

Översten, som upplevt det dramatiska återtåget från Sovjetunionen till Warszawa i egenskap av stabsofficer i en pansarkår, var på väg till den nordligaste av armégrupp Mittens tre arméer, eftersom 3. pansararmén i Litauen och nordöstra Ostpreussen behövde en ny stabschef. Dess befälhavare, generalöverste Erhard Raus, var en gråhårig österrikare, som tack vare sitt skickliga sätt att leda stora pansarstyrkor mot fienden, nått höga poster i tyska armén. Vid ankomsten till arméhögkvarteret i byn Melneraggen stärktes Müller-Hillebrand i sina farhågor, att befolkningen aningslöst gick sin egen undergång till mötes. Genom ett motanfall hade pansararmén i augusti återupprättat landförbindelsen med generalöverste Schörners armégrupp Nord i Kurland, vilken hade skurits av genom en rysk framstöt till Östersjön söder om Dvina. Vid samma tid vacklade armégrupp Nord i Estland och Lettland under de hårda angrepp som fienden riktade mot dem. Situationen var allt annat än stabil, men hos Raus armé i Litauen var det än så länge lugnt. Inga större fiendestyrkor rapporterades framför dess front. Müller-Hillebrand förstod dock snabbt att det bara kunde vara en tidsfråga innan Röda armén skulle göra ett nytt försök att slå sig fram genom Litauen till kusten i avsikt att isolera Schörners 300 000 soldater i Baltikum.

Desto mer undrade översten hur befolkningen kunde tillåtas återvända till Memellandet strax bakom fronten. Av sin kvartermästare, överste Mendzryk, fick han veta hur svårt det var för militären att få Gauleiter Koch att gå med på några som helst evakueringar. Hitler hade utnämnt Koch till riksförsvarskommissarie för Ostpreussen och gett honom nästan obegränsade maktbefogenheter att mobilisera provinsen och ansvara för civilbefolkningens säkerhet. Men Müller-Hillebrand upptäckte att det rådde nästan fredliga förhållanden i städerna och byarna, trots att fiendens arméer bara befann sig några kilometer därifrån. Kvartermästaren berättade för honom att Koch och nazistpartiet ansåg att "... hotet bara var tillfälligt och att läget skulle förbättras igen när nya vapen sattes in. Alla som pratade om att skydda den hotade civilbefolkningen och krävde att den skulle transporteras bort från frontområdena kallades defaitister".[9]

Tvärtom hade Koch utfärdat ett flyktförbud för befolkningen på inrådan av Hitler, som ännu ruvade i sitt högkvarter "Varglyan" i den fuktiga ostpreussiska barrskogen vid Rastenburg. Führern hade befallt att arméerna inte fick retirera en meter och vägrade att göra provinsen till militärt operationsområde, eftersom anblicken av evakuerade rimmade illa med regimens officiella krigspropaganda. Koch förklarade att evakueringsförberedelser var "ett sabotage mot folkets motståndsvilja".

Situationen var densamma hos 3. pansararméns södra granne, 4. armén, som skyddade sydöstra hörnet av provinsen. Dess stabschef intygade senare:

> ... då den nya fronten byggdes upp bara några kilometer öster om gränsen, anhöll armén om att civilbefolkningen i den östra delen av provinsen skulle evakueras. Men Gauleiter Koch sa nej till denna begäran. Han förklarade uttryckligt att han bara gick med på att ett område på tio kilometer bakom fronten utrymdes på civila; de lokala myndigheterna (kommunalråd, borgmästare osv.) måste emellertid stanna kvar också i detta område för att utöva sina territoriella rättigheter. Detta innebar en utomordentligt tung belastning för trupperna eftersom dessa inte var "husets herre" i sina egna ställningar.[10]

Förutom att de civila bodde kvar nästan inom räckhåll för fiendens artilleri, hamnade armégrupp Mittens reserver, staber och bakre försvarslinjer på civilt område, där Koch och hans myndiga underhuggare alltför gärna blandade sig i de militära angelägenheterna på ett sätt som retade gallfeber på generalerna. Müller-Hillebrand fick även höra talas om svårigheterna att utrymma gränsdistriktet Ebenrode, i vilket Eydtkau ingick. Kochs lokale representant i Ebenrode motsatte sig evakueringen, trots att det fanns goda möjligheter att föra bort alla människor med hjälp av de tomma tågsätt som rullade västerut efter att ha lämnat av förråd hos fronttrupperna. Inte ens de berömda trakehnerhästarna som fötts upp på stuteriet i Trakehnen alltsedan 1700-talet fick föras i säkerhet, enligt 3. pansararméns kvartermästare:

> Med alla tomma tåg hade en transport varit möjlig utan större uppmärksamhet. Men alla ansträngningar var förgäves. Koch avvisade indignerat denna plan och vid påpekandet att de oskodda hästarna inte klarade någon längre marsch, svarade han bara att om de var så degenererade var det inte heller någon skada ifall hästarna gick förlorade.[11]

Det var inte bara frontgeneralerna som hade problem med den bångstyrige och fanatiske Koch. Borta i inrikesministeriet i Berlin ondgjorde sig statssekreteraren dr Wilhelm Stuckart över densammes tjurskallighet. Sommaren 1944 såg ministeriet till att evakueringsförberedelser vidtogs i gränsprovinserna i öster, men i Ostpreussen saboterades varje ansats i den riktningen av Koch. "Ostpreussen blev alltmer en politisk ö för Berlinmyndigheternas arbete, till följd av den dåvarande Gauleiterns attityd", erinrade sig en av Stuckarts medarbetare, kanslisekreteraren Kurt Jacobi, efter kriget.[12] Stuckart reste personligen till Königsberg för att driva igenom ministeriets vilja, men resultatet blev magert. Den enda effekten blev "mycket tråkiga dispyter", enligt Jacobi, utan att man kom någon vart med Gauleitern. "'Varglyan' låg alltför nära och kontakten mellan Bormann och Koch [var] alltför direkt."[13] Jacobi summerade kärnan i problemet på följande sätt:

> Vad evakueringen 1945 anbelangar, så stod frågan om att utfärda evakueringsordern i motsats till kravet på att försvara hemlandet. En uppmaning att evakuera hade från första början omöjliggjort ansträngningarna att anlägga ett stridsvagnsdike och försvara den "ostpreussiska trekanten" [dvs. en mellankrigstida befästningslinje i centrala Ostpreussen, förf.]. Därför låg avgörandet i denna fråga hos den dåvarande högsta ledningen [dvs. Hitler], vilken tänkte hålla Kurland och Ostpreussen under alla omständigheter.[14]

Om det inte varit för att provinsens lantbruksadministration utan Kochs vetskap låtit sina lokala funktionärer i de östra gränsområdena vidta nödvändiga förberedelser i slutet av september 1944, skulle de civila förlusterna ha blivit ännu större när striderna bröt ut.[15]

Då grannprovinserna Pommern och Danzig-Västpreussen arrangerade en gemensam konferens om evakueringsfrågor vägrade Koch att ens skicka dit en observatör. "Deltagandet i konferensen betraktas som överflödigt. Man planerar inte att utrymma Ostpreussen", löd svaret, och det går riktigt att känna hånfullheten vibrera i följande rad, som var riktad direkt till kollegan, Gauleiter Forster i Danzig: "Men Ostpreussen är redo att även ta emot befolkningen från den västra grannprovinsen!"[16]

Vem var då denne man som tvingats löpa ett verbalt gatlopp i de flesta böcker och vittnesmål som behandlar krigsslutet på östfronten 1944–45? Utan överdrift var han en av de mest otrevliga, ondskefulla och motbjudande personligheterna i Tredje Riket, och den då 48-årige Koch betraktades av samtiden som Hitler trognaste och hänsynslösaste guvernörer. Efter maktövertagandet 1933 hade nazisternas partidistrikt förvandlats till 42 verkställande provinsförvaltningar i Tyskland och dess annekterade områden, även om de statliga provinsförvaltningarna inte försvann utan fortsatte att föra en tynande tillvaro vid sidan av partiets maktapparat. Provinsguvernörerna, Hitlers politiska generaler, svarade för den ekonomiska, politiska och kulturella kontrollen över folket via ett finmaskigt nät av partifunktionärer. Under Gauleitern fanns en hel pyramid av distriktsledare (Kreisleiter), ortgruppsledare (Ortsgruppenleiter), celledare (Zellenleiter) ned till blockledare (Blockleiter), som hade uppsikt över ett femtiotal hushåll vardera i städerna. Vardagsmakten utövades av den enskilde blockledaren, och lord Russel av Liverpool, som strax efter kriget skrev en bok om nazismens brott, kallade blockledaren för "den störste tyrannen av alla" när han beskrev partihierarkin. "Det var han som spionerade på varje hushåll; det var han som hade en informatör i varje familj; det var på hans nivå som nazipropagandan fick full effekt på den enskilde individen. – Det var i blockledarens närvaro som varje liten tysk konfronterades med sin Führer... På så sätt höll Hitler Tyskland i sin hand."[17]

Hitlers trogne Koch var en råbarkad och mycket brutal makthavare, vars yttre infriade Hollywoodklichén av hur en kaxig nazipamp var beskaffad. Han var undersätsig, hade tjurnacke samt prydde överläppen med en egen liten Hitlermustasch. Försedd med urbota arrogans och en gränslös ärelystnad tillhörde han de "gamla kämparna" som kunde skryta med att ha haft partibok ända sedan rörelsen låg i sin linda. Han föddes 1896 i ett lutherskt hem i Elberfeld vid Wuppertal i västra Tyskland och var son till en verkmästare. Efter att ha gått på handelsskola påbörjade han en karriär som lägre järnvägstjänsteman, innan första världskriget kom emellan. År 1915 anmälde han sig frivilligt till fronten och under de kaotiska åren strax efter krigsslutet var han medlem i en av de kringströvande "frikårerna" som bekrigade polackerna i Schlesien, varefter han återgick till järnvägslivet. År 1922 blev han medlem av nazistpartiet och skapade sig snabbt ett namn, bland annat som kamrat till den nazistiske martyren Albert Leo Schlageter, som avrättades av fransmännen för sabotage mot den franska ockupationsmakten i Ruhrområdet. Själv blev han arresterad av fransmännen på grund av underjordiska aktiviteter. I mitten av 20-talet beskyllde han en partikamrat för att ha försnillat pengar och fortsatte envist angreppen, även efter det att Hitler tagit partikamraten under sina vingar. Till sist blev de personliga motsättningarna mellan Koch och de övriga nazistledarna i Ruhrområdet så stora, att det restes krav på att utesluta honom ur partiet. Men Hitler löste konflikten genom att låta honom bli Gauleiter i Ostpreussen 1928. I och med maktövertagandet fem år senare blev han provinsens oinskränkte härskare och på nio år lyckades han samla ihop en privatförmögenhet på 331 miljoner riksmark.[18] Skillnaden mellan hans privata plånbok och de offentliga medlen var inte särdeles knivskarp.

Han tillhörde den socialistiska falangen inom partiet, men som den överlevare han var visste han när det var dags att välja den vinnande sidan i den interna maktkampen och övergav bröderna Strasser för att ansluta sig till Hitler. Inte ens inom partiet var Koch någon populär person. Osårbar som en noshörning trampade han de svaga, maktlösa och oönskade under fötterna, men om någon rival försökte inkräkta på hans revir blev han vildsint. Hans egensinnighet var av så pass ovanliga mått att de flesta mäktiga medtävlare fick gå ur vägen för honom. Han hade Hitlers öra och ägde alltid direkt tillträde till Führerhögkvarteret, trots att hans korruption och gunstlingssystem ledde till fortsatta stormar kring hans person. I december 1935 anklagades han för att ha stoppat bidrag till välgörenhetskampanjen "Vinterhjälpen" i egen ficka och var återigen nära att bli utesluten men lyckades ändå klamra sig fast vid makten. Envisa men obekräftade rykten hävdar att Koch påstod sig ha deponerat vissa komprometterande dokument om nazisterna i utlandet och att han hotade att offentliggöra dessa papper om han uteslöts.[19]

Positiva omdömen är svåra att finna, men Hermann Rauschning som blev bekant med honom på 30-talet beskrev honom som "... en spirituell man. Han har t.o.m. humor och är en av de få gamla nazister, som kunnat skratta åt sig själva och nazismen".[20] Fram till 1941 var han under alla omständigheter en ganska genomsnittlig partipamp, vilken lätt kunnat försvinna in i historiens glömska. Men hans tid hade bara börjat. På hösten 1941 utnämndes han till "rikskommissarie" för Ukraina och blev en av den nazistiska ockupationsmaktens grymmaste centralfigurer i öster. Dessutom lyckades han förmå Hitler att förläna honom den polska provinsen Białystok, så att han kunde sammanlänka Ostpreussen med Ukraina. Under en kort period betraktade han sig sålunda som "Österns Herre" – vicekung över ett välde mellan Östersjön och Svarta havet.

I Ukraina lyckades han inom loppet av några månader med det tvivelaktiga konststycket att vända en ursprungligen inte ovänligt sinnad befolkning till dess raka motsats. Många ukrainare och ryssar hade hälsat tyskarna som befriare från Stalins förtryck, men de tvingades snabbt lära sig att de nya herrarna var ännu värre och snart kryllade skogarna av partisaner. Riksministern för de ockuperade östområdena, Alfred Rosenberg, ville behandla ukrainarna med viss mildhet för att vinna över dem på tyskarnas sida[21], men han hade ingen chans att göra sig gällande mot Koch, som med Hitlers goda minne tänkte pressa fram så många slavarbetare som möjligt ur landet. I ett tal till sina medarbetare i Kiev 1943 förklarade han:

> Jag ämnar suga ut sista droppen ur detta land. Jag kom inte hit för att sprida välsignelse... Invånarna måste arbeta, arbeta och åter arbeta... Vi kommer sannerligen inte hit för att ösa ut manna. Vi har kommit för att lägga grunden till segern. Vi är ett herrefolk som måste tänka på att den ringaste tyske arbetare rasmässigt och biologiskt sett är tusen gånger överlägsen de människor som finns här.[22]

Mer än två miljoner slavarbetare deporterades till tyska rustningsindustrier, där otaliga arbetade ihjäl sig varje månad.[23] Ukrainarna kallade han för "halvapor" och sa: "Om jag hittar en ukrainare som är värdig att sitta vid mitt bord, måste jag låta arkebusera honom." Han betedde sig som en gammal kolonialherre och ansåg att ukrainarna "... måste hanteras med piskan precis som negrer", en metod som han uppmuntrade för att behålla kontrollen över befolkningen, tills han kom underfund med att detta inte var tillräckligt "effektivt". I mars 1943 upptäckte han att ett 20-tal ukrainare piskats till döds av polisen på grund av sabotage mot ett brobygge. "Jag kände inte till denna åtgärd. Hade jag vetat det... skulle jag troligen ha arkebuserat dessa ukrainare för sabotage", beklagade han.[24] Piskorna försvann, men för ukrainarna innebar det inte någon lättnad i terrorn.

Rovno, en liten stad med 40 000 invånare, gjorde han till sin huvudstad, medan Kiev dömdes att dö en långsam svältdöd. För att avfolka ett område som han utsett till sitt personliga jaktrevir, lär han ha låtit avrätta några hundra oskyldiga bönder som partisaner. Huvuddelen av Ukrainas livsmedelsproduktion dirigerades till Tyskland, men det var inget ekonomiskt under som Koch åstadkom. Av de 12 000 000 ton vete per år, som Hitler hoppades på, nådde bara en rännil fram. År 1942 dirigerades blott 226 000 ton vete från hela det ockuperade Sovjetområdet till Tyskland och året därpå sipprade bara 7 000 ton fram.[25] Gruvorna och industrierna i Donbassbäckenet gick bara på tio procent av sin förkrigskapacitet, och det skulle ha kostat mer än det smakade att sätta dem i stånd igen efter ryssarnas brända jordens taktik.

Totalt minskade befolkningen i Rikskommissariatet Ukraina med 10,5 miljoner människor 1941–45, det vill säga var fjärde invånare var borta till följd av krigshandlingar, den tyska ockupationen och Stalins förtryck.[26] Enbart i Kiev förlorade 195 000 människor livet under de 21 månader Koch härjade. I provinsen Rovno användes gasvagnar för att mörda 102 000 människor, de flesta av dem judar. Totalt mördades 600 000 judar i Ukraina av tyskarna.

Snart började dock marken brännas under hans fötter på grund av de sovjetiska krigsframgångarna och i maj 1943 lämnade han Rovno och återvände till Königsberg för gott. Sensommaren 1944 var han i egenskap av Ostpreussens riksförsvarskommissarie fast besluten att bevara den sista bastionen för sin makt. Förutom att mobilisera alla civila resurser för den totala krigsinsatsen som proklamerats av Goebbels i juli 1944, var han såsom lokal krigsdiktator ansvarig för att bygga försvarslinjer och organisera den så kallade folkstormen. Det var ett desperat uppbåd av pojkar och gubbar mellan 16 och 60 år, vilka skrapades ihop från de tyska grytbottnarna, då de allierade hotade att tränga in över riksgränserna på både öst- och västfronten hösten 1944. Män med frisedel kallades in tillsammans med för gamla och för unga och organiserades i bataljoner. I praktiken fick de bara en summarisk militär utbildning och knappt ens uniformer. Åtskilliga drog i fält i civila kläder med enbart en armbindel som talade om att de tillhörde krigsmakten. Beväpningen bestod i de flesta fall av gamla utländska gevär med några patroner vardera eller de massproducerade pansarnävarna, det vill säga bärbara pansarskott mot fiendestridsvagnar, vilka fordrade oerhört starka nerver att avfyra, eftersom det hade bäst effekt på bara 30–40 meters håll. Hitler hade bestämt att nazistpartiet, och inte armén, skulle utrusta och utbilda folkstormsbataljonerna, vilket medförde att bataljonerna ofta tränades av brunskjortor med mycket grunda militära kunskaper. "Min gamla krigskamrat, general von Wietersheim, stod i ledet, medan en oerfaren partifunktionär ledde hans kompani. Under sådana omständigheter sysselsattes de modiga offervilliga männen ofta meningslöst med att drilla in Hitlerhälsningen, i stället för att utbildas på de vapen som de inte behärskade", minns en hög tysk officer.[27]

De 200 000 ostpreussiska folkstormssoldater som Koch stampade fram ur jorden behandlade han som sin egen privatarmé och det var tydligt att han kände sig som en riktig härförare. "Om ni fortsätter att retirera vid fronten kommer jag att jaga tillbaka era soldater till sina ställningar med min folkstorm", hotade han en gång en frontgeneral.

Om Gauleitern i det sammanhanget tvingade de civila att stanna kvar på sina hemorter på grund av fanatisk aningslöshet eller medveten hänsynslöshet får vi troligen aldrig veta med säkerhet, men en av hans nära medarbetare hävdade efter kriget att Koch aldrig vågade handla på eget initiativ, även om "det kanske hade varit möjligt i ett eller annat fall".[28] Medarbetaren, överkanslisekreteraren Wenzel, försökte nyansera bilden av sin forne chef:

> Det är ett historiskt faktum att Führerhögkvarteret blandade sig i de minsta detaljer i alla frågor, även de civila evakueringarna. Redan vid de evakueringar som blev nödvändiga på förhösten... måste rapport avläggas per telefon till Führerhögkvarteret varje kväll. På en karta bestämdes vilka evakueringsorder som fick utfärdas exakt ned till enskilda samhällen... Koch försökte ofta erhålla evakueringsorder på ett tidigare stadium men stötte jämt och ständigt på motstånd.[29]

Om Wenzels påstående att Gauleitern faktiskt försökt förmå Hitler att gå med på tidigare evakueringar stämmer var det aldrig fråga om någonting annat än alldeles för lite, alltför sent.

•

Samtidigt som de halvkvädna kontroverserna om de civilas öde pågick, skockades stormmolnen åter över Ostpreussen, Memel och Baltikum. I slutet av september 1944 förfogade Raus blott över sex decimerade divisioner för att försvara ett 200 kilometer brett avsnitt.[30] Läget förmörkades ytterligare, då underrättelserapporter om en sovjetisk uppmarsch i Litauen började hopas i arméns stab, vilken numera flyttats till byn Schillehnen.

Det sovjetiska överkommandot, Stavka, hade beordrat den armeniskättade generalen Ivan Bagramian, befälhavare för Första Baltiska Fronten, att åstadkomma just det som Raus fruktade, nämligen ett genombrott till hamnstaden Memel 100 kilometer längre västerut för att därigenom kunna isolera de tyska styrkorna i Baltikum. Men det gick inte att övertyga Hitler i "Varglyan" om hur allvarlig situationen var. Först den 2 oktober lyckades Raus utverka ett löfte om förstärkningar, vilka emellertid inte kunde vara på plats förrän i mitten av månaden. Men då var det för sent.

Redan tisdagen den 5 oktober slog Bagramian till med två arméer mot en ensam tysk infanteridivision väster om Siauliai. I tre timmar försvarade sig de oerfarna soldaterna i sina sönderbombade ställningar, men därefter var de antingen döda eller på flykt. Snart vällde 29 sovjetiska skyttedivisioner och cirka 500 stridsvagnar fram mot kusten och det tyskbefolkade Memellandet utan att någon kunde stoppa dem. Samma kväll hade nästan halva Raus försvarslinje rivits upp och pansararmén hade inga reserver att kasta in. Från Rigaområdet sattes omedelbart tre divisioner i rörelse för att stoppa genombrottet, men det var omöjligt.

En dag senare var situationen så förtvivlad att Raus uppmanade Koch att omedelbart evakuera Memellandet, men evakueringen gick till en början långsamt och motsträvigt, för i Ostpreussens huvudstad Königsberg trodde Gauleitern att det bara rörde sig om ett nytt falsklarm från nervösa militärer. Det ändrade sig dock snabbt på grund av larmrapporterna från fronten. Müller-Hillebrand, som var ute och rekognoserade från sitt enmotoriga stabsflygplan, noterade lakoniskt:

> På eftermiddagen den 7 oktober såg jag från min "Storch" Memellandets bönder arbeta fredligt i jordbruket. Den 9 oktober blev jag i Prökuls vittne till den beklagansvärda befolkningens planlösa flykt.[31]

Efter fyra dagars offensiv nådde Bagramians stridsvagnar Östersjökusten och skar slutgiltigt av landförbindelsen med Schörners 30 divisioner starka armégrupp som dragit sig tillbaka till Kurlandshalvön i Lettland.

Bristen på förutseende från de ansvariga partimyndigheternas sida fick svåra konsekvenser. En tredjedel av lantbefolkningen i Memelområdet hann inte undan, utan överraskades av fienden i sina hembyar eller under flykten. Var femte invånare i staden Heydekrug med omnejd hörsammade inte evakueringsordern, utan stannade frivilligt kvar i sina hem, som kort därefter erövrades av fienden.[32] Och de som flydde lyckades ofta bara rädda livhanken – inte som vid den mer organiserade evakueringen några månader tidigare, då de kunnat föra med sig stora delar av sina tillhörigheter. Dramatiska räddningsaktioner genomfördes:

> Vid förlusten av Memellandet förflyttade sig stora massor av flyktingar, uppblandade med underhållstrupper längs [strandsjön Kurisches-] Haff via Michelakuten till trakten av Minge. Där påträffade de bara en liten färja [...], varvid det uppstod stockningar av tusentals människor och fordon. Under de största svårigheter lyckades armén förstärka färjetrafiken genom att sätta in ingenjörssoldater och på så vis möjliggöra borttransporteringen av tusentals människor med deras fåtaliga ägodelar, under det att provisoriskt sammanrafsade trupper hindrade de förföljande ryssarna. Omkring den 15 oktober var Mingeområdet utrymt.[33]

Hamnstaden Memel lyckades ryssarna emellertid inte erövra i första anloppet. Tre av Raus divisioner hejdade Bagramians arméer i stadens utkanter och en långvarig belägring inleddes, under vilken de flesta av den gamla hansestadens historiska byggnader jämnades med marken. Tyska fartyg trotsade den

Scen från striderna i Ostpreussen hösten 1944. Sovjetiska soldater under sista genomgången innan anfallet. Foto: Imperial War Museum.

fientliga granatelden och anlöpte hamnen för att evakuera alla de invånare och flyktingar som satt fast där på grund av belägringen. I en generalrepetition inför de enorma evakueringsföretag som skulle följa under de sista krigsmånaderna förde tyska flottan ut 56 750 civilpersoner, 1 573 soldater, 1 385 sårade och 1 260 krigsfångar därifrån.[34]

En soldat ur den tyska pansargrenadjärdivisionen Grossdeutschland, Guy Sajer, har lämnat en skakande redogörelse för hur det var att befinna sig "...i denna halvcirkel på cirka 20 kilometers diameter vid Östersjökusten, vars kalla gråa bränningar går att höra igenom den ogenomträngliga dimman" under belägringen:

> Det sönderskjutna Memel kan varken ta emot eller härbärgera denna avsevärda del av den preussiska befolkningen, som flytt innanför dess murar. Dessa människor, vilka vi kan hjälpa blott i våra tankar, lamslår våra förflyttningar och begränsar vårt redan så prekära försvarssystem ännu mer. I den försvarade halvcirkeln, mitt i kanondundret som överröstar alla skrik, finns före detta elittrupper, folkstormsenheter, krigsinvalider, vilka man kallat in igen för kontorsarbete, kvinnor, barn, spädbarn och sjuka fjättrade vid den frusna marken, under ett dimhölje som lyses upp av eldskenet, i snöstormen som blåser sin isiga andedräkt över näst sista akten av kriget. Livsmedelsransonerna är så magra att det som då och då delas ut åt fem personer för en dag, inte ens skulle räcka till en skolpojkes matsäck. Ständigt utfärdas upprop om disciplin och inskränkningar. Dimman döljer en del av tragedin. Dag och natt lämnar fartyg av alla slag Memel med så många människor som möjligt i lasten. Dag och natt – framför allt på dagen – är det sovjetiska flygvapnet efter dem. De oändliga köerna av flyktingar, vilka man förgäves försöker räkna och vilka slingrar fram till kajerna, är mål som inte går att missa för de ryska piloterna.
>
> Detonationerna sliter upp fruktansvärda luckor i den skrikande massan, många bryter samman, dör, men de andra lämnar inte sina platser, i den förbittrade förhoppningen att komma med ett skepp. Man manar dem till tålamod, upplyser dem enträget om de hårda ransoneringsåtgärderna, ja man fordrar att dessa plågade människor ska fasta tills räddningen kommer. Tragedin är så oerhörd att hjältemod blir vardagsmat. Åldringar tar livet av sig, även kvinnor. Det händer gång på gång att en mor lämnar över sitt barn till någon annan och ber henne att låta ransonen hon skulle haft, komma den lilla till godo. Ett vapen, upphittat någonstans bredvid en stupad soldat, tar hand om resten...[35]

Då de tyska trupperna slutligen utrymde staden i januari 1945 lämnade de endast ödsliga ruiner bakom sig. Civilbefolkningen hade då för länge sedan försvunnit med de sista konvojerna.

•

Läxan från Memellandet var dock inget som Koch drog någon lärdom av. Alltjämt spred han slagord som "Varje by, en fästning!" eller "Anfall bolsjevikerna, vi ska skicka dem dit pepparn växer!"[36] Bara två veckor efter sammanbrottet i Memellandet stod nästa offensiv mot Ostpreussen för dörren, den här gången riktad mot 3. pansararméns södra granne, dvs. 4. armén under general Friedrich Hossbach i sydöstra Ostpreussen. Militärens vädjan om evakuering av civila avslogs i sista minuten, erinrade sig Hossbachs stabschef:

> Då det upptäcktes i slutet av september 1944 att ett ryskt storanfall, vilket kunde väntas på båda sidor om järnvägen Willkowischki–Gumbinnen–Insterburg, var nära förestående, begärde armén på nytt en skyndsam evakuering av åtminstone området öster om de Masuriska Sjöarna–Angerapp. Från arméns sida påpekade man ihärdigt att en ytterst besvärlig situation skulle uppstå för civilbefolkningen om stridsområdet utrymdes vid en senare tidpunkt, och att vägarna dessutom skulle korkas igen vid en försenad evakuering, vilket skulle få en olycklig effekt på de militära operationerna (förflyttningar av reserver, underhåll osv.). Återigen sa riksförsvarskommissarien nej till evakueringen av den östra delen av provinsen med motiveringen att varje utrymning försvagade civilbefolkningens och truppernas moral.[37]

Redan i gryningen den 16 oktober sannspåddes 4. arméns ledning, då ryssarna gjorde ett försökt att storma provinsen. Med 35 skyttedivisioner och två pansarkårer anföll general Tjernjakovskijs Tredje Vitryska Front ett avsnitt som försvarades av ett fåtal försvagade tyska divisioner.

General Ivan Danilovitj Tjernjakovskij hade direkt av Stalin fått uppdrag att erövra Ostpreussen. Trupperna hade fått en och en halv månads vila efter sommaroffensiven, men Moskva hade låtit generalen förstå att nya resultat förväntades av honom, eftersom Königsberg bara låg "ett stenkast" bort. Tjernjakovskij var en snabbt stigande stjärna inom Röda armén, och bara 37 år gammal var han redan befälhavare för en hel sovjetisk armégrupp med hundratusentals soldater och hundratals stridsvagnar. Generalen med sitt yviga mörka hår och behagliga barytonstämma hade emellertid nått denna position på grund av att han satte försiktighet före våghalsighet. Övriga front- och arméchefer i Röda armén hade i allmänhet samlat sina första militära erfarenheter såsom manskap eller officerare i tsarens armé, men vid ryska revolutionen hade Tjernjakovskij bara varit en ukrainsk pojke i tioårsåldern. På 20-talet hade han utbildats vid en artilleriskola och vid den tyska invasionen 1941 ledde han en pansardivision i drabbningarna vid Jelnja och Voronezj. I februari 1943 hade han avancerat till generalmajor och återerövrade staden Kursk som han också försvarade under det stora pansarslaget vid staden i juli samma år. Vid offensiven i Vitryssland i juni 1944 hade han fått befälet över Tredje Vitryska Fronten och återerövrade både Minsk och Vilnius från tyskarna.

Stalin hade bara gjort vissa mindre ändringar i hans plan, vilken innebar ett frontalanfall av två av hans arméer rakt västerut via Gumbinnen till Königsberg. Men själv hyste generalen tvivel på utsikterna till framgång, eftersom han inte tyckte sig ha tillräckligt med artilleri eller pansar för att bryta igenom fiendens ställningar.

I början såg allt dock ut att gå ryssarnas väg. Tredje Vitryska Fronten hade satt in 220 artilleripjäser per frontkilometer och de tyska linjerna försvann i en ridå av eld och rök. Efter ett par timmars bombardemang tog stormtrupperna täten i anfallet, som till en början avvärjdes med smärre framgång av Hossbachs styrkor i Erich-Koch-vallen. Då de första ryssarna dök upp vid gränsen i augusti skämtades det bakom ryggen på de fanatiska nazisterna att ryssarna bara behövde tre timmar för att övervinna det tyska försvaret: två och en halv timmes skratt och en halvtimmes marscherande. Sedan dess hade den tyska situationen förbättrats betydligt, men den var långt ifrån bra. Totalt hade Hossbach 14 divisioner under sitt befäl, men flera av dem var illa åtgångna efter sommarens strider, medan andra var nyuppställda och saknade stridserfarenhet. Samtliga var numerärt försvagade och den 16 oktober strömmade dramatiska rapporter in från de sektorer som fått ta emot den fientliga huvudstöten.

Särskilt kritiskt var läget på ett avsnitt, där trupperna inte hunnit gräva färdigt sina befästningslinjer och snabbt började ge vika. Striderna blev oerhört hårda och den 1. infanteridivisionen, som bestod av ostpreussiska soldater, led sin svåraste dagsförlust under hela kriget, och det nästan enbart i närstrider: var åttonde av divisionens soldater dödades eller sårades i de första sovjetiska attackerna.[38] Obevekligt pressades de tyska divisionerna bakåt mot riksgränsen.

På offensivens tredje dag hade Tjernjakovskijs spjutspets ryckt fram 28 kilometer och nådde gränsen vid Eydtkau och Vistytis. Först i detta läge gav Koch gränsbefolkningen tillåtelse att evakuera. Men då hade general Hossbach och den förnuftige landshövdingen i Gumbinnen, dr Rohde, redan tagit saken i egna händer. Enligt Hossbachs stabschef:

> Därigenom lyckades man rädda huvuddelen av civilbefolkningen från området Treuburg–Eydtkuhnen [omdöpt till Eydtkau 1938]–Pillkallen–Gumbinnen–Goldap från ryssarna, även om evakueringen genomfördes på så kort tid att man knappt hade en halvtimma på sig för att ta med de nödvändigaste ägodelarna. I Gumbinnenområdet lyckades man inte förflytta befolkningen i rätt tid. Här hann ryska förband ikapp tyska flyktingkolonner och överrumplade delvis befolkningen i sina byar.[39]

Vägarna västerut fylldes återigen av panikslagna människor från gränsbyarna och gränsstäderna. Lyckligtvis var höstvädret ännu ganska behagligt, vilket besparade dem det värsta lidandet, fast bristen på planering visade sig ändå i att onödiga materiella förluster uppstod. "Så måste till exempel skördeförråden på det 2 000 tunnland stora stadsgodset i Lindicken (fem kilometer norr om Schirwindt) eldas upp."[40]

•

Nioåriga Lise Puschzian var en av alla människor som evakuerades från gränstrakterna, men hon var på barns vis helt omedveten om situationens allvar. Istället var hon lycklig över att få åka tåg. "Mamma grät av någon anledning som vi inte förstod, men vi barn gladde oss så. Vi fick ju inte veta vad det egentligen handlade om." Familjen Puschzian bodde i gränsbyn Merunen vid Treuburg, där pappan var tulltjänsteman. Men han hade kallats in till folkstormen och kunde inte hjälpa de sina iväg. En förmiddag varskoddes familjen om att evakuering var påkallad och ett febrilt packande vidtog. I fjärran hördes artillerikrevaderna tydligt och inget av barnen i den åttahövdade syskonskaran hade längre tid att fortsätta lekarna i den stora trädgården eller vid den lilla porlande bäcken, där det gick att fånga ål med hjälp av ljuster.

> Mamma tog sängkläder, mattor, pappas foto, kläder och gardiner – ja det verkade nästan som om hon fick med sig allt utom möblerna. På eftermiddagen placerades vi barn på en öppen godsvagn tillsammans med farmor

> och farfar, men vår mamma, Anna, gick till Röda korset på stationen och sa att barnen och de gamla absolut inte kunde åka i en öppen vagn. Vi skulle bli dödssjuka, menade hon. Röda kors-damerna såg därför till att vi fick plats i en täckt vagn i stället. Sedan hamnade vi några veckor hos en moster som bodde några mil längre bort, innan vi evakuerades till Mehlsack mellan Königsberg och Elbing. Där tillbringade vi den sista krigsvintern hos vänliga lantbrukare.[41]

Samma dag som evakueringen inleddes trängde ryssarnas tätstridsvagnar in fem kilometer på ostpreussisk mark och drev en svallvåg av flyktingar framför sig. Eydtkau hade fallit dagen dessförinnan och Tjernjakovskijs tättrupper hade inte längre några tyska trupper framför sig. Snabbt korsade de Hermann Görings jaktreservat Rominteheden vid Grosswaltersdorf den 20 oktober och hotade städerna Angerapp, Gumbinnen och Goldap.

Vid floden Angerapp lyckades en stridsstyrka bestående av 25. gardespansarbrigaden och en bataljon ur 4. motoriserade skyttebrigaden utan motstånd lägga beslag på en intakt bro och bilda ett brohuvud på västra flodbanken, innefattande byn Nemmersdorf, 40 kilometer in i Ostpreussen. Detta var det längsta Tjernjakovskijs styrkor kom den här gången. Tyska reserver anlände i snabb takt till platsen och snart rasade ursinniga strider om detta brohuvud.

Den 22 oktober föll Goldap i ryssarnas händer, men Tjernjakovskij hade fått problem. Trots att han kastat in ytterligare en armé i anfallet mot Gumbinnen kunde han inte förhindra att offensiven sackade av på grund av det hårdnande tyska motståndet. Ebenrode, Schlossberg och Angerapp var dock inom räckhåll och han var fast besluten att fortsätta framåt.

"Nätterna innan vi flydde såg vi vid horisonten hur ryssarna brände byarna. Eldskenet kom närmare och närmare för varje natt. Folk sa att 'nu är den-och-den byn bränd' och de vuxnas oro ökade", minns Günter Wegat som var tio år gammal och bodde i staden Angerapp.[42]

Tillsammans med de andra kamraterna i Hitlerjugend hade han på idrottsplatsen lärt sig att kasta handgranat med en järnklump samt skjuta prick med luftgevär. Det var en förberedelse för soldatlivet som alla pojkar i Tredje riket fick genomgå. Pappan var soldat någonstans på östfronten, samtidigt som Günter lekte vaktsoldat utanför hemmet, utrustad med trägevär och en kamouflagemålad leksakshjälm av pressad kartong. I barnens värld rådde det inget tvivel om att Hitler skulle vinna kriget, för det var vad de fick lära sig i skolan. Av de vuxna hörde de enbart om de tyska arméernas framgångar.

Motgångarna pratade man inte om så länge barnaöron hörde på, men det gick inte att dölja att fienden stod på tröskeln till deras hemstad.

> Vi såg den militära uppladdningen runtomkring oss. Militären grävde skyttegravar i sicksack på fälten. De grävde stora hål i marken, slog upp timmerväggar och lade halmtäckta timmertak över för att manskapet skulle ha bombsäkra utrymmen att bo i. De placerade ut artilleripjäser som doldes av stora kamouflagenät. I vägkanten grävde de ned ammunitionslådor för att vid behov kunna spränga vägen. Vi pojkar tyckte att det var oerhört spännande och var med överallt.[43]

Kommunalrådet i Angerapp, den 60-årige Paul Uschdraweit, var däremot allvarligt bekymrad över fiendens framryckning som hotade hans hembygd. Men trots att han var högste ämbetsman i sitt område hade han inget att säga till om när det gällde evakueringarna. Då situationen blev alltför kritisk måste han ta till allt sitt civilkurage för att sätta sig upp mot Koch och vice riksförsvarskommissarien Paul Dargel:

> Omkring klockan 21 den 21 oktober kom ett telefonsamtal från uppsyningsmannen Umhöfer i Gründann... att ryssar dyker upp i skogsbrynet vid Burgkiener Wald och att artilleriprojektiler slår ned i byggnaden. Vid samma tidpunkt ett liknande samtal från Lippold i Grasgitten. Umhöfer kräver evakueringsorder. Jag tar kontakt med ställföreträdande Kreisleiter Kaiser, vilken enligt order från riksförsvarskommissarie Koch i egenskap av partiets man endast kan ge *evakueringsorder efter föregående kontakt med Koch eller Dargel.*[44] Kaiser försöker nå Dargel på telefon, men han är inte där och det är omöjligt att få tag på honom. Jag kräver att Kaiser ger evakueringsorder... Kaiser säger nej. Klockan 23 återigen telefonsamtal från Umhöfer som frågar vad han ska ta sig till. Jag betonar uttryckligen att jag tar på mig hela ansvaret, ber honom att alarmera alla församlingar i sitt förvaltningsområde och därefter evakuera. Ungefär klockan 1.30 den 22 oktober ringer Umhöfer och talar om att han ger sig av och att en rysk stridsvagn står cirka 100 meter från hans gård och beskjuter förterrängen. Liknande telefonsamtal kommer från Lippold omkring klockan 2.30. Då det blir ljust konstateras det att följande del av distriktet är ockuperat, linjen Dingelau–godset Wilhelmsberg–domänen Königsfeldes förterräng. Ryssarna har grävt ned sig vid denna linje. Spjutspetsar har trängt fram till Weidegärten, Weedera och Witt-Brindlacken. Kaiser försöker nå Dargel hela dagen. Förgäves. Partimyndigheterna omöjliga att få tag på, däribland NSV-ledaren[45] Genée, som enligt uppgift ska ordna logi. Man berättar för

> mig att rådvilla kvinnor samlas i staden. Jag springer till torget och lyckas lugna kvinnorna med löftet att inte lämna befolkningen i sticket. Jag sätter in distriktets båda traktorer med släpvagnar under ledning av [byggmästare] Schulte och pensionerade polismästaren Neumann, vilka kör alla kvinnorna och barnen till Västra Station, där föreståndaren har ställt i ordning cirka 40 godsvagnar.[46]

Fortfarande mer än 50 år senare minns Günter Wegat den 22 oktober 1944, sista dagen hemma, som om det vore igår:

> Sista dagen hörde vi mullret av ryskt artilleri mycket nära. Vi mötte en tysk motorcykelordonnans som slog ut med händerna och sa: "Ut härifrån, nu är ryssen bara två kilometer ifrån oss! Ni måste till Västra Station, där står det ett sista tåg, ni ska dit." Vi klämde lite filtar och sängtäcken under armarna och gav oss iväg. Jag var bara tio år då. Mamma hade fem barn och fullt sjå att hålla samman barnaskaran. Grannfrun var med också. Vi gick till fots till Västra Station. Mamma grät och grannfrun grät, men vi barn var nog inte fullt medvetna om allvaret. Det var mycket folk på järnvägsstationen. Utanför låg det en jättehög med saker och ting som folk hade slängt bort, därför att de inte kunde ta dem med sig. Bland annat hittade mamma och grannfrun en skinka inslagen i säckväv. Den skinkan räddade oss från hungersnöd under resan.[47]

Stadsbefolkningen var därmed ur vägen, men ännu kunde inte kommunalrådet Uschdraweit pusta ut.

> Vid 17-tiden kommer telefonsamtal från Kleschunen att cirka 100 kvinnor och barn fortfarande befinner sig på vägen där och att ryssen närmar sig Friedrichsberg. Kaiser kan konfiskera en lastbil och skicka den till Kleschunen. Efter två timmar kommer det ett telefonsamtal att lastbilen inte kommit fram. Jag konstaterar att byggstaben (en partimyndighet) kort och gott har beslagtagit bilen för att transportera iväg sin sprit och sina förråd. Vid 21-tiden skickar jag de båda traktorerna till undsättning. Männen är så trötta att de nästan trillar omkull, men de kör ändå. Dessförinnan telefonsamtal från byggstaben, vilken kräver att jag ska lämna ut mina traktorer. Jag vägrar och när man hotar mig med skarpaste tvång, förklarar jag att jag låter köra traktorerna under beväpnad eskort som skjuter på varenda en som närmar sig fordonen. Luren läggs på under hotelser. Traktorerna kommer fram till Västra Station med kvinnorna och barnen cirka 0.30 den 23 oktober. Vid tvåtiden avgår godståget i riktning Angerburg. Vid den tidpunkten börjar bombangreppet. Förlust: cirka 20 döda soldater, huvudsakligen på Budweilerstrasse.[48]

Gauleiter Erich Koch (1896–1986). Foto ur Per Landins Slottet som försvann *(Symposion 1999).*

Familjen Wegat var ombord på det här tåget, när det avgick efter många timmars väntan:

> Vi placerades på vagnarna som var helt öppna, lemmarna var bara 70–80 centimeter höga. Så skulle tåget avgå på eftermiddagen, men röken från loket sågs av ryssarna och vi besköts med artilleri. Ännu i dag minns jag visslandet av granater och projektiler som kom över våra huvuden. Som tur var missade de tåget och slog ned längre bort. Lokföraren släckte i maskin och inväntade mörkret innan vi kunde åka. Det var mycket kallt på natten och vi frös på det där tåget.[49]

Under tiden råkade Kaisers närmaste chef, den ordinarie nazistiske distriktsledaren Lenk, som var sysselsatt med att bygga befästningslinjer i en annan del av Ostpreussen, komma hem mitt i kaoset. Men Lenk uppvisade inte någon heroisk sida, enligt Uschdraweit:

> Medan kvinnorna och barnen strömmade till järnvägsstationen dök Kreisleiter Lenk upp, försvann strax därefter och sågs berusad på bland annat värdshuset Kowarren. Detta faktum ledde senare till att han avsattes av Dargel och skickades till krigsmakten. Det står klart att förutom Kaiser var ingen partimyndighet på distriktsnivå på plats och gjorde sin plikt i denna kritiska situation. Då Lenk avskedades av Dargel i min närvaro motiverade han sitt uppträdande med att han varit tvungen att återvända till sitt byggavsnitt. (Detta låg i närheten av Tilsit.) – Klockan 11 den 23 oktober får Kaiser äntligen kontakt med Königsberg och skildrar situationen för Dargel. Dargel ryter åt honom, och undrar varför han i egenskap av ställföreträdande distriktsledare inte förhindrat befolkningens flykt… "Jag väntar mig inom kort en rapport om att ni skjutit några stycken." På Kaisers invändning att det nästan bara finns kvinnor och barn där, förklarar Dargel att dessa ska försvara

> husen. När Kaiser med stor möda klargör för Dargel att det hur som helst inte längre finns någon befolkning kvar i det hotade området, godkänner Dargel evakueringen av den del av distriktet som är ockuperad... Efter stora ansträngningar tillåter Dargel slutligen evakueringen av själva staden. (Jag hörde samtalet.) Jag förvissar mig om att det inte finns någon människa kvar i det angivna området efter att evakueringsordern träffats.
>
> Vid pass klockan 8 den 23 oktober anländer cirka 30 stridsvagnar till torget i Angerapp. Deras befälhavare kommer till mig och uppger att han inte kan gå till anfall, eftersom vägen Angerapp–Östra Station är igenkorkad av tre kolonner flyktingfordon i bredd. Han måste fram och kan inte ansvara för de människoförluster som därigenom uppstår. Jag ber om en timmas tidsfrist och lyckas faktiskt med polisens hjälp tömma vägen på den utsatta tiden och dirigera om kolonnerna i riktning Schubienen. Stridsvagnarna har för lite drivmedel, men jag kan lyckligtvis ge befälhavaren 4 000 kilo bensin som... beslagtagits från byggstaben. Anfallet sker omkring klockan 10 och man lyckas slå tillbaka ryssarna till cellulosafabriken (Kisuten) till den 24 oktober.[50]

Angerapp klarade sig med en hårsmån från att bli erövrat av ryssarna, men det var enbart tack vare den modige lokale ämbetsmannen Uschdraweits initiativkraft som befolkningen kunde sätta sig i säkerhet.

•

På kvällen den 22 oktober brottades Tjernjakovskij med allvarliga bekymmer. Visserligen inrapporterades nya framgångar, såsom att Goldap fallit, men offensivens första schvung var definitivt borta och arméerna stretade på i försöken att komma framt. Mest oroande var att Bagramian inställt sina operationer i Memel–Tilsit-området, sedan 3. pansararmén hunnit organisera en ny försvarslinje. Därmed var tyskarna fria att vända alla tillgängliga styrkor mot Tjernjakovskijs anfallskil. "Bagramian har lämnat mig i sticket", fräste generalen ilsket i sitt högkvarter.[51]

På kvällen beslutade han sig för att satsa allt på ett kort genom att beordra full fart framåt. Den 11. gardesarmén fick i uppdrag att inta både Gumbinnen och Angerapp inom 24 timmar samt anfalla de fientliga styrkor som upptäckts i anfallskilens flank vid Walterkehmen. Möjligheterna att erövra Gumbinnen verkade till en början goda, för ryssarna stötte bra på svagt motstånd, men bara några timmar senare hade läget försämrats drastiskt.

Arméchefen Galitskij hade nämligen rapporterat att han överraskats av ett fientligt kniptångsanfall i flankerna vid Tellrode och Walterkehmen, vilket hotade att skära av och förinta hela hans armé. Tjernjakovskij upphävde därför sin tidigare anfallsorder och beordrade styrkorna att retirera 15 kilometer till floden Rominte.

Kanske påverkades Tjernjakovskij av att den egna spaningen överdrivit fiendens numerär. Och han hade definitivt inte lust att utsätta sig för risken att bli en ny Tannenberggeneral.

•

Genom att sätta in några nyanlända divisioner i ett kniptångsanfall lyckades Hossbach i sista stund hejda fiendens anstormning. Tyskarna hävdade i en officiell segerkommuniké att de sovjetiska förlusterna därvidlag blev mycket stora: 1 255 fientliga stridsvagnar, 330 artilleripjäser och 212 flygplan.[52] Men de ryska källorna säger något helt annat. Galitskij hävdade senare att hans armé drog sig tillbaka intakt och 2. självständiga pansarkåren, som gått i spetsen för framstöten till Nemmersdorf och följaktligen hade längst väg tillbaka, rapporterade endast obetydliga förluster vid reträtten.[53] Ryssarna hävdade å sin sida att tyskarna förlorade 200 stridsvagnar och stormkanoner, samt över 300 artilleripjäser och granatkastare på slagfältet. Därjämte uppgav ryssarna att de tagit 187 artilleripjäser och granatkastare som krigsbyte.[54]

På kvällen den 23 oktober fullbordade Galitskij tillbakadragandet bakom Romintefloden, men i Moskva firades samma dag framgångarna i Ostpreussen med 20 artillerisalvor från 224 kanoner. Trots det allvarliga bakslaget fortsatte Tredje Vitryska Fronten att göra det ena rasande anfallet efter det andra, men mötte allt hårdare motstånd. Den 26 oktober lyckades ryssarna erövra Ebenrode, men offensiven hade vid det laget övergått i ett blodigt utnötningskrig. Den 28 oktober ebbade striderna ut och båda sidor började gräva nya skyttegravar och förbereda sig för vintern.

Tyskarna kunde dock notera en liten framgång, då de återerövrade det totalförstörda Goldap vid ett överraskningsanfall den 3–5 november. Därmed hade östfronten på nytt stabiliserats och de tyska arméerna stått emot det första försöket att erövra Ostpreussen. Men ett 150 gånger 40 kilometer stort område av provinsen hade fallit i ryssarnas händer och tyskarna var för svaga för att driva ut dem därifrån. Stalin hade definitivt fått fotfäste på tysk mark och Hossbach hade ingen anledning att jämföra sig med segerherren vid Tannenberg.

2

Nemmersdorf

Hämnd för Nemmersdorf!
(Slagord på tyska husväggar 1945)

Den fuktiga höstnatten höll på att släppa greppet om Nemmersdorftrakten[55], men dimman låg fortfarande mycket tät och det gick bara att se cirka femton steg framför sig. Det första slaget om Ostpreussen rasade sedan fyra dagar och fronten hade kommit mycket nära under den gångna natten. På borgmästare Grimms gård Schroedershof, en halv kilometer utanför byn, pågick ett febrilt packande. Efter kriget präntade husmor på gården, Margot Grimm, med välformade bokstäver ned vad som sedan hände:

> Det var den 20 oktober 1944, ungefär klockan sju på morgonen, då min man, den pensionerade kaptenen och lantbrukaren Johannes Grimm, född den 14 juni 1907, min dotter Sabine, min son Joachim, min svärmor Maria Grimm, min mor Maria Schroeder samt tio polska arbetare, sex polska kvinnor och deras barn satte sig i rörelse från vår gård, Schroedershof vid Nemmersdorf, med de lastade flyktvagnarna. I detta ögonblick dök det plötsligt upp en massa ryska soldater från Berkelnhållet och vid kvarnen, vilka vi inte hade sett i dimman. De hejdar oss med höjda gevär och tvingar oss att stiga ned från vagnarna. Den första vagnen, en täckt utflyktsvagn, kan dock komma undan i dimman, trots att den blir beskjuten. I denna befinner sig mor, svärmor och de båda barnen. Ryssarna skymfar oss. De vill utrota tyskarna och efter att de fråntagit männen klockorna omringar de min man, tar med honom några steg och innan jag hunnit reagera har han dödats genom ett skott i tinningen. De vill också skjuta några polacker som härstammar från Warszawa, men låter ändå bli. Nu genomsöks vagnarna och alla byggnader. Allting förstörs så långt det går. Under tiden klär polackerna på mig usla kläder, knyter en duk om mitt huvud och gör mig oigenkännlig. De namnger en polsk ort för mig och ger mig ett polskt namn. Jag ska inte yttra ett ord på tyska. Lyckligtvis

behärskar jag lite polska. Dessutom håller de mig i bakgrunden. Vi bevakas av ryssarna så att vi inte kan fly. Vi har gått in i tjänstefolkets hus. Det dröjer inte lång stund förrän flera ryssar kommer in till oss och frågar om vi är tyskar. Men polackerna förnekar detta, även om ryssarna hotar dem till livet om de håller tyskar gömda. En ryss iakttar mig en stund utan att säga något, men han distraheras då de andra ryska soldaterna stormar vidare till Nemmersdorf.[56]

Nemmersdorf var en liten lantlig by vid den meandrade floden Angerapp, inte olik någon annan gudsförgäten landsortshåla på den ostpreussiska landsbygden. Där fanns ett namnlöst trekantigt torg med ett monument över de ortens söner som stupat i första världskriget; kring torget låg kyrkan och prästgården, herr Henkies bageri samt de båda värdshusen ”Roter Krug” och ”Weisser Krug”. Östra utfarten ledde bortåt Walterkehmen, åt norr mot Gumbinnen och åt söder till staden Angerapp. Därutöver fanns i byn familjen Meyers stora herrgård, några hantverkare, en tygaffär, en slakteributik, en läkare och två–tre bypoliser. Församlingen omfattade 369 själar och de flesta av dessa hade mycket bråttom att packa på kvällen och natten till den 21 oktober. De bybor som inte hade någon egen transportmöjlighet hade blivit informerade om att de skulle bli avhämtade nästa förmiddag och att de i förväg skulle ställa ut sin packning i vägkanten.

Strax öster om byn var den enda bron över floden Angerapp belägen. Där rådde det kaos hela natten på grund av alla tillströmmande flyktingar som försökte ta sig över.

Klockan halv åtta på morgonen kom ryssarna. Solen hade redan varit uppe en stund, men dimman hindrade fortfarande sikten. Ropen och skriken vid bron blandades med motordån och bandrassel. Ett tjugotal ryska stridsvagnar plöjde igenom röran av flyktvagnar och krossade allt i sin väg i brådskan att erövra bron innan tyskarna hann spränga den. Pansarvidundren rullade över den 45 meter långa betongbron utan att möta något tyskt motstånd. Visserligen hade bron förberetts för sprängning av tyskarna, men av någon anledning verkställdes aldrig ordern. Kanske hann soldaterna aldrig aptera laddningen, kanske hade de redan gett sig av på grund av ett missförstånd. Sanningen får vi troligen aldrig veta, men det fanns med all sannolikhet inga tyska trupper som försvarade byn, även om ryska källor senare utnämnde byn till en hårt försvarad tysk stödjepunkt. Byn besattes snabbt av 2. pansarbataljonen och en skyttebataljon, båda tillhöriga 25. pansarbrigaden ur general

Burdejnys 2. självständiga gardespansarkår, vilken var den enhet som lyckades tränga längst in på tysk mark. Ryssarna bildade genast ett brohuvud omkring byn och började gräva försvarsställningar.

Gerda Meczulat tillhörde de byinvånare som aldrig hann ge sig av:

> Redan på kvällen den 20 oktober 1944 hörde vi annalkande artillerield, vilken pågick hela natten men blev starkare vid midnatt. I gryningen blev artillerielden oroväckande stark. Då vi såg att många byinvånare rustade sig till flykt – vi hade ingen möjlighet att ge oss av – beslutade sig min far och jag – han hade precis firat sin 71:a födelsedag – att gå till den för byinvånarna inrättade skyddsrumstunneln vid kanalen, där andra personer också redan hade sökt skydd.
>
> Där satt det gamla paret Kaminski, deras svärdotter och fyra barnbarn. Likaså ett gammalt äkta par – släktingar till Kaminskis – som hade flytt från Gumbinnen.
>
> Vi hade tillbringat några timmar där då det blev kusligt lugnt utanför. Min far menade att han skulle gå hem, mata djuren och hämta varmt kaffe åt alla. Det dröjde väldigt länge innan han återvände. Då berättade han att byn var full av ryssar. De hade stoppat honom, visiterat honom efter vapen och frågat vart han var på väg. Han uppgav sitt ärende och man lät honom gå till vårt hus utan att hindra honom. Nu ville också herr Kaminski hem för att hämta en filt. Men han kom snart tillbaka med oförrättat ärende och sa att ryssarna höll på att plundra allt bagage som lämnats vid vägkanten och att han inte hade tillåtits att gå till sitt hus. På gatan var det också en enda röra... Det måste ha varit tidigt på eftermiddagen, då ryssarna kom till vårt "skyddsrum". De stannade ganska länge hos oss och rotade bara igenom vårt handbagage. En ryss som såg sympatisk ut – han verkade vara befälhavare för styrkan – lekte till och med med de närvarande småbarnen. Långt senare, det led nog mot kvällen, uppenbarade sig en hög officer, vilken hade ett mycket häftigt gräl – så verkade det – med den förste truppchefen, innan han gav oss order att gå ut. Min far, som förstod lite ryska, försökte förklara att vi var civilister och inte hade gjort något och att han skulle låta oss gå. Med *Pasjol!* skickades vi ut i det fria. Min far ansåg att vi nu kunde gå hem. Men när vi kom ut stod soldater med skjutklara vapen på båda sidor om utgången för att döda oss med en kula i huvudet. Jag föll – på grund av att jag hade haft barnförlamning när jag var sju år gammal – rycktes upp och kände ingenting mer i uppståndelsen. Då jag kom till sans igen hörde jag barnen skrika samt gevärsskott. Därefter blev allt stilla. På natten – jag låg på lösa stenar en bit från ingången till tunneln – började striderna igen. Projektiler flög över kanalen, natthimlen var röd. Brukats gård tycktes ha fattat eld. Militär – tyskar eller ryssar? – sprang förbi mig.

> Nästa morgon (22 oktober 1944) hörde jag tyska röster ovanför mig och kröp fram i backen. Två tyska soldater kom fram från Techlers hus mittemot och ropade åt mig att jag skulle komma dit. Eftersom jag hade förlorat min käpp, utan vilken jag inte kan gå, kom de närmare och berättade för mig vad som hade hänt. Soldaterna förde mig till Adamshausen, som fortfarande låg under beskjutning. Strax före Adamshausen dök det upp en spaningspansarvagn, vilken tog mig till fältsjukhuset i Adamshausen. Därifrån kom jag till Insterburg och följande dag vidare till Osterode. I november förde ett lasarettståg oss till Neuruppin vid Berlin.[57]

Margot Grimm på Schroedershof höll sig gömd tillsammans med de polska kvinnorna tills området återerövrats av tyskarna:

> Under de följande två dagarna går ryssarna hit och dit utan att bekymra sig om oss, eftersom vi vistas bakom en skadad mur i tjänstefolkets hus och ryssarna inte tror att det finns några människor där. Efter två dagar ser jag en tysk soldat. Han vill hjälpa mig att fly. Nästa dag dyker ytterligare soldater upp, precis när jag med polackernas hjälp begravt min man i vår park. De ger mig rådet att fly omedelbart, på grund av att ryssarna dödat alla människor i Nemmersdorf och nog kommer hit snart igen. Trots att det fanns många flygplan i luften kom vi med flera vagnar på åkervägen bit för bit till Sodehnen via Kieselkehmen och senare till Danzig.[58]

Natten mellan den 22 och 23 oktober drog sig ryssarna tillbaka från Nemmersdorf, men deras första närvaro på tysk mark lämnade skakande spår i form av mördade kvinnor, barn och åldringar. Några dagar efter att byn återerövrats av tyskarna reste en major Hinrichs runt i trakten på uppdrag av det tyska överkommandot. Majoren fastställde att ett sextiotal döda civilpersoner påträffats i det befriade området:

Nemmersdorf	26
Alt-Wusterwitz	15 (delvis förkolnade)
godset Teichhof	13
Schestocken	3–4 (flickor)

De dödade kvinnorna uppvisade spår av våldtäkter. Vidare uppgav majoren i rapporten till sina överordnade att orterna Dauginten, Gerwischken, Kuttkuhnen, Mescheningken, Schublauken, Stulgen samt godsen Plicken och Wilcken utsatts för ”meningslös förstörelse”.[59] En läkarkommission lär ha undersökt offren, men kommissionens rapport har inte återfunnits. Sannolikt gick den upp i rök vid krigsslutet eller försvann i sovjetiska arkiv. Kvar finns bara en serie fotografier, vilka visar lik av vuxna och barn som radats upp på en åker.

En vetenskaplig undersökning som den pensionerade docenten i ryska Bernhard Fisch, som för övrigt var tysk artillerist vid striderna i Nemmersdorf-området 1944, har gjort av det tillgängliga källmaterialet bekräftar att ett trettiotal civila miste livet i Nemmersdorf under de timmar som byn var besatt av ryssarna. Av de döda var 19 personer bybor och 4–10 var flyktingar, vilka förmodligen råkat befinna sig i trängseln vid bron. Minst fyra av offren var små barn.[60] Men vad Fisch också visar är att ögonvittnenas ofta citerade redogörelser – det handlar oftast om soldater som deltog i återerövringen av byn – i långa stycken är gåtfulla, motsägande och direkt felaktiga. Trots det har de aldrig tidigare ifrågasatts, även om de tragiska händelserna tillmätts stor betydelse i efterkrigstidens tyska litteratur om krigsslutet. Det ovan citerade vittnesmålet av Gerda Meczulat, som överlevde massakern, har däremot blivit känt först på senare år.

Ett av de mest spridda vittnesmålen är det som folkstormsmannen Karl Potrek avlade några år efter krigsslutet:

> Redan strax utanför Nemmersdorf… fann vi förstört flyktingbagage och kringströdda vagnar. I själva Nemmersdorf hittade vi den samlade flyktingkolonnen. Alla vagnar hade blivit totalt förstörda av stridsvagnarna och låg i vägkanten eller i diket. Bagaget var plundrat, sönderslaget eller sönderrivet, alltså fullständigt förintat. Detta konstaterade jag vid upprensningen. I diket fann jag en herrjacka. Ett stycke vitt papper stack ut ur bröstfickan. Inte nyfikenhet, utan djupaste mänskliga medlidande med denna arma människa gav mig ingen ro, jag var tvungen att se efter vad det var. Det är bra att jag gjorde det. Det var ett kuvert med påskriften: Smedmästare Grohnwald, Gumbinnen. I kuvertet låg det fem tjugomarkssedlar. Dessa stack jag tillbaka i kuvertet i förhoppning om att ägaren ändå skulle komma tillbaka igen. Hela flyktingbagaget samlades ihop och bars in i bykyrkan. Av civilbefolkningen hittade vi inga spår.
>
> I byns utkant i riktning Sodehnen-Nemmersdorf ligger det ett stort värdshus, ”Weisser Krug”, på vänstra sidan av vägen, till höger därom går en väg som leder till de omkringliggande byggnaderna. Vid den första gården, till vänster om denna väg, stod det en skrinda. På denna hade fyra nakna kvinnor korsfästs med spikar igenom händerna. Bakom ”Weisser Krug”, i riktning mot Gumbinnen, ligger det en öppen plats med mo-

Offren från Nemmersdorf. Tyskarna gjorde ett stort propagandanummer av denna massaker. Foto: Bundesarchiv.

numentet över Den okände soldaten. Bortom denna öppna plats ligger återigen ett stort värdshus, "Roter Krug". Vid detta värdshus stod det en stor lada längs med vägen. På var och en av de båda logdörrarna var en naken kvinna korsfäst med spikar igenom händerna. Vidare hittade vi totalt 72 kvinnor i husen, inklusive barn och en gammal man på 74 år, vilka samtliga var döda, nästan uteslutande bestialiskt mördade, så när som på ett fåtal, vilka uppvisade nackskott. Bland de döda befann sig också barn i blöjåldern, vilka fått skallen inslagen med ett hårt föremål. I en kammare hittade vi en kvinna på 84 år i sittande ställning i en soffa, hon hade förlorat synen och var redan död. På liket saknades halva huvudet, vilket till synes hade huggits bort med en yxa eller en spade uppifrån ända ned till halsen.[61]

Redan här tar dock motsägelserna i de tyska vittnesmålen sin början. En annan folkstormssoldat, Emil Radüns, som också såg den dödade kvinnan nämner inget om ett sönderhugget huvud, utan uppger att hon satt "ihjälskjuten" på en stol, inte i en soffa.[62] Ovanstående saker är små detaljer i sammanhanget, men varifrån Potrek fått summan 72 dödsoffer enbart i Nemmersdorf är en gåta. Och vad gäller uppgiften om "korsfästa" kvinnor på logdörrar, innehöll nazipressens nyhetsrapportering inga sådana uppgifter, trots att en sådan grym och symbolladdad handling skulle ha varit ett självskrivet inslag i propagandan. Tidningen *Völkischer Beobachter* berättade däremot att en gammal man blivit "levande fastspikad på väggen", men i artikeln angavs Alt-Wusterwitz som platsen för denna handling. Uppgiften om fastspikade kvinnooffer går dock inte att avfärda med säkerhet, fastän Fisch starkt betvivlar saken, eftersom de återkommer i andra vittnesmål. Stabschefen för tyska 4. armén, generalmajor Erich Dethleffsen, intygade exempelvis för den internationella krigsförbrytartribunalen i Nürnberg 1946:

> Då ryska förband bröt igenom den tyska fronten i trakten av Gross Waltersdorf (sydost om Gumbinnen) och tillfälligtvis stötte fram till Nemmersdorf, dödades civilbefolkningen av ryska soldater i ett antal orter söder om Gumbinnen – delvis under tortyr såsom att bli fastspikade på logdörrar. Ett stort antal kvinnor våldtogs dessförinnan. Därvid avrättades också cirka 50 franska krigsfångar av ryska soldater. De aktuella orterna var åter i tysk hand 48 timmar senare. Några dagar därefter tog jag del av förhören med överlevande vittnen, läkarrapporterna om obduktionen och fotografierna av liken.[63]

Ett annat nyupptäckt vittne, författaren Harry Thürk, på den tiden soldat i pansarkåren Hermann Göring, var en av de första soldaterna som beträdde byn. Han bekräftar att det fanns fastspikade människor, men uttrycker sig i övrigt mer återhållsamt och nyanserat än andra ögonvittnen:

> Vi stötte fram mot Nemmersdorf från väst eller nordväst och nådde Angerapp norr om byn samma dag. Det var också vårt uppdrag. I byn till höger om oss hörde vi finkalibrig eld. Grupper satte sig i rörelse söderut mot byn och trängde in i de första husen. Det var ett mindre hus, ingen gård. Vi led små förluster och bekämpade ett fåtal stridsvagnar. Det led redan mot kvällen. Då vi kommit in i byn den 23 [oktober] satt ryssarna på Angerapps östra strand, vi kunde se dem på kullen mitt emot oss. Jag såg inga stupade ryssar i samhället, endast en sårad.
>
> Majoriteten av husen uppvisade små skador, vilket förvånade oss, eftersom vårt artilleri hade skjutit här, men de träffade nog inte riktigt. Det var alltså ingen allvarlig förstörelse.
>
> Jag såg döda civilpersoner på en inhägnad gödselstack. Där låg en äldre man som hade en dynggrepe inkörd i bröstkorgen. Men [...] bara en patolog kan avgöra om han blivit dödad på det sättet eller om han redan var död och någon stött gaffeln i honom.
>
> Nere vid floden, på vägen, fanns en öppen plan full av förstörda hästvagnar

och döda hästar. Där låg det också döda civilpersoner, vilka tillhörde en flyktingkolonn och som omkommit genom beskjutningen. Det var en fast grusväg. På vägen låg det hushållsföremål om vartannat, från grytor till babynappar.

I byn såg jag döda civilpersoner. I egenskap av soldat ser man inte hur de har dött. Ett litet sår i buken kan härröra från en bajonett, men också från ett granatsplitter. Det kan enbart avgöras genom en obduktion. Vi sattes in för att bärga liken, för att soldaterna skulle hållas sysselsatta, såsom det gick till i krigsmakten. Jag var bara inne hus norr om vägen mellan kyrkan och floden. I ett stort kök låg en gammal kvinna på stengolvet. En yngre kvinna låg i farstun. Jag hittade ingen sittande i soffan. Därefter var vi i ett sovrum med järnsängar, vitlackerade. En säng var genomdränkt av blod, men det låg ingen i den.

Några av de döda samlades ihop, de bars på filtar och losstagna dörrar. På dörren till en lada, på högra dörrflygeln, hade en kvinna spikats fast. Hon var påklädd. Soldaterna diskuterade hur de skulle ta ner henne. Dra ut spikarna, så okänslig var man inte. Dörren lyftes en bit underifrån med hjälp av stänger, på insidan stöttade några dörren upptill med stänger så att den inte skulle falla våldsamt bakåt. Då den låg ned gick vi vidare. Det var på en gård, inte vid vägen eller på någon höskrinda. Ja, det var på en gård, jag erinrar mig att halvbandvagnen som vi satt på måste köra över staketet för att komma in till gården.

De döda måste begravas snabbt eftersom det var väldigt varmt hela dagen. Redan då vi var där gjorde sig flugorna oangenämt påminda.

Under färden pratade vi naturligtvis om det inträffade. Vi kunde bara tänka oss att de måste ha varit fruktansvärt berusade. Annars kan ingen människa vara i stånd till något sådant. Vi fortsatte i varje fall inte marschen över bron, utan förflyttade oss. Ryssarna drog sig tillbaka längre österut. En chaufför berättade att så fort som de dragit sig tillbaka sattes folkstorm in i byn. Möjligtvis har de röjt upp.[64]

Ovan har bara några av de idag kända vittnesmålen om Nemmersdorf presenterats och enbart dessa innehåller flera inkonsekvenser. Det råder inget tvivel om att försvarslösa tyska civila massakrerades av sovjetiska soldater i Nemmersdorf i oktober 1944, men det finns flera berättigade frågor att ställa kring de omständigheter under vilket detta kan ha skett. Bernhard Fisch tvivlar på att kvinnorna blivit våldtagna innan de mördades. De bevarade fotografierna på kvinnliga offer med uppslitna kjolar och neddragna underbyxor kan mycket väl vara arrangerade, menar han, eftersom det skulle ha varit mycket opraktiskt eller stötande för uppröjningskommandot att bära liken på det sättet. Häremot kan man dock invända att det ena inte utesluter det andra, det vill säga att likens kläder ”lagts till rätta” igen för fotografen för att förstärka propagandaeffekten. Vi vet nämligen att ett antal officiella krigskorrespondenter besökte byn efter återerövringen. Angående osäkerheten och motsägelserna mellan olika redogörelser, vilka Fisch förtjänstfullt skärskådat, måste man komma ihåg att många personer besökte olika delar av byn och såg olika saker, men inte helheten. Tidsavståndet mellan upplevelserna och utsagorna, samt allt vad vittnena kan ha läst och hört om händelsen under mellankrigstiden, bidrar också till att grumla de egentliga hågkomsterna. Ett antal vittnesuppgifter kan emellertid direkt klassas som överdrifter, till exempel att inga överlevande hittades, att flyktingar krossades under ryska stridsvagnars larvfötter och att det handlade om en planmässig mordaktion.[65] En kapten Herminghaus påstod rent av att han mitt i stridens hetta ”med egna ögon” ska ha iakttagit hur kvinnor fördes bort av ryssarna för att våldtas.[66]

•

Nemmersdorf har gett upphov till ett av andra världskrigets stora dilemman och mytbildningar. Dilemmat tar sig uttryck i en halsbrytande moralisk kullerbytta, varigenom det folk, ur vilket nazisterna framsprungit och som bar skulden till kriget och oräkneliga grymheter i Europa, plötsligt förvandlas till hjälplösa offer och segerherrarna/befriarna till våldsmän. Detta tvingar oss att närma oss ett tabubelagt ämne, det hur befrielsen av Tyskland från nazismen egentligen gick till i öster.

Människorna i de östra delarna av Tyskland, som erövrades av Röda armén, fick i allmänhet betala ett högre pris än sina landsmän i väster. Miljontals tyskar flydde från sina hem utan möjlighet att någonsin kunna återvända, och många förlorade också livet på grund av flyktens prövningar. Återstoden av den tyska befolkningen i de riksdelar som tillföll Polen och Sovjetunionen fördrevs efter kriget från sina hem, vilka övertogs av polacker och ryssar som förlorat sina hem någon annanstans. Detta är en av de största folkomflyttningarna i vår tids historia och den har ofta gått under det byråkratiska namnet ”befolkningstransfer”, vilket inte säger något om allt det lidande som de drabbade tvingades utstå.

Men då man talar om de sovjetiska övergreppen i östra Tyskland och de händelser som ledde till fördrivningen av cirka 15 miljoner tyskar från Östeuropa i samband med krigsslutet, kommer det moraliska dilemmat. Går det att prata om de sovjetiska övergreppen i Tyskland utan att de nazistiska grymheterna ställs i skuggan? Till exempel gör så kallade historierevisionister i debatten om Hitlertyskland medvetna försök att å ena sidan förringa eller förneka judeutrotningen och å den andra framhäva de allierades övergrepp mot tyska civila 1944–45. Ett vanligt grepp i mindre seriösa sammanhang är också att ställa Hitlers utrotning av sex miljoner judar mot Stalins folkmord och dra slutsatsen att Stalin var värre. I åtskilliga tyska historieböcker om den tyska flykten och fördrivningen från östra Tyskland 1944–45, vilka författats under 1950- och 60-talen, sätts händelserna inte alls, eller bara i förbigående, in i sin rätta kontext.[67] Detta är samtidigt en svår balansgång, eftersom det är både osmakligt och till stor del meningslöst att jämföra olika historiska krigsförbrytelser med varandra om man råkar halka in på moraliska resonemang. Vad som är viktigt ur historisk synvinkel när det gäller det ena eller andra folkmordet är att försöka besvara frågan varför.

Nemmersdorf kommer aldrig att nämnas i samma andetag som Lidice, Oradour eller Babij Jar. Sett till antalet offer är den tragiska händelsen en fotnot bland otaliga i andra världskrigets blodfyllda annaler, men även tyskarna hade rätt att beklaga sina döda. Dessutom var Nemmersdorf mer än en fotnot för tyskarna – det var förvarningen om vad som skulle utspelas under Röda arméns väg till Elbe under de sista krigsmånaderna 1945.

•

Kvinnor och barn mördade av en skoningslös fiende var just den nyhet som propagandaministern Joseph Goebbels behövde. Stämningen hos allmänheten hade nästan nått nollpunkten efter de katastrofala nederlagen på alla fronter 1944 och de allierades framryckning till Tysklands gränser i både öster och väster.

Nyheten om massakern spreds som en löpeld genom den likriktade tyska pressen. I exempelvis *Völkischer Beobachter* den 27 oktober hälsades läsarna av rubrikerna: ”De sovjetiska bestarnas raseri – Fruktansvärda brott i Nemmersdorf – I mordbrännarnas spår i de befriade ostpreussiska orterna.”[68] I artikeln medgavs naturligtvis inte att evakueringen hade skett för sent, eftersom det kunnat rubba befolkningens tilltro till myndigheterna:

> Nästan hela befolkningen i de av ryssarna ockuperade samhällena evakuerades i god tid. Genom en plötslig framstöt av ryska stridsvagnar blev några bybor överraskade av bolsjevikerna.[69]

På "Deutsche Wochenschau", journalfilmen som uppfördes på de tyska biograferna varje vecka, serverades publiken bilder på mördade civila. Tidningar och radio fylldes av skräckhistorier om vad som komma skulle, utifall "de bolsjevikiska horderna" lyckades bryta igenom. Avsikten var att höja soldaternas och hemmafrontens motståndsvilja, vilket det också delvis gjorde, men skrämselvapnet var tveeggat, eftersom människorna oundvikligen drog slutsatsen att de inte hade något annat alternativ än att fly. Nemmersdorf blev i propagandan ett begrepp för vad som väntade tyskarna om "dammen brast" i öster.

Journalister från neutrala länder besökte de återerövrade områdena, och en korrespondent för den protyska schweiziska tidningen *Courrier de Genève* rapporterade för sina läsare:

> Civilbefolkningen har så att säga försvunnit från det omstridda området, för de flesta lantbor har flytt med sina familjer. Med undantag av en ung kvinna och en polsk arbetare har alla kvarvarande förintats av Röda armén. Trettio män, tjugo kvinnor, femton barn föll i ryssarnas händer och dödades i Nemmersdorf. I Brauersdorf har jag själv sett två lantarbetare av fransk härkomst, vilka likaså hade blivit massakrerade. En av dem kunde identifieras. Inte långt därifrån trettio tyska fångar, som hade lidit samma öde. Jag besparar er skildringen av lemlästningarna och den fruktansvärda anblicken av liken på öppna fältet. Det är intryck som också överträffar den livligaste fantasi.[70]

Efter Nemmersdorf tvingades Koch göra nya eftergifter åt militären i sin benhårda attityd mot evakueringar. Cirka 400 000 människor evakuerades från gränsområdena i östra Ostpreussen till de inre delarna av provinsen, samt till Sachsen, Pommern och Thüringen.

> Men med hänsyn till den förestående sista striden om Ostpreussen utfärdades, trots alla varningar från de militära ledarna, ingen grundläggande instruktion från den politiska riksledningens sida i rätt tid angående framtiden för den ostpreussiska befolkningen, vilken nu var hotad i sin helhet![71]

·

Den lilla byn Kneifen mellan Insterburg och Tilsit bakom 3. pansararméns linjer var en av de orter som i ett slag blev nästan öde. De enda tyskar som stannade kvar i byn var 15-årige Alfred Adomeit och hans pappa, vilka hade ansvar för ett tiotal polska och franska krigsfångar som var slavarbetare i jordbruket.

> Byn omfattade bara fem småbruk och två stora gårdar. Pappa var hemvärnsman och skulle vakta husen mot plundrare. Jag stannade kvar som hans hjälpreda och med hjälp av krigsfångarna skulle vi också ta hand om korna som lämnats kvar i ladugårdarna.
>
> Mamma och lillebror hade evakuerats till Mohrungen – en ort i andra änden av Ostpreussen – i november 1944. Där befann sig också min kusin Herbert. Det var långt dit, och de skulle vara absolut säkra där om något hände, trodde jag. Naturligtvis längtade jag mycket efter dem, men mest orolig var jag för min storebror Helmut, som rapporterades saknad på västfronten. Ingen visste om han levde eller var död.
>
> Det sades att byborna skulle kunna återvända hem till våren, men det såg farligt ut. Fronten var bara några mil bort och det rustades till drabbning. Åkrarna och ängarna runt byn var helt söndergrävda av militären. De hade byggt skyttegravar, stridsvagnshinder och bunkrar. Några månader tidigare hade jag varit med och byggt försvarslinjer i Litauen. Dit men inte längre skulle ryssarna komma, sa man då. Men nu grävdes det plötsligt i vår egen by![72]

En tredjedel av provinsens yta evakuerades helt eller delvis, men invånarna skickades bara från gränsområdena till mottagningsorter någon eller några mil inåt landet där befolkningstätheten nästan över en natt ökade med i genomsnitt 15 procent.[73] I den rådande militära situationen med överlägsna fiendestyrkor som knackade på porten, riskerade varje fientlig pansarstöt att snabbt bryta in i dessa tätbefolkade områden. Och i efterhand bekräftades farhågorna då dessa områden hastigt drogs in i stridszonen.

En tyst utvandring från Ostpreussen började under höstmånaderna 1944. Koch gick med på att mödrar med små barn samt gamla och sjuka kunde få lämna provinsen med specialtillstånd, men enbart om de kunde dokumentera att de hade tillgång till mat och husrum hos exempelvis släktingar på annat håll i Tyskland. Det lade naturligtvis en stor hämsko på utrymningen.

I mars 1944 hade provinsen 2 346 000 invånare, men i december samma år hade antalet sjunkit till 1 754 000.[74] Differensen är 600 000 personer, som delvis kan förklaras av fortsatta inkallelser, men huvudsakligen beror på avflyttning. En stor del av dessa var stadsbor som evakuerats från bombhotade städer i andra delar av Tyskland, och de behövde inget tillstånd för att ge sig av, eftersom de ändå ansågs ligga provinsen till last. De flesta ostpreussare saknade dock möjlighet att hitta en säkrare uppehållsort på legal väg.

Under tio höst- och vinterveckor härskade tystnaden på östfronten i Polen och vid tyska östgränsen. De största nyheterna tidningarna hade att förtälja var de hårda försvarsstriderna på den ungerska pustan och den stora Ardenner-offensiven på västfronten, som sände en ilning av hopp genom tyskarna den 16 december. Men kring julen nåddes allmänheten inte längre av några seger-rapporter från väst. Vemodiga julsånger klingade snart i de tyska hemmen, i de utbombades baracker och skyttegravarnas råa krypin. De flesta tyskar anade nog att slutet var nära, men få kunde föreställa sig hur det skulle bli.

3
Korthuset faller

> Den dagen uppfylldes alla våra planer med synnerlig precision, vilken, måste det sägas, inte uppnås så ofta i krig. Det är detta som bereder mig det största nöjet när jag erinrar mig dagen för genombrottet.
> (Marskalk Ivan Stepanovitj Konjev)

Tankfullt sänkte den 21-årige löjtnanten Wilhelm Schmidt kikaren. Även om det inte gick att urskilja så mycket av fienden på andra sidan ingenmansland hade han ändå dragit slutsatsen att de senaste månadernas skyttegravskrig snart skulle vara till ända. Styvt två års tjänstgöring på östfronten hade gjort honom väl förtrogen med hur ryssarna fungerade och de senaste dagarnas ökade aktivitet skvallrade om att något stort var i görningen. Alltfler fientliga spaningsplan syntes i luften och titt som tätt utsattes de tyska linjerna för slumpskott från nyanlända ryska artilleribatterier, vilka riktade in pjäserna. Klangen av hackor och spadar hördes ibland tydligt när ryssarna grävde skansar allt längre in i ingenmansland, ibland så nära som 150 meter från tyskarnas skyttegravar. Och tidvis skrålade antinazistisk propaganda och musik från högtalarna som ryssarna placerat ut, men Schmidt visste att högtalarna hade ett dubbelt syfte, de skulle inte bara demoralisera tyskarna och minska deras vaksamhet, utan också hindra dem från att höra motordånet när nya kolonner av fientliga stridsvagnar och lastbilar rullade fram till fiendens grupperingsområden. En lugn front var allt annat än tyst.

Men döden och dödsångesten gjorde sig ständigt påmind för soldaterna på båda sidor, i synnerhet under dessa långa veckor av väntan på att något skulle hända.

> Där ligger en soldat... i sin grop och kan inte sticka ut näsan utan att det smäller, och ändå måste han spana på fienden. Alltså kikar han gång på gång försiktigt över värnet, varje ögonblick kan en kula träffa honom. Granater slår ned varje dag... Jorden bävar och stänker, skyddsrummet skakar, splitter visslar förbi. Under nätterna, då det inte går att se något men man hör desto mer, rinner ögonen på grund av det eviga stirrandet, fantasin arbetar febrilt, huttrande står mannen insvept i sin tältduk, lyssnande timme efter timme med nerverna på helspänn. I gryningen kryper han ned i skyddsrummet, genomfrusen och dödstrött, det är trångt, fuktigt, bullrigt, halvmörkt, lössen plågar honom.[75]

Så beskriver en tysk frontveteran soldatens vardag, långt från historieböckernas berömda fältslag.

I välkamouflerade värn på bägge sidor om löjtnanten stod hans batteri om fyra tunga pansarvärnskanoner än så länge tysta, som långhalsade förstenade drakar. Fast inte så länge till, anade han. Röda armén spände musklerna och snart måste soldaterna i sina smutsiga snöblusar på nytt börja kampen på liv och död. Ryssarnas sommaroffensiv 1944 hade fört dem ända till floden Weichsel och Warszawas förstäder djupt inne i Polen. På flera ställen hade de ryska styrkorna lyckats överskrida den breda floden och upprätta brohuvuden, vilka vart och ett kunde rymma flera arméer. Brohuvudena utgjorde således utmärkta språngbrädor från vilka det tyska försvaret i öster kunde krossas, en möjlighet Stalin inte försummade att utnyttja. Uppladdningen inför en sovjetisk vinteroffensiv hade pågått i flera månader och väldiga anfallsstyrkor hade samlats framför den ytterst svaga tyska försvarslinjen i Polen. Men Hitler vägrade lyssna på alla varningssignaler från sina underrättelseofficerare och den hetlevrade arméstabschefen, generalöverste Heinz Guderian, eftersom han var upptagen med att spela ut sin sista trumf på västfronten i form av den överraskande Ardenneroffensiven i december 1944. Guderian beskrev för Hitler östfronten som ett korthus – faller ett kort faller alla, men Führern hade avfärdat alla uppgifter om hotet i öster som ”den största bluffen sedan Djingis khan”.

Nu höll dock den här bluffen på att materialiseras. Ryssarna hade valt det största av sina Weichselbrohuvuden, vilket täckte en yta på 80 gånger 50 kilometer och hade den lilla staden Sandomierz i södra Polen som centrum. Vägen ut ur brohuvudet blockerades av tyska XXXXVIII. pansarkåren[76], i vilken löjtnant Schmidts pansarvärnsbatteri ingick. Just här, där Schmidt stod vid västra delen av Sandomierzbrohuvudet, vilket på tyska militärkartor kallades Baranowbrohuvudet efter en annan ort i grannskapet, var platsen där ryssarna tänkte blåsa omkull korthuset. Katastrofen som skulle ta sin början om bara några timmar var av sådana mått att varken den enkle löjtnanten vid sina pansarvärnskanoner eller ens den tyska generalstaben borta i Zossen utanför Berlin klart kunde överblicka dess konsekvenser förrän det var för sent.

Vintermörkret lade sig tungt och ogenomträngligt över nejden på fredagskvällen den 11 januari 1945. Åtskilliga tyska soldater hade känt vintersolen på sina kinder för sista gången.

·

En frontgeneral som inte krupit till kojs ännu var XXXXVIII. pansarkårens befälhavare, riksfriherren Maximilian von Edelsheim, vilken med stor oro följt de senaste tre dagarnas sovjetiska uppmarsch till utgångsställningarna. Han hade inte mycket att sätta emot. Denne senige och kärve preussare, som i egenskap av ung kavalleriofficer under första världskriget jagat tsarens miserabla soldathopar, hade under nästa världskrig upplevt hur Röda armén växt till en formidabel motståndare samtidigt som den tyska krigsmakten knäade under det ena nederlaget efter det andra. Hans pansarkår innehöll numera inte en enda stridsvagn, utan bara tre försvagade infanteridivisioner, totalt cirka 30 000 man med ett 70-tal banddrivna stormkanoner[77], 80 pansarvärnskanoner och 300 artilleripjäser. Med dessa styrkor skulle han hålla en 60 kilometer bred sektor mellan Lysa Gorabergen och Szczugin sydöst om Kielce. Men linjen var erbarmligt tunn. I genomsnitt hade han blott en infanterisoldat på var femtonde meter, eftersom långt ifrån alla soldater tillhörde stridande enheter. Bristen på manskap hade tvingat honom att dra samman plutoner och kompanier i en gles kedja av stödjepunkter, nämligen cirkelrunda komplex av skyttegravar, bunkrar och värn, vilka kunde försvaras åt alla håll.

Storleken på fiendestyrkorna framför honom var kolossal av underrättelserapporterna att döma. Och i verkligheten var de rentav ännu större än vad underrättelsetjänsten hade belägg för. Sandomierzbrohuvudet var bokstavligt talat fullpackat av fiender. Där fanns enligt ryska uppgifter tio arméer med en miljon soldater, 2 255 stridsvagnar, 989 stormkanoner och 17 000 artilleripjäser.[78]

Men ordern från von Edelsheims överordnade i staberna för 4. pansararmén och armégrupp A var kategorisk: inte ett steg tillbaka! Detta var naturligtvis till syvende och sist Hitlers halstarriga vilja, som inte lämnade något

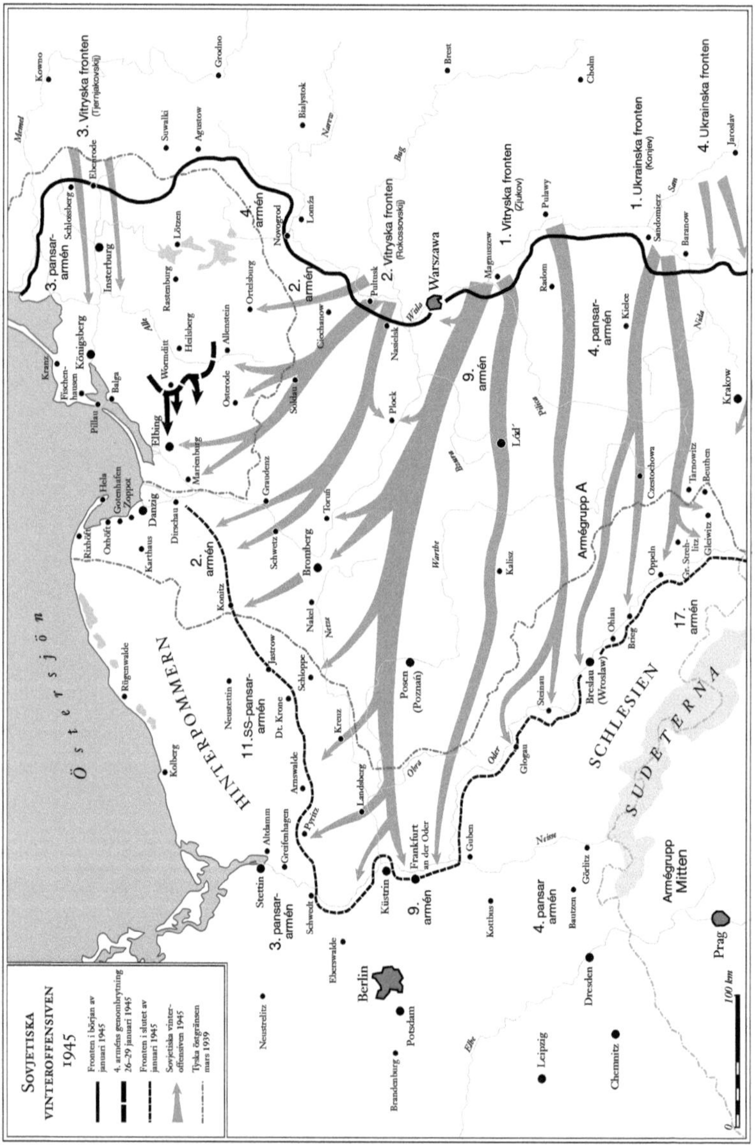
Sovjetiska vinteroffensiven 1945
Fronten i början av januari 1945
4. arméns genombrytning 26–29 januari 1945
Fronten i slutet av januari 1945
Sovjetiska vinteroffensiven 1945
Tyska östgränsen mars 1939
Östersjön
HINTERPOMMERN
SCHLESIEN
SUDETERNA
3. Vitryska fronten
(Tjernjakovskij)
2. Vitryska fronten
(Rokossovskij)
1. Vitryska fronten
(Zjukov)
1. Ukrainska fronten
(Konjev)
4. Ukrainska fronten
3. pansararmén
4. armén
2. armén
9. armén
4. pansararmén
Armégrupp A
17. armén
11. SS-pansararmén
Armégrupp Mitten
Königsberg
Insterburg
Elbing
Danzig
Warszawa
Łódź
Posen
(Poznań)
Breslau
(Wrosław)
Bromberg
Stettin
Küstrin
Frankfurt
an der Oder
Berlin
Potsdam
Dresden
Leipzig
Chemnitz
Prag
Krakow
Kielce
Radom
Plock
Kalisz
Oppeln
Glogau
Kolberg
Konitz
100 km

handlingsutrymme kvar åt honom. För den adlige yrkessoldaten var det uppenbart att ledningen i Berlin förlorat kontakten med verkligheten. Vi vet emellertid inte vilka politiska idéer general von Edelsheim hyste på den tiden – om han ens hade några – men liksom de flesta av sina kollegor hade han stillatigande lytt regimens diktat och uppvisat en åtminstone reglementsenlig entusiasm för Hitler. Först så sent som 1944 hade han definitivt omvärderat Tredje rikets utsikter att vinna kriget.[79] Även för honom blev det alltmer uppenbart hur samsvetslöst Hitler spelade med tyska liv.

Oddsen att stoppa fienden vid Weichsel var synnerligen deprimerande, vilket von Edelsheim var väl medveten om. I december 1944 hade ett teoretiskt krigsspel genomförts i högkvarteret för armégrupp A, som hade överbefälet över de tyska styrkorna mellan Warszawa och Slovakien, vid vilket arméchefer, kårchefer och stabsofficerare samlats för att spela upp ett sannolikt stridsförlopp. Spelscenariot var ett kraftigt fientligt anfall från brohuvudena och tolv timmars spelande gav vid handen att fienden redan på offensivens sjätte dag väntades bryta in i den tyska riksprovinsen Schlesien 200 kilometer längre västerut, där över fyra miljoner tyska civila svävade i okunnighet om faran.

Generalen var djupt bekymrad när han gick och lade sig fram på småtimmarna. En av hans divisioner hade tagit en rysk krigsfånge som avslöjat att offensiven skulle börja nästa gryning, men hans överordnade vägrade sätta tilltro till uppgifterna med motiveringen att vädret var för dåligt för att de sovjetiska flygplanen skulle kunna lyfta.

Om hans tunna front inte höll och om inte heller XXIV. pansarkåren på 200 stridsvagnar, som låg i reserv bakom hans rygg, kunde stå emot offensiven, då skulle inget kunna hejda ryssarna från att nå Tyskland. Det fanns inga fler reserver att ta till. Guderians liknelse var träffande: det vore som att peta omkull ett korthus.

Då var det bara några timmar kvar tills hans trupper skulle träffas av det dittills kraftigaste artilleribombardemanget under hela kriget. På andra sidan ingenmansland hade soldaterna i Första Ukrainska Fronten precis blivit informerade av sina befäl om vad som förestod.

·

Snart randades den 12 januari. Under en stjärnklar himmel ålade ryska ingenjörssoldater fram mot de tyska skyttevärnen för att klippa hål i taggtrådshindren och röja vägar igenom minfälten. Oupptäckta lyckades de genomföra sitt uppdrag, väl medvetna om att minsta ljud kunde alarmera de tyska vaktposterna.

Längre fram på natten blev vädret som väntat sämre. Tjocka moln drog in och snön föll tätt. Sedan steg dimman. General von Edelsheims överordnade hade visserligen fått rätt: det var inget flygväder, men det stoppade ändå inte hans motståndare, marskalken Ivan Stepanovitj Konjev. Om det egna flyget inte kunde lyfta, kunde inte heller fiendens göra det, resonerade denne. Hans Första Ukrainska Front väntade bara på ordern att sätta igång.

Marskalken hade inrättat en observationspost i en liten bondgård i skogsbrynet strax bakom frontlinjen. Härifrån hade han haft god utsikt över slagfältet om inte snöfallet varit. Konjev, vilken tyst stirrade ut i natten, framstod som en typisk representant för den sovjetiska krigarkasten. Han hade ett brett slaviskt ansikte med kraftig, beslutsam underkäke, grovt utmejslade anletsdrag och inget hår på hjässan. Aggressivitet och auktoritet utstrålade från hela hans gestalt, även om vissa tyckte att han såg lika oförarglig ut som en bonde i uniform.

Konjev var en skicklig härförare och sades uppträda som en barbar i strid. ”Vi lät kosackerna hugga och slå så länge de ville och orkade. De högg till och med händerna av dem som lyfte dem till tecken på kapitulation!” yttrade han en gång på tal om slaget vid Korsun 1944.[80] På samma gång betraktades den vanligtvis fåordige marskalken som en beläst och bildad man, vilken inför en förvånad stab svängde sig med citat av stora ryska författare. Sin militära bana hade han börjat 19 år gammal 1916, före den ryska revolutionen. Två år senare gick han in i Röda armén och blev politisk kommissarie under inbördeskriget mellan de röda och de vita. Slutligen hade han passerat genom det nålsöga som ledde till ära och berömmelse. Andra världskrigets sovjetiska befälhavare var nämligen en produkt av den hårdaste och godtyckligaste skola man kan tänka sig. De hade överlevt Stalins utrensningar inom officerskåren i slutet av 30-talet då 40 000 officerare försvann, och även klarat sig under det kritiska skedet av den tyska invasionen 1941, då många av dem stupade i strid, tillfångatogs eller arkebuserades på grund av sina misslyckanden. Från och med 1942–43 hade Stalin däremot, till skillnad från Hitler, gett generalerna en viss frihet och låtit dem lära av sina misstag. Därigenom skapades en klass av mycket dugliga fältherrar som ledde Röda armén från den ena segern till den andra. Och medan Hitler grundade en partiarmé, Waffen-SS, vid sidan av den reguljära, var Röda armén helt igenom en ideologisk skapelse, där alla från marskalk ned till trosskusk omfattades av den kommunistiska läran. Indoktrineringen sköttes så effektivt av politiska kommissarier att Hitler så småningom försökte kopiera systemet, dock ej med samma framgång.

Det var emellertid först 1943–44 som Konjev blev ett namn på mångas läppar sedan han befriat stora delar av Ukraina från fiender. Marskalk blev han i februari 1944 och nästan ett år senare tillhörde han huvudrollsinnehavarna vid den förestående erövringen av Tyskland.

Under hela den gångna hösten hade ett febrilt planeringsarbete pågått i det sovjetiska överkommandot, Stavka, och resultatet var den plan som skulle sättas i verket inom några minuter för att avsluta hela kriget inom loppet av 45 dagar. Det första skedet av operationen omfattade 15 dagar, under vilka terrängen öster om linjen Marienburg–Poznan–Breslau skulle erövras, det vill säga större delen av västra Polen samt hela Ostpreussen och Oberschlesien. Det andra skedet om 30 dagar skulle följa utan mellanliggande paus och då var målet att erövra Berlin samt nå Elbe. Fyra mäktiga knockoutslag hade förberetts för att smula sönder östfronten mellan Östersjön och Karpaterna.

Konjev sneglade dock vaksamt på sin högra granne, marskalk Georgij Zjukov vid Första Vitryska Fronten söder om Warszawa. Zjukov och Konjev var bittra rivaler och trots den sistnämndes ambitioner och ihärdighet hamnade han liksom alla andra fältherrar ständigt i skuggan av Zjukov, vilken betraktades som Sovjetunionens mest briljante härförare. Det fanns nästan ingen framgångsrik operation på östfronten där Zjukov inte haft sitt finger med i spelet. År 1939 ledde han de sovjetiska trupperna vid den manchuriska gränsen och tillfogade japanerna ett svidande nederlag vid Chalkin-Gol. I januari 1941 utnämndes han till generalstabschef för Röda armén och när kriget mot Tyskland bröt ut samma år organiserade han försvaret av Leningrad och Moskva. I oktober korsades de båda fältherrarnas vägar, då Zjukov räddade Konjev från krigsrätt på grund av ett misslyckat motanfall, varvid en stor del av hans trupper omringats och förintats vid Vjazma. Zjukov tog dock hans plats som befälhavare på det aktuella avsnittet, men behöll honom som ställföreträdare.[81] Allt detta upplevdes som en förödmjukelse av den sistnämnde, som i likhet med Zjukov hade ett hett temperament. Att Zjukov dessutom gärna läxade upp underordnade på det mest bryska och sårande sätt kan knappast ha bidragit till att öka Konjevs tacksamhetskänslor.

Nu var Zjukov (av Stalin) påtänkt för krigets största trofé, Berlin, men det skulle inte hindra Konjev från att ge sig in i en kapplöpning för att snappa åt sig bytet mitt framför ögonen på honom. Vägen dit var emellertid ännu lång.

Marskalk Konjev hade dock fått äran att inleda den sovjetiska vinteroffensiven, som tidigarelagts en vecka på grund av de västallierades svårigheter på västfronten.

·

Flygvapnet måste visserligen stanna på marken, men Konjev hade artilleri så det räckte för att mjuka upp fienden. På den 40 kilometer breda anfallsfronten stod artilleripjäserna nästan hjul vid hjul, cirka 250–280 pjäser per frontkilometer.[82]

Klockan fem, Moskvatid[83], på morgonen den 12 januari beordrade han sina kanonjärer att ge eld. Tusentals granater visslade iväg mot den tyska linjen mellan Pacanów och Borów, de norra två tredjedelarna av von Edelsheims front.

·

Furiren Egon Naggert hos 304. infanteridivisionen studsade upp från britsen i den lilla timrade signalbunkern, där han fört en tämligen händelselös tillvaro de senaste månaderna. Väggarna, taket och golvet skakade och dånet var öronbedövande.

> Det var den värsta artillerield jag upplevt under mina två och ett halvt år på östfronten. Det är möjligt att de högre staberna visste att ett ryskt storanfall var på gång, men för oss soldater kom det som en total överraskning.[84]

De fem signalisterna var inom ett ögonblick i högsta beredskap vid radioapparaterna. Bunkern låg cirka åtta kilometer bakom frontlinjen och tillhörde en regementsstab, vilket kan ha räddat livet på Naggert och hans kamrater, på grund av att inga granater slog ned i det området.

> Strax efter artillerieldens början kom det ett telefonsamtal från regementschefen att det stora slaget inletts, men det hörde vi ju redan. Den hittillsvarande radiotystnaden upphävdes och vi slog omedelbart på mottagarna. Under den här tiden pratade vi inte mycket, för vi var väldigt rädda. Även om telefonförbindelsen till divisionen ännu var intakt, fick vi ingen inblick i situationen.[85]

Artillerielden var med Konjevs egna ord ”kort men mäktig”[86], men tyska källor hävdar att den varade en hel timma innan kanonerna tystnade lika plötsligt som de börjat.[87] I samma ögonblick stormade ryska spaningsbataljoner fram och erövrade den främsta tyska skyttegraven. De desperata män som fått detta otacksamma uppdrag var i allmänhet straffkommenderade politiska fångar eller kriminella som sonade sina verkliga eller påstådda brott genom att utföra särskilt farliga frontuppdrag. Dessa straffbataljoners order var att rapportera exakt var tyskarna befann sig och ge det egna artilleriet nya koordinater. Rapporterna som de levererade visade att tyskarna inte dragit sig tillbaka.

> Första skyttegraven, redan erövrad av oss, och den andra skyttegraven, fortfarande besatt av nazitrupper, var klart markerade på artilleriobservatörernas och batterichefernas kartor. Allt kanonjärerna behövde göra var att sikta rätt.[88]

Uppenbarligen trodde tyskarna att detta var huvudanfallet och svarade ur alla till buds stående eldrör, vilket underlättade för de sovjetiska eldledarna att upptäcka dittills dolda tyska eldställningar.

Klockan tio började artilleriets helveteskonsert igen, men i en ny tonart i ett oerhört crescendo. Projektilerna slet sönder det tunna snötäcket och färgade det smutsbrunt. Mest förödande för den tyska stridsmoralen var det nervpåfrestande ylandet från katjusjaraketerna. Katjusjorna, eller stalinorglarna som de också kallades, var avfyringsramper, vilka monterats på lastbilsflak och som kunde belägga ett stort område med en matta av högexplosiva raketer inom loppet av några sekunder. Granaterna och raketerna föll så tätt att

> ... det fientliga artilleriets avfyringar och nedslag inte längre kunde urskiljas. Marken bävade, jorden var full av krutrök och granatsplitter. Rökutvecklingen ökades genom ryska rökgranater.[89]

Fontäner av jord sprutade, sten och rakbladsvassa glödheta splitter spreds över hela området. Skyttegravar rasade ihop, bunkrar störtade in, telefonledningar slets av och pansarvärnskanoner förvandlades till förvridet skrot. Även de små taktiska reserverna träffades av bombardemanget. Jorden riste och skakade. Mullret rullade långt, långt över de polska slätterna som ett olycksbådande förebud om kommande oväder eller en ljuvlig befrielsesång, beroende på vem som lyssnade.

”Horisonten var upplyst som på ljusa dagen. Det verkade som om himlen ramlade ned på jorden”, minns kapten Hermann Liebisch, vars bataljon pansargrenadjärer låg i reserv bakom XXXXVIII. pansarkårens front.[90] Förintelseelden varade i en timme och 47 minuter, sedan började anfallsvågorna av soldater och stridsvagnar röra sig ut ur brohuvudet i riktning mot de tyska ställningarna.

Granatelden hade haft avsedd verkan. En stund senare kunde Konjev själv förvissa sig om att ”allting var uppryckt med rötterna, vält över ända och begravt”.[91] Uppskattningsvis 400 000 granater hade vräkts ned över ett område på 40 gånger 20 kilometer.[92] Men även om den XXXXVIII. pansarkåren lidit svåra förluster hade elden inte lyckats utplåna alla tyska försvarare. Hos de bataljoner som råkat värst ut hade var fjärde soldat dödats eller sårats. Många av de överlevande hade även chockats svårt, särskilt i 304. infanteridivisionen som till stor del bestod av äldre män, vilka först nyligen skickats ut i kriget.[93] Tyska officerare som togs till fånga under de första timmarnas strid vittnade om hur deras trupper helt sonika förlorat förståndet. För första gången under kriget fick ryssarna uppleva hur tyska soldater i större antal vände ryggen åt dem och flydde i panik från sina värn.[94]

Klockan tretton minuter i tolv var offensiven i full gång. Konjev hade avdelat tre fältarméer på totalt 26 skyttedivisioner, understödda av stora pansarförband, för att åstadkomma det första genombrottet innan hans båda pansararméer skickades fram för att vinna terräng. Ryssarna var numerärt sett mellan tio- och femtonfaldigt överlägsna de tyska försvararna på anfallsavsnittet.[95]

·

Bedövade och omskakade rusade löjtnant Schmidts 120 soldater från splitterskydden till stridsstationerna. På några ögonblick var de tunga 8,8-centimeters pansarvärnspjäserna eldberedda och besättningarna kurade som frusna till is bakom de skyddande stålsköldarna. Trots att marken var hårdfrusen hade granaterna piskat upp tjocka damm- och rökmoln som gjorde det svårt för tyskarna att se någonting alls. Sikten var lika dålig som under en ”mellanljus månnatt”.[96] På vissa ställen rullade de första fientliga stridsvagnarna osedda in mellan de tyska stödjepunkterna och fortsatte oupptäckta västerut, medan de överlämnade upprensningen av motståndsnästena åt de efterföljande anfallsvågorna.

Schmidt var till en början förblindad av röken och även om det fortfarande ringde och tjöt i öronen, kände han under fotsulorna stridsvagnarnas rytmiska bandrassel komma närmare. Skuggor uppenbarade sig i det konstgjorda mörkret och snart urskilde han stridsvagnarna, tätt följda av rödarmister till fots, på väg rakt emot honom. I skyttegravarna framför hans batteri var infanteristerna ur 68. infanteridivisionen likaså på plats och deras kulsprutor knattrade vilt.

> Då den sista artillerigranaten föll angrep ryssarna med stridsvagnar i stort antal, i aldrig tidigare skådade massor, vilka gav eld ur alla eldrör.[97]

För full hals vrålade han fram ordern att ge eld. Pansarplåtar och jord yrde omkring i det följande infernot. Unga ryska pojkar brändes till döds i stridsvagnstornen, unga tyska pojkar slets i stycken av pansargranater.

> En officerskamrat... Ernst Müller... berättade för mig efter kriget, att han skickades fram av vår befälhavare för att ta reda på situationen. Müller kom tillbaka med rapporten: ”Dem ser vi aldrig mer”. Vi led mycket höga förluster i soldater och materiel, två pjäser var eldberedda, de båda andra förstördes genom artilleribeskjutning.[98]

Löjtnantens kanoner stod på en av de allra värsta brännpunkterna men lyckades icke desto mindre hålla ryssarna stången under hela dagen. På båda sidor om hans batteri pulvriserades däremot försvarslinjen snabbt och obevekligt. Blodet isade sig hos den mest erfarne tyske veteran när de framstormande rödarmisternas stridsrop ”Urrraaah!” växte till ett unisont vrål framför kulsprutemynningarna. Utan hänsyn till de egna förlusterna fortsatte de framåt och på 30–50 meters avstånd kastade de sina handgranater och strömmade därefter ned i det tyska skyttegravssystemet och förintade likt vandrarmyror allt motstånd i sin väg. Stridsvagnar med väsande eldkastare understödde dem och förvandlade bunkrar till glödheta bakugnar och oskyddade tyska soldater till levande facklor.

Anfallet hejdades överallt där stormkanonerna sattes in, men dessa små reserver kunde inte vara på alla platser samtidigt. Anstormningen fortsatte på samma sätt som en stormflod bryts mot klipporna, men bara tar nya vägar förbi dem. Alla barriärer krossades av blotta tyngden i attacken.[99]

På kort tid nådde stormtrupperna fram till den bakre tyska ställningen, vilken endast var svagt bemannad av små reserver och staber, som snabbt dukade under eller omringades. Först då de träffade på XXXXVIII. pansarkårens artilleri sex kilometer bakom fronten bromsades ryssarna upp något, för det väl dolda kårartilleriet hade inte drabbats av den fientliga elden och var så gott som intakt. Ryssarna led blodiga förluster när artilleristerna med sina haubitsar energiskt satte sig till motvärn i närstrid med de fientliga stridsvagnarna. Men efter en kort sammandrabbning sopades också detta motstånd undan och ungefär två tredjedelar av det tyska artilleriet förstördes.[100]

Redan inom ett par timmar hade Första Ukrainska Fronten brutit igenom pansarkåren och kommit ut i ryggen på den tyska försvarslinjen. Då startade de 1 671 stridsvagnarna[101] ur general Pavel Rybalkos och general Leljusjenkos båda pansararméer motorerna och rullade ut ur brohuvudets skogar och kamouflagenät. Detta pansar var Konjevs spjutspets och hade hållits tillbaka tills infanteriet röjt vägen för dem. Nu strömmade de genom det 30–40 kilometer breda hålet för att hasta västerut så länge de hade bränsle i tankarna. Snön föll därvid så tätt över slagfältet, att då stridsvagnar ur Rybalkos armé passerade förbi Konjevs observationspost kunde denne urskilja dem enbart därför att de rörde på sig.[102] Pansarreserverna bakom von Edelsheims front överraskades snabbt av ryssarnas stridsvagnar, bringades i oordning, tillfogades svåra förluster och kunde inte samla sig till ett motanfall. Allt motstånd var därmed neutraliserat.

·

Egon Naggert förstod att allt snabbt gick mot slutet framme vid fronten. En order anlände från regementsstaben att det var dags att dra sig tillbaka. Signalisterna packade in utrustningen i terrängbilen och kastade förundrade blickar mot öster.

> Då vi lämnade bunkern såg jag, trots det soliga frostvädret, slagfältet i fjärran insvept i en vägg av rök. Även regementsstaben gav sig av. Först nu blev den militära katastrofens omfattning känd. 304. infanteridivisionen existerade nu blott som en liten stridsgrupp. Alla de tre infanteriregementena och även artilleriregementet hade förintats.[103]

Kapten Liebisch hade ingen aning om hur striden utvecklades framme vid fronten. Hos honom och resten av XXIV. pansarkåren var det ännu relativt lugnt vid den tidpunkten. Inga artillerigranater hade träffat hans gruppering och bara enstaka fientliga jaktplan syntes till, men snart gick det upp för honom att fronttrupperna lidit ett kolossalt nederlag.

Warszawas fall den 17 januari 1945 sände en chockvåg genom den tyska krigsledningen och allmänheten: försvarslinjen i öster hade kollapsat. Foto: Imperial War Museum.

> Vid middagstid observerade vi att ryska pansarkolonner rullade förbi våra positioner i närheten av Chmielnik samt söder om oss. Sent på kvällen fick vi den första dagordern från divisionen via radio. Det fanns ingen kontakt med regementet. Ordern lydde: "Befria divisionens stridsledningsplats vid Lugi".[104]

Vid det laget hade Liebischs divisionschef, överste Brux, stora problem:

> Jag minns att jag förgäves väntade på order från [XXIV.] pansarkåren. Kontakten med pansarkåren var bruten. Då förbindelsen återställdes på kvällen anlände en [strids-]order. Jag kunde bara säga till stabschefen att denna order kanske var lämplig i skriftlig form, men att en "order att sitta upp" några timmar tidigare skulle ha varit mer i min smak. Förbindelserna avbröts igen. Jag hann ge en stridsorder till Tigerbataljonen under mitt befäl, och sedan rullade omkring 100 fiendestridsvagnar igenom divisionens stridsledningsplats.[105]

Brux lyckades sätta sig i säkerhet i sista minuten tillsammans med några stabsofficerare, men några dagar senare föll han sårad i fiendens händer och tillbringade de följande tio åren i sovjetiska fångläger.

•

Offensiven hade krossat fronten som en glasruta. De tyska divisionerna var nästan helt utplånade och de ryska pansararméerna hade fått gott om manöverutrymme för att ta täten västerut, men fortfarande fortsatte grupper av överlevande soldater att slåss, helt avskurna från omvärlden. De omringade stödjepunkterna utraderades en efter en, men på andra håll lyckades soldater slinka iväg i skydd av mörkret, däribland resterna av löjtnant Schmidts pansarvärnsbatteri:

> Fram emot kvällen låg det en massa sönderskjutna fientliga stridsvagnar på slagfältet, jag kan inte uppskatta antalet. Jag kan inte heller säga hur många stridsvagnar våra båda kvarvarande pjäser hade förstört. Efterföljande T34:or körde förbi oss i riktning västerut. Vi omgrupperade när det mörknade. Våra dragfordon var startklara, eftersom de hade skyddats i ett närbeläget fort. Det fanns ingen förbindelse eller radiokontakt med överordnade. En del av de retirerande infanteristerna hade lagt sig i och runtom våra ställningar. Med stor disciplin marscherade vi i riktning mot väster under natten. Slagfältet var upplyst av brinnande T34:or. Soldater från andra

truppslag, ingenjörssoldater, en stormkanon [och] infanterister anslöt sig till vår marschkolonn. I fortsättningen marscherade vi huvudsakligen på nätterna. På dagarna lade vi oss i försvar i små igelkottställningar.[106]

Första kvällen rapporterade armégrupp A till generalstaben att trupperna vid Baranow hade lytt order och hållit sina ställningar in i det sista. Till och med trossen hade gått under. Exakt hur stora förlusterna i människoliv var under denna dag är svårt att fastställa, på grund av att ingendera sidan har publicerat någon officiell statistik. Två tredjedelar av det tyska infanteriet och artilleriet torde dock ha gått förlorat, vilket innebär uppskattningsvis 15 000–20 000 tyska soldater och 200 artilleripjäser. Kvar på slagfältet låg det även uppemot 200 ryska stridsvagnsvrak.[107]

•

På de tyska lägeskartorna utvidgades katastrofen för varje timme. Läckan verkade omöjlig att täta. De av tyskarna identifierade fiendestyrkorna växte från 14 skyttedivisioner och tre pansarkårer första dagen till cirka 32 skyttedivisioner och åtta pansarkårer under nästa.[108]

Pansarreservernas planerade motanfall avfördes torrt och sakligt i armégruppens krigsdagbok: ”De egna pansar- och infanteristyrkornas anfall kom inte igång på grund av att de hamnade i strid redan i sina grupperingsområden.”[109] Men detta var inte tyskarnas enda bekymmer.

Längre norrut hade kanonerna också börjat dundra.

•

Som ett gigantiskt smatterband flammade den ena brännpunkten efter den andra upp då ryssarna gick till offensiv på Hitlers bakgård i Ostpreussen och Polen.

Den 13 januari anföll general Tjernjakovskijs Tredje Vitryska Front de tyska styrkorna i östra Ostpreussen och följande dag inleddes den strategiskt viktigaste stöten när Zjukovs Första Vitryska Front gick till storms mot 9. tyska armén från två brohuvuden söder om Warszawa. Tyskarna på denna sektor förlorade halva sin styrka redan första dagen och vägen till Lódz låg vidöppen för Första Vitryska Fronten, som även började innesluta den polska huvudstaden.

En dag senare anföll Andra Vitryska Fronten vid Narew i norra Polen.

Generalstabschefen Guderian skickade flera nödrop till Hitlers Örnnäste i Hessen att avbryta offensiverna på västfronten och skicka förstärkningar till Polen och Ostpreussen, men Hitler vägrade inlåta sig på några radikala lösningar. Dagen efter Baranow gav han order om att skicka två infanteridivisioner från västfronten till Polen, och först på offensivens tredje dag lät han hämta två pansardivisioner från Ungern. Under natten till den 15 januari befallde han vidare att elitpansarkåren Grossdeutschland, bestående av två divisioner, skulle förflyttas från Ostpreussen till Polen. Därigenom berövades armégruppen som försvarade Ostpreussen sin starkaste reserv just när den behövdes som allra bäst, utan att pansarkåren hann anlända till Polen i tid för att spela någon avgörande roll där. Åtgärden var ett desperat försök att avvärja ett nederlag vid Warszawa, men det påskyndade bara ett annat. Då marskalk Rokossovskij såg att den starka pansarkåren försvunnit från hans horisont vid Narew satte han ytterligare två egna pansarkårer i rörelse och sopade bildligt talat mattan med den decimerade tyska 2. armén på morgonen den 17 januari. Bakdörren till Ostpreussen hade sparkats in.

·

Tyska överkommandot kunde omöjligen överblicka det kaotiska läget i Polen. ”Utvecklingen på fronterna gick med sådan ilfart att förbindelserna till de kämpande trupperna dag efter dag kunde vara avbrutna och det sålunda var omöjligt att få en överblick av läget. Stora förband, med vilka vi hade haft fortlöpande förbindelser var i hela dagar försvunna från bildrutan”, mindes en generalstabsofficer senare.[110]

Den 30-årige generalstabsmajoren Eike Middeldorf tvingades skjuta upp tvåveckorspermissionen som han väntat ett helt år på att få ta ut. Han hade tänkt åka hem till sin mor och äldre bror i föräldrahemmet på östra sidan av Oder och varna dem för den annalkande faran från öster, men ett topphemligt uppdrag kom emellan. Den 14 januari klev han ombord på militärflygplanet som förde honom till Baranowområdet, där han skulle tjänstgöra som Guderians ögon och öron med uppgift att rädda så många generaler som möjligt undan Hitlers vrede.

> Guderian hade blivit ännu försiktigare gentemot… Hitler, och därför fick jag ett officiellt skriftligt uppdrag med den harmlösa formuleringen att samla in erfarenheter från första anfallsdagen. Det muntliga uppdraget

> gick mycket längre och var den egentliga orsaken till resan. Anledningen... var att skydda frontbefälhavarna från oberättigade ingripanden från Hitlers sida. Det hade hänt att Hitler kort och gott avskedat befälhavare eller rapportörer eller ställt dem inför specialdomstolar utan föregående undersökning, till följd av påstått defaitistiska meddelanden respektive rapporter.[111]

Med andra ord skulle majoren undersöka om frontgeneralerna gjort några misstag, varför pansarreserverna inte gått till motanfall och vilka styrkor som behövdes för att stoppa fienden.

På kvällen den 15 januari landade flygplanet vid XXXXVIII. pansarkårens stabsplats, runtomkring vilken det blixtrade av mynningsflammor och explosioner i mörkret. I två timmar pratade Middeldorf med kårens stabschef, överste Bergengruen, om den hopplösa situationen. Översten förklarade att den sovjetiska övermakten var förkrossande. Han hade kunnat fastställa att ryssarna haft elva gånger fler soldater, sju gånger fler stridsvagnar och tjugo gånger större artilleri än tyskarna i det inledande anfallet.

Även general von Edelsheim ägnade en stund åt att svara på Middeldorfs frågor. Trots den absurt förtvivlade situationen gjorde han ”ett utmärkt intryck” på den unge majoren.[112] Generalen gjorde bara det han tränats för i hela sitt liv, han fortsatte kriga enligt order, oberoende av att nästan alla hans soldater var döda, sårade eller saknade. Han hade upplevt många framgångar och bakslag, men Baranow var tveklöst det mest svidande nederlaget under hela hans militära bana. Möjligen anade han att ryssarna därigenom punkterat östfronten och att alla hans landsmän i östra Tyskland var försvarslösa utan att han kunnat göra något annat än att vara en statist, som snabbt skulle glömmas av historien. Kanske hade han redan vid denna tidpunkt bestämt sig för att tiga ihjäl saken under återstoden av sin långa levnad.[113]

Bergengruen gav majoren alla detaljer om katastrofen. Ett åskådligt exempel på stridernas hårdhet var att endast cirka 100 soldater påträffats på villovägar från sina förband under de tre första dagarnas strider, och bara några dussin av dem hade slängt ifrån sig sina vapen.[114] En ordonnans avbröt stabschefens redogörelse:

> Plötsligt kom rapporten att kårstaben var omringad av ryssarna. Överste Bergengruen gav helt lugnt order om en utbrytning ur omringningen följande morgon. Jag utnyttjade den här tiden till att ringa ett ilsamtal till

> OKH [Arméns Överkommando]. I mörkret hade ryssarna faktiskt ännu inte kunnat avbryta våra telefonförbindelser...[115]

Borta i Zossen svarade Middeldorfs närmaste överordnade, generalen Golling, vilken han meddelade sina slutsatser: "Genombrottet går inte längre att förhindra. Vi måste räkna med att ryssarna når Oder inom en vecka. Först där kan de nuvarande styrkorna bygga upp ett nytt försvar, om de får förstärkningar."[116]

Trosspersonal, signalister, skrivbiträden, militärpoliser och allt annat manskap som fanns kring kårstaben – inalles cirka 1 500 soldater – såg till att utbrytningen ur fiendens ring lyckades på morgonen och Middeldorf begav sig till de enskilda divisionerna för att själv få se fronten. Men det fanns ingen front att se. Inte heller några divisioner. Allt var bara ett glest virrvarr av små stridsgrupper i bataljons- eller kompanistyrka som höll på att kringgås av hela fiendearméer. Majoren kunde utan vidare se att nederlaget inte berodde på att trupperna svikit. Däremot ansåg han att befälhavaren för pansarreserverna, general Nehring vid XXIV. pansarkåren, "gjort bort sig", men vem kunde göra något åt den saken nu? Ingen visste ens var Nehring befann sig.

Fylld av oro flög han tillbaka till Berlin. Under honom rullades ett landskap av snötäckta fält, byar och skogar upp. Oder låg som ett brett istäckt band där nere. Inom kort skulle den här marken förvandlas till ett blodigt slagfält. Fastän det handlade om militära hemligheter, vilka det betydde döden att avslöja, måste han varna några bekanta i Berlin, men framför allt släkten hemma i Adamsdorf. De bodde mitt i den ryska anfallsvägen.

Torsdagen den 17 januari, fem dagar efter offensivens början, hade Zjukovs och Konjevs härstyrkor kommit upp i jämbredd med varandra och trängt fram 130–180 kilometer i Polen. Offensiven gick så hastigt framåt att till och med staben för armégrupp A i Czestochowa fick fly hals över huvud för att inte överrumplas av fientliga stridsvagnar.

Under tiden hade Hitler anlänt till Berlin för att ta kontrollen över situationen, men han hade ännu inte insett vidden av det som höll på att ske, utan trodde att armégrupp A fortfarande var i stånd att hejda ryssarna i Polen enbart med bistånd av pansarkåren Grossdeutschland, som skickades från Ostpreussen till trakten av Lódz. Nyheten om Warszawas fall den 16 januari ledde dock till att tre oskyldiga officerare från generalstaben arresterades för förräderi och att befälhavaren för armégrupp A, den olycklige generalöverste

Josef Harpe, fick sparken. Harpe ersattes av generalöverste Ferdinand Schörner, en fanatisk och brutal nazist, som flögs in från fronten i Kurland för att hejda fienden.

•

Trötta och smutsiga men vid liv, nådde löjtnant Schmidts skara av överlevande de egna linjerna öster om Katowice, efter en strapatsrik marsch bakom fiendens rygg. Där träffade den på enheter ur XXXXVIII. pansarkåren, vilken med hjälp av nyanlända förstärkningar, höll på att organisera en ny försvarslinje.

Schmidts regementschef, överste Sell, stirrade på löjtnanten som om han hade sett ett spöke.

”Schmidt, var kommer du ifrån?” utbrast han. Sedan återtog han den korrekta militära tonen. ”Bra att du är här igen, anmäl dig genast i Hartliebkasernen i Breslau med ditt batteri!”

I den schlesiska storstaden Breslau kunde soldaterna unna sig en välbehövlig vila, men den blev mycket kort. Fastän Schörner genast satte igång ett skräckregemente bland sina soldater för att få dem att frukta honom mer än fienden, lyckades han inte hejda offensiven i Polen. Strax därefter trängde Röda armén in över den tyska riksgränsen i hela dess längd från Ostpreussen till Oberschlesien. De tyska provinserna i öster översvämmades av de ryska arméerna som drev en svallvåg av panikslagna tyska civila framför sig. Stormfloden efter dammbrottet hade bara börjat.

4
Flykten från Warthegau

> Det som utspelades mellan Weichsel och Oder under de första månaderna 1945 går inte att beskriva, ingenting liknande har skådats i Europa sedan Romarrikets fall. (Friedrich W. Mellenthin, f.d. tysk general och krigshistoriker)

Några hundratusen skingrade tyska soldater jagades västerut genom Polen av ett par miljoner rödarmister och deras stridsvagnar i mitten av januari 1945. Den sovjetiska vinteroffensiven antog alltmer formen av en jättelik plog, där de båda bladen utgjordes av Rokossovskijs framstöt mot Ostpreussen och Konjevs mot Schlesien. Zjukovs arméer bildade själva eggen som riktades mot Berlin.

Den 19 januari trängde marskalk Konjevs trupper över schlesiska gränsen och utlöste en flyktvåg av civila över till Oders västra sida. En vecka senare hade han i sin hand Tredje rikets sista intakta industriområde, Oberschlesien med en halv miljon civila som inte hunnit fly på grund av det flyktförbud som den därvarande Gauleitern Fritz Bracht utfärdat. Första Ukrainska Fronten besatte också den del av Niederschlesien som var belägen öster om Oder, men av de 700 000 drabbade invånarna lyckades 600 000 med nöd och näppe sätta sig i säkerhet trots den knappa tidsmarginalen. Mångas flykt började först vid ljudet av skottsalvor och stridsvagnsmotorer i fjärran. Även provinshuvudstaden Breslau hamnade i farozonen sedan ryssarna lyckats korsa Oder på båda sidor om staden. Men det var genom totalförlusten av provinsen Warthegau som evakueringsproblemen för första gången ställdes på sin spets.

•

Vinteroffensivens höga hastighet i Polen överraskade till och med ryssarna själva. Generalöverste Vassilij Tjujkov, befälhavare för 8. gardesarmén i Första Vitryska Fronten, slog fast:

> Enligt planen skulle vi rycka fram mellan 15 och 18 kilometer per dag, medan vi i själva verket tillryggalade mellan 25 och 30, och rentav mer. En så hög framryckningstakt kunde inte annat än påverka försörjningssituationen. Minsta misstag i planeringen av underhållstjänsten skulle få mycket allvarliga konsekvenser. Ammunition, bränsle och proviant kunde inte hålla samma takt som de framryckande styrkorna...[117]

På samma sätt såg det ut hos Första Ukrainska Fronten, vars fältarméer ryckte fram 25–35 kilometer per dag, under det att stridsvagnarna rullade 40–50 och ibland upp till 70 kilometer. Aldrig tidigare hade Röda armén avancerat så här hastigt, och de slagna tyska arméerna fick ingen chans att samla sig på nytt. Militärkolonnerna passerade den ena obemannade tyska försvarslinjen efter den andra.

Spjutspetsarnas rekordprestationer satte massan av sovjetiska skyttesoldater på hårda prov. Löjtnant Igor Mikajov i 5. stötarmén minns: "Vi slog oss inte fram, vi marscherade helt enkelt."[118] Vladimir Abyzov, en annan ung soldat som bara varit vid fronten ett par månader, minns den pressande framryckningen så här:

> Vi ryckte snabbt fram mot nordväst. Än hack i häl på stridsvagnarna, än före dem. Stormade in i byar och små polska städer, där man mötte oss med glädjetårar i ögonen.
>
> Och sen – en ny truppförflyttning. Vi gick och höll oss i vagnarna, utan raster eller stopp för övernattning. Vi gick och sov...
>
> ... Framåt, ständigt framåt. Vi visste att det nu var vi som hade initiativet. Det enda vi inte visste, var när och hur dags allt skulle vara över. Men vi förstod att det skulle ske snart, mycket snart.[119]

Vassilij Tjujkov var en levande legend i lika hög grad som sin chef, Zjukov. Han kallades hjälten från Stalingrad sedan han envist hållit ut i den belägrade staden vid Volga i fem månader 1942–43 med en ständigt krympande skara försvarare. Nu ryckte han i Zjukovs koppel, angelägen att nå tyskt territorium så snabbt som möjligt.

Det är lätt att skriva storslagna ord om den blodiga väg som rödarmisterna tillryggalade från Moskva och Volgas stränder ända till Tysklands gränser – och Sovjetunionens historieskrivare använde vartenda ett av dem i sina ofta okritiska och tillrättalagda böcker – men de sovjetiska prestationerna på östfronten 1941–45 var förvisso av sådana dimensioner att de ställde nästan alla andra fälttåg under kriget i skuggan. Två av fem personer dödade under andra världskriget var sovjetiska medborgare. Totalt 20 miljoner människor, soldater och civila, förlorade livet i Sovjetunionen som en direkt eller indirekt följd av den tyska invasionen. Någon rysk historiker med siffermani har räknat ut att kriget på östfronten släckte mellan nio och tio liv för varje minut det varade.

År 1945 var det dags för Röda armén att göra upp räkningen med tyskarna i deras eget hemland. I Tjujkovs framryckningsväg låg de båda polska storstäderna Lódź och Poznań, vilka utgjorde centra i ett tyskt koloniseringsområde, som Hitler annekterat av det besegrade Polen i oktober 1939. Västra delen av Polen hade fått status av en tysk riksprovins med namnet Warthegau eller Reichsgau Wartheland, döpt efter floden Warthe (polska Warta). Här skulle de ryska stridskrafterna för första gången under kriget träffa på större tyskbefolkade områden och Tjujkov kände berättigad oro för hur hans trupper skulle reagera.

> Många soldater kunde ännu inte göra skillnad mellan Tyskland och dess folk å ena sidan, och nazismen och dess Führer å den andra. Minnena av nazistiska illdåd i Sovjetunionen och Polen var alltför färska.[120]

Hans egna tankar gick tillbaka till de fasansfulla upptäckterna i Majdanek, det första dödsläger som ryssarna erövrat sommaren 1944:

> Jag mindes också mina farhågor för att den ryske soldaten skulle ge utlopp för sin ilska och sitt raseri när tillfället kom. Våra politiska officerare hade förberett sig länge på det ögonblicket för att hindra excesser.[121]

Inte utan orsak bekymrade han sig för att soldaterna skulle lyssna mer på propagandisten Ehrenburgs slagord, att de inte kommit till Tyskland för att ”befria hitleristerna från Hitler”, än på sina officerare. Truppernas stridsduglighet skulle minska om de började ägna sig åt hämndaktioner i stället för att slåss. Svårigheterna att förbereda manskapet psykologiskt var emellertid enorma:

Uppgiften var inte på något sätt lätt för arméns chefer, framför allt politofficerarna. Här måste verkligen politiskt arbete utföras, här måste man förklara eftertryckligt och enträget. Men hur? Hur ska man förklara det för en soldat som själv har förlorat sin familj, vars föräldrar eller syskon kanske förbränts i sådana ugnar? Och sådana [soldater] fanns det många av i armén. Först fruktade vi att inga tyska soldater skulle tas till fånga i fortsättningen.[122]

Om den aggressive generalen faktiskt hoppades kunna upprätthålla soldaternas disciplin på ett oklanderligt vis, måtte han ha blivit grymt besviken över vad som sedan utspelades vid de första konfrontationerna med tysk civilbefolkning.

•

För den nioårige tyske pojken Eike Jünke var emellertid krigets bekymmer ännu en ganska fjärran sak. Det innebar framför allt att han inte så ofta fick träffa sin far, som var sjukvårdssoldat i Berlin. I Eikes ögon var Warthegau en idyllisk plats att leva på, där det fanns minst lika många spännande lekplatser som hemma i Berlin. Solen glittrade i karpdammarnas is och höet i ladorna var idealiskt att hoppa runt i. Ett stort romantiskt adelsgods dominerade byn och många av hans dagdrömmar fokuserades kring denna ståtliga gård och det fina folket där. Eikes värld omfattade en liten by som tyskarna kallade Wiesenstadt, nio kilometer sydöst om Poznań:

Det bodde både polacker och tyskar i byn, men det fick egentligen inte förekomma några kontakter mellan de båda folkgrupperna. I verkligheten gick det inte att undvika, på grund av att vi levde så nära inpå varandra. De vuxna gjorde varandra små tjänster och gentjänster. Och de större polska barnen drog fräcka skämt på tyska för oss mindre, bland annat om "tjockisen", med vilken de menade Hermann Göring. Men polackernas hat mot tyskarna, som kommit och tagit deras land, var inte något som ingick i mina föreställningar. Tyskarna bar små hakkorsnålar väl synliga för att visa sin nationalitet och jag var avundsjuk på en del av de vuxna som kunde ståta med större och färggrannare hakkorsmärken än vi andra. Jag ville också ha ett sådant stort och fint märke. Senare fick jag veta att detta var nazistpartiets medlemsnålar.[123]

Hittills hade kriget framstått som ett äventyr för honom. Det hade varit spännande med skyddsrumsövningarna hemma i Berlin och lagom otäckt när det dånade och small ovanför huvudet under de första allierade flygräderna, tyckte han. Men sedan hade han, hans mamma och tre syskon evakuerats till polska landsbygden för att de var säkrare där. Myndigheterna hade anvisat dem ett trångt och obekvämt hus mitt i den lilla byn. Vem som bott där förut och varför huset stod tomt, tillhörde just inte de frågor en nioåring som Eike funderade över så noga. Barnen hölls okunniga om sin mammas onda aningar beträffande husets historia.

Snön höljde in Wiesenstadt i ett tjockt täcke och det sprakade i kakelugnen. Snart skulle emellertid livets nödtorft inte längre vara lika självklara saker i familjen Jünkes tillvaro.

•

Uppmärksamt följde Warthegaus tyska invånare de oroande nyheterna om den fientliga offensiven. Warszawas fall hade haft en uppskakande verkan på dem. Den 17 januari meddelade den dagliga militära presskommunikén att ”... bolsjevikerna som anfaller med överlägsna styrkor, har uppnått djupa inbrytningar”.[124] Följande dag skrev tidningen *Völkischer Beobachter*: ”Det finns inte längre något lugnt avsnitt på östfronten. Överallt stormar ryssarna framåt med stora styrkor.”[125]

I det lilla radhuset på Langemarckstrasse 5 i Hohensalza i västra delen av provinsen längtade sjuåriga Ingrid Friede efter att pappa skulle komma hem från kriget, så att mamma äntligen kunde bli glad igen. Pappa var ingenjör i Organisation Todt, som byggde vägar och befästningar åt krigsmakten. Familjen Friede hade kommit till Warthegau 1939, då alla etniska tyskar i Baltikum tvångsförflyttades till Tyskland i samband med att Stalin ockuperade de små baltstaterna och omvandlade dem till sovjetrepubliker. Ingrid var för liten för att minnas den vemodiga dagen då de tvingades lämna hemmet i Bauske i Lettland för att bygga upp en ny existens i ett land, vars språk de talade men aldrig varit medborgare i. Balttyskarnas förfäder hade börjat kolonisera de här områdena på medeltiden och mestadels blivit en välmående medel- och överklass av stadsborgare och jordägare, ända tills storpolitiken tvingade dem att ge upp allt de ägde nästan över en natt.

Familjens nya hus i Polen hade tillhört en polsk familj som blivit körd på porten av de tyska myndigheterna. Hundratusentals polacker och judar hade drivits bort som djur från sina hem av nazisterna för att ge plats åt tyskar, i enlighet med Hitlers livsrumspolitik. Ibland flyttade de nya ägarna in bara några timmar efter att de tidigare ägarna deporterats. Många av de balttyskar, galizientyskar och senare även volgatyskar, vilka nazisterna förflyttade till provinsen, blev herrar över gårdar och hem där främmande människors familjeporträtt fortfarande klädde finrumsväggarna. Kolonisatörerna hade blivit informerade om att de skulle få slå sig ned på statlig mark, och när sanningen uppdagades vägrade en del av dem att ta över de bostäder och affärer som anvisats dem. Men de flesta fogade sig, oftast för att de inte ansåg sig ha något annat val.

En dag konfronterades också lilla Ingrid Friede med Warthegaus rätta ansikte:

> Jag minns långa kolonner av trasigt klädda människor, vilka jag idag inser måste ha varit polacker, som föstes som boskap längs gatan av tyska soldater. Jag stannade och tittade på. Det var skrämmande och jag frågade någon vuxen vad detta var för något, men fick bara ett undvikande svar.[126]

Den som satt dessa tragiska kolonner i rörelse var provinsens nazistiske guvernör, Gauleiter Arthur Greiser, vilken var sysselsatt med att förvandla denna bit av Polen till ett tyskt jordbrukslandskap med en reservoar av billig polsk arbetskraft. Hitler hade annekterat polska områden med en befolkning på sammanlagt tio miljoner polacker.[127] En tiondel av invånarna i dessa distrikt utgjordes av etniska tyskar, vilka hade bott här i flera generationer, men nazisterna planerade att grundligt förtyska dessa delar av Polen inom en tioårsperiod. Det innebar att 7,8 miljoner polacker och 700 000 judar skulle försvinna och ersättas med etniska tyskar som hämtades hem från andra delar av Östeuropa.[128] Det var just Warthegau som blev det främsta experimentområdet för germansk kolonisation och nazistisk raspolitik. I december 1939 tvingades exempelvis cirka 90 000 polacker bort från sina hem i en aktion som varade 17 dagar. Då transporterna inställdes på våren 1941 hade 1,2 miljon polacker och 300 000 judar deporterats till getton, koncentrationsläger och den mänskliga avstjälpningsplats som gick under namnet ”Generalguvernementet”. Generalguvernementet, vilket hade den gamla polska kungastaden Kraków som huvudstad, bestod av de delar av det ockuperade Polen som inte direkt inlemmats i Tyska riket.[129] Dit gick huvuddelen av transporterna och de fördrivna ställdes bokstavligt talat på gatan och fick klara sig bäst de kunde undan svält och andra umbäranden. Den därvarande nazistiske generalguvernören dr Hans Franks syn på humanitet har gått till historien genom uttalanden som: ”När vi en gång har vunnit kriget så kan man för min del gärna få göra köttfärs eller vad som helst av polackerna och ukrainarna och alla andra som stryker omkring här!”[130] En annan av Franks morbida slagfärdigheter var denna: ”Om jag skulle sätta upp ett anslag för var sjunde polack jag låter arkebusera, då skulle Polens skogar inte räcka till för att framställa pappret!”[131] Var femte polsk medborgare, cirka sex miljoner personer, dog under den tyska ockupationen av landet.

I Warthegau ökade å andra sidan den tyska befolkningen från 325 000 år 1939 till nästan 950 000 fyra år senare (en ökning från fem till 23 procent), men fortfarande levde tyskarna som en minoritet i ett polskt folkhav. Efter ankomsten av 300 000 tvångsevakuerade sovjetiska tyskar upphörde koloniseringen helt på våren 1944.

•

Arthur Greiser härstammade själv från den här trakten där tyskar och polacker levt sida vid sida i århundraden, men denna miljö hade inte fostrat honom till någon kulturell vidsynthet. Sitt förakt mot polacker bar han med sig hela livet.

Sedan han lagt av sig flygarhuvan efter första världskriget, då han tjänstgjort som spaningspilot, slog han sig ned i den fria hansestaden Danzig, vilken i enlighet med Versaillesfreden brutits loss från Tyskland och blivit en egen ministat under Nationernas förbunds beskydd. I Danzig förtjänade han sitt levebröd som taxichaufför och arrangör av båtturer. År 1928 löste han medlemskort i det uppåtgående nazistpartiet, där han snabbt vann inflytande. På 30-talet blev han fristatens inrikesminister och Gauleiter Albert Forsters närmaste man. I den interna maktkamp som utbröt mellan de båda herrarna drog Greiser det kortaste strået, men hösten 1939 fick han ett eget vicekungadöme att regera över då provinsen Warthegau skapades. Från sin huvudstad Poznan samlade han all lokal makt i sin hand och förutom Gauleiter kunde han sätta titlarna riksståthållare samt riksförsvarskommissarie på visitkortet. Under större delen av kriget låg hans provins fjärran från alla krigshändelser och han passade även på att bygga ett lyxigt residens åt sig själv utanför staden med hjälp byggarbetskraft som behövts bättre i rustningsindustrin.

Ordern att bygga försvarslinjer i Warthegau sensommaren 1944 träffade honom som en blixt från klar himmel, men han fogade sig beredvilligt i militärens krav och tvingade ut 300 000 polacker för att gräva stridsvagnsdiken och skyttegravar.[132] Tidigare än han kunnat ana dök de första sovjetiska pansarkolonnerna upp i de östra utkanterna av hans domäner, men han slets mellan sin slavlika trohet mot Hitler och en inre röst som viskade att befolkningen borde räddas. Gauleiter Greiser vacklade i flera dagar. Han satte sitt hopp till att pansarkåren Grossdeutschland, vilken var på väg från Ostpreussen, skulle kunna hejda den fientliga stormfloden. Och samma dag som den sovjetiska vinteroffensiven inleddes hade statssekreteraren i propagandaministeriet, dr Werner Naumann, hållit ett segerrusigt tal inför en tusenhövdad publik i Poznań. Därvid greps Greiser av ögonblickets entusiasm och lovade i sitt tacktal att inte en tumsbredd av Warthegau skulle ges upp. Nyheterna som sedan dess sipprat fram från öster verkade däremot mycket deprimerande, men förmådde inte Gauleitern att dra de rätta slutsatserna om nödvändigheten att evakuera.

Befälhavaren för hemmafrontsstyrkorna i Warthegau, generalen Walther Petzel, som kände Greiser sedan många år tillbaka, har lämnat följande träffande beskrivning av dennes kluvna karaktär:

> Han vacklade hit och dit mellan sin egen godmodighet och den hårdhet som hans position krävde. Han uppbådade inte styrkan att säga nej till alla de omänskligheter, som han själv genomförde i Warthegau eller som skedde genom Himmlers bödlar, vilket han måste acceptera eller stödja. Det hade ju också kostat honom hans ställning, om inte mer. – Han var blint hängiven Führern, och det som denne krävde accepterade och verkställde han utan betänkligheter. Förvisso var hans egna rättsbegrepp starkt "nationalsocialistiska". Han trodde också fast på honom ända till slutet och förträngde alltid varje tanke på ett eventuellt nederlag. Endast på det viset kan man förstå hans tvekan när det gällde att utfärda evakueringsordern. Han varken ville eller kunde tro att han blivit lurad av sin Führer.[133]

På general Petzels expedition i Poznań fanns det också en akt med Greisers militära meriter. Generalen hade naturligtvis studerat den och hittat Gauleiterns största svaghet: en överordnad under första världskriget hade antecknat att "... han inte var lämplig som stridsflygare, därför att nerverna svek honom i det avgörande ögonblicket, när det gällde att sätta hårt mot hårt".[134] I januari 1945 föll många av hans undersåtar offer för denna karaktärsbrist.

Samma dag som Warszawas fall, den 17 januari, började de tyska invånarna i de östra delarna av Warthegau att fly i panik undan de sovjetiska stridsvagnarna. General Petzel kunde bara ställa upp 21 folkstormsbataljoner i den så kallade B1-linjen vid provinsens östra gräns, en försvarslinje vilken egentligen skulle ha bemannats av 14 armédivisioner och som därför inte utgjorde något hinder för Första Vitryska Frontens framryckning. Likt en farsot drog fruktan fram över städer och byar. Tyskarna gick man ur huse på de isiga vägarna och även nazistiska partifunktionärer greps av hysterin och fick ”brådskande ärenden” till Berlin. I Bromberg sjappade polischefen, landshövdingen, borgmästaren och den nazistiske distriktsledaren, men allihop greps och placerades i en straffbataljon, med undantag av polischefen som arkebuserades på Himmlers order.

Organiserad massevakuering av civila var det ändå inte tal om. Provinsens tidning *Ostdeutsche Beobachter* klargjorde för läsarna att ”Warthegau förblir tyskt!”[135] Åtskilliga tyskar överrumplades därför på sina hemorter av fienden och åtskilliga, som kommit iväg för sent, blev upphunna av stridsvagnarna. Men många andra kastade all tvekan åt sidan och gav sig iväg när fienden nalkades. Vägarna fylldes av flyende och i vägkanterna syntes snart liken av ihjälfrusna småbarn och åldringar.

·

Befälhavaren för spillrorna av tyska 9. armén, general Smilo von Lüttwitz, såg att flyktingkolonnerna hindrade hans soldaters reträtt. Bara halva hans armé hade överlevt nederlaget vid Weichsel, och de försökte skaffa sig ett så stort försprång som möjligt framför fiendens spjutspetsar innan de åter stannade och vände vapnen mot öster. Men vägarna var igenkorkade av människor, i synnerhet kring Lódź som hade en tysk befolkning på 100 000 personer. Därför krävde den nye befälhavaren för armégrupp A, generalöverste Schörner, att 9. armén hänsynslöst skulle undanröja alla ”trafikhinder” och till och med konfiskera drivmedel från civila motorfordon, för att fylla på arméns egna bränsletankar. Men general von Lüttwitz vägrade verkställa den här ordern, som skulle ha inneburit att ännu fler flyktingar i praktiken överlämnats åt fienden.[136]

Trots hotelser om både det ena och det andra från Schörners sida lyckades von Lüttwitz inte bygga upp någon sammanhängande frontlinje i Warthegau. Några dagar senare var han historia. Den 21 januari fick han sparken och

Tyska krigsfångar samlas ihop i Poznań. Foto: Imperial War Museum.

ersattes av generalen Theodor Busse, som fick det omöjliga uppdraget att hejda fienden redan vid Poznań. Både generalstabschefen Guderian och Schörner bombarderade honom med verklighetsfrämmande order av den innebörden, men i den jättelika frontluckan i Polen "... strömmade spillror av stridande trupper, tross, utbildningsenheter, garnisons- och förvaltningsmyndigheter, för det mesta obeväpnade och utan officerare, blandade med långa flyktingkolonner, tillbaka västerut i snö och kyla i ett oöverskådligt kaos", konstaterade Busse.[137]

•

Ingenjören Bruno Heise vid maskinfabriken John i Lódź, som av tyskarna kallades Litzmannstadt efter en gammal avdöd kavallerigeneral, var tacksam för att hans familj redan farit västerut, för läget såg mycket mörkt ut. Två fientliga flygangrepp – det första under gårdagskvällen den 16 januari och det andra på morgonen – hade orsakat svåra skador på fabriken och husen runtomkring. Heise räknade med att staden skulle evakueras när som helst och därför skickade han den polska flickan Henia, som var dotter till en av de polska montörerna, för att köpa proviant för alla hans livsmedelskort. Elströmmen var redan borta och ingenjören funderade tillsammans med kollegorna Zinke, Leroch och Österreich över vad det kunde betyda.

> Klockan 17 lyssnade vi på nyheterna på Lerochs radioapparat, som gick på batterier. Där hette det: "Situationen på östfronten har skärpts ytterligare." Och rapporterna från östfronten dominerade. Därefter beslutade Zinke, Leroch och Österreich att gå till direktör Sassenscheidt... och föreslå honom att de skulle ge sig iväg på eget initiativ. Men då denne bestämde sig för att stanna på mina och [driftschefen] Krauses propåer att inte evakuera stället utan order såsom desertörer, beslutade vi oss för att avvakta en order. Således blev jag firmans mellanhand och nyhetsmottagare samt -spridare.
>
> Omkring klockan 19.30 ringde ryttmästaren [en bekant till Heises svåger] och bad mig att ringa till hans släktingar i Exin och meddela dem att allting var i sin ordning och att han hade det bra. På min fråga vad han visste om situationen, svarade han att det inte hade kommit någon order till hans myndighet, och att det uppenbarligen inte fanns någon anledning att fly. Han lovade att underrätta mig om situationen förändrades. Då denna viktiga militärmyndighet inte var särskilt bekymrad, trodde vi naturligtvis också att vi hade varit för pessimistiska.
>
> Vid 20-tiden fick jag sedan ett telefonsamtal från folkstormen att hålla

mig beredd för ett alarm, och klockan 20.30 kom därefter ordern att rusta vagnarna och komma till samlingsplatsen klockan 22.30. Samtidigt fick vi också order att demontera fabriken.

Nu hjälpte jag till med packandet, också kamraternas, och de skulle även hjälpa mig. Omkring 21.30 var vi klara – förutom mitt bagage. Men plötsligt var alla försvunna, bara Zinke hjälpte mig. Och på 20 minuter var allt som jag kunde rädda packat...

Klockan var ungefär 22 när jag var färdig med allt. Jag gick för att få igång den stora bilen och begav mig till telefonen för att underrätta släktingarna. Men plötsligt fungerade telefonen inte längre, och därför kunde jag bara nå tant Marie med hjälp av en cykel lånad med våld, men hon hade tack gode Gud redan åkt. Jag kunde inte åka till Martha [en kusin], eftersom tiden var knapp. Genomsvett kom jag tillbaka till [firman] John och lastade firmans och sällskapets alla kistor och koffertar, med hjälp av de polska arbetarna, som uppträdde klanderfritt. Alla chaufförerna hade stuckit. Och varken John, Zinke, Österreich, Milker eller Sassenscheidt ville ta ansvar för att köra den fullastade Saurern [en lastbil] på de hala vägarna. Då jag såg att vi inte skulle komma iväg på det sättet, tog jag ratten och körde [utan att ha körkort för lastbil]. Under tiden hade klockan blivit 24. De kvinnor som satt i bilen var: [här följer en uppräkning av namnen på 18 kvinnor] ... De män som åkte med: [uppräkning av namnen på 18 män] ... Av dessa satt några i den lilla bruna lastbilen, som vi hade förtöjt i dragkroken på grund av att den inte ville starta.

Sedan körde jag. Bredvid mig i förarhytten satt Zinke och de båda hysteriska kvinnorna John. Henie kunde jag inte få tag på, mina livsmedelskort hade jag blivit av med. Jag hade inte längre någon mat, bara en ask marmelad från Werner. Efter att ha släckt bränder under hela natten, med armar trötta av lastandet, utan kvällsmat, utan cigaretter, körde jag en bil som jag inte kunde något om, med 30 kilometers fart och avskärmade lyktor.

Redan strax efter "John" bromsade den lilla bilen och lossnade. Jag körde vidare utan att märka det. Ingen av passagerarna, vilka alla snabbt ville iväg, sa något. Först efter Meisterhausstrasse var det någon som sa det. Och då talade de inte om var bilen hade lossnat, så att jag först måste leta efter den och vända två gånger på de smala gatorna med mitt stora åk. Efter att vi hittat den fortsatte vi västerut via Konstantynow. Den smala landsvägen var fullproppad av flyende civila med eller utan packning, med små barn som gick till fots, hästvagnar samt ammunitionskolonner som körde i riktning mot fronten, dessutom var det blankis så att bilen knappt gick att stanna. Om och om igen bad människor att få åka med. Det var fruktansvärt att säga nej när jag såg eländet. Men vad skulle jag göra? Bilarna var ju redan så fulla att vi måste höja sidolemmarna med hjälp av brädor för att människor inte skulle ramla av.

Plötsligt kastade sig en kvinna framför bilen med utsträckta armar och tänkte låta sig bli överkörd om jag inte tog med henne och hennes två barn. Jag tvärbromsade bilen, kastade om ratten, kom i sladd, men återfick kontrollen, själv vet jag inte hur, och kvinnan och vi undkom med en hårsmån en säker död eller lemlästning, för på det här stället körde jag precis över 40 kilometer i timmen och på båda sidor var det djupa diken.

Nu kunde jag inget annat än att låta kvinnan och de båda barnen kliva upp innan vi körde vidare. På så vis kom ytterligare minst tolv skingrade soldater och en lotta med. Jag vet inte hur de fick plats. Denna resa kommer jag aldrig att glömma, hur jag körde mellan trasiga vagnar där det var högst två–tre centimeters utrymme på varje sida, hur bilen gång på gång fick sladd beroende på att de båda fruntimren högg tag i ratten, och jag körde kilometer efter kilometer med släckta lyktor, på grund av att fronten bara var två kilometer från oss, och de båda [kvinnorna] Johns betedde sig hela tiden halvfnoskigt, en gång ville de ha ljus och de tappade alltid något och letade mellan bilens pedaler.

När allt kommer omkring körde jag bilen ända till strax före Warta, där tog bränslet slut. Fabriken var övergiven. Här hittade jag soldater som tog oss på släp. Du måste tänka dig vad det innebär: då motorn inte går finns det ingen tryckluft till bromsarna, och jag kunde inte säga detta till soldaterna. För då hade de inte tagit mig med. Kvinnorna fick inte heller veta något, för att de inte skulle hoppa av. Soldaten körde som en galning, Johns skrek hela tiden och jag stretade med växlarna för att bromsa och få fram lite tryckluft, vilket normalt sett är omöjligt vid en hastighet på 70 kilometer i timmen. Däremellan hade klockan blivit tolv på dagen den 18 januari -45. Men också det klarade vi lyckligt, och en sten föll från mitt hjärta, för ingen visste ju i vilken fara vi befann oss.[138]

Bruno Heises flyktgrupp lyckades till sist sätta sig i säkerhet via Niederschlesien till Halle, och han kom därefter snabbt i kontakt med sin familj. Hans föräldrar och svågerns familj hamnade däremot i ryska händer, varvid föräldrarna, svågern och dennes femte, nyfödda barn dödades av ryska soldater.

·

Den 18 januari hade generalöverste Tjujkov fått korn på Lódz fabriksskorstenar i sin kikare. Hans framryckning hade gått så snabbt att radiokontakten med Zjukov avbrutits och därför måste Tjujkov på egen hand bestämma hur han skulle göra med den stora staden. Antingen måste han passera förbi Lódz och lämna den "starka fiendegarnisonen" bakom sig, eller gruppera sina styrkor utanför staden och vänta på instruktioner från Zjukov. Den "starka fiendegarnisonen" bestod av den tunna skärm som enheter ur pansarkåren Grossdeutschland byggt upp omkring staden, sedan transporten till Weichsel omintetgjorts av fiendens framryckning och kårens enheter hamnat i strid i den ordning de lämnat järnvägsvagnarna. Sovjetiska militären ville nå tyska gränsen så fort som möjligt och Tjujkov lockades varken av alternativet att göra halt och inleda en belägring eller lämna stora fiendestyrkor i sin rygg. Följaktligen beslutade han sig för att anfalla staden direkt i stället. Planen gick ut på att gå runt Lódz och storma den från väster, där motståndet förmodades vara svagast. Generalöversten beordrade två gardesskyttekårer att göra ett frontalangrepp från öster på samma gång som en pansargrupp skickades ut för att skära av tyskarnas reträttväg. På förmiddagen den 19 januari befann sig fienden på ”vild flykt” mot sydväst och Lódz var i ryska händer. Erövringen gick så fort att tyskarna inte hann förstöra staden. Både vattenförsörjning och elektricitet fortsatte att fungera. Polackerna i staden hälsade ryssarna som befriare.

Tjujkov drog sig senare till minnes:

> Vi åkte genom gatorna. Nazisterna hade försökt ändra allting efter sin egen smak. Torget i centrum, kallat Frihetstorget före kriget, hade döpts om till Deutschlandtorget. Genom att ändra torgets namn ville tyskarna uppenbarligen understryka att Polen aldrig skulle bli fritt igen, att Tyskland blivit dess oomstridda härskare och att polackerna var slavar utan rättigheter. Det fanns tyska namn i gathörnen, och tyska skyltar över butiksfönstren och anslag över entréerna till kaféer och restauranger, vilka löd: ”Endast tyskar. Polacker undanbedes.”[139]

Tjujkov gjorde inga antydningar om att han skulle ha känt till eller brytt sig om att en betydande del av den tyska befolkningen i den här delen av Polen inte tillhörde Hitlers kolonisatörer utan hade sina rötter här sedan flera sekler. Den officiella sovjetiska linjen var att alla tyskar i Poznań var inkräktare, vilka med Tjujkovs egna ord ”överfallit staden som en svärm av gräshoppor”.[140]

Den ryske generalen såg också den smala bro som byggts över huvudgatan så att judarna skulle kunna ta sig från ena delen av gettot till den andra utan att beblandas med resten av invånarna. Men vid befrielsen klingade inte längre de judiska bönerna i Lódź. I augusti–september 1944 hade det som en gång varit nazisternas största getto tömts på de återstående 60 000 judarna, vilka skickades till Auschwitz. Bara några hundra judar var i livet när staden befriades. Sådana upptäckter underblåste naturligtvis hatet.

·

Först efter Warszawas fall hade det börjat gå upp för Gauleiter Greiser vilken bräcklig grund hans lilla rike vilade på, men inte ens när provinsens andra stad, Lódź, var på väg att falla vågade han evakuera sina undersåtar utan en uttrycklig order från Berlin. Från Führerhögkvarteret var det dock tyst.

Nyheten om att pansarkåren Grossdeutschland var i antågande fungerade visserligen som en stämningshöjare, men bara kortvarigt. Övermodigt proklamerade Greiser att han ensam tog över försvaret av provinsen och gjorde den militäre försvarsområdeschefen, general Petzel, överflödig. Dagen därpå reste Gauleitern till de östra delarna av provinsen för att inspektera försvarsstyrkorna, men redan vid Lódź mötte han de ryska stridsvagnarna och måste hastigt vända om. Med egna ögon såg han "...välutrustade delar av 9. armén strömma tillbaka (tross, ensamma soldater samt helt motoriserade batterier och arméenheter). Denna flykt av tiotusentals tyska soldater, vilka stod utan ledning (jag påträffade bara två officerare!) kunde inte hejdas av mig allena, trots några försök", som han senare skrev i en självrättfärdigande rapport.[141] Han upplevde också flykteländet, men inte ens detta kunde förmå honom att på egen hand göra något för de civila.

Följande dag ringde general Petzel upp Guderian med resultatet att Greiser ögonblickligen fråntogs sina självpåtagna militära befogenheter. Gauleitern protesterade inte. Hans illusioner var krossade.

·

Först den 20 januari, när garnisonen i huvudstaden Poznań försattes i högsta beredskap, föll avgörandet om befolkningens öde. Återigen hade Petzel informerat Greiser om att provinsen inte gick att försvara med de obetydliga styrkor som stod till buds. Och fortfarande kom det inga instruktioner från Führern. Gauleitern var på gränsen till nervsammanbrott. Han satt vid sitt skrivbord, djupt försjunken i tankar, när hans militäre adjutant, SS-majoren Fritz Harder, kom in. Harder vittnade senare om att Greiser

> ... försökte ringa Hitler. Kontakten med Führerhögkvarteret var upprättad på några minuter, men Hitler lät inte tala vid sig. I stället skildrade Greiser återigen den allmänna situationen i korta drag för riksledare Bormann – ryssarna strax utanför Posen [Poznań] – och bad om order vad han skulle ta sig till. Bormann lät Greiser vänta en stund vid apparaten, uppenbarligen för att inhämta Hitlers instruktioner om vart Greiser skulle ta vägen, eller andra order. Under det fortsatta telefonsamtalet gav Bormann därefter

> Hitlers order till Greiser att inte låta sig bli innesluten i Posen, utan tills vidare bege sig till Frankfurt/Oder. Där skulle Greiser avvakta ytterligare instruktioner, eftersom det bara var en tidsfråga innan Warthegau åter skulle vara fritt och hans närvaro i Posen nödvändig. Detta telefonsamtal mellan honom och Bormann skedde i min närvaro på Greisers tjänsterum.[142]

Därmed ansåg sig Greiser ha fått tillåtelse att också inleda en total evakuering av befolkningen även om det var i senaste laget. Vid den tidpunkten ryckte fienden fram på hans territorium sedan flera dagar tillbaka och hundratusentals Warthegaubor var redan på flykt med fienden hack i häl.

På kvällen medgav Gauleitern dystert för sina medarbetare att ryssarna väntades nå Poznań inom två dagar och att han därför måste ge upp sitt livsverk. Några timmar senare försvann han med sin stab, utan att bry sig om hur evakueringen fortlöpte. Även om där torde ha funnits en uttrycklig order från Berlin att ge sig av, liknade Greisers hastiga avfärd inget annat än en ynklig smitning, vilket det säkert också var. Hans avresa blev en flyktsignal för hela partiapparaten i provinsen, enligt general Petzel:

> Genom Greisers avtåg hade den tyska civilförvaltningen i distrikten försvunnit i ett enda slag. Det kändes som om man befann sig i ett polskt land [sic!]. Här och där hade också kloka polacker övertagit ledningen för att sörja för ordningen.[143]

Evakueringsordern slog ned som en blixt i de ännu lugna städerna och byarna. Plötsligt gick det upp för allmänheten att de lugnande löftena om att ”de bolsjevikiska hordernas anlopp” skulle brytas sönder vid Weichsel inte var annat än tomma ord. Uppslitande scener utspelades på Poznańs järnvägsstationer, där panikslagna människor slogs om de sista tågplatserna. Egentligen skulle evakueringen ha skett stegvis, eftersom provinsen hade indelats i tre zoner från öster till väster, vilka skulle utrymmas i tur och ordning, men under de rådande omständigheterna erhöll alla områden evakueringsordern samtidigt, vilket ledde till en okontrollerad flykt. Evakueringsorganisationen bröt samman helt och hållet. De flyktingar som hade längst väg att färdas stötte endast på utkylda övernattningslokaler, tomma förråd och kallnade spisar.[144] Till det kom den stränga kylan med temperaturer under 20 minusgrader, vilket tog en fasansfull tull bland de minsta, de äldsta och de svagaste.

·

Prästen Helmut Weyer i Murowana Goslin utanför Poznań tyckte att situationen var obegriplig. Visserligen hade ryssarna brutit igenom fronten vid Warszawa, "men mellan oss och Warszawa var det ju 300 kilometer, stridsvagnsspärrar och utbyggda fältbefästningar, försvarslinjer utbyggda på djupet och – som vi trodde – stridsdugliga truppreserver"[145].

Fredagen den 19 januari gick Weyer till den lokale nazistledaren för att prata om alla flyktingar som fyllde vägarna från öster.

"Det pratas så mycket om evakuering och flykt, vad händer egentligen?" undrade han. Men partifunktionären var optimistisk och avfärdade hans oro.

"Låt inte huvudet förvridas på er. Det är otänkbart att ge upp Wartheland. Vad menar ni? Så som linjen Thorn-Kalisch har byggts ut och bemannats med trupper."

Fast på lördagen var det otänkbara redan ett faktum. SS-män utrustade med pansarnävar (pansarskott) hade en vaktlokal vid en av de östra utfarterna och där fick prästen veta att de första fiendestridsvagnarna kunde uppenbara sig när som helst. På kvällen lämnade unga mammor med småbarn samt bombevakuerade skolelever från Berlin orten per tåg. Strax därefter stötte Weyer ihop med nazisten, som lugnat honom tidigare.

> Vad säger ni om det, herr pastor? Vi måste packa, bara lite handbagage, allt måste vara klart inom ett par timmar. Dragfordon med släp kommer att stå på torget för att transportera bort den tyska befolkningen.

Då Weyer och hans hustru anlände till torget syntes inte de utlovade ekipagen till. Det fanns bara en enda tom vagn, vilken blev fullsatt på några minuter. Weyer kom till insikten att "var och en får klara sig själv", och efter att ha förhandlat med frun från granngården fick han, hustrun och pigan följa med på hennes öppna vagn. Andra parlamenterade också med bönderna om att få åka med. Gamla och sjuka lämnades däremot kvar.

Myndigheterna kunde inte tillåta sig att tappa masken, varför Murowanatyskarna än en gång uppmanades att bara ta med lätt packning. Det skulle bara ta några dagar för de tyska trupperna att marschera upp och jaga bort fienden, hette det.

Vid elvatiden på kvällen defilerade vagnarna ut ur samhället. Företagsamma borgmästare från andra håll försökte hålla samman sina ortsbor – hemmagjorda skyltar på vagnarna talade om var de härstammade ifrån – men kolonnen från Murowana Goslin upplöstes genast och uppslukades i detta allmänna exodus. ”På dessa av vagnkolonner igenproppade vägar kan ingen armé marschera upp”, tänkte prästen. Samma lördag nåddes likaså Eike Jünkes familj av budet att de måste fly.

> Ute var det 20 grader kallt och bagaren hade stängt. Mor hade bakat sockerkaka i kakelugnen och stoppade också ned riktigt god prickig korv i packningen. Det var den enda proviant vi fick med oss på resan. Vi barn förstod aldrig riktigt vad det handlade om. Vi tyckte att det var spännande, för mamma var lugn och sa att vi skulle iväg på utflykt.
>
> På samlingsplatsen träffade vi en bonde som vi tidigare hade hjälpt att bärga potatisskörden. Han hade två hästar och två vagnar kopplade efter varandra. Bonden åkte i den ena vagnen och vi fick hoppa upp i den andra. Det förväntades att polackerna skulle hjälpa till. Drängen, som var polack, skulle köra vagn, men tre–fyra kilometer utanför Wiesenstadt klev han av för att kissa. Han försvann, men han hade lämnat kvar handskarna på kuskbocken för att det skulle se ut som om han tänkte komma tillbaka. Det måste man förstå att de inte hade något intresse av att hjälpa oss. Vi hörde inte hemma där.[146]

Majoriteten av flyktingarna från provinsens mellersta och västra evakueringszoner hade större tur än de som kom från den östra zonen, och nådde i större utsträckning säker mark i Schlesien eller Brandenburg. Ingrid Friedes familj förlorade sitt hem för andra gången på fem år:

> Jag låg inklämd bland en massa väskor och människor på en stor, täckt hästvagn som knarrade fram på den glashala vägen i riktning mot Oder. Vuxna och barn låg eller satt om vartannat bland väskorna. Min kusin låg mot min axel. Han hade kissat på sig och kläderna var stelfrusna. Jag skymtade hur min mamma gick bredvid vagnen tillsammans med en annan tant. Det var mycket kallt, men det värsta var ändå ovissheten om vad som skulle hända. Det pratades mycket om Lübeck, att vi skulle försöka ta oss till Lübeck. Jag såg aldrig några döda människor utefter vägen, för de vuxna fick oss alltid att vända bort huvudet vid sådana tillfällen.[147]

Hennes storebror Kurt, en självständig tolvåring, satt och dinglade med benen bak på vagnen i den stränga vinterkylan.

> Det fanns ingen plats för mig inne i vagnen, men jag insåg snart att jag hade valt den bästa platsen. Ett antal gånger kanade vagnen ned i diket och allting

> hamnade huller om buller. Lyckligtvis blev ingen skadad. Så snart vagnen började kana hoppade jag av och inväntade smällen. En faster var höggravid och så fort vagnen välte började alla ropa ”Helga! Helga!” och febrilt leta igenom bråten för att hitta henne. Alla var oroliga för att något skulle hända henne, men hon klarade resan och födde en tid senare.[148]

På en annan polsk väg pulsade Eike Jünke fram i snön och försökte hålla jämna steg med vagnarna.

> Mamma hade noga präntat in i mig och mina syskon att vi måste stanna kvar på vagnslasset eller hålla fast i vagnen om vi gick bredvid, så att vi inte kom bort i röran. Lillebror, som var två och ett halvt år gammal, förfrös fötterna, men efter en tids ompysslande blev de bra igen. En natt tillbringade vi på en bondgård, där vi blev varmt välkomnade av värdfolket som slaktade höns till maten. Människorna på den gården trodde att de skulle klara sig där de var – att de inte skulle behöva fly. Att fienden inte skulle komma så långt. Ena dagen var de värdar för oss, men redan nästa dag flydde de tillsammans med oss.[149]

För prästparet Weyer och fru Lehmann blev det också en strapatsrik resa. Hela tiden blev det stopp i den ändlösa flyktingkolonnen på grund av att någon häst hade störtat eller att en militärkolonn måste släppas fram. Alla soldater verkade vara på väg västerut och det stärkte honom i övertygelsen att de tyska trupperna tagit till flykten. Ytterst sällan syntes personalen från den nazistiska hjälporganisationen NSV till, vilken skulle ställa upp med mat och varma övernattningslokaler. Poliser som försökte reda upp trafikkaoset fanns det inte heller gott om. Dånet när broarna över Warthe i Obornik sprängdes i luften bekräftade prästens farhågor: ”Broar spränger man ju inte i ett uppmarschområde, utan i ett förlorat område”, ansåg han.

En natt sov de på golvet hos en polsk familj, följande natt tillbringade de i en skola som förvandlats till flyktingkvarter, men natten därpå tvingades de genomlida 25 graders kyla på vagnarna, sedan godsägaren på riddargodset Willichsee vägrat ge dem husrum. ”Särskilt spädbarnen led av kylan, många av dem frös ihjäl. Flaskbarn led också nöd genom att den medhavda mjölken frös till is och det inte fanns något tillfälle att tina upp den eller köpa ny mjölk under färden”, fortsätter han.

Den 24 januari korsade deras vagn den tyska riksgränsen och passerade följaktligen Hitlers omskrutna Östvall. ”Jag märkte varken något av denna

Östvall eller av de soldater som skulle försvara den. Pansarspärrar anlades emellertid överallt, inte bara öster utan också väster om Oder." På bron över Oder vid Küstrin blev det stopp i kön igen. En ung pojke från Hitlerjugend beväpnad med ett gevär vaktade bron och plockade ned vapenföra män från vagnarna. Weyer förklarade att han i egenskap av församlingspräst inte var skyldig att anmäla sig till folkstormen. Pojken med geväret frågade om han hade ett intyg att visa upp. "Det behöver jag inte, det står så i folkstormslagen, den ska han läsa noggrant", svarade Weyer, förmodligen med all den kyrkliga pondus han kunde uppbringa. Men vakten beordrade att ingen fick komma över bron förrän han kontrollerat saken – och raden av vagnar framför bron blev bara längre och längre. När brovakten inte syntes till tog de chansen och rullade över bron i alla fall. Ingen hindrade dem och på andra sidan kände de sig trygga för första gången sedan flykten började.

I en förort till Küstrin togs sällskapet emot i den lokale NSV-ledarens hem. Det var en "hygglig karl", enligt Weyer. "Först sent på kvällen kommer han hem dödstrött från sitt arbete med att försörja och inkvartera flyktingarna, och han blir glad när fru Lehmann lägger ett par fina skivor av sitt medhavda fläsk på hans smörgås. Bröd och fläsk är ju ibland en trösterik sak. Denne NSV-ledare var den siste ämbetsman som jag såg i brun uniform. Alla [partifunktionärer] väster om Oder gjorde senare tjänst i civilkläder."

På tillfarterna till broarna vid Küstrin och Frankfurt an der Oder öster om Berlin trängdes oräkneliga människor och djur. Ingrid Friede erinrar sig de tumultartade scenerna i Frankfurt:

> Av någon anledning som jag inte längre kan påminna mig ställde vi vagnen och tog bara med var sin väska eller ryggsäck. Resten lämnades kvar. Det måste ha gått mycket snabbt. Jag minns att vi skulle med ett tåg, men det var en fruktansvärd trängsel på stationen. Det fanns inga tågtider att passa, så det gällde att ta chansen när ett tåg dök upp. Då tåget stannade pressade alla på framåt för att få en plats. Fortfarande kommer jag ihåg hur det ropades över högtalarna: "Håll fast barnen! De blir ihjältrampade! Håll fast barnen!"[150]

Familjen Jünke kämpade också om en plats på ett av tågen och en soldat med dragen pistol kom till deras undsättning:

> Det var fullt med folk på stationen och det stod en officer där och sa: "Stopp, det här tåget är reserverat för militärer och deras familjer." Min mor var en kvinna som hade fött fyra barn och fått utmärkelsen Moderkorset. Hon var alltså en aktad person i samhället, men det hjälpte inte. Då kom det en sårad underofficer och riktade sin pistol mot befälet och sa: "Nu släpper ni upp dem på tåget, annars..." Och det var förmodligen det som räddade oss, för det var bara en fråga om någon dag innan ryssarna hunnit ikapp oss.[151]

De hamnade till sist på en flygplats i Oranienburg norr om Berlin, där de blev inhysta i stora militärkaserner tillsammans med hundratals andra flyktingar. Först där kunde de ge Eikes pappa det första livstecknet på ett par veckor, men mycket snart hade pojken annat att ägna sig åt än att tänka på de kalla, otrygga flyktdagarna. Kamouflagemålade, propellerlösa flygplan startade med dova vinanden från basen. Fascinerad stirrade han på Hitlers toppmoderna vapen, de jetdrivna Messerschmidt 262:orna som ingick i arsenalen av så kallade mirakelvapen.

·

Gauleiter Greisers bil plöjde fram genom massorna av frysande människor ända till Frankfurt an der Oder, dit han anlände den 22 januari – samma dag som de första ryssarna uppenbarade sig utanför Poznań. Först då fick han veta att Hitler ändrat sig och krävde att Poznań skulle försvaras till sista man, men då var det för sent för honom att återvända.

Bland de bredbröstade pamparna inom partiet blev Greiser därför snabbt en paria. Intensiva rykten cirkulerade om att han flytt på grund av feghet.[152] Hur det än förhöll sig med den saken, hade han gjort sig omöjlig inom partiet och fick inga nya uppdrag. Vid krigsslutet togs han till fånga av amerikanerna och utlämnades till Polen. För den polske rannsakningsdomaren försökte han förklara de brott hans tvehågsna natur orsakat med orden: "Två själar bodde i mitt bröst." År 1946 hängdes han av polackerna i Poznańs svårt krigsskadade citadell på grund av sina brott.

5
På tröskeln till Berlin

> Den förfärliga månaden januari lät alla våra farhågor om ryssarnas stora offensiv bli verklighet.
> (Heinz Guderian)

I slutet av januari 1945 såg det ut som om Stalin skulle kunna avsluta kriget helt på egen hand inom loppet av några veckor. Warthegau erövrades på några dagar och Berlin låg nästan helt försvarslöst framför Zjukovs arméer. På nästan hela det 120 mil långa avsnittet mellan Östersjön och Karpaterna existerade det bara bitvis organiserat tyskt motstånd i slutet av januari 1945. I Ostpreussen tvingades armégrupp Mitten tillbaka steg för steg mot kusten och i Schlesien försökte Schörner organisera en ny försvarslinje. Men däremellan gapade det ett tomt hål i östfronten, genom vilket Första Vitryska Fronten obehindrat vällde fram. Endast de små improviserade garnisonerna i Poznań och Toruń (Thorn) var förmögna att bjuda något motstånd.

Därför beslutade Hitler den 21 januari att skapa en ny armégrupp med namnet Weichsel, för att fylla luckan och stoppa fienden i trakten av Poznań. Men till generalstabens överraskning utsågs inte en professionell militär att leda armégruppen utan SS-ledaren Heinrich Himmler, vilken tillika var inrikesminister, chef för polisen och befälhavare för den så kallade hemmaarmén. Himmlers militära insikter var grundare än en furirs och väckte ingen beundran ens hos hans egna generaler i Waffen-SS. Hans enda militära erfarenhet bestod i att genom en slags polisaktion ha organiserat en försvarslinje på ett lugnt avsnitt av västfronten hösten 1944, men trots ihärdiga protester från den tyska arméns generalstabschef Guderian fick Himmler jobbet som Tredje rikets räddare, på grund av Hitlers växande misstro mot ”pessimistiska” armégeneraler.

Till en början utan några trupper, utan någon fackmässig militär stab och endast utrustad med en storskalig karta reste Himmler österut i sitt specialtåg Steiermark för att ta befälet över den nya skugghären. Då armégrupp Weichsel officiellt började existera den 25 januari var dess ursprungliga uppdrag redan överspelat, eftersom fienden redan lämnat Poznań bakom sig och dessutom skurit av Ostpreussen genom marskalk Rokossovskijs stöt vid Elbing. En av Himmlers första åtgärder som armégruppchef var dock att uppbåda folkstormen och upprätta vägspärrar för att samla upp de desorganiserade och demoraliserade soldater som strömmade tillbaka västerut. Vidare inskärpte han flyktförbudet hos civilbefolkningen. Ingen fick överge sitt hem eller sin arbetsplats utan tillåtelse, därför att det betraktades som defaitism.

I samma veva döpte Hitler om de övriga armégrupperna på östfronten: armégrupp Nord bytte namn till Kurland, armégrupp Mitten blev Nord och armégrupp A blev Mitten. Den enda effekt den här åtgärden fick var möjligen att förvilla krigshistorikerna, har en författare påpekat.

·

Ändå tycks det inte som om tyska arméöverkommandot i sina hemliga bunkrar vid Zossen utanför rikshuvudstaden hade kunnat föreställa sig att ryssarna kunde nå Berlins portar på mindre än tre veckor. Den 25 januari passerade Första Vitryska Fronten Poznań, utan att offensiven mot Berlin visade tecken på att tappa fart, även om vissa trupper ur 8. gardesarmén lämnades kvar för att belägra den 12 000 man starka garnisonen. Majoren i generalstaben, Eike Middeldorf uppger att militärledningens förhoppningar grusades snabbt:

> Enligt OKH:s lägesbedömning måste offensiven, vilken börjat vid Warszawa vid Weichsel, köra fast ungefär i Posenområdet [Poznań], eftersom man kunde vänta sig försörjningssvårigheter när det gällde dieselolja åt stridsvagnarna. Det var ett misstag, emedan stridsvagnarna påträffade både bensinstationer och tillräckligt med drivmedel på godsen och militärbaserna, så att de inte behövde avbryta sin offensiv.[153]

Att ryssarna kunde nå Oder var emellertid ingen främmande tanke för arméledningen, OKH, men att det skulle gå så fort blev en svår chock för den tyska sidan:

> Överraskningen i Zossen var stor, men hade redan förutspåtts för Hitler av Guderian 1944 med orden: ”Om ryssarna lyckas bryta igenom, stöter de

fram till Oder på några dagar, på grund av att vi inte har tillräckligt med operativa reserver!" Endast tidsförloppet var överraskande.[154]

Vägen mot floden och Berlin låg öppen för ryssarna, men i Moskva ville man av försiktighetsmått bromsa framryckningen. Men Zjukov övertalade Stalin att få fortsätta ända fram till Oder, dock utan förstärkningar för att täcka sin allt längre flank i Hinterpommern. Under tiden fick även Konjev klartecken att fortsätta mot Berlin från söder.

Kapplöpningen mot den tyska huvudstaden var därmed i gång.

•

Det tyska motståndet var i upplösningstillstånd, fast Zjukovs främsta arméchefer Katukov, Tjujkov och Berzarin var ändå oroliga för de befästningar de väntades träffa på vid den gamla tysk-polska gränsen. Hitlers "Maginotlinje" i öster var imponerande och hade byggts under mellankrigstiden som ett skydd mot en attack från det då nationalchauvinistiska Polen mot Berlin. Där fanns rörliga kanontorn, pansarkupoler, kasematter, ett nätverk av underjordiska gångar samt till och med en underjordisk järnväg. Efter den tyska erövringen av Polen hade emellertid gräset växt högt kring de här försvarsanläggningarna och en stor del av bestyckningen hade flyttats över till Atlantvallen och Västvallen, men under hösten 1944 hade befästningarna hastigt börjat iståndsättas igen.

Den 28 och 29 januari 1945 nådde Tjujkovs soldater floden Obra framför gränsbefästningarna, men generalen hade inga upplysningar om hur det tyska bunkerbältet såg ut eller vilka fiendestyrkor som doldes där. Vidare hade han ont om artillerigranater och hade inte tid att vänta på nya sändningar. Tillsammans med general Katukov bestämde han sig ändå för att anfalla så fort som möjligt för att inte ge fienden tid att förbereda sig. Ryssarnas oro för gränsförsvaret var i själva verket helt obefogad, för det visade sig att de hastigt utkallade tyska försvararna var lika dåligt orienterade om befästningarna som de själva. Det fanns inga kartor och ibland inte ens nycklar till bunkrarna. Besättningen utgjordes av två divisionsstaber med sammanrafsade hemmafrontssoldater och folkstorm, som anlänt till platsen bara dagar eller timmar före ryssarna. Varje division var ungefär lika stark som ett regemente och kunde inte stå emot några större påfrestningar.

Skuldra vid skuldra bröt Katukovs, Tjujkovs och Berzarins arméer igenom

Meseritzlinjen den 30 januari och fortsatte hastigt in i östra delen av provinsen Brandenburg i riktning mot Oder. Söder om denna styrka trängde andra styrkor fram med siktet inställt på flodövergången vid Frankfurt an der Oder.

Julius Hinz, rektor för en yrkesskola i Küstrin, hade förvandlats till chef för en erbarmlig folkstormsbataljon som skickats ut för att möta ryssarna:

> Vid avresan från Küstrin den 24 januari bestod min kulsprutebataljons beväpning av två gevär. Därefter försökte jag få tag på vapen under vistelsen i Trebitsch. Förgäves. Då jag i gryningen den 30 januari fick rapport om att ryssarna korsade Obra, begav jag mig till stridsställningen, där jag om igen försökte få tag på vapen eller order från bunkern "Ludendorff". Korpralen vid telefonen sa till mig att den siste officeren gett sig av och inte skulle komma tillbaka. Då gav jag order – alltjämt utrustad med två gevär – att avmarschera i riktning mot Küstrin.[155]

Bataljonen kom tillbaka välbehållen till hemstaden, men hela det tyska gränsförsvaret var i nästan lika beklämmande skick och sopades hastigt undan av de moderna sovjetiska styrkorna. I östra Brandenburg, det vill säga den del av provinsen Brandenburg som låg öster om Oder, startade genombrottet en ny flyktvåg, men ryssarnas uppdykande skedde så hastigt att majoriteten av befolkningen togs på sängen.

•

I småstaden Vietz nordöst om Küstrin kunde 17-åriga Ursula Grosser knappt korsa vägen för alla flyktingar som fyllde den. Vagnarna var oräkneliga och högt lastade med alla ägodelar människorna kunnat få med sig. Somliga lantbrukare hade till och med knutit fast boskap bakefter ekipagen. Massvandringen från Warthegau väckte oro och ängslan, men det var fortfarande farligt att tala öppet om flykt på grund av risken att bli straffade för defaitism av Brandenburgs Gauleiter Stürtz.

En bondgård strax utanför den annars så fridfulla staden hade varit Berlinflickan Ursulas hem sedan evakueringarna hösten 1943. Skolan låg inne i staden och på lediga stunder hjälpte hon till i hushållet, eftersom husbonden låg vid ryska fronten och sonen i huset stupat vid Monte Cassino. En dag i slutet av januari återvände inte Ursula till gården, utan stannade kvar i Vietz hos sin mor och åttååriga lillasyster Marianne, som bodde i en pigkammare där. Orsaken var att flyktingkolonnerna börjat blandas upp med retirerande militär:

Det fanns inget officiellt besked från skolmyndigheterna att barnen från Berlin skulle återvända till sina hem. Vi väntade fortfarande på att få veta något. Men vi hörde ingenting och slutligen bestämde min mamma den 30 januari att det var dags för oss att ta oss hem på egen hand. Vantrogna upptäckte vi att järnvägsstationen var stängd. Tydligen hade trafiken blivit inställd. Vi försökte att inte gripas av panik, utan gick tillbaka till huvudgatan och såg lastbilarna fyllda av soldater passera förbi. Kolonnerna verkade vara oändliga. Till en början misslyckades vi med att få lift av armén. Plötsligt blev det stopp på grund av alla flyktingarna som blockerade vägen. Det var då jag sa till en soldat på ett lastbilsflak att vi måste ta oss hem till Berlin. Till min lättnad visade han med en rörelse att vi skulle klättra upp på lastbilen. Så började vår långsamma resa västerut. Strax innan vi nådde Küstrin dök lågflygande ryska plan upp från ingenstans. De gjorde en inflygning och återvände mot öster. Vi var skräckslagna, men soldaterna verkade inte ägna någon uppmärksamhet åt dem. Ärligt talat måste jag säga att soldaterna behandlade oss mycket anständigt, några av dem delade till och med sina ransoner med oss.

Då vi nådde Berlin-Erkner sent på kvällen släppte de av oss vid spårvagnshållplatsen, varifrån vi tog spårvagnen till Spandau. Jag tyckte att det verkade som om soldaterna inte hade något mål. De fortsatte mot väster. Jag måste betona att vi hade stor tur som kunde ta oss till Berlin, jag hörde av en soldat att de blivit tillsagda att inte bry sig om civila. Det var skönt att vara hemma. Så många av de människor jag såg hade ingenstans att ta vägen.[156]

Redan den 22 januari hade flyktingkolonnerna från Warthegau börjat ringla genom det brandenburgska landskapet. Ändå stannade lokalbefolkningen kvar hemma, inte bara på grund av flyktförbudet, utan också för att de var invaggade i falsk säkerhet av propagandan om gränsbefästningarnas styrka. Före kriget bodde det 644 000 brandenburgare på östra sidan av Oder och trots alla inkallelser hade invånarantalet stigit till cirka 780 000 fram till den sista krigsvintern, till följd av alla evakuerade storstadsbor. Endast för de sistnämnda ”bombflyktingarna”, vilka enbart betraktades som en belastning av de lokala myndigheterna, lades inga hinder i vägen ifall de önskade ge sig av. Huvuddelen av dessa torde därför sannolikt ha satt sig i säkerhet medan tid var, men endast en minoritet av ortsbefolkningen lyckades undkomma. Uppskattningsvis 30–35 procent av de bofasta hann ta sig över Oder innan det var för sent. ”Knappast någon annanstans spelade nazistpartiets distriktsledare, vilka var ansvariga för evakueringen, en så ödesdiger roll som i Brandenburg”, slog historikern Theodor Schieder senare fast.[157] Partiapparaten bromsade även här alla ansatser till evakueringar in i det sista.

•

Majoren Eike Middeldorf var en av de sista tyskarna som korsade Oder, men paradoxalt nog åt motsatt håll som de flyende. Äntligen hade han kunnat lämna bunkrarna i Zossen för att fara hem till barndomshemmet, herrgården i byn Adamsdorf utanför Soldin, cirka 50 kilometer nordöst om Küstrin. Det var i allra sista ögonblicket för att varna släkten därhemma för fienden. Hans mor och äldre bror Hans-Gerd måste få veta vilken fara de svävade i, men att avhandla ett sådant ämne per telefon var omöjligt på grund av att ledningarna var avlyssnade. Tågresan tog dubbelt så lång tid som normalt på grund av alla trafikstockningar som massuttåget förorsakade.

> På gatan i Adamsdorf pratade jag med borgmästare Liermann, en mycket klok man. Han bad mig att tala öppet med min bror om möjligheten att evakuera. Själv verkade han vara betänksam för vad han skulle råda menigheten till och vad han själv skulle ta sig för. Hemma träffade jag genast på Hans-Gerd, som ordagrant sa: ”Var snäll och säg inte ett ord till mor om att ge sig av härifrån. Vi har beslutat oss för att stanna kvar här. Vi lämnar inte människor och egendom i sticket.”
>
> Jag märkte med en gång att det inte gick att påverka honom. Min enda möjlighet var att göra honom uppmärksam på ryssarnas framfart i Ostpreussen och skildra vad som hände mellan Weichsel och Oder… Men ingen i distriktet Soldin anade ens den minsta olycka.
>
> Natt efter natt hade vi i huset cirka 50 flyktingar, vilka fyllde alla rum, även mitt, på andra våningen. Därför var jag tvungen att övernatta på soffan i herrummet. Klockan ett på natten ringde telefonen. Det var nazistledaren i Lippehne fem kilometer bort som sa att fientliga stridsvagnar dykt upp på järnvägsstationen i Chursdorf. Jag ville inte tro det och ringde upp stationen. Efter lite knastrande på ledningen anmälde sig en röst med orden: ”Nix germanskij, russkij!” Det stämde alltså! Jag väckte Hans-Gerd och vi gick upp i tornet på huset. Härifrån såg vi signalraketer i norr, hörde gevärseld i söder och motorbuller i väster. Endast i öster, där Adamsdorfs skog låg, var det lugnt. Det var 15 grader kallt och det snöade i den lätta vinden. Snödjupet var omkring 30 centimeter. Hans-Gerds och mors beslut var orubbligt, husets gäster var fria att göra som de ville; endast onkel Karl borde inte stanna kvar, emedan han i egenskap av ledare för en krigsveteranorganisation i Wartheland måste bära SS-uniform och fördenskull hade satt hela huset i fara. Onkel Wilhelm Lans ville stanna, därför att han ville vara i närheten av sin hustrus grav. Eftersom vår kusk var inkallad vikarierade en fransk krigsfånge för honom. Hur villiga de än hade varit hittills, så nekade denne liksom alla andra fransmän att spänna för släden. Sålunda spände min mor och jag för själva. Onkel Karl hade vi klätt på civila kläder,

vilket inte var det lättaste, för han var väldigt stor och hade ett huvudomfång på 63 centimeter. Vi måste ju räkna med att stoppas av ryska trupper. Jag tog med lite livsmedel och därefter skjutsade vår modiga mamma oss den 12 kilometer långa vägen till järnvägsstationen i Soldin. Jag själv måste ju tillbaka till Zossen så fort som möjligt. På järnvägsstationen tog min mor och jag avsked av varandra. Två timmar senare ringde jag hem och var lycklig över att hon kommit fram välbehållen. Det var kaos på järnvägsstationen och jag måste ta itu med militärtransporterna så att det första tåget äntligen kunde avgå mot Küstrin tre timmar senare. Hela sträckan var full av transporttåg, vilka stod stilla för det mesta. Således gick onkel Karl och jag helt enkelt framåt från tåg till tåg. I Küstrin fortsatte han i riktning mot Frankfurt an der Oder, medan jag nådde Zossen på kvällen.[158]

Först långt efter krigsslutet fick Eike Middeldorf veta att herrgården i Adamsdorf bränts ned av fienden efter erövringen och att hans mor avlidit i prästgården på grund av sockersjuka några månader efter kapitulationen. Hans-Gerd deporterades av ryssarna till en gruva i Ukraina där han dog 1946, 41 år gammal.[159]

•

För 15-årige Erhard Krüger i samma by blev natten den 30 januari fastetsad i minnet. Han hade kommit hem från greve von Plathes gods i grannbyn Chursdorf, där han gick i trädgårdsmästarlära, för att hjälpa sin mor att slakta hushållsgrisen:

Förbi Adamsdorf gick riksväg 119 mellan Schneidemühl och Küstrin. I januari 1945 var vägen full av flyktingar som kom med häst och vagn från öster, men vi trodde inte att det var möjligt att ryssarna kunde komma så långt som till vår by. Jag vill inte säga att vi var naiva, men vi var så indoktrinerade av propaganda. Far var soldat i krigsmakten och han hade förklarat hur det var när fronten kom nära, att det lät som åska och att himlen fylldes av ett eldsken, men vi begrep ändå inte när det var dags.

På radion hörde vi att små pansarspetsar trängt västerut från Schneidemühl, fast vi var inte oroliga. ”Det är bara några stycken stridsvagnar. Inget att oroa sig för. Dem klarar vi”, sa folkstormssoldaterna. Det var bara det att när ryssarna kom var det inte en stridsvagn eller några stycken – det kom hundratals och bak på pansaret satt det fullt med soldater.

Visst fick vi vissa föraningar om att fienden var på väg. En polsk arbetare skulle hämta slaktaren i grannbyn Carzich söder om Adamsdorf, men han kom tillbaka och sa att det inte gick att komma fram, därför att ryssarna redan var där. Samma dag såg jag de första ryska flygplanen. De kom inflygande på så låg höjd att jag såg de röda stjärnorna på vingarna, men vi tänkte ändå inte på att fly. Vi hade en liten gård och du lämnar inte en gård utan vidare, inte ens vid fara, en fara som du inte heller känner till. Du väntar tills du blir utkastad.

Då vi gick och lade oss på kvällen hörde vi kanonmullret och kände hur jorden darrade. Inte trodde vi att det var stridsvagnar som kunde förorsaka detta. Himlen var ett enda eldhav på grund av alla brinnande byar i fjärran.

Ryssarna kom till oss precis klockan tolv på natten till den 31 januari. Vi väcktes av ett kraftigt brummande och kände hur hela huset började skaka, men vi förstod inte vad det var. Sedan började det banka på dörren och ropas utanför huset. Vi darrade som asplöv, men till slut öppnade vi innan de slog in dörren. Ute på gården stod det en rysk stridsvagn. De ryska soldaterna gick runt i huset och frågade efter ”germanskij soldat” och vapen. Sedan våldtog de min mor inför ögonen på oss fem barn. En rysk löjtnant tryckte en pistol i bröstet på henne och sa ”Frrau komm!”[160] Därefter satte de igång. Det var det värsta jag var med om som barn, att stå bredvid utan att kunna gör någonting när de förgrep sig på min mamma. Femtio år har gett mig distans till det mesta, men det finns fortfarande saker som är svåra att prata om.

Allt det där tog inte mer än en kvart, sedan föstes vi ihop i ett hörn av rummet och ryssarna ”inkvarterade” sig. De dråsade ned som döda flugor på sängar, soffor och golvet och somnade direkt med stövlarna på och kulsprutepistolerna i händerna. De var helt utmattade, för de hade drivits framåt utan avbrott.[161]

På kvällen den 30 januari, tolvårsdagen av det nazistiska maktövertagandet i Tyskland, kunde världen för sista gången höra Hitlers röst i radion. Han förkunnade att det var Europa och dess främsta bålverk, det Stortyska Riket, som skulle segra i kampen, och inte det ”inre Asien”. ”Hur svår krisen än må vara för ögonblicket så kommer den trots allt att bemästras till slut genom vår oföränderliga vilja, vår offerberedskap och vår förmåga. Vi kommer att klara oss igenom även den här krisen”, slutade han.[162]

Sibylle Krahmer var förbryllad. Führern talade fortfarande om seger, trots att ryssarna stod bara några mil bort. Det gick inte ihop.

Den 26-åriga Sibylle var inspektor på sin styvmors gods Hohen-Wartenberg mellan Küstrin och Landsberg i östra Brandenburg. Det var en naturskön landsbygd på bara tio mils avstånd från den bullrande huvudstaden. Junkergodsen med sina förnäma familjer låg utströdda som ett pärlband i trakten och Sibylle var uppvuxen i denna traditionsfyllda och exklusiva värld av salonger, bjudningar och jakter. Majoriteten av de preussiska junkrarna var konservativa och hade aldrig tillhört "den böhmiske korpralens" mest glödande anhängare. Till exempel hade närmaste grannen, general Henning von Tresckow, deltagit i konspirationen mot Hitler och begått självmord efter den misslyckade 20-julikuppen.

Bekantskapskretsen utgjordes bland annat av ädlingar som bar anrika efternamn som von Schlieffen, von Finckenstein, von Langehn-Steinkeller och von Humbert. Men Sibylle delade inte sina medsystrars vurm för finkantat salongsumgänge. För henne hade det varit naturligt att bli inspektor och ta hand om skötseln av godset, för hon hade ett genuint intresse för det handfasta jordbruket och hästuppfödning, som betraktades som manliga sysslor. Även om hon och systern Rose-Marie hade fått allt de pekade på när de var små, så hade Sibylle aldrig varit rädd för hårt arbete. Hennes far hade alltid behandlat henne som en pojke och lärt henne allt om det som på den tiden ansågs vara manliga dygder inom junkerklassen, nämligen självuppoffrande plikttrohet, medvetenhet om sitt eget värde och framför allt ett jordnära jävlaranamma. Det sistnämnda skulle komma väl till pass under de sista krigsmånadernas svåra prövningar.

Hästarna var en självklar del av livet på Hohen-Wartenberg och det fanns gott om hästmänniskor på faderns sida av släkten. En förfader hade till och med varit kavallerigeneral på järnkanslern von Bismarcks tid. Sibylle hade inte skickats bort till någon fin skola långt hemifrån utan fått undervisning av en guvernant och därför kunnat svinga sig upp på hästryggen varje dag, då lektionerna var över. Redan fyra år gammal red hon sin första ponny och sedan dess hade det ena gett det andra.

I egenskap av inspektor hade hon under kriget fått en stor språkförbistrad grupp lantarbetare att regera över – det var krigsfångar och slavarbetare som till stor del tvingades hålla lantbruket igång under det att de vapenföra tyska männen slogs vid fronten. Det fanns cirka 60 polacker, italienare och fransmän samt ett 100-tal ryssar på gården. Sibylle minns:

> Ryssarna betraktades som opålitliga och hölls under sträng bevakning av militären, men jag hade ändå kommit att tycka om dem, för de var ärliga människor som arbetade hårt. Jag behandlade aldrig fångarna illa och det uppstod ett ömsesidigt förtroende mellan oss. Det skulle senare bli min räddning.[163]

Under de sista januaridagarna hopades tecknen på att fienden var i antågande. Förgäves försökte gårdsfolket gräva en skyddsgrop en halv kilometer från huvudbyggnaden, men tjälen var för hård. Själv hade Sibylle packat en ryggsäck, för att snabbt kunna ge sig iväg om det skulle behövas. Klockan fem på morgonen den 30 januari, alltså mer än ett halvt dygn innan Hitlers tal till nationen, ringde telefonen på hennes kontor. Det var inspektorn på granngodset Nordhausen som hade viktiga instruktioner.

”Släpp inte ut de ryska krigsfångarna på arbete. Det är order från högsta ort. Ryssarna ska transporteras till Nordhausen. Traktorer och vakter ska ni ställa till förfogande.”

”Vart ska fångarna föras därefter?” undrade hon.

”Vet inte. De ska vara här klockan sju.”

Hon klädde på sig och gick till underofficeren, som var chef för vaktmanskapet på gården. Denne bleknade när han fick höra talas om saken – han hade skickat några av sina soldater till Landsberg för att hämta ut nya gasmasker, och de hade fortfarande inte återvänt.

”De kommer aldrig tillbaka. De har åkt rakt in i Röda armén”, sa Sibylle.

Därefter bad hon att få nyckeln till fångarnas barack under förevändning att hon skulle hämta sina ridstövlar, som en av fångarna lagat. Inne i baracken låste hon dörren om sig och de undrande fångarna samlades runtomkring henne. Med tårfyllda ögon viskade hon:

”Röda armén är snart här. Ni ska transporteras till ett uppsamlingsläger. Vad som sedan ska hända vet jag inte. Jag fruktar för era liv. När jag går härifrån låser jag inte dörren. Vänta ett par minuter och spring sedan. Rädda era liv och kom ihåg mig!”

En liten stund efter att hon gått därifrån blev hon förvissad om att hennes infall rönt framgång. En av de kvarvarande vaktposterna kom flåsande och ropade upphetsat: ”Ryssarna har flytt. De sprang omkull mig och tog geväret ifrån mig!”

På eftermiddagen sadlade hon hästen och red de två kilometrarna till byn Wartenberg för att prata med den villrådige borgmästaren om situationen. Sedan fortsatte hon till det sex kilometer längre bort belägna godset Belgen, där systern Rose-Marie bodde med sin tvåårige son. De pratade om situationen, men beslutade sig för att vänta och se. På kvällen galopperade Sibylle tillbaka till Hohen-Wartenberg för att lyssna till Hitlers radiotal, vilket var utsatt till kvällen.

Det var sista gången hon red över familjens marker.

·

En ny dag grydde och vid halvtolvtiden ringde telefonen på nytt på Sibylles kontor. En röst från militärförläggningen i Wartenberg ursäktade sig med att han ringt fel, men Sibylle höll honom kvar och envisades med att få veta hur det låg till. Svaret var inte uppmuntrande: militären räknade med att fienden skulle vara i Wartenberg vid tvåtiden. En stund senare hördes en väldig explosion från det hållet, då militärförläggningen sprängdes i luften och militären drog sig tillbaka.

Stämningen var tryckt när middagen avåts, men Sibylle kunde ändå inte bestämma sig för att fly. ”Det gick inte att bara lämna godset och alla djuren vind för våg”, ansåg hon. Vid tvåtiden växte mullret i fjärran och den tyske fångvaktaren, som tidigare blivit överrumplad av fångarnas flykt, hojtade glatt:

”Nu kommer de. Nu befriar Hitler oss. Äntligen!”

Hon tittade förvånat på honom.

”Visst kommer de och befriar oss från *allt*! Det är ryska stridsvagnar som kommer.”

”Det kan inte vara möjligt.”

Från vattentornet kunde de se bättre. Genom kikaren iakttog de rörelserna nere på stora vägen. Fångvaktaren blev blek i synen. Sovjetiska armékolonner rullade oupphörligt förbi i riktning mot Oder. Inga fiendesoldater verkade emellertid ännu ta notis om den stora gården vid sidan av allfarvägen.

> Tre dagar senare anlände några ensamma tyska soldater till oss. De fick mat i köket och skulle vila i ett uthus tills det mörknade, innan de kunde fortsätta mot de egna linjerna någonstans i väster. En av dem hade väldigt svårt att gå på grund av sina sönderskavda, nedblodade fötter, så jag tog packningen och geväret åt honom och började gå mot uthuset.
>
> ”Becker kommer! Becker kommer!” hörde jag plötsligt en av köksflickorna ropa när jag hunnit en bit över gårdsplanen. Godsets kusk hette Becker, men jag tänkte inte på att en av de ryska krigsfångarna som rymt några dagar tidigare också kallades vid samma namn av oss. Skräckslagen såg jag då hur beväpnade rödarmister uppenbarade sig på gården. De hade redan sett mig bärande geväret över axeln och jag var övertygad om att min sista stund var kommen. Det var väldigt kallt i början av februari och vi hade tagit på oss så mycket kläder vi bara kunde, därför att vi inte visste om vi skulle vara tvungna att sova ute eller inne nästa natt. Jag hade sex par byxor och flera jackor på mig. Nerverna höll inte när jag stod öga mot öga med de där ryssarna och jag pinkade på mig, rakt igenom alla de där byxorna.

Lyckligtvis räddade ”Becker” mig.

”Hon får inte göras illa! Hon har alltid behandlat oss väl!” skrek han, och på så sätt blev jag alltså räddad genom en av ”mina” fångars ingripande.

Ryssarna hade bråttom. De hämtade ett tiotal hästar ur stallet och lade beslag på alla klockor och smycken som de kunde hitta, innan de gav sig av. Sedan följde händelserna slag i slag. På eftermiddagen hördes klappret av hästhovar i galopp uppför gårdsplanen. I spetsen för ryttarna red Ivan Malilo, som hade varit vår ryske smed. Runt halsen hade han knutit fast ett lakan som slängkappa och det fladdrade vilt efter honom där han for fram. Det var en så kuslig syn. Här kommer döden ridande, tänkte jag i det ögonblicket. Malilo höll in hästen framför porten och hela hans beridna skara hoppade snabbt av. ”Alla ut! Alla ut!” skrek han och de samlade ihop oss utanför huset. Därefter pekade han på min far och sa: ”Du följer med.” De gick in i huset och det var tyst en stund. Sedan hördes ett skott och jag var säker på att jag sett min far för sista gången. Men strax därefter stod far ute på trappan igen tillsammans med ryssen. ”Vi fick inte upp vapenskåpet”, sa han. I upphetsningen hade nyckeln blivit försnillad.[164]

·

Den 31 januari krossades Hitlers illusioner och fantasier om krigsläget åtminstone tillfälligt då en ytterst dramatisk nyhet serverades honom. Denna onsdagsmorgon dök plötsligt förtrupperna ur general Nikolaj Berzarins 5. stötarmé upp vid Oder norr om Küstrin, endast 64 kilometer från Berlin. Soldater korsade floden på flottar och intog samhället Kienitz.[165] På en timma hade de sovjetiska skyttesoldaterna upprättat ett fyra kilometer brett och två kilometer långt brohuvud på västra stranden. På grund av den tunna isen lyckades de till att börja med endast få över 15 stycken 7,6-centimeters kanoner och 16 stycken 12-centimeters granatkastare. Ett fåtal personer som varit påklädda och tillräckligt snabbtänkta hann fly från Kienitz över fälten till Wriezen, men där vägrade den vakthavande officeren först att tro på deras berättelse att Röda armén oanmäld korsat Oder. Först vid middagstid reagerade tyskarna, vilka inte hade några styrkor alls på det här avsnittet mellan Oder och Berlin. Armégrupp Weichsel hade bara två bataljoner att sätta in mot brohuvudet vid Kienitz, men dessa var inte ens på plats första dagen.[166]

Söder om Küstrin nådde Tjujkovs och Katukovs trupper floden ett dygn senare. Oder var den sista större barriären innan Berlin. Floden var 700 kilometer lång och rann genom Schlesien norrut till Östersjökusten vid Stettin. På Küstrinavsnittet var den 300 meter bred och cirka tre meter djup. Katukovs gardespansar tvingades tills vidare göra halt på östra sidan med anledning av att ingenjörstrupperna, som hade bromaterielen, hade kommit på efterkälken. Men Tjujkov gav order till 4. och 28. gardesskyttekårerna att ta sig över floden den 2 februari för att erövra den dominerande Reitwein-höjden. Tjujkov skildrade senare livfullt den dramatiska flodövergången:

> Klockan 10 den 2 februari besökte jag observationsposten hos general Glazunov, som förde befälet över 4. gardesskyttekåren. Observationsposten hade satts upp i ruinerna av ett fort utanför Zabice, söder om Küstrin. Kåren hade redan grupperats längs en dammbank mellan Küstrin och Górzyca [före 1945 Göritz], redo att korsa Oder. Jag betraktade Oder genom ett teleskop. Det var en bred flod, kantad av fördämningar. Våra trupper var koncentrerade på östra flodbanken. En mycket allvarstyngd och svår stund hade kommit. Isen på floden var så bräcklig att till och med skyttesoldaterna, för att inte tala om tung utrustning och stridsvagnar, bara kunde ta sig över med stor risk. Vi hade ingen bromateriel eller liknande i organisationen. Och ändå började trupperna, täckta av artillerield, bana sig fram till den andra flodbanken, bärande på pålar, plankor och risknippen. På vägen lade de plankbeklädnad och improviserade gångbroar. Här och där lyckades de få över pansarvärnskanoner till motsatta flodbanken, genom att sätta dem på provisoriska skidor och knuffa dem över isen.
>
> Olyckligtvis satte tyska flygplan snart stopp för övergången. Focke-Wulf-jaktplan i grupper om nio och sju svepte ned över övergångsställena och bombade och besköt våra trupper. Så väl vi hade behövt general Seredins luftvärnsartillerister! Men de var ännu på väg. Inte heller fanns det några sovjetiska jaktplan i sikte: de hade omgrupperats till flygfält närmare Oder och led även av bränslebrist. Under tiden hade de tyska piloterna roligt, och de flög så lågt att det ibland verkade som om deras propellrar skulle nudda huvudena på våra mannar. Pansarvärnssoldaterna och kulsprute-skyttarna blandade sig i striden mot planen. Det är svårt att säga hur många hål de gjorde i dem, men jag såg två Folke-Wulf-plan störta i flammor bland våra trupper. En tillfångatagen tysk pilot uppgav att Luftwaffe hade fått order att hindra ryssarna från att korsa Oder till varje pris. Och det gjorde de. Vi tvingades avbryta övergången fram till skymningen. Men när vi återupptog den var förhållandena ännu svårare, eftersom isen, förutom att vara bräcklig, till råga på allt blivit perforerad av bomber på många ställen.[167]

Inte heller på Tjujkovs avsnitt fanns det några betydande tyska försvarsstyrkor utan endast fem dåligt utrustade bataljoner och ett SS-artilleriregemente.[168] Om Röda armén haft tillräcklig förmåga att genast fortsätta mot Berlin hade det inte funnits någon som kunnat hejda dem. I all hast skickade Luftwaffe den legendariske översten Hans-Ulrich Rudels eskader av specialbyggda Stukaplan från Ungern till Oder. Planen hade pansarvärnskanoner monterade under vingarna och sköt åtskilliga ryska stridsvagnar i brand under sina svep utmed floden. Så länge ryssarna inte fått fram sitt luftvärn och jaktflyg var de tyska planen herre på täppan i luftrummet, en syn som inte upplevts sedan 1941–42. Luftwaffe hade också övertaget genom att kunna starta från betongbanor i Berlinområdet, under det att tövädret i början av februari gjorde grusbanorna i Polen obrukbara.

Den 3 februari anlände slutligen den efterlängtade luftvärnsdivisionen till Tjujkovs sektor, varvid tre gardesskyttedivisioner kunde gå över floden ”praktiskt taget utan förluster”, som Tjujkov uttryckte det. Under de följande veckornas hårda markstrider om brohuvudena pumpade båda sidor snabbt in förstärkningar för att vinna eller behålla kontrollen över tillfarterna till Berlin. Striderna böljade fram och tillbaka i terräng som blivit mycket sank och lerig på grund av töväder och översvämningar, men de förbittrade tyska motanfallen blev nästan alltid resultatlösa. Staden Küstrin blev tillfälligt omringad av ryssarna i början av februari, men ett motanfall av 21. pansardivisionen, vilken anlänt från västfronten, lyckades öppna vägen igen. Sakta men säkert utvidgades dock de ryska brohuvudena norr och söder om staden.

·

Även vid den andra tillfarten till Berlin, som gick via Frankfurt an der Oder, dök ryska arméer upp under de första februaridagarna. Byborna i Sieversdorf väster om staden spetsade oroligt öronen när stridsbullret bars fram över trädtopparna och växte till ett crescendo. ”Det var som ett inkommande åskväder som fick himmel och jord att darra i våra sinnen”, tyckte 21-åriga Britte von Bredow på junkergodset Marienhof.[169] Gården, som låg någon kilometer utanför byn, hade varit en bröllopsgåva till hennes mor från morfar, greve von Stüntzner, som ägde det andra stora godset, vilket var beläget mitt i byn.

Sieversdorf hade hamnat strax bakom stridslinjen. Till Frankfurt an der Oder var det bara tolv kilometer rakt österut genom skogen, och Britte kunde tydligt höra hur ryssarna sköt sönder staden, där en garnison hastigt hade satts på fötter och hindrat ryssarna från att storma.

Flyktingarna som drog igenom byn berättade rysliga historier om ryssarna och försatte oss i ett skräcktillstånd. De flesta flyende kom till fots. Barnen hade lyfts upp på vagnarna, men de vuxna gick bredvid. En del människor stannade till hos oss för en kort paus, men några blev kvar en längre tid och berättade för oss hur de blivit behandlade av ryssarna. Det talades om både mord och våldtäkter. Vi var mycket rädda, men det var inte tillåtet att fly. Flyktförbudet övervakades så noggrant av partiet att vi inte vågade ge oss av...

Åt motsatta hållet rådde tät trafik med soldater och vid morfars gods började det vimla av officerare i oklanderliga, välskräddade uniformer. Det var en hög militär stab som flyttat in. Folkstorm ställdes upp av de gamla gubbarna i byn, som utrustades med pansarnävar och jaktgevär nästan utan ammunition.

Alla arbetsföra invånare som inte var sysselsatta i jordbruket samlades av borgmästaren på den öppna platsen mitt i byn. Ett tjugotal kvinnor och flickor infann sig. Där delades det ut hackor och spadar, för vi skulle börja gräva skyttegravar. Det var en helt ny upplevelse för oss – vi hade aldrig gjort något sådant förut. En äldre folkstormsman var med oss och visade var vi skulle gräva. Egentligen är det inte svårt att gräva i jordarna i Brandenburg, eftersom det mesta bara är sand, men nu var det besvärligt till följd av att vi måste hacka oss igenom tjälen. Och det gällde att gräva snabbt på grund av alla fientliga flygplan som surrade omkring i luften. Först grävde vi, sedan tog vi skydd, sedan var vi uppe lika fort igen och fortsatte gräva. Vi grävde på det sättet i en hel månad och till sist löpte skyttegraven runtomkring hela byn.[170]

En bisarr upplevelse för Britte var när hennes mor, den beslutsamma grevinnan von Bredow, resolut åkte rakt in i stridszonen för att rädda släktsilvret ur bankfacket.

Vi hörde hur ryssarna sköt vid Frankfurt, men mamma skulle absolut bege sig dit med häst och vagn för att hämta ut silvret på banken. Det var en väldigt otäck färd, för vi kunde se fronten som en eldstrimma vid horisonten samtidigt som himlen i väster lystes upp av bränderna i det bombade Berlin. ”Vad gör ni här?” frågade de förbluffade soldaterna som vi mötte i staden. De tyckte att vi var helt galna, men mamma var en bestämd dam och fick sin vilja fram. Jag minns att banken låg intill en liten park i västra delen av staden. Det var naturligtvis stängt, men mamma lyckades få banken att öppna enbart för hennes skull, eftersom det fortfarande fanns någon anställd kvar i lokalen. Jag såg att det fortfarande bodde människor i staden. De hade fortfarande inte evakuerats, även om fronten bara gick ett par kilometer bort.[171]

·

Ryssarnas uppdykande vid Oder utlöste panik i Berlin. Gubbarna och pojkarna i folkstormen alarmerades och sattes i högsta beredskap. Vägspärrar gjordes i ordning av brädor och tegelhögar. Det fanns nästan inga reguljära trupper i Berlinområdet, förutom luftvärnsbatterierna och depåenheter. Rykten cirkulerade på gatan om att fientliga stridsvagnar redan stod vid Strausberg, Fürstenwalde och Velen. Andra påstod sig veta att sovjetiska fallskärmsjägare dalat ned över delar av staden och att stadsbefolkningen skulle evakueras till Bayreuth.

En tjänsteman vid utrikesministeriet, Hans-Georg von Studnitz, antecknade i dagboken den 1 februari 1945:

> Hotet mot Berlin växer timma för timma. Befolkningen håller sig lugn. Det är föga sannolikt att "General Töväder" kommer att rädda oss, eftersom Mark Brandenburgs jordar är för lätta för att vid tö förvandlas till ett moras som hindrar stridsvagnar. Dessutom träffar fienden på ett utmärkt vägnät.
>
> Inte ens vid denna tidpunkt överger humorn berlinarna. Situationen blir kritisk först då man kan ta tunnelbanan till östfronten! Ett annat bevingat uttryck lyder: "Jag tror hellre på Slutsegern än hänger mig." Führerns senaste tal utlöste kommentarer som: "Nu har Adolf förklarat krig även mot oss." Angående barrikaderna säger man att de kommer att rädda Berlin, för ryssarna kommer att skratta ihjäl sig när de ser dem!
>
> Uppställningen av folkstormen riskerar att misslyckas på grund av vapenbrist. Vid en appell för 1 000 folkstormssoldater fanns det bara 18 gevär till hands. I de östra delarna av staden bygger man vägspärrar av ruinhögar.[172]

Från Hitlers högkvarter skickades en strid ström av desperata order ut under dessa dagar. Küstrin och Frankfurt an der Oder förklarades vara "fästningar", vilka i vanlig ordning skulle försvaras till sista man. Den 1 februari blev Berlin också ett "befäst område" och fick en egen fästningskommendant i pansargeneralen von Hauenschild, som snart visade att han inte var vuxen uppgiften. Luftflottan "Reich", som dittills bekämpat allierade bombräder, omgrupperades till Oder för att attackera Zjukovs brohuvuden, armédivisioner hämtades från rikets alla hörn för att bemanna den nästan oförsvarade fronten, tunga luftvärnskanoner skickades från Berlin och andra storstäder för att användas mot det ryska pansaret, nya divisioner ställdes upp i största hast på militära träningsbaser och kadettskolor. Vägspärrar upprättades vid Oder för att samla upp alla retirerande soldater och inlemma dem i nya enheter. Så småningom började armégrupp "Weichsel" ta form.

Hårda åtgärder vidtogs för att stoppa den allmänna militära upplösningen. Militärpolisen gick hårt fram och den 13 februari befallde OKW* att flygande ståndrätter skulle ställas upp för att ta fast misstänkta desertörer, vilka kunde dömas och avrättas på stående fot. Och i avsikt att säkerställa soldaternas lojalitet utfärdade OKW den 5 februari en order om repressalier mot anhöriga, så kallad Sippenhaft, en grym sed med uråldriga germanska rötter vilken innebar: "Släkten ansvarar med förmögenhet, frihet eller liv för medlemmar av Wehrmacht som begår landsförräderi i krigsfångenskapen och döms till döden för det."[173]

Andra aktioner visade nazisternas beslutsamhet att inte låta några fiender till regimen slippa undan ens i sammanbrottets stund. I utkanten av Sonnenburg strax öster om Küstrin påträffade ryssarna ett litet koncentrationsläger eller tukthus med de obligatoriska taggtrådsstängslen och vakttornen. Lägret hade brådstörtat evakuerats av tyskarna före ryssarnas ankomst till platsen. Vakterna hade anställt ett blodbad på de fångar, som av olika anledningar inte tagits med. Cirka 700–800 mördade fångar låg överallt på området. Stefan Doernberg, kapten i 8. gardesarméns stab, uppger:[174]

> Tukthuset var litet i jämförelse med Majdanek, det jättelika förintelselägret strax utanför Lublins portar, vilket jag hade sett omedelbart efter befrielsen i juli 1944. Det hade inte heller några gaskamrar, inget stort krematorium. Ändå var Sonnenburg ett av de många, många koncentrationsläger och tukthus, vars taggtrådsförhuggningar, appellplatser, baracker, bunkrar och vakttorn tillhörde bilden av det fascistiska Tredje riket. Och jag var därför inte på något sätt förvånad över att tvingas se något sådant under min första dag på tysk jord.

•

---

* OKW (*Oberkommando der Wehrmacht*), krigsmaktens överkommando som egentligen var Hitlers ledningsorgan för alla väpnade styrkor. Chef för överkommandot var fältmarskalk Wilhelm Keitel som alltså inte var krigsmaktens överbefälhavare. Det var Hitler själv. Inom OKW fanns en särskild ledningsstab under generalöverste Jodl som ansvarade för krigföringen på alla krigsskådeplatser, med ett undantag. För östfronten ansvarade OKH (*Oberkommando des Heeres*), arméns överkommando. Sedan 1941 var Hitler själv arméchef, men det egentliga befälet utövades av arméstabschefen Guderian.

Den viktigaste nyckelpunkten i den tyska försvarslinje som höll på att bildas öster om Berlin var "fästningen" Küstrin, som låg mitt i Zjukovs huvudanfallsriktning. Genom Küstrin passerade den berömda motorvägen Reichsstrasse 1 som löpte tvärs genom Tyskland, ända från Königsberg via Berlin till Aachen. Broarna vid Küstrin var av vital betydelse för Zjukovs möjligheter att föra över stora arméer och förråd till andra sidan Oder. Därför tänkte Hitler försvara Küstrin till varje pris.

I den gamla stadsdelen, Küstrin-Altstadt, låg en historisk fästning med månghundraåriga murar, omgiven av det delvis översvämmade låglandet där Oder och Warthe flöt samman. Öster därom låg den större nya stadsdelen, Küstrin-Neustadt, på Warthes norra sida. Flodarmarna, översvämningsområdet och de gamla massiva bastionerna bidrog till att ge staden ett bra skydd mot fiender även i ett modernt krig.

Krutröken hade svävat över denna plats också tidigare i historien. År 1758 kom ryssarna för första gången den här vägen men misslyckades att erövra fästningen. Staden brann visserligen ned, men Preussens kung Fredrik den store lyckades jaga bort belägrarna i slaget vid Zorndorf den 25 augusti det året. Drygt 48 år senare, i oktober 1806, stod Napoleons här utanför fästningen, som kapitulerade samma natt. Dåvarande kommendanten, överste von Ingersleben, fick sedermera plikta med sitt liv för feghet. Före första världskriget hade stadens fästning spelat ut sin roll och efter krigsslutet revs försvarsverken efter krav från segrarmakterna. De delar av murarna, vilka bevarades som historiska minnesmärken, kom däremot att spela en stor roll 1945, då fästningen försvarades av 10 000 soldater och några hundra folkstormsmän. Den här garnisonen leddes av SS- och polisgeneralen Heinz Reinefahrt, som begåvats med öknamnet "slaktaren från Warszawa" efter att ha slagit ned upproret i den polska huvudstaden 1944.

I en av de tyska skyttegravarna i utkanten av Küstrin råkade den 25-årige krigsveteranen Heinz Krüger ut för ett överraskande möte. Just där skyttegraven gjorde en krök sprang han ihop med en rödarmist, förmodligen medlem av en spaningspatrull, som oupptäckt tagit sig in bland de tyska försvarsställningarna. Bråkdelen av en sekund stirrade de båda männen häpna på varandra och sedan sprang de åt var sitt håll. Ingen av dem kom sig för att fumla efter vapnet. Då Krüger slutligen satte sig ned i löpgraven för att pusta ut, kunde han känna sitt eget hjärta bulta som en stångjärnshammare. Han hade inte hunnit se mer än att ryssen i den bruna uniformen var en ung pojke med ett brett slaviskt ansikte. Om rödarmisten å sin sida registrerat något av sin fiendes anletsdrag, lade han säkert märke till att högra delen av den korte tyskens ansikte var insjunket och att ett emaljöga stirrade stint i en onaturlig vinkel. Emaljögat var ett minne från en eldstrid i Frankrike 1940, då en fransk kula sprängt bort en del av hans huvud. Skadan hade gett honom frisedel från infanteriet, men han hade anmält sig frivilligt till Luftwaffes markpersonal och upplevt fälttåget i Sovjetunionen, då hans liv hängt på en skör tråd många gånger. Dels gjorde ryska partisaner vägarna osäkra för alla i tysk uniform och alla transporter skedde under tungt beväpnad eskort, dels hade han klarat sig med en hårsmån undan katastrofen vid Stalingrad. På en flygbas utanför staden hade han sett de tyska flygplanen lyfta och lämna markpersonalen åt sitt öde, när fienden närmade sig. Markpersonalen anslöt sig till det tyska infanteriet och tvingades bryta sig igenom tre fientliga inringningar till fots innan de kom i säkerhet. Han dekorerades med Järnkorset Andra Klass för att ha slängt in en sprängladdning under en rysk stridsvagn under det dramatiska återtåget.

Egentligen var Krüger utklassad från fronttjänst och hade blivit militärkock i Küstrin, men i stället för den lugna garnisonstjänsten hamnade han åter mitt i stridslinjen, då Tredje riket bottenskrapade grytorna för det sista uppbådet i Hitlers viktigaste ”fästning”. Küstrins försvarare var en hopplöst oformlig skara av uniformerad personal från de mest skilda håll, vilka mot alla odds lyckades bjuda ryssarna värjan med överraskande framgång. Garnisonen höll staden mot överlägsna ryska belägringsstyrkor, men Krüger behövde inte vara militär expert för att se att situationen var utsiktslös.

> År 1945 hade jag ingen lust att slåss längre. Kriget var ändå förlorat och jag ville bara klara mig så länge som möjligt...
>
> Alarmstyrkan som jag ingick i bestod bara av ett tjugotal man som kurade i en skyttegrav bredvid ett sågverk i stadens östra utkant. Det var faktiskt inte förrän vi började gräva ned oss som jag förstod att vi verkligen kallats ut för att möta ryssarna. För min del blev det därefter deltid som kock och deltid som ordonnans åt löjtnanten som förde befälet på platsen. Lyckligtvis råkade vi inte ut för några hårdare strider, men även på ett lugnt avsnitt som detta var det lätt att bli dödad. Mitt kök låg i en stor garnisonsbyggnad strax bakom fronten, men rakt framför våra ställningar låg det en kyrkogård och ett kapell, där ryssarna brukade postera krypskyttar. När jag lagade mat i köket var jag tvungen att springa förbi de stora fönstren för att inte bli träffad. ”Pinnng!” sa det när en kula visslade förbi genom rummet. Det var alltid nära ögat, men jag överlevde trots allt.[175]

Hitler bottenskrapar grytorna. Överåriga folkstormssoldater som tillfångatagits av ryssarna i Schlesien i februari 1945. Ofta utan annat än gamla gevär med bara ett fåtal patroner skickades de ut i fält för att möta en modernt utrustad och vida överlägsen fiende. Foto: Imperial War Museum.

Julius Hinz, som återvänt till Küstrin med sin nästan obeväpnade folkstormsbataljon, blev snabbt sysslolös i fästningen och kunde ägna sin tid åt att bevittna stadens undergång:

> Efter ankomsten till Küstrin på kvällen den 31 januari fick jag i uppdrag att hemförlova manskapet med instruktionen att de skulle vara på plats igen klockan nio nästa dag. Men alla kom inte tillbaka. En avsevärd del utgjordes nämligen av personal från finansministeriet, vilket helt eller delvis var inhyst i Stülpnagelkasernen. Denna myndighet försvann under natten och med den männen som tillhörde bataljonen. För övrigt infann sig manskapet troget och modigt, enligt order.
>
> Snart beordrades jag att överlämna 106 man till artilleriet. Det fanns artilleripjäser och ammunition men ingen betjäning. Ytterligare en del, fyra plutoner tror jag, måste jag överlämna till bataljonen ”Lüneburg”, så att jag nu blott hade kvar en liten stab omkring mig. På en skriftlig förfrågan om vad jag nu skulle ta mig för, blev jag ställd till fästningskommendantens förfogande för specialuppdrag. Jag fick ingenting att göra. Nu hade jag tillräckligt med fritid för att iaktta hur staden sjönk samman på grund av

> beskjutning, men mer till följd av bränder, vilka brandkåren till en början försökte bekämpa med anmärkningsvärd käckhet. För att ge mindre näring åt elden kastades möblerna ut genom fönstren vid Renneplatz. Det brann överallt och bilden av förstörelse går inte att föreställa sig.[176]

Hitler gick och oroade sig i en vecka efter ryssarnas uppdykande vid Oder, men ryssarna tog inte språnget mot Berlin och den första paniken bedarrade så småningom. Men många väntade spänt på fortsättningen. Tisdagen den 6 februari antecknade Hans-Georg von Studnitz i dagboken:

> Ryssen, som flyttar fram sin huvudstyrka till Oder, har gjort en stridspaus. Under de kommande tolv dagarna ligger det drivis på Oder, vilket försvårar forcerandet av floden. Man räknar med att offensiven återupptas inom tio till fjorton dagar. En dyrbar galgfrist? På Lützowplatz anlägger man en vägspärr av flyttvagnar.[177]

Den 2 februari förklarade det sovjetiska överkommandot att offensiven mellan Weichsel och Oder var avslutad. På tre veckor hade Röda armén avancerat 500 kilometer, befriat återstoden av Polen och korsat Oder i skuggan av Tysklands huvudstad. Vid samma tid hade de västallierade ännu inte nått Rhen.

Krigshistorikern Earl F. Ziemke kallar Weichsel-Oder-operationen för ryssarnas ”mest spektakulära seger under kriget”.[178] Den här operationen var beviset på att Röda armén till fullo anammat lärdomarna från tyskarnas ”blixtkrig”. Det var något helt annat än den mytifierade bild av Röda armén såsom en oformlig och till synes outtömlig massa av soldater och stridsvagnar, vilka stormade fram för att mejas ned av tyskarna tills ammunitionen tog slut. Den bilden må till viss del ha varit sann 1941–42, men det var den inte längre 1944–45.[179] Och de sovjetiska förlusterna var långt mindre än vid åtskilliga tidigare anfallsoperationer på östfronten. Åderlåtningen av Zjukovs och Konjevs trupper uppgick till 194 191 soldater, 1 267 stridsvagnar eller stormkanoner, 374 artilleripjäser och 343 flygplan.[180]

Betydligt mer blod skulle krävas för de sista milen till Berlin.

Någon säker statistik över de motsvarande tyska förlusterna finns inte att tillgå. Den 12 februari hävdade Moskvaradion att tyskarna förlorat cirka 295 000 i stupade och att 86 000 krigsfångar tagits. Enligt senare ryska uppgifter krossades 70 tyska divisioner och tyskarnas materiella förluster påstods uppgå till 552 flygplan, 15 000 artilleripjäser och granatkastare, 26 000 kulsprutor samt 34 000 fordon av olika slag.[181] En kanske något nyktrare uppgift i marskalk Ivan Bagramians *Krigskonstens historia* säger att 35 tyska divisioner förintades och att 25 divisioner förlorade 50–75 procent av sitt manskap.[182] Lika viktigt var att offensiven utlöste en springflod av flyktingar mot Tysklands hjärta, vilket bidrog till att knäcka den tyska administrationen.

Ryssarnas makalösa framgångar i januari 1945 berövade – eller borde ha gjort det – den tyska krigsledningen dess sista förhoppningar om att framgångsrikt kunna försvara Tysklands gränser och bedriva en självständig strategi. I ett enda svep försvann den östra markbuffert, som hade kunnat tillåta ytterligare tyska försök att rycka till sig initiativet i väster. Efter Stalins sommaroffensiv 1944 och den allierade landstigningen i Normandie var Tredje rikets utsikter att vinna kriget definitivt borta, och nu bankade Stalin på Berlins port.

•

Emellertid dröjde det hela två och en halv månad innan Röda armén gjorde det uppenbara draget att fortsätta mot Berlin. Fastän den tyska rikshuvudstaden till synes låg färdig att plockas som ett moget äpple i början av februari 1945 valde Stalin att koncentrera sig på mer perifera operationer i Ostpreussen, Schlesien, Pommern och Ungern innan han fortsatte över Oder.

Länge betraktade västerländska historieskrivare denna paus som egendomlig och oförklarlig, men idag vet vi att en hel kombination av orsaker låg bakom. En av de främsta var det växande hotet mot Zjukovs svaga högerflank i Pommern, där tyskarna planerade en motstöt med en större pansarstyrka. Dessutom var de ryska trupperna utmattade efter den långa framryckningen genom Polen och hade drabbats av enorma försörjningssvårigheter på grund av uttänjda underhållslinjer och administrativt kaos. Vidare hårdnade det tyska motståndet vid Oder snabbt, samtidigt som ett töväder gjorde vägarna oframkomliga. En viktig faktor som ofta förbisetts av militärhistorikerna är det disciplinära sammanbrottet som drabbade de sovjetiska enheterna vid de första inbrytningarna på tysk mark (se nästa kapitel). Enligt den sovjetiske officeren Boris Oljsjanskij hade exempelvis stora delar av 5. stötarmén blivit stridsoduglig av detta skäl:

> ... 30 procent av manskapet i första echelongen stod utan order och uppsikt. Hos 8. gardesarmén hade 25 procent av trupperna inte verkställt order att omgruppera till nya stridsavsnitt. Ungefär så såg det också ut hos de andra arméerna... Det räcker med att nämna några exempel ur stabernas rapporter för att karaktärisera situationen: ”Efter att ha erövrat Schwerin vägrade 3. pansarbrigaden att lyda ordern att omedelbart rycka fram till Landsberg-Hohenwalde. Trots befälhavarens försök att skapa ordning lämnade brigadens manskap fordonen och inledde ett allmänt supande. Brigaden stannade egenmäktigt kvar i Schwerin till den 8 februari...”, ”... meniga och officerare ur 63. jaktflygsregementet gick ut på jakt efter krigsbyte i Landsbergs omgivningar. Regementschefen blev misshandlad (här följer namn och grad på gärningsmännen)”, ”... Utan order stannade 373. artilleribrigaden, delar av 185. och 187. motoriserade skytteregementena, signaltrupper..., 28. kompaniet... och 68. fältsjukhuset kvar i Schwibus...”, ”Staben för 185. motoriserade regementet tappade bort sina enheter...”[183]

Upplösningen av Röda armén var dock ett övergående problem under de första veckornas strider på tysk mark, även om övergreppen mot tyska civila fortsatte, vilket visas av att stridsdugliga arméstyrkor åter var på offensiven i mitten eller slutet av februari men då på andra frontavsnitt.

Den 8 februari inledde marskalk Konjev en ny framstöt från Oder i Schlesien med avsikt att nå Berlin och Elbe. Schörners mödosamt upprättade försvarslinje bröt samman och storstaden Breslau omringades av fienden. I staden fanns det 150 000 civila och 45 000 soldater, vilka dock inte kapitulerade för ryssarna förrän i början av maj 1945. Konjevs operation varade ända till den 24 februari och utlöste en ny flyktvåg av tyska civila, men marskalken kom blott 150 kilometer närmare Berlin innan Första Ukrainska Frontens krafter var uttömda igen. En snabb seger över Tyskland verkade alltmer avlägsen.

På den tyska sidan formerade sig armégrupp Weichsels pansardivisioner i Hinterpommern för det planerade flankanfallet mot Zjukov i trakten av Stargard, en operation som kallats ”det närmaste man kunde komma ett planerat fiasko”. Offensiven inleddes den 15 februari, men pansaret körde snabbt fast i lera och fientlig eld. Efter att ha svikit Hitler på detta sätt tappade befälhavaren Himmler intresset för fältherrelivet och drog sig tillbaka till en privatklinik i Hohenlychen med en sjukdom som kom väl till pass. Offensiven tycktes inte ha orsakat minsta krusning på den sovjetiska sidan men blev i själva verket droppen som fick Stalin att skjuta upp Berlinoperationen tills alla andra orosmoment eliminerats.

Sovjetisk soldat i Poznań, som erövrades av Röda armén i slutet av februari 1945 efter en månads belägring. Knutpunkten i Poznańs fall underlättade de sovjetiska förrådstransporterna till trupperna vid Oder. Foto: Imperial War Museum.

Ett av problemen undanröjdes redan den 23 februari när Poznań, som försvarats av 12 000 tyska soldater, föll efter en månads belägring. Då lossnade det äntligen för de sovjetiska underhållstransporterna, eftersom tågen som måste passera knutpunkten Poznań hädanefter kunde rulla oavbrutet till Oderfronten och uppladdningen för det avgörande språnget kunde börja. Men fiendens paus på tröskeln till Berlin innebar inte någon respit för civilbefolkningen. De militära återtågen i Schlesien, Ostpreussen och Pommern fortsatte att gå hand i hand med illa förberedda evakueringar och nya panikutbrott, vilket hela tiden spädde på människolavinen till det inre av Tyskland.

•

Eike Middeldorf skakade av sig resdammet i OKH:s högkvarter, dyster till sinnes eftersom resan till Adamsdorf inte blivit någon framgång.

Generalöverste Guderian tog emot honom på sitt arbetsrum och ville veta alla detaljer om färden. Slutligen klappade han Middeldorf på axeln och sa: ”Lugna er, vi får tillbaka allt igen. Även jag har förlorat mitt gods vid Posen!”

Majoren fick intrycket att Guderian menade vartenda ord.

Men den tyska riksgräns som de sovjetiska styrkorna överskred i januari 1945 hade redan förpassats till historieböckerna, eftersom de tyska områdena öster om Oder lovats bort till Polen. Sovjetunionen hade slutit avtal med den sovjetkontrollerade provisoriska polska kommunistregeringen i Lublin att Polens västgräns skulle flyttas fram ända till Oder, som kompensation för de polska områden som Stalin lagt beslag på 1939. De tyska invånarna i dessa områden skulle fördrivas och ersättas av de polacker som i sin tur tvingats lämna sina hem i östra Polen som en konsekvens av storpolitiska överenskommelser.

Vid Jaltakonferensen mellan Stalin, Roosevelt och Churchill den 4–11 februari var de två största frågorna på dagordningen Tysklands och Polens framtid. Utstakandet av Polens framtida gränser blev av avgörande betydelse för den tyska befolkningen i östra Tyskland. I gränsfrågan var de allierade i princip eniga om att flytta landet ett steg västerut. Stalin var fast besluten att behålla de östpolska områden han annekterat i egenskap av Hitlers bundsförvant i september 1939. Det handlade om ett område som Ryssland traditionellt gjort anspråk på och det kravet hade Churchill och Roosevelt i praktiken gått med på vid Teherankonferensen i november–december 1943. Därvid hade den så kallade Curzonlinjen, uppkallad efter den dåvarande brittiska utrikesministern lord Curzon 1920, godkänts som polsk-sovjetisk gräns med vissa mindre justeringar. Polska exilregeringen i London var bestämt emot att avträda de östpolska områdena till Sovjetunionen, men britter och amerikaner frågade allt mindre efter deras åsikt ju längre kriget led. Istället blev det den sovjetiska linjen som vann i denna fråga.

De tre krigsledarna var också överens om att Polen skulle kompenseras på Tysklands bekostnad i väster för de områden som landet förlorade i öster, men exakt vilka områden som skulle ingå i kompensationen lämnades tills vidare öppet. I samband med dessa diskussioner tog de allierade med en omfattande fördrivning av tyska civila i beräkningen. Tyskarna skulle annars förvandlas till en betydande minoritet i Polen och segrarmakterna ville till varje pris undanröja nya etniska riskmoment i östra Europa. Hitlers sätt att använda de tyska etniska minoriteterna i Mellaneuropa som ett verktyg för sin aggression fanns ännu i färskt minne, något som miljontals oskyldiga tyskar i öster fick betala dyrt för.

Exakt var Polens nya västgräns skulle dras förblev dock en omstridd fråga även i Jalta. Tidigare hade Oder accepterats som ny gränslinje, vilket innebar att Ostpreussen samt Hinterpommern och delar av Schlesien och östra Brandenburg skulle tillfalla polska staten. Men i Jalta utvidgade Stalin kravet till att gälla Oder-Neisse-linjen, vilket betydde att Tyskland i så fall måste avträda ännu större delar av det tätbefolkade Schlesien. Till råga på allt rådde det vissa meningsskiljaktigheter om huruvida det var östra eller västra Neisse som skulle avses, men Stalin framhöll att det för hans del gällde västra Neisse. Så blev det också i praktiken. Hela Schlesien förutom staden Görlitz och några mindre distrikt däromkring övergick i polsk ägo. Någon överenskommelse i gränsfrågan uppnåddes dock inte i Jalta, utan västgränsen skulle fastställas först vid en senare fredskonferens.

Problemet med de nästan tio miljoner tyskar som bodde i de aktuella områdena behandlades bara som en liten detalj i Jalta. Apropå det sovjetiska förslaget att utvidga västgränsen till Neisse, varvid ytterligare ett par miljoner tyskar skulle hamna under polsk överhöghet, invände Churchill: ”Det vore skadligt att pressa in så mycket tysk föda i den polska gåsen att den drabbas av förstoppning.”[184]

Men Stalin och dennes utrikesminister Molotov försäkrade att hela den tyska befolkningen i dessa områden redan hade flytt sin kos, varpå Churchill genmälde att detta naturligtvis gjorde saken lättare. Därmed var ämnet avhandlat. Stalins påstående var emellertid en kraftig överdrift. Vid krigsslutet befann sig fortfarande cirka fem miljoner tyskar i de tyska östprovinserna och de första spontana fördrivningarna av dessa började i praktiken redan i april.

Gränslinjen Oder–västra Neisse fastlades sedan i Potsdamkonferensen i juni 1945 i form av en kompromiss, enligt vilken ryssarna gjorde avkall på vissa skadeståndsanspråk i utbyte mot att västledarna godkände den polska förvaltningen av de tyska områdena öster om Oder-Neisse, samt godkände massfördrivningen av tyskarna från Polen, Ungern och Tjeckoslovakien. Slutregleringen av gränsfrågan hänsköts dock fortfarande till en framtida fredskonferens, som aldrig ägde rum, men i praktiken hade ett fait accompli redan skapats.[185]

6
Hämndens timma

Men vem kan skilja rätt från fel,
i stormens öga,
i hettan av en strid?
Ser man skulden bättre
i historiens ljus?
("Preussiska nätter", Alexander Solzjenitsyn)

Sibylle Krahmer lyssnade till kanonmullret som kom bortifrån Oder. Några övertygade nazister sade sig veta att Hitler höll på att driva bort ryssarna, men Sibylle förstod att det var idiotiskt att hoppas på något sådant. Ryssarna verkade ha outtömliga resurser och deras militärkolonner rullade oavbrutet förbi västerut under flera dagar. Många rödarmister verkade ha gott om tid att plundra herrgården. Allt av värde försvann från huset, likaså samtliga hästar.

> Ryssarna hämtade allt. Våra fina hästar tog de och lämnade sina utmattade hästkrakar i stället. Sedan kom näste ryss och tog dessa och lämnade ännu sämre krakar osv. Vi försökte gräva ned våra värdesaker, men marken var för hård. Vinkistorna försökte vi sänka i dammen, men de flöt upp. Ryssarna hittade alltihop. Morden på civila var som värst under perioden strax efter det ryska intåget. I grannbyn Nordhausen, där vi hade vår poststation, tvingade ryssarna in alla karlar i en lada, reglade dörren och tände på så att allihop dog därinne. Fruarna kom till oss och berättade, därför känner jag till det. Det är så i krig, det går inte att undvika att det urartar på grund av hat. Folk vet inte längre vad de gör. Visst var vi med om fruktansvärda upplevelser, men man måste ta sig i kragen om man inte vill gå under. Det är som med vatten: vill du drunkna eller inte?
>
> En dag kommenderades alla människor ut för att plocka stenar från fälten, därför att ryssarna tänkte anlägga en provisorisk flygbas. Det var ett tungt arbete och jag minns också hur ryska soldater kom ut på åkern och

hämtade folk, som aldrig kom tillbaka igen. De tog vår präst, och varken hans fru eller barn har hört något från honom igen.

En annan morgon stod det plötsligt en ståtlig rysk officer i dörren när jag satt och åt frukost i köket. Han hade mörkt hår, vackra ögon och ett charmerande sätt, minns jag. Han befallde mig att visa honom runt i huset, för ryssarna tänkte använda det som förläggning. Därefter upptäckte jag alla de andra i ett rum på andra våningen. De hade gömt sig när ryssen kom, men glömt bort mig. Sedan kom stunden då ryssarna flyttade in och vi kördes på porten. Vi fick en timma på oss att ge oss av och vi kunde bara ta med oss det vi orkade bära i händerna – jag hade redan packat ner lite nödvändiga saker i en ryggsäck. Vår villrådiga skara på ett trettiotal människor – det var gårdsfolket och några bombevakuerade kvinnor och barn från Berlin – tillbringade en fruktansvärt kall fullmånenatt på ett öppet fält. En 43-årig Berlinkvinna, som alldeles nyss fött ett efterlängtat barn, kunde inget göra då babyn frös ihjäl i hennes armar. När det ljusnade begravde vi barnet, hennes enda barn, så gott det gick i den hårda marken och därefter byggde vi kojor av granris en bit in i skogen.

Från gården hördes de utsvultna korna bröla i stallen. Vår polske traktorförare var den ende som hade tillstånd att vara kvar på godset, men han klarade inte av att sköta alltsammans ensam, utan släppte ut alla djuren och öppnade höladorna. Överallt omkring husen gick det sedan kor, får, grisar, höns och gäss vind för våg.

Därefter tvingades vi samla ihop boskapen, 120 nötkreatur, och driva dem de sju milen till närmaste stad, som hette Landsberg an der Warthe. Det var jag tillsammans med en karl från Rhenlandet och en annan kvinna och hennes dotter som föste djuren hela vägen. Vi vaktades av fyra ryska soldater, vilka var väldigt snälla och omtänksamma mot oss. Vi hade bara fått med oss en enda limpa bröd och den skulle räcka åt allihop i tre dagar. Ryssarna hade bara en bit rökt fläsk, de hade inte heller mycket att leva på, men de delade med sig och därför kunde vi lägga en skiva fläsk på brödet om kvällen. Vi övernattade i övergivna hus där våra vakter ordnade så att vi kunde ligga på kvarlämnade filtar och sängar. På återvägen från Landsberg fick vi åka lastbil. Vi satt på ammunitionslådor på flaket och frös och var livrädda för att sprängas i luften. Plötsligt stannade ryssarna bilen och gick in i ett av husen, där vi tidigare övernattat, och hämtade sängkläder som vi kunde vira in oss i för att hålla värmen. Det var väldigt snällt, och motsvarade inte alls den bild vi fått att alla ryssar var råa vildar.[186]

Mångahanda känslor uppfyllde de sovjetiska soldater som beträdde tysk mark 1945. De starkaste var kanske hat och hämnd. Cirka fem av de tolv miljoner tyskar som bodde i provinserna öster om Hitlers sista försvarslinje längs

Oder-Neisse hann inte fly utan drabbades i stor utsträckning av hämndaktioner i form av massvåldtäkter, mord, plundring, vandalisering och deportationer. Det var inte ovanligt att rödarmister anlände till en by och gick bärsärkagång, ofta i berusat tillstånd, varefter de lämnade våldtagna kvinnor, lik och brinnande hus bakom sig.

Från ryssarnas erövring av staden Elbing öster om Danzig i början av februari 1945 har fru Hedwig Goldbach lämnat följande vittnesmål:

> Klockan är ungefär 22 på kvällen den 9 februari. Vi sitter cirka 22 personer i den trånga luftskyddskällaren i vårt bostadshus, Neugutstrasse 1, som ligger i den östra delen av staden. Genom murgenombrytningen kommer plötsligt från grannhusets källare cirka tio jättelika, bredaxlade karlar med sneda ögon och platta näsor, tydligen mongoler. De skjuter vilt omkring sig, även om det inte längre går att se någon tysk soldat någonstans i närheten. Med min kropp försökte jag skydda min treårige pojke och träffades därvid av tre skott; första skottet träffade min högra underarm, andra skottet slog sönder min högerhand, tredje skottet nuddade bröstet i närheten av hjärtat. Den 16-åriga Martha Zimmermann fick tre skott i magen, hon dog samma natt i fasansfulla plågor. Sex män, samtliga yrkesverksamma civilpersoner (ingen av dem tillhörde partiet eller folkstormen) drevs omedelbart ut på gatan och arkebuserades. Deras lik blev liggande länge på gatan framför vårt hus.
>
> Nedan nämns i korthet vad som drabbade dem som satt i vår luftskyddskällare:
>
> Alois Zimmermann, 45 år, arkebuserad på gatan,
> Jacobus Koetsier (holländare), deporterad av ryssarna till Sibirien,
> Heinrich Kädtler, 60 år, arkebuserad på gatan,
> Nikolaus Schröder, cirka 60 år, arkebuserad på gatan,
> en granne till Nikolaus Schröder, cirka 60 år gammal, arkebuserad på gatan,
> Hans Gruneberg, cirka 60 år gammal, arkebuserad på gatan,
> fru Kädtler, cirka 60 år gammal, dog av hjärtslag under beskjutningen,
> fru Hedwig Goldbach, skjuten tre gånger av ryssarna,
> fru Hedwig Zimmermann, ofta våldtagen av ryssarna och [därefter] deporterad,
> fru Emma Wendt, cirka 70 år gammal, misshandlad,
> fru Anna Brock, 75 år, svalt ihjäl,
> fru Agnes Gruneberg, 50 år, död i paratyfus,
> fru Johanna Koetsier, cirka 30 år (holländare), våldtagen otaliga gånger och deporterad till Sibirien med ett tre månader gammalt barn,
> fru Schröder, öde okänt,
> hennes granne, öde okänt,

> Ursula Zimmermann, 21 år, deporterad till Sibirien,
> Martha Zimmermann, dödad genom skott i magen,
> Dora Zimmermann, 18 år, deporterad till Sibirien,
> Alois Zimmermann, tolv år, oskadd,
> Brigitta Zimmermann, sex år, oskadd,
> Michael Goldbach, tre år, blev vansinnig av skräck och dog av utmattning,
> Adalbert Goldbach, ett år gammal, har drabbats av svåra hälsostörningar,
> Josef Koetsier, tre månader gammal (holländare), deporterad tillsammans med modern till Sibirien och död under vägen på grund av strapatserna,
> Jacob Koetsier skonades från arkebusering genom en lycklig slump.
>
> Vi blev genast berövade handväskor, ringar, klockor, smycken. Vårt hus, liksom många andras, stacks omedelbart i brand. De överlevande kvinnorna och barnen spärrades in i flera dagar utan mat, till en början i Hansa-apoteket på Königsberger Strasse, därefter i Roemicks klinik på Grünstrasse. Efter det att vi blivit frisläppta fann vi tak över huvudet i andra hus. Dag och natt kom bolsjevikiska soldater ned i källarna (där vi var inspärrade) och senare i bostäderna, för att våldta kvinnor och flickor samt för att misshandla, råna och plundra. Med orden ”Tysk civil dö!” vägrade bolsjevikerna låta tillfångatagna tyska läkare behandla min arm.[187]

·

För den 34-årige kaptenen Michail Korjakov i 280. skyttedivisionen ur Första Ukrainska Fronten blev den schlesiska staden Kreuzburg första anhalten på tysk mark. Orten var redan intagen av fronttrupperna och invånarna på flykt när Korjakov anlände:[188]

> Bara en döv gammal man fanns kvar. Reservregementets officerare tillbringade hela tiden med att diskutera huruvida de skulle bränna staden och döda gamlingen. Senare fick jag höra att den gamle mannen blev mördad.[189]

I städer och byar i Schlesien påträffade Första Ukrainska Fronten fortfarande ett avsevärt antal tyska civila. En del hade inte hunnit i väg, andra kunde inte, däribland gamla och sjuka som ibland lämnades kvar i brådskan. Andra tyskar ville inte fly. På flera håll stannade lantbrukare kvar därför att de inte ville överge sina djur eller bryta sina starka emotionella band till jorden, som brukats i släkten i generationer. På vissa håll motsatte sig till och med hela bybefolkningar evakueringen. I Lachmannshofen utanför staden Militsch vägrade 39 av 49 familjer att följa evakueringsordern från borgmästare Schwarz, på grund av att de tilläts ta med sig ytterst lite packning. Även i Kanterwitz vägrade lantbrukarna evakuera, trots att de hade fått tillstånd. Bara arbetarna på ortens gods flydde, eftersom de hade inte så många jordiska ägodelar att skiljas ifrån. Detta var dock undantag, för huvudorsaken till att tyska civila blev kvar var att de fått evakueringsordern alldeles för sent eller inte alls. Många tyskar hade visserligen lärt sig att ta Goebbels propaganda med en stor nypa salt, men när det gällde skräckhistorierna om vad ryssarna tänkte göra med dem fick den demoniske propagandaministern tragiskt nog delvis rätt.

I exempelvis den schlesiska byn Beckum påträffade hämndlystna rödarmister 15 av de ursprungliga 540 byborna, huvudsakligen gamla och sjuka som inte orkat fly. Tio av dessa avrättades av ryssarna: den yngste var 65 år gammal och den äldste 94. I staden Naumburg sköts 42 människor till döds av ryssarna, däribland flera barn, en våldtagen nunna och en präst.[190] Från Lenfeld-Waldschleuse berättar Adolf Cotour:

> … 43 människor blev kvar i hembygden, av vilka 40 dödades av ryssarna. Den 70 år gamla kvinnan Maria Fitzner låg utan huvud i godsets kostall, likaså en soldat med avhugget huvud. Fyra personer låg huller om buller i vattendiket bredvid bonden Bernhard Strabitzkes gård. Han själv tillsammans med sin 62-åriga hustru såväl som Franz Mühlsteff, 52 år gammal, och 30 år gamla Martha Schmidt. Ryssarna hade skurit av det högra bröstet på den sistnämnda och slagit av halva huvudet på fru Labitzke. Alla kvinnor som hittades döda hade blivit våldtagna av ryssarna och dödade efteråt och sedan hade man helt enkelt låtit dem ligga.[191]

En rysk artillerikapten som deltog i erövringen av Tyskland skrev senare:

> Knappt har motorerna tystnat,
> förrän var och en springer iväg
> för att värma sig.
> Med styva lemmar slår man åkarbrasor,
> och går in i huset: ”He, matka, jajki!”
> Alla skränar. För att förpläga dem
> bär kvinnan fram vinteräpplen,
> frostigt klara – männen tar för sig,
> tuggar knarrande, snokar omkring,
> däremellan blir kvinnan skjuten,
> mattan röd av blodstänk,
> och den sjuke mannen i sängen
> med ens befriad från sina plågor.

Blott en liten pojke, deras brorson,
märker vad som sker, springer ut,
hoppar över stängslet och kutar,
gör språng och sicksackar
som en liten hare,
som ett litet djur,
över fältet bort mot skogen.
Från vägen skjuter i raseri
en hel pluton efter honom.
– ”Slår vad!” – ”Har honom” – ”Han sticker!”
– ”Är sårad!”
– ”Ge, ge, ge honom!”
– ”Äsch, den hunden, nu är han borta.
När han väl blivit stor…”

Officeren som skrev ovanstående rader arresterades vid fronten och dömdes till åtta år i gulag för några avfälliga anmärkningar om Stalin. Sedermera nådde han ära och berömmelse genom sina böcker. Han fick till och med Nobelpriset. Hans namn är Alexander Solzjenitsyn, och det långa poemet ”Prusskie notjy” (Preussiska nätter), ur vilket ovanstående rader hämtats, är ett självbiografiskt verk om hans upplevelser under fälttåget mot Ostpreussen 1945.

Under sovjettiden var den officiella linjen att förneka denna baksida av erövringen av Hitlertyskland. Först 45 år efter krigsslutet började ryska massmedier tala klarspråk om övergreppen på tysk mark. Den 10 juli 1991 skrev Alexander Vasinskij i tidningen *Izvestija*:

> Under kriget begicks det grymheter av tyskarna och de våra. Man dödade som om man hällde ut vatten. Sysojev berättade att han en gång i Pommern såg ett stövelavtryck, ”det var ett färskt avtryck, en av oss…” Han följde spåret, bakom en skogsdunge låg en villa. Han klev in – en askgrå gammal man ligger med ansiktet nedåt i en blodpöl, en hund slickar blodet. Han jagade bort hunden, klev in i kammaren, där ligger fyra unga kvinnor på golvet ”som fingrarna”. Alla har ett hål i pannan. Och i nästa rum satt en mycket ung flicka bredvid en barnvagn, som om händerna växt fast vid den. ”Jag tittar, i barnvagnen ligger ett spädbarn med ett hål i pannan. Jag vände mig åter mot den ihjälslagne åldringen, vände runt honom; även gamlingen hade blivit skjuten i pannan, liksom de andra sju… Kanske har tyskarna dödat eller bränt ihjäl hans [gärningsmannens] familj…”[192]

Sovjetiska pansarenheter hann ofta ikapp de tyska flyktingkolonnerna. Förstörd flyktvagn i trakten av Nemmersdorf. Foto: Bundesarchiv.

Första Vitryska Frontens framryckning till Oder lämnade också ohyggliga blodspår i de tyska bygderna. Särskilt under de allra första dagarna efter erövringen gavs raseriet lösa tyglar. Lantbrukaren Wilhelm Zietz befann sig hemma på gården i Nieder-Neuteich utanför Lódź när ryssarna besatte byn januari 1945. Förutom kvinnor och barn fanns det bara fem män kvar i byn i det ögonblicket. En av dessa sköts ihjäl på direkten och tre en tid senare av hämndlystna polacker. Wilhelm Zietz misstänktes för att vara spion och skickades till underrättelseorganet NKVD för förhör. Övriga tyska invånare – kvinnor, barn och åldringar – föstes samman i ortens brandkårsskjul och utnyttjades sedan som arbetskraft på åkrarna. I grannbyarna begicks det samtidigt massakrer varvid hela familjer utplånades:

> I den cirka fyra kilometer avlägsna grannförsamlingen Gross-Lubovica blev 32 personer bestialiskt torterade, slagna till krymplingar och slutligen skjutna den 27 januari. De plågades skrik hördes i omgivningen på tre kilometers håll. Bland dessa olyckliga befann sig även flera kvinnor och barn – jag erinrar mig fortfarande följande namn: herr och fru Kund; fru Hartwig med två barn; bror och syster Meger, båda syskon till min hustru; familjen Weiss, 13 personer, däribland nio barn. Genom en slump blev ett av barnen, en åttaårig flicka, inte träffat utan kom tillbaka till byn på natten. Familjen Schröder, sju personer, herr och fru Schröder, en syster till min fru, och fem barn, däribland ett barn på sju månader som inte heller träffades utan frös ihjäl i snön. I församlingen Löwenstadt (Brzeziny), cirka 20 kilometer från Nieder-Neuteich, blev sammanlagt 38 tyska män, vilka härstammade från Löwenstadttrakten, likviderade. Bland dessa befann sig också några av mina bekanta. Här [är] namnen: Friedrich, Schmidt, Jäger, Arndt.[193]

Så långt Wilhelm Zietz redogörelse. Lantbrukarhustrun Marie Buchholz från närbelägna Brzeziny hittade sin 55-årige make Wilhelm avrättad fyra kilometer från hemmet, tre dagar efter att ryska soldater hämtat honom till tvångsarbete. Vid hans sida låg ”två andra tyskar förvandlade till oigenkännlighet… Det var dessa: min mans ställföreträdare Fr. Tierling och ölgrosshandlaren Edmund Baum. Ett par steg från dem låg liken av nio mördade tyska soldater”, uppgav hon senare.[194]

Propagandan och flyktingarnas berättelser försatte den tyska befolkningen i ett tillstånd av ren fasa. Den 22-årige rödarmisten Timofej Gladusjtjikov, som tillfångatogs av tyskarna i början av mars 1945, uppgav i förhör:

> Många tyskar begår självmord av fruktan för Röda armén. I Freistädt påträffades en hel familj död. I ett annat fall hade en fader skurit upp pulsådrorna på sig själv och sina fyra barn.[195]

Utsagor i förhör med krigsfångar ska man givetvis inte fästa alltför stor vikt vid, men genom åtskilliga andra vittnesmål vet vi att självmord blev utvägen för åtskilliga desperata tyskar. Inte bara de som trodde på skräckpropagandan, utan också de som anade eller kände till vad som skett i Tysklands namn på östfronten, fruktade den dag då den förste Ivan skulle stå på tröskeln.

Vid befrielsen av Bromberg utsatte den sovjetiske krigskorrespondenten Sergej Golbov och två av hans kollegor den nazistiske distriktsledarens flotta bostad för en påhälsning. Golbov hade förlorat sin far och två bröder under belägringen av Leningrad, efter att hungern drivit dem till att göra soppa på en burk maskinolja. Ytterligare två av hans bröder hade dödats i kriget och Golbovs hat mot tyskarna var avgrundsdjupt. De sovjetiska områden som han hade varit med om att befria såg ut som om de blivit "brända med en fackla" och ibland fanns det "... ingenting annat än svartbrända byar, till och med jorden var svart och över alltihop seglade svarta kråkor".[196]

Då sällskapet utforskade huset hittade de nazisten

> ...hängande i ett läderbälte i badrummet i sin vackra åttarumsvåning. Hans syster hade också begått självmord... Vi svepte in hans syster i ett lakan och kastade ut henne från fönstret. Hon hade klätt upp sig i sina söndagskläder, gjort i ordning håret, hennes händer knäppta på bröstet, redo att dö liggande nätt på soffan.[197]

En så välordnad död blev helt enkelt för mycket för den hatiske kaptenen. Bakom honom roade sig hans kamrater med att kasta kristallglas på varandra.

Sedan slog de gemensamt sönder hela våningen.

•

Redan samtida tyska underrättelserapporter innehöll mycket initierade detaljer om vad som ägde rum i de förlorade östprovinserna. Uppgifterna kom inte bara från förhör med krigsfångar utan även från agenter samt flyktingar och avskurna soldater som tagit sig tillbaka över frontlinjen. Även erövrade sovjetiska dagorder, fältpost och dagböcker bekräftade bilden. I ett brev från Himmlers underrättelsecentral i Huvudbyrån för Rikets Säkerhet (RSHA), riktat till OKW den 1 april 1945 – alltså ett dokument avsett både för internt bruk och för propagandasyften – betonas det att "... varje form av grymhet dokumenterats 105-faldigt".[198]

I tyska riksarkivet, Bundesarchiv, förvaras tusentals vittnesmål från tyska civila som upplevde den sovjetiska inmarschen i Östeuropa 1944–45. Dessa vittnesmål samlades huvudsakligen in under 50-talet och ett urval av dem har publicerats i olika officiella och privata publikationer. Naturligtvis ställer dessa vittnesredogörelser oss inför källkritiska problem. Så här långt efteråt är det svårt, för att inte säga omöjligt, att belägga varje enskilt övergrepp, men blotta mängden av vittnesuppgifter från de mest skilda trakter och samhällsskikt i Östeuropa och de tyska östprovinserna visar med all tänkbar tydlighet att det inte var fråga om isolerade händelser utan om massövergrepp i en ofantlig skala. Våldet drabbade blint nazister, icke-nazister, tyska soldater, tyska kommunister, mödrar, barn och åldringar. Ingen åtskillnad gjordes.

Men det gör ändå inte vittnesmålen oproblematiska. Självupplevda saker, andrahandsuppgifter, överdrifter och vag hörsägen kan ibland vara svåra att skilja åt. Framför allt när det gäller bilden av ryssarna kan det ofta vara problematiskt att avgöra vad som går tillbaka på ögonvittnenas egna erfarenheter och vad som härrör från den massiva antikommunistiska eller antislaviska propaganda som nazisterna utsatt dem för. Ofta förekommande uppgifter om att "snedögda mongoler" uppträdde allra värst, bör i allmänhet betraktas med viss skepsis i likhet med bruket att tala om Röda armén som "asiatiska horder", vilket var ett kärt uttryck i Goebbels ordförråd. Vidare har vittnesmålen ofta färgats av stor bitterhet och har nedtecknats åratal efter kriget, varvid minnet kan ha förvanskat detaljer eller blandat ihop saker och ting. Men de flesta vittnesmålen, från Memel till de tyska bosättningsområdena i Rumänien, talar ändå samma skakande språk om fiendens brutalitet. Trots det tycks inte hämndaktionerna ha varit organiserade utan produkten av spontana handlingar av enskilda rödarmister. Så förhåller det sig även med avrättningarna eller morden på tyska civila.

Någonstans mellan 96 000 och 120 000 tyskar, kanske ännu fler, tros ha likviderats av ryska soldater i de tyska riksområdena öster om Oder-Neisse, närmare bestämt två–tre procent av den kvarvarande befolkningen, enligt Bundesarchivs uppskattning.[199] Många föll offer för slumpartade massakrer eller planlöst skjutande, ofta då de sovjetiska soldaterna stod under inflytande av alkohol som de påträffat i tyska hem eller bryggerier. Nazistiska partimedlemmar, SS-män och borgmästare som föll i ryska händer arkebuserades oftast på fläcken. Även fabrikörer och godsägare likviderades snabbt som kapitalister, sedan de identifierats av sina polska eller ryska slavarbetare.[200] Tillfångatagna folkstormssoldater vilka uppträdde i civila kläder erkändes inte som soldater, utan avrättades som partisaner. Hemmavarande män, även krigsinvalider, vilka misstänktes för att ha tjänstgjort som soldater på östfronten löpte också stor risk att bli dödade, i synnerhet om det påträffades uniformsdelar, medaljer eller foton i huset. Fru Ella Knobbe bevittnade hur en lantbrukare

> ... släpades ut av ryssarna eftersom man hittat Järnkorset Andra Klass i huset. Han blev omedelbart skjuten i häststallet tillsammans med sin hustru, som störtat efter honom (nackskott).[201]

Hitlerporträtt och andra föremål med hakkors på var ävenledes riskfyllda ägodelar.

Utefter vägarna dödades likaså många människor i flyktingkolonnerna inom ramarna för stridshandlingar och massakrer. Ideligen utsattes de flyende för flyganfall med bomber och kulsprutor, vilket dock delvis kan förklaras av att de civila ofta var uppblandade med retirerande militära enheter. Det förekom likaså att flyktingkolonner omringades och överfölls av ryska stridsvagnar. Inte så få flyende dödades genom fientlig eld, eller när ryska stridsvagnar ibland manglade sönder flyktingkolonner som kom i vägen för deras jakt på retirerande fiender. Överfallen på flyktingkolonner kan dock bara delvis förklaras med att de förväxlades med tyska trupper på marsch i dunkelt ljus.

Flerbarnsmamman Editha Müller från Drossen i östra Brandenburg hann inte längre än 300 meter med det fullsatta tåget förrän det besköts av ryska pansarstyrkor den 1 februari:

> Över 200 dödades. Alla trängde sig ut i det fria. Min 14-åriga dotter hoppade ut genom kupéfönstret och sprang in i den närbelägna skogen, där vi hittade henne först efter mycket ropande och letande. På tåget kämpade sig min 74-åriga mor, tolvårige son, femåriga dotter och jag mot utgången. Vi måste förbi blodpölar och blodbestänkta barnvagnar. I ett kupéfönster hängde en soldat som fått huvudet avslitet av ett skott. Inne i skogen letade föräldrar efter sina barn, och barn ropade efter sina mödrar. En kvinna irrade runt med en skottskada i huvudet, och en ung kvinna hade fått samtliga fingrar sönderskjutna. Skräck och förfäran i allas ögon.
>
> Hela dagen låg vi i snösörjan i skogen och blev ständigt beskjutna. Vi såg

> hur gamle herr Birkholz från Drossen, Breite Strasse, sjönk ihop och dog. På kvällen återvände vi till vårt hus vid Röthsee, för tåget stod sönderskjutet på bansträckan, och vi tillbringade natten i källaren på grund av beskjutningen. Följande morgon gick vi tillsammans med grannen till en avsides belägen bondgård, eftersom vår stad fortfarande låg under eld. Vi kom inte tillbaka till vårt hus, Drossen Weinbergsweg 9, något mer. Polackerna plundrade det och tände eld på grannfastigheten, denna brann ned helt och hållet. Fru dr Walther berättade själv för mig att hon vid ryssarnas inmarsch blivit våldtagen sex gånger i rad i sin mans närvaro, och att hon skulle ta gift, vilket hon också sedan gjorde. Cirka hundra invånare tog sina liv i gasverket, många genom att skjuta sig eller genom gift.[202]

Den 62-åriga herrskapsfrun Eva Jahntz, som flytt från ett gods vid Hohensalza, tillhörde en stor grupp flyktingar som överraskades av ryssarna när de rastade i byn Chursdorf i närheten av Berlinchen:

> Vid elvatiden på kvällen hörde vi ryssarnas första stridsvagnsgranater strax bakom oss. Ungefär 25 stridsvagnar hade kört fram på gårdsplanen, och sköt blint mot kärrorna. Det uppstod en fruktansvärd panik. De fåtaliga männen blev arkebuserade, kvinnorna våldtagna, barnen misshandlade och skilda från mödrarna. Från herrgården hörde vi kvinnornas inte längre mänskliga skrik. Allt slogs sönder, speglar, lampor, porslin osv. Det fanns inga tyska soldater i huset eller på gårdsplanen, vilket min fosterdotter kunnat övertyga sig om föregående kväll. Då skjutandet hade avtagit något började också plundrandet. På dessa första ryska stridsvagnar befann sig också många ryska kvinnor. Dessa stal allting ur våra vagnar och slet av oss tyska kvinnor kläderna, framför allt pälsarna och skorna – i 20 graders kyla! När det hade blivit lite lugnare hittade jag min son, svärdotter och mina båda barnbarn, nio och tolv år gamla, ihjälskjutna i snön.[203]

Ett av de vanligaste motiven bakom morden verkar ha varit att undanröja personer som ville stoppa våldtäkterna på tyska kvinnor, vare sig mordoffren var kvinnornas makar eller de egna officerarna. En samtida tysk underrättelserapport formulerade saken som så: ”Under de första timmarna efter inmarschen i orterna faller var och en som verkar stå i vägen för våldsdåden offer för rödarmisterna.”[204] Åtskilliga kvinnor uppges ha dödats sedan våldtäkterna fullbordats (angående massvåldtäkterna, se nästa kapitel).

•

Röda armén var bärare av de kommunistiska idéerna om social revolution och kapitalismen som alla arbetares gemensamma fiende. Varför uppträdde då dess soldater i stor utsträckning om hämnare, våldtäktsmän och plundrare under några månader 1945? Allt pekar på att det inte handlade om systematiska förbrytelser liknande nazisternas speciella mordkommandon (Einsatzgruppen) i öster 1941–42, utan om spontana våldshandlingar av enskilda soldater eller befälhavare. Våldsbenägenheten genomsyrade leden av soldater som erövrade Östeuropa 1944–45, vilket visas av att det även förekom ryska övergrepp mot civilbefolkningen i Ungern, Rumänien, Jugoslavien, Polen och Baltikum.[205]

Självfallet deltog långt ifrån alla sovjetiska soldater i brotten mot försvarslösa civila. Många rödarmister skyddade och hjälpte tvärtom befolkningen. Från inmarschen i byn Heinersdorf i Oberschlesien berättas bland annat:

> Borgmästare P.K. och ortens präst gick den ryske kommendanten till mötes och bad honom att skona ortsbefolkningen, som längtade efter krigsslutet. Denna bön uppfylldes från den ryske kommendantens sida. Till följd av detta skedde det inte några våldtäkter på kvinnor och flickor, varken vid ryssarnas intåg i H. eller under hela den tid då ryssarna uppehöll sig i H. med omgivning, kanske sånär som på några fall, i motsats till andra trakter där detta stod på dagordningen. Men för ryssarnas plundringar gick ingen säker vare sig dag eller natt. Endast en enda grymhet finns att förtälja från H. under rysstiden. På initiativ av en polsk lantarbeterska blev nämligen den lokale bondeledaren Franz Machate, vilken var en god katolik, avrättad av en ryss den 12 maj 1945.[206]

Hur bondeledaren Machate behandlat de lokala slavarbetarna framgår inte av texten.

Många sovjetiska enheter uppträdde sannolikt korrekt mot civila, men de med säkerhet dokumenterade våldsdåden i de tyska provinserna öster om Oder-Neisse hänför sig till hela 3 250 orter från Östersjökusten till de schlesiska bergen, enligt Bundesarchivs utredning, vilken dock är långtifrån fullständig.[207] Ändå är den här statistiken mer än tillräcklig för att visa att det inte handlade om isolerade incidenter.

Genom världshistorien har den gamla romerska formeln *vae victis* (ve de besegrade) präglat behandlingen av en slagen fiende. Redan i bibliska tider gjorde segraren som han behagade med sin motståndares folk och ägodelar.

Visserligen växte det fram grumliga och varierande rättsuppfattningar om krigets sedvänjor, men i praktiken fanns det inga gränser för vad segraren kunde ta sig till med den förlorande partens soldater, kvinnor och barn. Det är först genom det senaste århundradets folkrättskonventioner som världssamfundet har reglerat vilka rättigheter krigsfångar och fiendens civila har. Men kriget på östfronten 1941–45 fördes inte enligt några folkrättsliga principer. Ryssarna hade fått känna på att det inte fanns någon plats för dem i Hitlers framtidsvision, och en av de starkaste drivkrafterna för rödarmisterna som beträdde tysk jord 1945 var hatet mot tyskarna för de brott nazisterna begått i Sovjetunionen 1941–44.

Från Tredje Vitryska Fronten är följande exempel bekant, citerat ur det officiella verket *Historia om det stora fosterländska kriget 1941–45*:

> I 252. gardesskytteregementet ur 11. gardesarméns 83. gardesskyttedivision fanns det 158 soldater och officerare vars familjemedlemmar hade blivit torterade eller mördade av fascisterna, 56 soldater vars familjer hade blivit deporterade till Tyskland, 162 soldater vars släktingar hade blivit hemlösa och 293 soldater som blivit plundrade på egendom och boskap.[208]

Det faktum att 20 miljoner sovjetiska medborgare förlorade livet i kriget mot Hitler gjorde att de flesta hade någon anhörig att sörja eller anledning att känna ett personligt hat mot fienden.

En annan, minst lika viktigt drivkraft var vad man skulle kunna kalla det inympade hatet, det vill säga resultatet av den intensiva hatpropaganda som rödarmisterna utsattes för från de egna politorganen. Genom enkla propagandaformler skulle även de som inte hade personliga skäl lära sig att hata tyskarna. Inför vinteroffensiven 1945 förstärktes politorganen i de sovjetiska trupperna och soldaternas stridsvilja underblåstes genom hetsartiklar, föreläsningar av offer och besök i koncentrationslägret Majdanek. Även om marskalk Rokossovskij i sina memoarer förklarade att Andra Vitryska Fronten uppträtt oklanderligt[209], så hade en av hans egna politofficerare, överstelöjtnant Zabasjtanskij, en helt annan syn på saken i ett samtal med major Lev Kopelev 1945:

> ... soldaten måste för det första fås att hata fienden så att han vill hämnas, inte bara så där i största allmänhet, utan också så att han vill förstöra så att det inte finns en smula kvar. Och dessutom måste soldaten känna att han har någonting för att han slåss, att han har någonting för att kliva upp ur

Författaren Ilja Ehrenburg (1891–1967). Foto ur Per Landins Slottet som försvann *(Symposion 1999).*

skyttegraven mot kulsprutor och granater. Nu fattar han alldeles utmärkt. När han kommer till Tyskland så är allting hans – gods och gull, fruntimmer och allt vad han vill! Pang på bara! Så att deras barn och barnbarnsbarn inte glömmer den läxan.[210]

Rödarmisterna fick lära sig att de kom för att bestraffa tyskarna, inte för att ”befria hitleristerna från Hitler”. Militärledningen, medierna och den politiska uppfostringsapparaten i armén samverkade i ansträngningarna att hos varje soldat ingjuta känslan av att de hade en personlig räkning att göra upp i Tyskland, inte bara med nazisterna och de tyska soldaterna utan med alla tyskar.

Propagandan hade pågått i flera år för att skapa den psykologiska distans till fienden som inte existerade 1941. Slutenheten i det totalitära Sovjetunionen medförde att allmänheten hade obefintliga möjligheter att få sig något annat än statsstyrd information till livs. Därför hade de ingen klar uppfattning om fienden och kände inget hat mot tyskarna, när kriget bröt ut. Miljontals rödarmister kapitulerade för tyskarna och befolkningen, som prövats hårt av Stalins kollektiviseringar och utrensningar, hälsade rent av tyskarna som befriare under de första månaderna. Moralen i Röda armén var allt annat än god. ”Under de första dagarna och veckorna av kriget kände vi inget hat mot de tyska soldaterna. Den massiva propagandan som hos oss från och med 1933 riktade sig mot fascismen överförde vi inte på hela det tyska folket”, skrev Michail Semirjaga 1991.[211] För mången sovjetmedborgare var det svårt att förstå varför det nazistiska Tyskland skulle vara mer motbjudande än de andra borgerlig-kapitalistiska samhällssystemen i västvärlden. Etiketter som ”nazist” och ”fascist” var för många bara tomma ord med negativ klang. Och i stället för att framställa kriget som en kamp mellan två ideologier spelade de sovjetiska propagandisterna på de nationalistiska känslorna – det gällde att befria ”heliga moder Rysslands jord” från ”de ariska bestarna”.[212]

En hämnd av gammaltestamentliga mått frambesvors och författaren Ilja Ehrenburg seglade upp som en centralgestalt i kören av skribenter som ropade på tyskt blod. I juli 1942 levererade Ehrenburg sitt mest beryktade och spridda upprop:

> Döda, döda! Det finns ingen tysk som är oskyldig, inte de levande och inte de ofödda! Följ kamrat Stalins direktiv och krossa för alltid det fascistiska odjuret i sin håla. Bryt med våld de germanska kvinnornas rashögmod. Ta dem som rättmätigt byte. Döda, ni tappra framstormande rödarmister![213]

I sin bok *Vojna* (Kriget) 1943 visade han återigen att han var den mest tongivande och radikala rösten:

> Tyskarna är inga människor. Från och med nu är ordet ”tysk” den förskräckligaste svordom för oss. Från och med nu avfyrar soldaten sitt gevär när han hör ordet ”tysk”. Vi kommer inte att tala. Vi kommer inte att bli upprörda – vi kommer att döda. Har du inte dödat en tysk om dagen är din dag förstörd.[214]

Då Röda armén stod vid Ostpreussens gräns vädjade han återigen till människans lägsta instinkter i en fronttidning i september 1944:

> Tyskarna kommer att förbanna stunden då de beträdde vår jord. De tyska kvinnorna kommer att förbanna ögonblicket då de födde sina söner – odjur. Vi kommer inte att skända. Vi kommer att döda. Vi kommer att slå ihjäl.[215]

Nazistiska krigsförbrytelser framhävdes också och redan vid förstamajfirandet på Röda Torget 1942 slog Stalin fast att propagandan gjort verkan på krigsmoralen.[216] Men med tiden förändrades propagandans karaktär. Hade det ursprungliga syftet enbart varit att vädja till patriotismen framför de ideologiska värderingarna och befria sovjetiskt territorium från inkräktare, övergick den 1944 till temat att ”krossa det fascistiska odjuret i sin egen håla”. Krigströtta rödarmister skulle motiveras för en fortsatt kamp, men nu på främmande mark och då trädde vedergällnings- och bestraffningstemat ännu mer i förgrunden än tidigare. Varje vecka kunde soldaterna läsa nya artiklar i detta ämne i fronttidningarna. Straffandet av tyskarna skulle inte stanna vid den nuvarande generationen, menade Ilja Ehrenburg apropå en verklig eller påhittad tysk soldat vid namn Karl Peters:

> Döda tysken innan han sätter eld på hundra byar till... Döda honom för det han gjort och det han tänker göra. Döda honom om din son har stupat eller till och med om din son ännu lever – tyskarna vill ta hans liv. Om Karl Peters har misslyckats med att döda din son. Minns då detta: han kommer själv att få en son, och den sonen kommer att bli en lönnmördare. Hindra därför Karl Peters från att få någon son.[217]

Ingen skillnad gjordes på tyskarna efter kön, ålder, politisk övertygelse eller religion. "Vargar var de, och vargar kommer de att förbli!" löd en rubrik i den engelskspråkiga *Soviet War News* från mars 1945. Självfallet måste man hålla i minnet att det här hetsandet – om än måhända mer oförblommerat än dess tyska motsvarighet – i grunden inte var annorlunda jämfört med något av Goebbels alster.

•

Emellertid är det en grov förenkling av verkligheten att tala om hämndkänslor som den enda drivkraften för de fyra miljoner rödarmister som trängde in i östra Tyskland. Det här var soldater som under stora uppoffringar bevisat att de kunde besegra världens modernaste militärmakt och som var stolta över vad de åstadkommit med sina vapen. Otvivelaktigt såg de sig själva som världsförbättrare och hyste i många fall förhoppningar om att kriget också skulle utvecklas till en ideologisk mission för de kommunistiska idéerna.

Att likaså hävda att det var det desperata tyska motståndet som ledde till att rödarmisterna släppte loss sin frustration över den tyska civilbefolkningen är också felaktigt, eftersom områden som erövrades utan ett skott ofta drabbades lika hårt som de platser där striderna rasade som värst. Visserligen led de sovjetiska stridskrafterna 1945 fortfarande långt högre förluster än tyskarna, fast de på många plan hade utvecklats till en modern armé. Men vad var det som gjorde att övergrepp mot civila förekom så ofta från Röda arméns sida i jämförelse med de västallierade arméerna som trängde in i Tyskland från andra hållet? Kanske är några av orsakerna att de västallierade inte åsamkades lika stora förluster som ryssarna, att disciplinen och gemenskapen i de västallierades enheter kunde upprätthållas på ett annat sätt (britternas trupper betraktades som ett föredöme i disciplin och uppträdande). Andra förklaringar kan vara att tyskarna, trots den förbittring de västallierade kände mot dem, ingick i den västeuropeiska kulturkretsen, samtidigt som skillnaderna i kultur och mentalitet mellan tyskar och ryssar var långt större, att Västeuropa inte drabbats lika hårt av nazisternas skövlingar som Östeuropa samt att den hätska typ av fiendepropaganda som rödarmisterna exponerades för inte förekom i västländerna.

Om vi tittar på de interna problem Röda armén brottades med 1945 kan vi fastställa att den alla framgångar till trots var en organisation under stark press, vilket i synnerhet gällde det dominerande vapenslaget, infanteriet. Under kriget hade de hundratals skyttedivisionerna lidit enorma förluster i jämförelse med artilleriet och pansarstyrkorna. Från januari 1943 till maj 1945 svarade skyttedivisionerna för 86,5 procent av de totala sovjetiska förlusterna, mot bara 6 procent för pansarstyrkorna och 2,2 procent för artilleriet. Därför gick det aldrig att skapa ”stabila stridsgemenskaper” i skytteförbanden, ”vilka både stabiliserade soldaterna psykiskt och kunde utöva en viss modererande inverkan på de enskilda”, enligt den tyske historikern Gerhard Zeidler.[218] Förlusterna och den ständiga genomströmningen av nya ansikten ledde till en förråande atmosfär och anonymisering, vilket tillsammans med det hårda tyska motståndet och dödens ständiga närhet frigjorde destruktiva krafter hos de ryska soldaterna.

Säkerhetsventilen tillhandahölls av flygblad och hetsartiklar som lovade soldaterna att de fick göra vad de behagade i Tyskland. Ersättningsmanskapet hade dessutom endast fått en summarisk militär träning, vilket blev en källa till disciplinproblem. Inför vinteroffensiven fylldes luckorna i leden hos Rokossovskijs Andra Vitryska Front med 53 000 män som rekryterats i det sovjetiska territorium som befriats 1944, vidare 10 000 befriade krigsfångar, 39 000 sårade soldater som tillfrisknat, samt 20 000 etappsoldater utan stridserfarenhet.[219] Att det i Röda armén tjänstgjorde 152 nationaliteter som talade språk ur 130 språkgrupper var säkert en faktor som inte heller underlättade upprätthållandet av disciplinen i alla enheter.

Alkoholmissbruket i stora delar av Röda armén var också ett bekymmer, utan vilket många av övergreppen hade varit svåra att förklara. Dagstilldelningen för en rödarmist var 100 gram vodka, enligt marskalk Zjukovs underhållschef, general Antipenko.[220] Och vid inmarschen i Tyskland påträffades väldiga förråd av sprit, vilket ledde till hejdlösa dryckesorgier, varvid tillgången på vapen kunde få förödande konsekvenser.

Inom psykologin brukar man också hålla det för sant att en grym och försummad uppfostran kan skapa ett aggressivt vuxenbeteende sett ur familjeperspektivet. Men både Tredje riket och Sovjetunionen låter oss kanske ana att detta kan gälla även på samhällsnivå, vilket i så fall kan betecknas som ännu en möjlig faktor bakom övergreppen.

> Man måste förstå våra unga människors och soldaters sinnesstämning. I vilken omgivning har de blivit uppfostrade? Har de om så bara den blekaste aning om att även fienden, till och med den besegrade fienden, äger vissa rättigheter? Den människa som blivit förtryckt i hela sitt liv kan inte göra något annat än att själv förtrycka.[221]

Frågan om huruvida totalitära diktaturer gör sina medborgare mer disponerade för aggressivitet och våldshandlingar än andra samhällssystem är dock en relativt outredd fråga.

Rent kriminell bakgrund hos soldaterna var däremot en ytterst marginell företeelse i sammanhanget, men förekom icke desto mindre. I början av 1945 erhöll exempelvis Andra Vitryska Fronten tio–elva straffbataljoner på 1 000 man vardera för att avhjälpa manskapsbristen. Dessa straffbataljoner bestod inte av politiska fångar, utan av kriminella samt soldater med disciplinstraff, vilka lovats amnesti så fort de utfört sitt uppdrag eller sårats i strid. Alla dessa drivkrafter och faktorer skapade en högexplosiv häxbrygd som kreverade i tyska städer och byar.

Oberäkneligheten hos de sovjetiska soldaterna var likaså något som frapperade många ögonvittnen. Författaren Arno Surminski, som upplevde den sovjetiska invasionen av Ostpreussen som barn, kommenterar fenomenet:

> Nej, det mördades, våldtogs och brandskattades inte bara. Det fanns exempel på officerare som ställde sig skyddande framför tyska kvinnor och ryska soldater som delade ut mat till tyska barn, naturligtvis ingen choklad eller några corned beef-konserver såsom segrarna i väster, utan ofta bara torrt bröd, eftersom de själva inte hade något annat. Utan tvivel fanns det rörande exempel på medmänsklighet under de där dagarna då världen hotade att gå ur led. Det var bara det att de förekom så sällan. Medan den gamle mannen med nazistmärket och revolvern i jackfickan förblev oantastad, blev andra ihjälskjutna för allt och ingenting, på grund av att de stod i vägen, på grund av att de var tyskar. Under det att en soldat sjöng barnvisor och delade ut gräddkolor, våldtog andra tyska kvinnor i rummet intill. Och hur var det med den där vaktposten som av medlidande lät en haltande fånge sitta kvar

i snön? Efter någon kilometer blev han betänksam. Det gick upp för honom att fångarna hade blivit räknade, att han måste leverera rätt antal. Därför grep han, med kulsprutepistolen i högsta hugg, en annan tysk i nästa samhälle och placerade honom i kolonnen som ersättare.[222]

Självfallet är Surminskis ord färgade av bitterhet, och frågan om i vilken utsträckning medmänsklighet och korrekt uppträdande mot civila förekom går inte att besvara. Samtida ögonvittnen har jämfört de sovjetiska soldaterna med ”primitiva barn”, vilka i ena ögonblicket var outsägligt snälla, men i nästa ögonblick förvandlades till brutala monster. ”De är som en hagelby som bara förstör en del av skörden”, summerade en schweizisk journalist som upplevde hur rödarmisterna kunde härja vilt i ett hus, men komma som omtänksamma gäster till grannhuset.[223] En vettig förklaring till de här iakttagelserna har inte gått att finna.

•

Likvideringarna och våldtäkterna gick hand i hand med plundring och vandalisering. Boris Oljsjanskij, löjtnant i 5. stötarméns ingenjörstrupper, har levererat följande intryck från framstöten i östra Brandenburg:

… massor av soldater trängs på stadens gator. Det verkar som om alla vapenslag samlats hit. Du möter både pansarsoldater, infanterister, sappörer, etappsoldater från sjukvårds- och intendenturenheter. Är de här på ledningens order? Jag frågar en sergeant från signaltrupperna hur länge han har vistats i staden.

”Ända sedan vi tog den. Jag har varit här i tre veckor.”

”Och din enhet?”

”Det vete fanken. Några stycken av våra pojkar är här…”

”Men det är ju desertering!”

”Vad då desertering?! Alla gör så. Trampa på pedalerna, alla har bråttom med kriget…” Sergeanten sjunger refrängen på en populär armévisa…

En grupp officerare och soldater vänder upp och ned på huset bredvid för tusende gången. De grälar på varandra, missnöjda med resultatet av letandet. En av dem river förbittrad åt sig några silkesklänningar… Soldatens avsikt är enkel – att leta rätt på ett par–tre kostymer åt sig, kort sagt så pass mycket att det inte blir för tungt att bära. Med högre rang ökar behoven och möjligheterna. Vid husets port står en ”Studebaker”[224] på vilken de lastat officerarnas bylten och väskor. Från källaren stiger det rök: det brinner! Någon som var missnöjd med ”troféerna” har satt eld på huset.

I Landsberg tvingades brigadens stab byta uppehållsort tre gånger. Första gången befann vi oss i ett stort hus tillsammans med ett kompani pansarsoldater. På natten blev det eldsvåda. Grannarna flyttade vidare, uppenbarligen glömde de bort oss och satte fyr på bygget när de gav sig iväg. På andra stället var det samma historia. Stabens djärve adjutant blev inspirerad. Vid avresan från staden blev hans bil efter. Adjutanten var ”överförfriskad”, han hade lust att gå på visit till ett litet vitt hus som låg i en klunga byggnader. ”Vi hörde en gris kvida och stack iväg mot gnället. Huset var tomt, ingen hemma förutom grisen. Vi slaktade grisen och tog med oss skinkan, men huset… det lilla huset, vet ni, brände jag ned… Man måste hämnas!” Apropå det kan adjutanten inte räknas till de personer som drabbats svårt av kriget: hans hus och familj finns i Penzenskojdistriktet, han har inte fått en enda skråma vid fronten av kriget.

Inte långt från Landsberg står det några ”willysar”[225] med följande läsbara påskrifter: ”Fältpost”. ”Willysarna” är överfyllda av persedlar som staplats i en enda röra: där finns både dampälsar av silverräv och herrpälsar och skinnrockar och tätt packade lådor med något väldigt tungt samt naturligtvis ett batteri buteljer med fransk champagne och andra viner. Sergeanterna från ”fältposten” utnyttjar situationen med råge på ett enastående sätt. Vad kan man säga om de speciella krigsbyteskommandona?! Befälhavaren för ett sådant kommando, överstelöjtnant Kuchta, skickade hem till familjen tyg som räcker till i runda tal tvåhundrafemtio kostymer. Inte konstigt att det gick rykten att flygmarskalk Alexander Novikov skickat hem tjugotvå järnvägsvagnar med byte.

I skymningen välkomnades vi av Landsbergs gator. Där ligger ett upplag av skinnprodukter. Manskap av olika rang – vilken subordination! – strävar efter att fortare få en lite bättre bit. Kromläder till stövlar – varje officers dröm… Emellertid är upplaget statens egendom. Det kommer in en löjtnant med en röd armbindel, på vilken det står ”Krigskommendantur”. Han säger: ”Kamrater, försvinn!” Förrådet plomberas. ”Gästerna” som inte lyckades smita undan berövas sina skinnpackar. Därefter befaller patrullchefen soldaterna att följa honom: ”Titta där”, pekar han på en beslagtagen skinnhög, ”detta ska ni bära till bilen. Brunt kromläder åt översten, och vad jag vill ha vet ni redan…”[226]

Under flera års krig hade Röda armén bara passerat genom områden som förhärjats svårt på grund av strider och brända jordens taktik, vilken användes av båda sidor. Men när soldaterna kom till Tyskland stötte de för första gången på rika, välmående trakter som dittills förskonats. Döm om deras förvåning och ilska när de upptäckte tyska lantbrukare och borgare som levt förhållandevis gott fram till dess. Sovjetiska fronttidningar hade varnat sina läsare för den ”borgerliga dekadens” de skulle träffa på i främmande länder, men soldaternas nyfikenhet och längtan att ta del av överflödet tog överhanden. Bostäder och flyktingbagage rotades igenom grundligt efter värdesaker. ”Uhri?” var en fråga som de flesta tyskar ställdes inför vid mötet med fienden, för armbandsur var omåttligt populära.[227]

Intrycken återspeglas även i fältposten hem:

> Vi står utanför Königsberg i Ostpreussen. Vi har det bra. Vi har erövrat väldigt mycket, äter fint och mycket, i Königsberg väntar ännu större skatter på oss. Jag har skickat min flickas mor åtta meter siden, eller skor och rockar, stövlar och strumpor, tyg till kostymer och kläder. När vi har intagit Königsberg får vi vila, då kan jag skicka mer! Vi kan äta vad hjärtat begär. Understundom har vi trampat sönder de fina sakerna under fötterna.[228]

En annan brevskrivare utbredde sig lika storögt om välståndet i fiendeland för de där hemma:

> Människorna bor fint här. Även om jorden är sandig lever de bättre än vi. Du vet inte vad du först ska fästa blicken på när du går in i ett hus. Så många vackra saker hittar du här. Nästan varenda värd har ett dragspel. Ett sådant man spelar på. Det är ungefär lika stort som ett bord. Det är bara synd att jag inte kan tyska språket. När de säger något till mig står jag där och spärrar upp ögonen som ett får. Men det finns också ett bekymmer. De förgiftar sin mat och sina drycker så att många [rödarmister] redan har dött. Då de dricker snaps som är förgiftad, lever de i 20 timmar innan de dör.[229]

Sovjetisk fältpost som snappats upp av 9. armén vid Oder bekräftade samma bild: ”Om ni ändå kunde hälsa på mig nu! Då skulle jag kunna traktera er. Det finns allt, till och med saker som ni aldrig har sett, att äta, dricka och röka.”[230]

Soldaterna hade garanterats viss plundringsfrihet, vilket varit ett vanligt sätt genom historien att sporra och belöna arméer. Den 26 december 1944 hade det sovjetiska Folkkommissariatet för Försvar i Moskva utfärdat ett dekret som tillät dem att skicka hem paket med större vikt än tidigare.[231] Ordern var undertecknad av vice folkförsvarskommissarien, general Bulganin, och beviljade meniga soldater att skicka hem ett paket på fem kilo i månaden medan officerare kunde skicka hem paket som vägde det dubbla. Generaler fick möjlighet att skicka hem 16 kilo i månaden. Lev Kopelev menade senare att paketordern

> ... var en direkt och otvetydig uppmaning att bli marodörer, rena hetsandet till rån och överfall. För vad annars fanns det för soldaterna att skicka hem? Gamla fotlappar? Överblivna matransoner?[232]

Varuhungern var bottenlös i ett land där det varit brist på allt på grund av planekonomi, krig och umbäranden. Alla tillfällen som bjöds i Tyskland satte även spår i soldathumorn:

> På våren 1945 fanns det ett stående skämt i Röda armén: den första vågen fick klockorna; den andra flickorna; den tredje, det som fanns kvar. En infanterist som kom till en tysk stad hade ingen tid för flickor; han måste fortsätta förfölja fienden; männen i första vågen hade nätt och jämnt tid att samla på sig klockor och smycken. Andra vågen som understödde framryckningen hade mindre bråttom; de mannarna hade tid att jaga flickor. Männen i tredje vågen hittade aldrig några klockor eller orörda flickor, utan de finkammade staden och packade väskor med tyger eller kläder, de uppskattade textilier mer än allt annat.[233]

Saker som soldaterna inte såg någon omedelbar nytta med förstördes ofta på stället. Lyxvåningar, flotta badrum men även installationer som var livsviktiga för Röda arméns försörjning, såsom lador, kvarnar och förråd gick upp i rök. Inte sällan förhärjades hela trakter som fallit oskadda i rysk hand. Hus och hela stadsdelar brändes ned. Då Första Ukrainska Fronten tågade in i den schlesiska staden Trebnitz, som hade 11 000 invånare i fredstid, plundrades den och brändes gata för gata, tills bara en femtedel av bebyggelsen återstod. "Det verkade som om den systematiskt sattes i brand av ryssarna för att lysa upp deras marsch", enligt iakttagelse av ett ögonvittne.[234] De delar av Danzig som klarat sig under belägringen i mars 1945 stacks i brand av ryssarna efter stadens fall, hävdar tyska vittnesmål. Eftersom det inte fanns någon brandkår kvar som kunde ingripa, orsakade de ursprungligen små bränderna vidlyftiga skador. Allenstein i Ostpreussen är ett annat exempel på orter som brandhärjades svårt på detta sätt. Ovärderliga kulturskatter förstördes utan minsta anledning, minns en sovjetisk veteran som deltog i befrielsen av Rumänien, Ungern, Österrike och Tjeckoslovakien:

> Det förekom ganska få fall av medveten vandalisering – personer som min kompanichef kunde inte förstå att böcker på främmande språk genom sin blotta ålder inte kunde innehålla antisovjetiskt material. Han var för svag i

> huvudet för att förstå det. Och så var det denna serie av incidenter jag observerade angående kulturella monument eller egendom. Folk ville inte förstöra dem på grund av någon svaghet. De insåg inte dessa sakers värde, eller hade de också lidit av ideologisk hjärntvätt i hela sitt liv. När de såg något som var rikt, bekvämt eller välordnat kände de instinktivt fiendskap mot det i egenskap av något borgerligt – inte något tyskt eller österrikiskt, utan snarare något sällsamt, främmande mot deras hela existens. Så det var en del av avundsjukan eller snarare en undermedveten reaktion.[235]

Genom andra inblickar i denna tankevärld kommer även hämndmotivet till uttryck, som i denna lilla scen vilken Michail Korjakov målat upp från striderna i Schlesien:

> Kor, grisar och får strövade runt i utkanterna av byarna, på fälten och utmed vägarna. Specialenheter av soldater samlade ihop dessa djur. De var av högsta vikt för Röda armén, därför att Ryssland sedan länge hade varit så utarmat att hon inte längre kunde föda sina soldater, utan måste lita på amerikanska förnödenheter och polskt spannmål, samt på grund av att förrådsvägarna hade blivit alltför uttänjda under framryckningen i januari. En grupp officerare mötte en av dessa hjordar som drevs mot de bakre områdena. En löjtnant drog kniv, gick fram till en ko och gav henne en dödsstöt bakom huvudet. Kons ben vek sig och hon föll, medan resten av hjorden råmade som galna och skenade därifrån. Officeren torkade av eggen mot sin stövel och sa: ”Min far skrev till mig att tyskarna hade tagit en ko från oss. Nu är vi kvitt…”[236]

För majoriteten av de sovjetiska soldaterna var fälttågen 1944–45 första kontakten med främmande länder och ett år efter krigsslutet inledde Stalin en kampanj mot allt det västerländska som soldaterna sett i utlandet. Det blev förbjudet att prisa något som var västerländskt, eftersom det betraktades som ett uttryck för ideologisk svaghet och kunde straffas med flera år i arbetsläger.

·

För sent insåg sovjetledningen den fulla sprängkraften i det predikade hatevangeliet. Stalins upprop den 19 januari om måttfullhet och disciplin hade inte avsedd verkan. Disciplinen brakade samman och soldater, ibland hela enheter, slutade att slåss för att ägna sig åt plundring och våldtäkter. Hela divisioners stridsduglighet var i farozonen. Rödarmister började uppträda redlöst berusade, utrustade med paraplyer, hattar och kollektioner av ”erövrade" armbandsur. Vissa förband vägrade helt enkelt lämna de orter de intagit. Den 22-årige ryske krigsfången Nikolaj Metelitsa skildrade hur hans enhet

> ... kom in i en by på tyskt område, där vi tog tre tyska soldater och en äldre kvinna till fånga. Efter förhöret avrättades allihop inför våra ögon av bataljonsstaben. Liken blev liggande obegravda. Sedan den dag då vi beträdde tysk mark bar vår major Muvlanov med sig en tung väska, vilken var fylld med värdesaker. Han hade alltid bästa möjligheten att plundra, eftersom han undersökte de tyska fångarna personligen och tog ifrån dem alla värdesaker. Majoren försvann senare och jag tror att han har deserterat för att föra sitt byte i säkerhet.[237]

Från Första Ukrainska Fronten har Michail Korjakov berättat om det disciplinära sammanbrottet:

> I en av pansarbataljonerna, som har blivit inspekterade, var stridsvagnarna så fullastade med krigsbyte att besättningsmedlemmarna inte kunde röra sig, och de skulle inte ha kunnat gå i strid i en larmsituation. Jag hörde en historia om en stridsvagnsbesättning som var så berusad att den tog stridsvagnen till frontlinjen, öppnade eld mot ryska enheter, förstörde fyra artilleriställningar samt krossade en artilleripjäs och dess dragfordon.[238]

Dylika problem uppträdde över hela linjen. Av en rapport från den politiske kommissarien i 243. ingenjörsbataljonen utanför Königsberg i Ostpreussen den 17 februari 1945, framgår det att soldaterna började uppträda berusade, fastän politarbeterna undervisat dem i hur de skulle bete sig på fientlig mark. "Dessa iakttagelser visar att den politiska ledningen svek till och med inom partiet. Den hade inte ens framgång hos partimedlemmarna", heter det i rapporten.[239]

Generalmajor Usatsjev, befälhavare för 262. skyttedivisionen i Ostpreussen, tampades med bekymret att ett stort antal av hans soldater, till och med ett helt pansarvärnsbatteri, klädde sig i tyska uniformer, vilket ofta ledde till missförstånd, varvid soldaterna dödades av sina egna. Bland annat hade en officer i politavdelningen i en granndivision rönt detta öde efter att ha klätt om till fiendens uniform, omtalade generalmajoren i en order.[240]

•

En sönderskjuten sovjetisk T34/85-stridsvagn inspekteras av tysk militär efter striderna om Nemmersdorf i oktober 1944.

I månadsskiftet januari–februari var följaktligen stora delar av Röda armén försatt ur stridbart skick, inte bara genom höga förluster och underhållsproblem. Det var inget regelrätt myteri som inträffade, snarare en plötslig och allmän upplösning. Kollapsen var en inte oväsentlig faktor i det sovjetiska beslutet att skjuta upp slutanfallet mot Berlin, eftersom det inte bara var nya förråd som måste föras fram till fronttrupperna, utan soldaterna måste tvingas att återgå till ordningen igen.

> Vid beträdandet av riksområdet upplästes en order från de högre staberna för de flesta enheterna i Röda armén angående rödarmisternas uppträdande i Tyskland. Den förbjöd våldsdåd, men tillät plundring i begränsad omfattning (paketordern). I många fall struntade enhetscheferna i att förmedla orderna (bl.a. 225. skyttedivisionen, 13. gardesskyttedivisionen). I stället för dessa gällde ofta de i samklang med den bolsjevikiska hatpropagandan stående egenmäktiga orderna från officerare och politiska befälhavare, enligt vilka rödarmisterna var fria att göra som de ville med civilbefolkningen i Tyskland (3. pansararmén, 7. pansarkåren, 5. armén, 295. skyttedivisionen).[241]

Ryska officerare vidtog drakoniska åtgärder för att återställa ordningen. Överallt statuerade frontbefälhavare exempel. Marskalk Rokossovskij införde krigsrätt, "i tvingande fall: avrättning på stället" för mord på civilpersoner, våldtäkt och plundring. En av hans divisionschefer, överste Smirnov, lär personligen ha avrättat en löjtnant som deltagit i en gruppvåldtäkt på en tysk kvinna.[242] Men det var långt ifrån överallt som sådana åtgärder rönte omedelbar framgång. Heinrich von Einsiedel, ett tyskt flygaräss som gått i rysk tjänst för att bekämpa Hitler, bekräftar i sin dagbok att de sovjetiska officerarna "... förlorade kontrollen över sina trupper. Befälhavare som vill sätta stopp för sina egna enheters leverne blir helt enkelt ihjälskjutna. Förvildningen är så stor att de fruktar för truppernas stridsmoral".[243]

Vid belägringen av Königsberg utfärdade 945. skytteregementet en order att den tyska civilbefolkningen i frontområdet skulle evakueras inom en remsa 20 kilometer bakom fronten, och det inte bara för att "bevara militära hemligheter, skydda underhållet samt transporten av sårade", utan främst "för att bevara truppernas militära ordning i de bakre områdena".[244] Ordern antydde alltså rent av att den militära ledningen kapitulerat för disciplinproblemet. Gick det inte att få ordning på trupperna genom order, måste själva lockelserna avlägsnas i stället. Andra enheter ur Tredje Vitryska Fronten arbetade också energiskt med att återställa truppernas stridsduglighet, vilket framgår av en dagorder från generalmajor Olesjov, chef för 113. skyttekåren, den 10 februari 1945, efter att ha inspekterat ett regemente ur 338. skyttedivisionen: "Allt erövrat skräp ska lastas av från trossvagnarna, spann som används för att transportera personlig packning ska överlämnas till artilleriregementet."[245] Ett antal officerare i regementsledningen fick disciplinstraff för att ha äventyrat regementets stridsförmåga.

Marskalk Konjev utfärdade en dagorder den 27 januari, där han räknade upp en rad otillbörligheter som förekommit och statuerade exempel med de skyldiga. Straffbataljonerna fick bland annat ett nytt tillskott av degraderade officerare, som misskött sina uppgifter. Överallt gick frontbefälhavarna fram på samma sätt för att återvinna kontrollen. Men det gick ändå inte att stoppa lavinen. Framför allt förlades våldtäkterna, som ofta skett mitt på ljusa dagen, till de mörka timmarna i stället för att soldaterna skulle undvika militärpolisen.

Viss rättsskipning utövades hela tiden av militärdomstolarna, som straffade ett flertal soldater för deras uppträdande. En av Västerlandets auktoriteter på Röda armén under andra världskriget, den brittiske professorn John Erickson, som haft möjlighet att undersöka de ryska militärarkiven, skriver:

> När jag gick igenom protokoll från krigsrätter noterade jag att det inte sågs som en förmildrande omständighet om en soldat hänvisade till att han förlorat sin familj eller fått sitt hem förstört. Exempel: en äldre sergeant drack sig berusad, bröt sig in i en lägenhet, hittade garderoben full av ukrainska kostymer, varefter han sköt ihjäl ägaren när denne återvände. Sergeanten hade mist sin far och bror, hans båda systrar hade deporterats till Tyskland; tre medlemmar av den tyska familjen hade tjänstgjort i Ukraina, den döde mannen hade varit partimedlem. Detta betraktades inte som en förmildrande omständighet, den sovjetiske sergeanten blev dömd – under protester från hans manskap, vilka inte såg något skäl till bestraffningen.[246]

Å andra sidan kunde lagstiftningen också användas i motsatt riktning: sovjetsoldater som försökte hjälpa den tyska befolkningen kunde dömas enligt artikel 58 i strafflagen, för brott mot statssäkerheten. Straffskalan löpte hela vägen från sex månaders fängelse till arkebusering. Lev Kopelev dömdes själv till straffläger enligt denna artikel för att ha visat ”borgerlig humanism” när han försökt skydda tyska civila mot övergrepp.

•

Emellertid upphörde inte hatpropagandan utan fortsatte lika intensivt som förut ända fram till mitten av april. I fronttidningen *Framåt mot fienden*, vilken utgavs hos Tredje Vitryska Fronten, kunde man den 17 februari läsa:

> Soldat! Framför dig ligger en preussisk stad, de fascistiska plundrarnas getingbo. Bakom dess fästningsmurar har de, som hängde och brände de ryska krigsfångarna i lägret i Memel [och] i Maidau, de ryska människorna som inte ville underkasta sig, gömt sig… Bestraffa de hitleristiska bestarna, hämnas för alla![247]

Två dagar innan slutoffensiven mot Berlin inleddes den 16 april 1945 publicerade dock chefen för propagandaavdelningen i kommunistpartiets centralkommitté, Georgij F. Alexandrov, en kritisk artikel i tidningen *Pravda* med rubriken ”Kamrat Ehrenburg förenklar för mycket”. Artikeln var ett generalangrepp på Ehrenburg, vilken utan tvekan tillkommit med Stalins godkännande:

> Ehrenburg har misstagit sig när han i sina artiklar framställer Tysklands befolkning som en helhet. Han skriver i sina artiklar att det inte finns något Tyskland, utan bara ett "jättelikt gäng". Om vi gav Ehrenburg rätt, skulle vi ha accepterat att Tysklands hela befolkning måste dela Hitlerklickens öde. Överflödigt att tillägga att Ehrenburg i det här avseendet inte återspeglar den allmänna sovjetiska opinionen. Vid uppfyllandet av sitt stora befrielseuppdrag kämpar Röda armén för att krossa Hitlers armé, Hitlers stat och Hitlers regering. Men dess avsikt var aldrig, och är inte heller, att förinta det tyska folket. Det skulle vara idiotiskt och meningslöst.[248]

Det här var en officiell snubba mot Ehrenburgs propaganda, vilken Moskva fann det lämpligt att distansera sig ifrån i det här skedet av kriget. Röda armén stod nämligen klar att tränga in i områden där det inte var aktuellt att fördriva den tyska befolkningen och det kunde vara klokt att börja söka efter bundsförvanter i Europa inför den nya världsordningen efter kriget. Dessutom var de sovjetiska trupperna på väg att möta sina västallierade vapenbröder och man kan misstänka att Kreml drog åt propagandisternas strypkoppel, för att ge väst ett bättre intryck.

Propagandan upphörde över en natt, men det gick inte att hindra övergreppen från att fortsätta, vilket bland annat massvåldtäkterna på Berlins kvinnor i april–maj 1945 visar. Frågan måste ställas huruvida övergreppen var centralstyrda och i avsikt att förmå så många tyskar som möjligt att ta till flykten, varmed det blev färre tyskar att fördriva efter kriget från de områden som skulle tillfalla Polen och Sovjetunionen. Några belägg för detta har emellertid inte stått att finna, men det råder inget tvivel om att övergreppen var kända och tolererade på högsta nivå i Moskva. I närvaro av Titos sändebud Milovan Djilas filosoferade Stalin en gång om våldtäkterna:

> Ja, ni har förstås läst Dostojevskij? Fattar ni hur invecklad sak en människas själ, en människas psyke är? Nåväl, föreställ er en man som har kämpat sig fram från Stalingrad till Belgrad – över tusentals kilometer i sitt eget härjade land, över sina kamraters och käraste anförvanters döda kroppar! Hur kan en sådan man reagera normalt? Och varför skulle det vara så fruktansvärt att en sådan man vill förlusta sig med en kvinna, efter alla de fasor som han har genomlidit? Ni inbillade er att Röda armén var ett ideal. Men den är inget ideal, den kan helt enkelt inte vara det, inte ens om där inte skulle finnas en viss procent kriminella element – vi har nämligen öppnat våra fängelser och stoppat in alla i armén. Jag kan berätta ett intressant fall. En major i flygvapnet förlustade sig med en kvinna, och en ridderlig ingenjör

> uppenbarade sig för att skydda henne. Majoren drog fram sin pistol. ”Ditt förbannade etappsvin!” skrek han och sköt ner den ridderlige ingenjören. De dömde majoren till döden. Men på något sätt kom saken till mina öron, och jag gjorde efterforskningar – det har jag rätt till som överbefälhavare i krig – och jag benådade majoren och skickade honom till fronten. Nu är han en av våra hjältar. Man måste förstå soldaten. Röda armén är förvisso inget ideal. Huvudsaken är att den slåss mot tyskarna – och att den slåss bra, det övriga spelar ingen roll.[249]

Intrycket kvarstår att det handlade om en våg av individuella våldshandlingar, men säkert är att det fanns åtminstone *två* centraldirigerade sidor av hela komplexet, dels en organiserad plundring av de erövrade områdena vid vilken Röda armén tog hand om värdefulla förråd, industrimaskiner, råvaror, boskap och konstskatter, dels deportationer av tysk slavarbetskraft.

I juli 1943 bildades Röda arméns krigsbyteskommitté, Trofeinij Komitet, vilken löd under Folkkommissariatet för Försvar och stod under marskalk Vorosjilovs direkta ledning. Till en början skulle den ta hand om fientlig krigsmateriel, men genom ett direktiv från Folkkommissariatet för Försvar den 28 april 1944 utvidgades uppdraget till att samla och ta till vara råmaterial och maskiner vid de väntade inbrytningarna i Centraleuropa och på Balkan.[250] Så långt är det en typ av organiserad plundring som vilken krigförande statsledning som helst ägnar sig åt för att förstärka de egna krigsinsatserna.

Men Tyskland dammsögs de facto på både stort och smått. Även kapital- och konsumtionsvaror av skilda slag lastades på järnvägsvagnar och fraktades österut. Från Schlesien finns det vittnesmål om hur krigsbyteskommandon upprättade enorma varulager ute i det fria. Till och med golv, dörrar, dörrposter, diskbänkar, elledningar och strömbrytare revs ut ur husen på vissa håll för att användas vid återuppbyggnaden av Sovjetunionen. Ibland blev berg av insamlade skrivmaskiner och radioapparater liggande veckovis ute i det fria och förstördes av väder och vind. Günter Zahn, en tysk krigsfånge som gått i rysk tjänst, intygade efter kriget från fronten i Schlesien, att eftersom de tyska östprovinserna skulle överlämnas till Polen ”... hade de [ryssarna] inget intresse av att normalisera livet i detta område. De hade visserligen bestämt sig för att överlämna området till polackerna, men med så lite tillgångar som möjligt...”[251] Den sovjetiska planekonomimentalitetens strävan att fylla kvoterna till varje pris fick tragikomiska resultat, förtäljer en tysk krigsfånge:

> I Libau [dagens Liepaja] skulle ett skepp med radioapparater stulna från Tyskland lossas. Flera hundra fångar hade ställts upp. De langade apparaterna från hand till hand och staplade dem försiktigt på kajen. Men med den här metoden hade normen aldrig blivit uppfylld, dvs. skeppet hade aldrig blivit lossat i rätt tid. Rasande och skällande visade ryssen hur man gör: han kastade apparaterna över bord till kajen åtta meter längre ned. Därefter måste fångarna göra på samma sätt. På kajerna travades apparaterna i stora högar. Fartyget hade lossats i rätt tid – normen var uppfylld – men ingen av de värdefulla apparaterna gick att använda längre.[252]

Städer och landsbygd finkammades på livsmedel som användes för att försörja trupperna eller skickades till den nödlidande civilbefolkningen i Sovjetunionen, där matbristen var stor. På samma gång ledde detta oundvikligen till svält bland den tyska civilbefolkningen, som i allmänhet fick klara sig på egen hand eller med begränsad hjälp från ryska militärens soppkök. Men det var inte bara varor och förråd som de erövrade delarna av Tyskland länsades på. Bara några dagar efter erövringen av en ort sattes plakat upp liknande detta från Schlesien:

> 1. Alla män – tyskar och tyska medborgare – mellan 17 och 50 års ålder ska inom 48 timmar efter denna orders kungörande anmäla sig hos mönstringsbyrån på Palatsteatern, Ohlauer Strasse, i staden Oels för registrering och transport till arbetsinsats.
> 2. Alla mobiliserade måste förutom identitetshandlingar ta med följande: komplett vinterklädsel och skodon, minst två omgångar underkläder, sänglinne (filt, lakan, halmmadrass och kudde), personliga nödvändighetsartiklar (kokkärl, bestick osv.) samt förplägnad för minst 10–15 dagar.
> (...)
> Den som inte åtlyder denna order och inte dyker upp i rätt tid ställs till svars och överlämnas åt krigsrätt.
> /Ortskommendanten.[253]

I regel skickades de här personerna, som inte visste vad som väntade dem, till provisoriska uppsamlingsläger, där deras hälsa kontrollerades innan de sattes på boskapsvagnar med okänd destination. När dörreglarna drogs ifrån igen, efter dagars eller veckors resa, befann de sig i slavarbetsläger vid Norra ishavet eller bortom Ural. Enbart från uppsamlingslägret Peiskretscham i Schlesien uppges 40 000 personer ha skickats österut. De flesta deporterade fick vänta i flera år på att återfå friheten, om de ens överlevde.

Redan i december 1944 startade de första tvångsdeportationerna av tyskar från Rumänien, Jugoslavien och Ungern till sovjetiska arbetsläger och industrier. I slutet av januari satte deportationerna från östra Tyskland igång. Under Jaltakonferensen med de allierade krigsledarna Roosevelt och Churchill i början av februari samma år genomdrev Stalin att en del av det krigsskadestånd som Sovjetunionen blivit garanterat, skulle betalas i form av tysk arbetskraft. Detta gav i efterskott en folkrättslig grundval för ett fullbordat faktum.

Deportationerna nådde sin höjdpunkt i mars–april, främst i de tyska riksområden som skulle tillfalla Polen. Varje sovjetisk armégrupp (Front) genomförde självständigt uppsamlingen av slavarbetare inom respektive sektor. Det skedde dock med ett visst mått av planlöshet, eftersom det tydligen gällde att fylla kvoterna så snabbt som möjligt. Därför skedde slavjakten med varierande hårdhet. På en del orter försvann nästan alla vuxna personer, medan grannorten lämnades i fred. Främst deporterades arbetsföra män, men det var inte ovanligt att kvinnor återfanns i transporterna och familjetragedier utspelades då mödrar med våld skildes från sina barn, ibland för alltid. I exempelvis Striegau i Niederschlesien fanns det fortfarande 6 000 invånare när ryssarna erövrade staden den 12 februari 1945. Då staden återerövrades av tyskarna en månad senare påträffades endast 56 levande och 148 döda Striegaubor. Återstoden hade förts bort.[254]

Så här fördelade sig deportationerna på de olika Fronterna:

Konjev (Schlesien)	62 000 deporterade
Zjukov (Polen, Brandenburg, Pommern)	57 000
Rokossovskij (Ostpreussen, Danzig, Pommern)	55 000
Tjernjakovskij (Ostpreussen)	44 000[255]

Sammanlagt skickades 218 000 tyskar till slavarbete i Sovjetunionen, men detta är minimisiffror. Enligt Tyska Röda Korsets söktjänst blev minst 400 000 tyska civila deporterade från områdena öster om Oder-Neisse och av dessa omkom minst hälften. De sista överlevande återvände till Tyskland 1949.

·

Tyska utrikesministeriets ambassader och legationer försökte sprida uppgifterna om den fientliga framfarten till övriga västländer med avsikt att så split mellan de allierade. Bland bevarade papper från den tyska legationen i Bern finns exempel på sovjetiska övergrepp som skulle utnyttjas i propagandan utomlands. I instruktionerna från Berlin till legationen den 4 februari 1945 hette det bland annat:

Efter att bolsjevismen visat sitt rätta ansikte i de ockuperade östeuropeiska länderna, blir anglosaxarnas försök att neutralisera intrycket hos omvärlden av bolsjevikiska grymheter allt mer förnimbart genom en systematisk skräckkampanj mot Tyskland. Fientlig skräckagitation ska skapa en harmlös täckmantel för bolsjevismen, i det att den avleder uppmärksamheten från den bolsjevikiska terror...

Dessa rapporter och tankegångar ska *i stor utsträckning*[256] föras ut i existerande informationsmaterial såsom meddelandeblad, tidskrifter, samtal och så vidare, lämpligen också genom särskilda flygblad. Om man lyckas att få det att se ut som om humanitära föreningar eller liknande organisationer på platsen står bakom denna nyhet, då skulle *detta* vara att föredra framför tysk spridning.[257]

Tredje rikets trovärdighetskapital var vid det laget mindre värt än Kreuger-aktier och uppgifterna möttes med enbart misstro eller högst begränsat intresse utomlands.

Tisdagen den 6 mars 1945 gjorde propagandaministeriet ännu ett försök att vända den utländska opinionen mot Sovjetunionen. Generalöverste Guderian talade inför inbjudna tyska och utländska journalister om de ryska övergreppen i öster. Han presenterade två tyska officerare som slagit sig tillbaka från det belägrade Poznań till de tyska linjerna, vilka kunde redogöra för vad de sett på ockuperad mark. Därefter läste Guderian upp delar av en dagorder från marskalk Zjukov, som var avsedd att återställa disciplinen bland de härjande trupperna. Arméstabschefen avslutade med att anspela på de skakande uppgifterna om Auschwitz och Majdanek, vilka cirkulerade i världspressen:

”Jag har själv kämpat i Sovjetunionen, men aldrig märkt något av djävulsugnar, gaskammare och liknande skapelser av en sjuk fantasi. Det går inte att ta miste på avsikten att uppegga de primitiva sovjetsoldaternas hatkänslor med sådana uppenbara lögner”, förklarade han.[258]

Men de utländska journalisterna var inte imponerade och UD-tjänstemannen Hans-Georg von Studnitz antecknade skeptiskt i sin dagbok:

Intrycket av denna redogörelse var inte bra. Världen känner nu till fotografier, filmer och ögonvittnesberättelser om dödslägret Majdanek, dödslägret Auschwitz och liknande institutioner i de tidigare besatta områdena. Det tyska folket vet visserligen ingenting om dessa saker. Ändå torde man anta att Guderian är underrättad om dem. Desto märkligare förefaller det att han tar upp frågan i denna form. Man frågar sig också hur det är möjligt att generalstabschefen i ett militärt så allvarligt ögonblick har tid att delta i ett sådant propagandaarrangemang.[259]

7
Våldtäkterna

> ”Vid tiden för sin största triumf led Sovjetunionen sitt svåraste moraliska nederlag… Vad hade skett om Röda armén verkningsfullt vederlagt nazipropagandan, om de hade tågat in i Europa som den humana kommunismens armé? Europas karta skulle idag ha haft ett annat utseende.”
> Arno Surminski

Livet var en osäker sak på ockuperad mark. Därför var Sibylle Krahmer och köksflickan Rosi lyckliga över sitt senaste byte, en kanin och en höna som de fångat med bara händerna nere i byn. Med hastiga steg skyndade de upp mot de primitiva hyddorna i skogen, där de numera tvingades leva, men vinterkylan kändes inte längre så svår när de tänkte på hur de skulle tillaga fångsten. Hungern hade tvingat dem till allt fräckare räder i byn och på gårdarna runtomkring, fastän ryssarna förbjudit dem att visa sig där. Hittills hade lyckligtvis inga soldater upptäckt dem, för risken att bli våldtagen var alltid överhängande. Ideligen släntrade rödarmister upp till tyskarnas kojläger på kvällarna för att leta efter kvinnor att tvinga sig på. Men Sibylle hade lyckats hålla sig undan. Hon skrev ned allt i den lilla blå dagboken som hon bar i bröstfickan och hon försökte låta känslorna stanna på pappret, för det gällde att kämpa för livet, varje minut. Och det blev med ens lite ljusare vid utsikten att få en bit kanin eller höna i magen. Det var då turen svek dem:

> Med ens hejdade vi oss. Två ryssar gick emot oss på vägen. ”Vi släpper inte”, viskade jag till Rosi. Vi höll ihop i armkrok, beslutna att hålla fast, hur hårt soldaterna än drog. ”Frau komm!” skrek ryssarna och det var inget tvivel om vad de ville. ”Frau komm!” upprepade den ene ryssen vresigt när vi inte släppte taget. Han stack gevärspipan i bröstet på mig, som var stel av skräck. ”Frau komm!” vrålade han sedan besinningslöst med fingret på avtryckaren. Soldaterna var så aggressiva att minsta motsträvighet hade varit tillräckligt.

Hur jag handlade i det ögonblicket avgjorde liv eller död. Och jag ville leva. Jag gick med honom. Han var som galen.

Hela tiden var jag rädd att han skulle skjuta mig. Som du minns hade jag sex par byxor på mig, vilket gjorde att han inte kom dit han ville tillräckligt snabbt. Detta gjorde honom rejält förbannad. Hans byxor var fulla av patroner som ramlade ut överallt omkring oss. Jag ville bara komma därifrån levande. Resten struntade jag i...

Efter tre veckor i hyddorna drevs återstoden av oss ned till en bondgård där vi fick lägga oss lika tätt som packade sillar på golvet i ett mycket litet rum. Där fick vi sedan vara. Ibland kom ryssarna och hämtade vissa av oss till arbete. Jag fick till exempel regelbundet gå till godset för att städa och röja upp. När jag var ute och jobbade knöt jag en röd sjalett runt huvudet för att se ut som en gammal gumma och därmed undgå övergrepp. Ryssarna var visserligen förbjudna att begå våldtäkter, men i nattens mörker kom det ändå soldater och hämtade kvinnor. Jag klarade mig, för jag sov med en tjock öronlappsmössa på huvudet och därför tog de mig för en karl i mörkret. Vi låg som sillar på golvet och en natt stod jag inte ut i den kvava värmen. Då var jag dessutom gravid i sjätte månaden. Inga ryssar hade dykt upp den natten och jag kände mig så säker att jag tog av mig mössan och somnade. Sedan vaknade jag av att någon lyste med fick lampa i mina ögon, och då såg jag de grova militärstövlarna stå bredvid mig.

”Herregud, min mössa!” tänkte jag. Men då var det så dags.

”Frau komm! Skala potatis”, sa soldaten till mig.

”Jag är sjuk”, svarade jag på ryska, vilket jag kunde tala lite grand.

”Du är inte sjuk”, sa ryssen och lyfte mig i tröjan en halvmeter rakt upp släppte mig så att jag föll handlöst i golvet. Vad gör man? Jag hade inget annat val än att följa med. Vi var fyra flickor som släpades upp och jag kunde inte undvika att tänka att det var konstigt att vi skulle skala potatis mitt i natten. Men precis när vi kommit ut dök det upp fler ryssar som drog med oss åt varsitt håll i mörkret. ”Min” ryss förde mig till den övergivna bykrogen, till sidorummet där kuskarna brukade övernatta. Jag tvingades lägga mig på sängen och efter en timma var han klar. Men han var inte våldsam, han slog mig i alla fall inte. När han gick låste han utifrån och där inne satt jag kvar. ”Ska jag ruttna här?” minns jag att jag tänkte. En lång stund senare hördes nyckeln i dörren igen och den ryske soldaten kom in med hela famnen full av konserver och bröd åt mig. De skulle jag ha ”som tack”, tyckte han.

Sammanlagt utsattes jag för sju eller åtta våldtäkter under de sex månader jag levde under rysk ockupation. Inte ens som gravid vad jag skyddad mot övergrepp.”[260]

De massvåldtäkter som begicks av ryska soldater i östra Tyskland 1945 är hittills oöverträffade i historien. Våldtäkter i krig har sannolikt förekommit i de flesta konflikter vi känner till. Japanska arméns massvåldtäkter på kinesiska kvinnor i Nanking 1937 och tyska arméns övergrepp mot kvinnor i Sovjetunionen 1941–44[261] är två exempel från vårt eget århundrade. Färskt i vårt minne bevaras också de fasor som bosniska, serbiska och kroatiska kvinnor tvingades genomgå under kriget i forna Jugoslavien 1991–95. Men efter vad vi vet, är våldtäktsvågen i östra Tyskland under de sista krigsmånaderna hittills oöverträffad i historien till sin omfattning. Något liknande inträffade inte på västfronten, med undantag av relativt isolerade incidenter, men i öster skonades varken tolvåriga flickor eller 80-åriga tanter, brukar det heta i de dokumenterade vittnesmålen.

Ella Schröter från Warthegau erinrar sig att hennes mor

> våldtogs i min då tolvåriga systers närvaro. Min syster och jag hoppade ut genom fönstret och flydde genom trädgården över fälten in i skogen 300 meter bort. Ryssarna sköt efter oss, men träffade lyckligtvis inte. I Annafeld blev de flesta kvinnorna våldtagna. Många tillbringade dagar och nätter på kyrkogården. Ingen vågade sig hem längre, eftersom det var känt att ryssarna hade hittat mycket snaps som tyskarna lämnat efter sig och vinglade runt redlöst berusade. Under denna tid var det inte trevligt i samhället. På grund av att vi inte kunde stanna hemma gick vi till polska familjer och sökte skydd där.[262]

Från den lilla staden Rössel mitt i Ostpreussen berättade kirurgen Arnold Niedenzu om den urskillningslösa brutaliteten som drabbade kvinnorna:

> Redan efter de första dagarna lämnades en barnsängskvinna med en allvarlig skottskada i lungan in till oss på sjukhuset. När en ryss skulle våldta henne gjorde jag klart för honom att hon var nära nedkomsten. Då sparkade ryssen henne i magen och sköt henne; barnet föddes för tidigt, modern kom till sjukhuset i ett nästan hopplöst tillstånd, men tillfrisknade efter några månader. Våldtäkterna antog en ofattbar omfattning. Enligt mina erfarenheter törs jag påstå att blott tio procent av kvinnorna och flickorna mellan 50 och 15 års ålder blev skonade.

Doktor Niedenzu uppger även att kvinnorna våldtogs under vapenhot och att de ibland blev ihjälskjutna, knivhuggna eller svårt misshandlade i samband med våldtäkten. Då Niedenzu gick till NKVD för att vädja om ett stopp på våldtäkterna, svarade den polske tolken: ”I början var det tillåtet, då är det naturligtvis svårt att förbjuda det nu.”[263] Könssjukdomarna florerade på grund av våldtäkterna, fortsätter läkaren:

> Medan kvinnor och flickor grät hejdlöst i början när de fått veta att de hade könssjukdomar, mottog senare till och med fjortonåringar beskedet likgiltigt, avtrubbat. Det stora samtalsämnet blev snart att man hade ”besvärats” av ryssen under natten, till och med bland halvvuxna. I fortsättningen inledde en del kvinnor och flickor hellre ett förhållande med en ryss, för att vara skyddade mot överfall från andra, senare även för att hungern drev dem till det.[264]

Hedwig Goldbach från Elbing vittnar också om krigsvåldtäkternas stora utbredning efter stadens fall:

> Varken kvinnor eller barn skonades. Två äldre kvinnor i 70-årsåldern, från Bismarckstrasse, tog gift efter att de blivit våldtagna. Även den tolvåriga flickan hos bagarmästare Radau, Königsberger Strasse... blev våldtagen. Fru Anna Richter, Neuegutstrasse, talade om för mig att cirka 40 kvinnor i ett större hus på Mühldamm skurit upp pulsådrorna efter fruktansvärda våldtäkter. Knappast någon kvinna eller flicka skonades. En kvinna berättade för mig att hennes 17-åriga dotter blivit våldtagen av 17 bolsjeviker inom loppet av en timma. Hon avled sedan i följderna av denna brutalitet.[265]

De ryska massvåldtäkterna på tyska kvinnor 1945 har varit en känslig fråga i efterkrigstidens Tyskland och har oftast förbigåtts med tystnad av offren, förövarna och samhället. Först i början av 90-talet publicerades en vetenskaplig studie av detta tabubelagda ämne, vilken väckte stor uppmärksamhet (Helke Sander-Barbara Johr, *Befreier und Befreite*). I denna studie gör statistikern Gerhard Reichling uppskattningen att 1,9 miljon tyska kvinnor blev våldtagna av rödarmister under den sovjetiska frammarschen på östfronten 1944–45, därav 1,4 miljon inom de dåvarande tyska riksgränserna.[266] Därvidlag måste det hållas i minnet att det är *antalet våldtagna kvinnor* han försökt beräkna, *inte antalet våldtäkter*, på grund av att många av kvinnorna utsattes för upprepade övergrepp. Och den här statistiken blir ännu mer tankeväckande i det att vi vet att fyra miljoner ryska soldater deltog i fälttåget på tysk mark.

Majoriteten av våldtäkterna tycks ha begåtts i områdena öster om Oder-Neisse, i stort sett i de områden som erövrades av ryssarna januari–mars 1945, samt i själva Berlin under de sista krigsdagarna. För övrigt avtog massvåldtäkterna under de sista veckorna av kriget och man räknar med att en halv miljon av de drabbade kvinnorna fanns inom det område som sedermera blev Östtyskland.

Efter kriget föddes 292 000 barn som ett resultat av våldtäkterna.[267] Otaliga kvinnor drabbades av oläkbara fysiska och psykiska sviter. Åtskilliga fick problem med sina familjer, trots att övergreppen inte var kvinnans fel. På tal om våldtäkter i krig och de konsekvenser dessa fick för kvinnorna skriver sociologen Ruth Seifert vid tyska försvarets Institut för Social Forskning:

> Att tränga in i en kvinnas kropp är den allvarligaste våldshandling man kan tänka sig mot hennes innersta och mot hennes personliga värdighet. Det är en handling helt jämförbar med allvarlig tortyr och har samma följder för kvinnan som andra former av tortyr. Handlingen förorsakar fysiska smärtor och förlust av självrespekt och självbestämmande. Det är ett övergrepp mot kvinnans integritet. Varje kamp för värdighet och självrespekt är rotad i den kontroll människan har över sin kropp. Först och främst kontrollen över fysiskt tillträde till sin kropp.[268]

Men någon hjälp att bearbeta de traumatiska upplevelserna fick kvinnorna inte. De flesta offren led i ensamhet, anser Sibylle Krahmer, numera Larsson:

> Lyckligtvis var jag redan gravid när ryssarna kom, annars hade jag väl fött ett ”ryssbarn”. Strax efter kriget låg jag på sjukhus i Potsdam tillsammans med två kvinnor som blivit gravida med ryska soldater, men de fick göra abort. Det gjordes många aborter av det skälet. Men man pratade inte om våldtäkterna, det var tabu. Ingen kunde tala om det. Många förträngde det totalt och de som var med om det vill för det mesta inte nämna det ens i dag. Men jag tycker att det är fel, tvärtom är det mycket viktigt att prata om det här när man ser allt elände som händer runtomkring i världen. Själv är jag mycket stark och utåtriktad, och har därför klarat mig ganska bra.[269]

Bristen på förståelse från omgivningen var något som många offer fick erfara, bland annat Christel G., som var 18 år gammal när hon blev ett våldtäktsoffer vid Danzigs fall:

> Efteråt har jag aldrig kunnat skratta åt så kallade "fräckisar", och när saken berördes en gång i vänners lag och någon sa: "Nå, var nu ärlig, ni hade ju trevligt!", då fick jag ett raserianfall och de hade svårt att lugna ner mig.[270]

De flesta kvinnorna föredrog tystnaden, även inför familjen. Den mäktigaste tysta manifestationen av dessa kvinnor skedde dock under det första efterkrigsvalet i Berlin, då kvinnorna valde bort det Moskvatrogna kommunistpartiet SED och röstade på socialdemokratiska SPD istället, vilket brukar anses ha sin bakgrund i just krigsvåldtäkterna.

•

Den sovjetiska krigspropagandan, som riktades till de egna soldaterna, var inte en uttrycklig uppmaning att begå våldtäkter, men antydningar och glidningar i ordvalet gjorde att avsikten inte kunde missförstås. Ehrenburgs "krossa de germanska kvinnornas rasstolthet" är förmodligen det mest utpräglade slagordet i det sammanhanget. Propagandister och officerare på lägre nivå hade dessutom låtit soldaterna förstå att de kunde göra vad de behagade på tysk mark, även med kvinnorna. Emellertid var det inte enbart tyska kvinnor som drabbades, även slavarbeterskor från Östeuropa och kvinnor i andra länder som befriades av Röda armén utsattes för massvåldtäkterna. Titos medarbetare Milovan Djilas uppgav att när ryssarna befriade nordöstra hörnet av Jugoslavien hösten 1944 utspelades 121 våldtäkter, varav 111 förenade med mord, samt 1 204 fall av plundring i kombination med våld.[271] Detta medför att vi inte kan betrakta hämnd mot tyskarna som en tillräcklig förklaring till rödarmisternas övergrepp. En sovjetisk major förklarade grovkornigt "kvinnoproblemet" i Röda armén för den amerikanske krigskorrespondenten Alexander Werth:

> Våra soldater behövde bara säga "Frau komm" och då visste de vad han väntade sig av henne... Vi ska inte inbilla oss något, efter nästan fyra år var Röda armén helt uthungrade i detta avseende. För officerarna, särskilt stabsofficerarna, var det inte något problem, eftersom många av dem hade en "krigshustru" – en sekreterare, stenograf, sjuksyster eller uppasserska. Den vanlige Vanka hade det inte så bra i det hänseendet sedan lång tid tillbaka. Visserligen hade ett par pojkar tur i de befriade ryska städerna, men de flesta inte. Frågan om man fick våldta en rysk kvinna, uppkom praktiskt taget aldrig. I Polen inträffade en rad beklagliga saker, men vad beträffar kvinnorna höll man strängt på disciplinen. Det stals och plundrades

> förskräckligt mycket. Våra pojkar var nästan galna efter armbandsur, det går inte att förneka. Men plundringar och våldtäkter i stor omfattning började först då våra soldater kom till Tyskland. Sexuellt var de så svältfödda att de ofta överföll gamla kvinnor på 60, 70 eller till och med 80 år – en inte oangenäm överraskning för många mormödrar. Men jag medger att det var en motbjudande fråga, och kosackernas och de övriga asiatiska truppernas uppträdande var särskilt dåligt.[272]

I en intervju med författaren avfärdade löjtnanten Ivan V., som tjänstgjorde i en sovjetisk artillerienhet under fälttåget i Ostpreussen, uppgifterna om våldtäkter på tyska kvinnor:

> Vi såg ju att Tyskland var så rikt och undrade varför de anfallit oss. Långt ifrån alla tyskar hade lämnat de områden som vi trängde in i. Tvärtom. Men oj vad de darrade för oss. De var livrädda för att vi skulle döda dem och våldta kvinnorna. Uppifrån fick vi stränga order att inte röra de tyska kvinnorna för att de allihop sades ha syfilis, men många av våra soldater drog ändå på sig könssjukdomar. Åtskilliga ställdes också inför rätta för att ha förgripit sig på kvinnor. Men man måste ha förståelse för det. När soldater är hungriga äter de, och när de är hungriga på något annat så tillfredsställer de det behovet... Men man kan inte kalla det för våldtäkter. Vi behövde aldrig använda våld. Det var ju kvinnorna som kom till oss![273]

Även om de här ryska uppgifterna kanske ger belysande inblickar i den tankevärld som då rådde, bidrar de också till våldtäktsmyten att män våldtar enbart för att de är sexuellt upphetsade och att kvinnorna inte sällan är villiga. Om så vore, skulle männen vara viljelösa offer för sin egen natur, som följaktligen inte alltid kan kontrolleras av kulturella mekanismer.

Ruth Seifert vederlägger myten om mannens sexualdrift genom sina teorier. Våldtäkterna bör i stället betraktas som extrema våldsakter, där aggressionerna får sexuella uttryck, anser hon. Att dessa inte har med sexualitet att göra, förklarar hon med att förekomsten av fältbordeller och prostituerade inte leder till att krigsvåldtäkterna blir färre i stridszonen. Gruppvåldtäkterna framstår, enligt Seifert, som en rit där det gäller för männen att visa sin status. Kvinnorna förvandlas till ansiktslösa objekt.

Seifert presenterar flera teser om bakgrunden till fenomenet. Den första är att våldtäkterna tillhör de krigiska spelreglerna och är ett uttryck för segrarens rätt. Andra tesen är att övergreppen mot kvinnor i stridszonerna är ett sätt för soldater att "kommunicera" med varandra och för förloraren som inte ens kan försvara sina egna kvinnor längre är detta den yttersta förödmjukelsen, vilket "sårar fiendens manliga stolthet".

Vidare har soldatlivet, enligt tredje tesen, traditionellt varit en manlig värld och befordrat ett våldsförhärligande manlighetsideal, varvid kopplingarna till sexualitet och makt ligger nära till hands. I västvärlden är våld och sex intimt förknippade med varandra, menar hon. I vanligt språkbruk heter det bland annat att mannen gör en erövring såväl på slagfältet som i sängkammaren. De flesta som gjort militärtjänst kan vittna om de grovkorniga skämt om kvinnor som cirkulerar och som skapar eller ökar en känsla av mannens överlägsenhet mot kvinnorna. Militäryrkets manlighetsideal går ut på att männen måste visa sig modiga vid fara och inte uppträda som "käringar". Just detta leder till en oförmåga att handskas med alla sorts känslor, som kan utgöra ett hot mot den här typen av manlighet, exempelvis rädsla och ångest. När dylika känslor framkallas i krig leder det till en manlig lösning på problemet, vilken kan riktas mot kvinnorna i form av sexuellt våld, fortsätter Seifert.

Fjärde tesen är att krigsvåldtäkter har till syfte att förstöra fiendens kultur. Angreppen mot fienden riktas mot minnesmärken, kulturbärare och kvinnor. Våldtagna kvinnor bestraffas av sina egna för att ha blivit befläckade. Ödeläggs kulturen bryts fiendens motståndsvilja ned – en strategi som första gången uppmärksammades i Bangladesh 1971. Familjerna slås sönder, strukturer luckras upp och i slutändan lämnar människorna området de bott i. Ett rasistiskt motiv för våldtäktsvågen 1945 – ett svar på nazisternas raspolitik – återfinns i Ehrenburgs beryktade upprop "... krossa de germanska kvinnornas rasstolthet". Ironiskt drar Helke Sander därvid slutsatsen att det världskrig som handlade om rasernas renhet paradoxalt nog fick motsatt resultat genom alla de våldtäkter som begicks av tyska, ryska och västallierade soldater.

Femte tesen är att massvåldtäkter hör hemma i extrema lägen samt är rotade i kulturer där kvinnohatet ligger latent. Övergreppen kan med andra ord ha sin rot i kulturellt betingad missaktning mot kvinnor. Detta, anser Seifert, är förklaringen till att kvinnor av olika nationaliteter, inte bara tyskor, drabbades av ryska ungdomars och familjefäders raseri 1944–45. Slutsatsen av denna tes är att "kvinnor inte våldtas därför att de tillhör fiendesidan utan därför att de är föremål för ett omedvetet hat inbyggt i förövarnas kultur", vilket kommer i dagen vid den typ av civilisationssammanbrott som ett krig representerar. En sådan slutledning är intressant när det gäller Sovjetunionen, som under 1920- och 30-talen i många avseenden betraktades som det mest jämlika samhället i världen, där kvinnorna efter revolutionen gjorde sitt intåg på arbetsmarknaden och hyllades för sina arbetsprestationer på nästan samma villkor som männen. Men de djupa patriarkaliska rötterna från tsarsamhället gick inte att reformera över en natt utan kan ha lett till detta ”omedvetna hat” som Seifert resonerar kring. Det är emellertid en fråga som historieforskare måste utreda ytterligare.

8
Ostpreussens undergång

> Jag måste säga att vårt folk visade äkta mänsklig godhet och storsinthet på tysk mark.
> (Marskalk Konstantin Rokossovskij)

Gryningsljuset hade ännu inte börjat smeka Ostpreussens takåsar den 13 januari 1945, då kirurgen Hans von Lehndorff på sjukhuset i staden Insterburg väcktes av ett ihållande oväsen vid sjutiden på morgonen. Fönsterrutorna vibrerade.

Den unge läkaren av preussisk junkersläkt gick fram till fönstret för att samla de morgongrusiga tankarna. Dånet kunde lika gärna ha kommit från en rad tunga lastbilar som stod och brummade på tomgång runt huset, men några lastbilar kunde han inte urskilja därute. Snart förstod han att det var undergången som börjat. Undergångens ouvertyr.

I en annan del av staden lyssnade borgmästaren dr Wander till samma oljud. Först trodde han att det rörde sig om en kolonn stridsvagnar som rullade förbi, men inom kort visste även han bättre. Mullret kom från fronten i östra Ostpreussen. Det hördes ända bort till Königsberg, där det uppfångades av major E. Baumanns stridsvana öron. Artilleristen Baumann var på väg tillbaka till sitt förband efter en kort permission och redan när tåget avgick identifierade han ljudet av oavbruten trumeld mot 3. tyska pansararméns linjer 100 kilometer längre österut.

> Fram mot middagstid blir mullret lika starkt som från ett lavinras. Det kommer luftstötar som tvingar en att hålla andan. Människorna ser menande på varandra och försöker trösta sig med tanken att detta bara kan vara verkningarna av vårt eget nya hemliga vapen,

noterade von Lehndorff i dagboken.[274]

På eftermiddagen blev det stilla, men när skymningen föll kom de första ryska flygplanen och bombade bangården samt flygplatsen i Insterburg. Alltsammans var över på några minuter.

Sista kapitlet i Ostpreussens 700-åriga tyska historia hade börjat.

·

General Tjernjakovskijs Tredje Vitryska Front gick till anfall med 13 skyttedivisioner och två pansarbrigader mot tre tyska infanteridivisioner mellan Schlossberg och Goldap. Denna offensiv var inledningen till en rad operationer avsedda att krossa motståndet i de tyska Östersjöprovinserna under de kommande månaderna. Alla medel hade tillgripits för att höja rödarmisternas stridslust. Strax före anfallet hade en dagorder författad av Tjernjakovskij lästs upp för dem:

> Tvåtusen kilometer har vi marscherat och vi har sett allt som vi byggde upp på tjugo år förintas. Nu står vi framför lyan från vilken den fascistiska angriparen överföll oss. Vi kommer att stanna upp först när vi har rensat upp den. Nåd existerar inte – inte för någon, på samma sätt som det inte gavs någon nåd för oss. Det är onödigt att kräva av soldater i Röda armén att de ger nåd. De rasar av hat och hämndlystnad. Fascisterna måste dö, precis som våra soldater dött.[275]

Slutmålet var den ostpreussiska huvudstaden Königsberg, men först måste trupperna stånga sig igenom mycket välbyggda tyska försvarslinjer, där generalöverste Raus pansararmé väntade på dem. Endast på enstaka ställen lyckades ryssarna tränga djupare in i det tyska försvarssystemet under de första timmarna. Striderna utvecklades till rena blodbadet på båda sidor. Oaktat att det ryska artilleriet vräkt 120 000 granater över tyskarnas linjer stod Raus divisioner emot trycket första dagen och levererade flera rasande motanfall. När kvällen kom behärskade tyskarna därför fortfarande terrängen, som Tredje Vitryska Fronten skulle ha erövrat under de inledande timmarna. Slakten fortsatte under de närmaste dagarna utan att de sovjetiska arméerna gjorde några nämnvärda framsteg. Raus armé sviktade dock under den ryska övermakten och hans enda reserv, 5. pansardivisionen, hade så gott som genast kastats in i striderna för att hindra att infanteriets försvarslinje kollapsade. Tyskarna pressades tillbaka steg för steg, men lyckades hindra ryska genombrott i fem dygn, fastän ammunitionsförråden var på upphällningen. Kvartermästaren, överste Mendzryk, uppgav senare:

Sovjetiska gardessoldater i ett bajonettanfall under striderna om en ostpreussisk by. Foto: Imperial War Museum.

> När fiendens anfall inleddes i januari 1945 räckte [pansar-]arméns ammunitions- och drivmedelsförråd i tre dagar. Därefter kom det knappast fram något underhåll alls. Under de första stridsdagarna förbrukade en enda kår tre godståg med ammunition, men fronten höll i stort sett. När denna mängd inte längre stod till förfogande bröts den redan svaga fronten sönder...[276]

Alltfler fientliga spjutspetsar började genomborra tyskarnas försvarslinje och på kvällen den 17 januari gav Raus order till den del av sina trupper som inte utsatts för det sovjetiska huvudanfallet att dra sig tillbaka till nya positioner längre bak. Men när enheterna lämnade skyttegravarna lyckades Rokossovskij ställa till allvarlig oreda genom ett stort pansaranfall och bryta igenom i den svaga skarven mellan två tyska infanteridivisioner. Överste Burkhard Müller-Hillebrand minns att hans chef

> därför såg sig tvingad att ge order om att hela arméns front skulle dras tillbaka till Memel-Inster-ställningen följande natt. Därigenom skulle kanske en sammanhängande front kunna återskapas. De sista små pansarreserverna

> kastades omedelbart in på det hotade stället. Det var förgäves. På kvällen kom den befarade rapporten att den fientliga pansarstyrkan hade erövrat Memel-Inster-ställningen vid Insterweide. Inga försök att kasta tillbaka den därifrån eller hejda den rönte någon framgång. Därigenom började fronten bryta samman. Alltjämt ersatte fienden sina frontstyrkor med friska trupper, medan divisionerna på den tyska sidan förblödde.[277]

Efter att länge ha knakat betänkligt i fogarna föll pansararméns front till sist omkull nästan som en gisten ladugårdsvägg i en höststorm. Hastigt retirerande militärkolonner blev första flyktsignalen för befolkningen i östra delen av Ostpreussen. Alla vägar mot Königsberg blev hopplöst igenkorkade av flyende civila och militärfordon.

•

Byn Kneifen, norr om Insterburg, låg alldeles bakom den sönderfallande fronten. Klockan hade blivit fem på morgonen när 15-årige Alfred Adomeit och hans far inte längre såg någon utväg. De var helt ensamma bland de öde bondgårdarna, som de skött för sina evakuerade grannars räkning. De polska och franska krigsfångarna hade redan skickats iväg och nu hade far och son Adomeit bara sig själva att se efter.

> Natten hade inte gett någon sömn. Stridslarmet var outhärdligt nära och före gryningen visslade granaterna redan över hustaken. Det hela var mycket otäckt. Himlen i öster brann och grannbyn Breitenstein stod i lågor. Det var i Breitenstein vi brukade handla och dit var det bara sex kilometer. Saken var klar, ryssarna hade brutit igenom och var på frammarsch.
>
> Nu var det bråttom. Den morgonen skulle vi ändå fara. Pappa var hemvärnsman och hade fått order att inställa sig i Königsberg för någon slags militär utbildning. Det var meningen att jag skulle följa med honom och fortsätta till mor och lillebror, som evakuerats till Mohrungen i västra Ostpreussen. Nu flydde vi istället tillsammans. Pappa beslutade sig för att strunta i Königsberg och följa med mig till mamma i stället.
>
> Hästen spändes för vagnen och sedan rullade vi ut i riktning mot Insterburg. Det var 24 kilometer att åka på isiga vägar i den dunkla gryningen. Hela tiden rasade striderna i vår rygg. I Insterburg pågick det stora uppbrottet och vi ställde vagnen framför järnvägsstationen. Trängseln på perrongerna var ofantlig. Alla stadsbor verkade vara på fötter och på väg därifrån. Likaså lantbefolkningen som rullade igenom staden med högt lastade kärror.

> Genom kupéfönstret kastade vi en sista blick på stadens välbekanta husfasader och snöiga tak när tåget ryckte igång. Far och jag behövde inte säga något till varandra, för vi tänkte båda samma sak: vi hade haft tur som kom med.[278]

Det var hög tid för de ansvariga att tänka på befolkningens säkerhet. I Insterburg, som var en av provinsens största industristäder, hade borgmästaren dr Wander efter många om och men fått nazistpartiets tillstånd att tömma staden på de invånare som inte hade absolut krigsviktiga arbetsuppgifter under hösten 1944. Men det visade sig vara lättare sagt än gjort. Dr Wander räknade ut att de evakuerade i praktiken transporterades iväg tre gånger, på grund av att människor hela tiden återvände hem, eftersom de var övertygade av partiets falska löften att faran inte var så stor. Borgmästaren själv hyste däremot inga högre tankar om frontens hållfasthet efter vad han hört från militära bekanta, men sådant gick det inte att tala högt om. Wander drog helt enkelt in ransoneringskorten för de envisaste återvändarna för att tvinga dem att ge sig av. Av stadens 49 000 invånare fanns dock bara 8 000–10 000 kvar i januari 1945 på grund av borgmästarens ansträngningar.

Den 21 januari, en strålande klar söndag, åkte dr Wander en sista gång längs de folktomma gatorna. Han hade inte haft en minut att förlora sedan den officiella ordern om evakuering av återstoden av invånarna kommit ett par dagar tidigare. Gauleiter Koch hade låtit hälsa honom att faran inte var överhängande, utan att han hade hela fem dagar på sig att utrymma staden. Emellertid skulle industrierna och lantbrukarna fortsätta arbetet som vanligt och invänta en särskild order, hette det. Men borgmästaren visste att det blott var en fråga om timmar innan fienden var där. Han alarmerade genast hela den kvarvarande befolkningen via högtalare och inledde den totala evakueringen på eget bevåg.

Inte en enda människa i civila kläder syntes till längre under borgmästarens rundtur. Utanför staden skakades flygfältet i det ögonblicket av kraftiga explosioner när Luftwaffe demolerade anläggningarna. Flygplatschefen, överste von Busse, hade begått självmord efter vad dr Wander visste. Fienden befann sig redan vid stadens östra utkanter när Wander på eftermiddagen lämnade den brinnande staden som darrade av krigets åskor.

Doktor Lehndorff hörde flygsirenerna som kungjorde att det var dags för de sista invånarna att ge sig av. Klockan var omkring tre på eftermiddagen när han och en ung kvinnlig underläkare följde de sista sjuksköterskorna till det väntande tåget, vilket var det sista som avgick till Königsberg. När tåget försvunnit upptäckte han en ensam kvinna stående på perrongen. Han hade talat med henne på gatan några dagar tidigare. Hon var en bombevakuerad från västra Tyskland och hade den gången inte velat överge sina antika möbler, som stod uppställda på en gårdsplan i närheten. Mitt i virrvarret hade damen trott att hon kunde finna en transportfirma som kunde ta hand om saken, men naturligtvis hade hennes vedermödor varit förgäves. Nu lovade hon med ett tillkämpat leende att ge sig iväg med första bästa bil som plockade upp henne.

Lehndorff och underläkaren hann äta en sista stadig måltid i sjukhusköket innan sjukhusdirektören anlände med en rödakorsbil sent på kvällen. I bilen stuvades värdefulla inventarier från operationsrummet in och till sist slängde Lehndorff upp sin cykel på lasset. En bit bort stod en grupp folkstormsgubbar och iakttog dem under tystnad. Över staden fällde fiendeplan fallskärmsljus och bomber. Bilen kryssade fram mellan nedfallna elledningar och ruinhögar. De ödsliga husfasaderna lystes upp av det fladdrande skenet från bränderna som rasade här och där. Konsekvenserna av den planlösa evakueringen av befolkningen blev genast synliga för doktorn:

> Vi hade hoppats kunna undvika flyktingströmmen och militärtrafiken åt motsatt håll men hade inte räknat med att de vägar vi valde för vår omväg skulle ligga så fullständigt öde. Inte ett fordon, inte ringaste tecken till att man fortfarande tänker försvara den här delen av Ostpreussen. Det känns redan som att fara genom ingenmansland.[279]

Kort tid därefter erövrades den övergivna staden av enheter ur Tredje Vitryska Fronten. Den 25 januari skrev en sovjetisk krigskorrespondent därifrån:

> Det finns knappast ett mer uppmuntrande skådespel än en brinnande fiendestad. Man söker i sin själ efter en känsla som liknar medlidande, men man finner den inte... Brinn Tyskland, du har inte förtjänat bättre. Jag kommer inte att förlåta någonting av det som du gjorde mot oss... Brinn, förbannade Tyskland![280]

Försvarslinjens sammanbrott ledde till en kedjereaktion av flykt och panik i hela provinsen. En av de otaliga orter som övergavs hals över huvud var

Labiau på vägen mellan Insterburg och Königsberg, där Hermann Krupke var skolelev:

> Jag var 14 år fyllda och bodde inte längre hemma i vår lilla by Perkuiken, i distriktet Wehlau. Min skola låg däremot i Labiau, eftersom det var närmare för mig dit än till Wehlau, och därför bodde jag på ett pensionat där och åkte bara hem över veckosluten. Anfallet mot Ostpreussen pågick sedan början av januari 1945 och det kom en ojämn ström av flyktingar från öster... Mullret från fronten hördes då och då, men man lade ingen större vikt vid det förrän fredagen den 18 januari.
>
> Lektionerna hölls som vanligt i borgens källarvalv på grund av faran för flygangrepp. Borgen låg bara 40–50 meter från huvudvägen till Königsberg och när vi gick ut på frukostrasten såg vi att det var fullt pådrag på vägen. Långa militärkolonner tågade västerut, uppblandade med flyktingar. Vi såg många sårade soldater, ofta på öppna lastbilsflak. De hade bandage på händer och huvud på grund av svåra brännskador, till följd av att ryssarna hade använt fosforbomber, enligt vad soldaterna berättade för oss i förbifarten. De sa att ryssarna hade gjort ett stort pansargenombrott till Liebenfelde (Mehlauken). Pansarkilen hade bestått av hundratals stridsvagnar och de tre sista tillintetgjordes först på torget i Liebenfelde, sa de.
>
> Min första reaktion var att nu är det ute med oss. Det utbröt oro bland lärarna som tvekade huruvida de skulle stänga skolan och släppa hem barnen. Efter en timma, alltså vid elvatiden, släpptes alla barn hem. Först gick jag till pensionatet där jag var inackorderad och packade mina saker. Sedan gick jag till järnvägsstationen för att åka den smalspåriga banan hem. På vägen till tåget mötte jag min före detta småskollärarinna som var höggravid och hade kommit till Labiau för att föda barn. Enligt vad jag senare fick höra blev hon förlöst av några av mina skolkamrater efter att läkarna flytt. Hennes andra pojke, som hon lämnat i en svägerskas vård hemma på gården, återsåg hon aldrig, men det nyfödda barnet överlevde kriget.
>
> Fortfarande kunde jag inte märka något kaos i staden eller att folk var på väg att ge sig av. Lugn och ordning rådde ännu. Ett ögonblicksminne som etsat sig fast på näthinnan är ett tåg fullastat med flyktingar, som anlände till stationen när jag kom fram dit. På tåget såg jag en grabb som var skolkamrat till mig och som inte varit i skolan den dagen. Jag vet inte hur han kommit med det tåget, men han kände igen mig och började vinka. Jag vinkade tillbaka och sedan sågs vi aldrig mer.
>
> Jag kom hem vid tvåtiden på eftermiddagen och där var allt sig likt. Perkuiken var en typisk ostpreussisk bondby med ungefär 25 gårdar, ungefär en mil utanför Labiau.... Vår egen gård var inte särskilt stor. Det var ett litet ställe på tolv hektar, där vi hade två hästar, sex–sju mjölkkor, grisar,

höns och andra smådjur. Fortfarande var alla människor kvar i byn. Ingen hade flytt. Mor var hemma, men far var inkallad i folkstormen och låg i en kasern i Wehlau, medan min yngre bror befann sig på en skola i mellersta Tyskland. Däremot fanns det andra flyktingar som sökt tak över huvudet på vår gård, och de tyckte att vi skulle börja slakta för att ha mat på flykten, men mor sa nej. Borgmästaren hade förbjudit slakt på grund av ransoneringen, men jag tror att flyktingarna struntade i det, för de visste ju hur det låg till i verkligheten.

På kvällen fick jag gå och lägga mig påklädd. Mor stannade uppe och packade. Jag minns hur hon gick i dörren då och då under vår sista natt hemma. Hon hade fått löfte att vi skulle få följa med fältposten som var inkvarterad i vår gamla byskola.

När morgonen kom blev jag väckt av mor och fick en ryggsäck att bära. Jag såg inte efter vad det var i den, men efteråt fick jag höra att det var en Schwarzwaldskinka. Därefter lämnade vi huset och gick till skolan som låg några hundra meter bort. Ute var det väldigt kallt och snödrev. Vägen till skolan gick österut mot en flammande himmel och man hörde maskingevärseld hela tiden. Det var kusligt att gå mot det hållet, men samtidigt kändes det tryggt därför att floden Deime låg mellan oss och fronten – Deime hade hållits av våra soldater under första världskriget. När vi passerade grannhuset där min mors kusin och mina sysslingar bodde, mötte vi borgmästaren som fått lov att ta en av våra hästar. (Den andra fick mors kusin.) ”Nu kan ni slakta”, sa borgmästaren till oss, men då var det ju så dags…

Färden med fältpostbilen gick först söderut mot Tapiau, dit det var 17 kilometer. Mor satt bak i bilen tillsammans med en lärarinna och hennes barn, medan jag satt i förarhytten mellan två soldater. Gengasledningarna måste ha varit trasiga för det osade och jag började att må illa, men i övrigt gick resan bra. Det syntes inte till så mycket folk på den här vägen, vilken inte tog oss bort från fronten utan gick parallellt med den.

I Tapiau gjorde vi ett kort uppehåll för att soldaterna hade något ärende att uträtta, men att sedan komma ut från Tapiau på riksvägen Insterburg-Königsberg med postbilen var besvärligt. Där körde flyktingkolonnerna inte i två led, utan i fyra. Sträckan på fyra mil till Königsberg tog mer än tolv timmar och det kördes inte bara på vägen, utan också i dikena och på åkrarna. Överallt såg man hästskjutsar på vilka folk satt och kurade. Många människor gick till fots också. Ibland blev någon vagn stående på grund av att ett hjul gått sönder. Så såg det ut hela vägen till Königsberg, men vi hade tur som inte upplevde några flygangrepp eller såg några döda.[281]

Civilbefolkningen i Ostpreussen var nästan helt oförberedd på det som skedde. Erich Koch hade struntat blankt i generalernas varningar och så sent som dagen före Tjernjakovskijs offensiv snoppade hans närmaste medarbetare, Paul Dargel, av armégrupp Mittens befälhavare, generalöverste Reinhardt: "Ostpreussen kommer att hållas, en evakuering kommer inte på fråga!"[282]

Överste Müller-Hillebrand uppgav senare att Koch

> inte ville tro på pansararméns "pessimistiska" ledning när den på grund av sin noggranna kunskap om läget underrättade honom om att det var hög tid att evakuera ett visst område. I sin amatörmässiga föreställningsvärld ansåg han att det var nödvändigt att evakuera först när fronten blivit genombruten; då var det naturligtvis för sent.[283]

Men Kochs och Dargels vanföreställningar om frontens styrka kan ha blivit underblåst även från militärt håll, eftersom det fortfarande fanns arméofficerare som trodde att det var möjligt att stoppa fienden. Major Kurt Dieckert, förbindelseofficer mellan 3. pansararmén och Gauleiter Koch, förhörde sig före slaget hos en av Raus kårchefer om dennes syn på framtidsutsikterna. "Det beror huvudsakligen på hur stor fiendestyrka som kan anfalla på ett ställe", blev det tvetydiga svaret.[284] Sådana diffusa uttalanden kunde säkerligen underbygga Kochs luftslottsresonemang eftersom ett kraftigt fientligt anfall mot Ostpreussen ju hade slagits tillbaka några månader tidigare.[285]

Sålunda utbröt det kaos som oundvikligen måste komma. Med illa dold häpenhet har överste Mendzryk återgett vad som utspelades när ett provisoriskt fältsjukhus skulle inrättas bakom fronten:

> Bland annat har ett ålderdomshem, där det bor åldringar och mödrar från Königsberg, utsetts till ett av de framskjutna lasaretten. Armén vill transportera iväg dessa [åldringar och mödrar] per lastbil på grund av den rådande situationen och framför allt som man behöver hemmet. Föreståndaren vägrar att evakuera med hänvisning till en order som han fått från partiledningen i Königsberg, att nya evakuerade från Königsberg ska anlända redan samma dag. Endast ett ilsamtal till den ställföreträdande Gauleitern... gör det möjligt att omedelbart evakuera och rädda de boende på hemmet. Tyvärr kunde hemmet bara utnyttjas som lasarett i några timmar innan det måste utrymmas igen.[286]

Samma sak upprepades om och om igen: lugnande löften, osäkerhet, panik, vild flykt, trafikstockningar, ihjälfrusna människor i snödrivorna. Prästen Paul Bernecker i kyrksocknen Aulowönen i närheten av Tilsit var orolig för sina församlingsbor. Visserligen hade halva befolkningen evakuerats några mil längre västerut under den gångna hösten, men det vistades 3 000 människor i sina hem i de 22 byar som ännu inte tömts. Något tillstånd att evakuera fick de inte trots att stridsmullret tilltog i styrka för varje dag, och retirerande eller flyende soldater syntes till.

> Den 18 januari började ett fruktansvärt kaos. Inom några få timmar måste alla evakueras emedan ryssarna inte längre hade några tyska trupper framför sig. På många avsnitt ville de tyska soldaterna inte slåss längre, de kastade gevären och tog till flykten. Först därefter flydde befolkningen, vilken meddetsamma drabbades av stora blodiga förluster. En mindre del blev överraskad av ryssarna, de andra upphunna och delvis förintade på vägen till Wehlau och Tapiau, det vill säga uppskattningsvis en tredjedel av Aulowönens befolkning.[287]

Marianne Wineig var bara nio år gammal när kriget närmade sig staden Nordenburg, cirka 40 kilometer söder om Insterburg. Skolan hade stängts på obestämd tid och flyktpackningarna låg färdiga under sängarna ifall det värsta skulle inträffa. Men regimen försökte ändå behålla det psykologiska greppet över den tyska allmänheten. Radion spelade fortfarande glättiga slagdängor för att skingra oron, men de äldre lyssnade dock uppmärksamt till de dagliga segerfattiga krigskommunikéerna. Underrättelserna om tyska gränsstäders fall avlöstes av nyheter om att ryssarna förlorat tusentals stridsvagnar i striderna och att ”vedergällningsraketerna” V-2 fortsatte falla över London. Därefter serverades lyssnarna skräckhistorier om ”bolsjevikernas ” våldtäkter på tyska kvinnor och musiken avbröts ideligen av varningar om allierade ”terrorbombare” över tyska storstäder. Ganska sällan hade dylika meddelanden berört Ostpreussen under de gångna åren, men i januari 1945 byttes krigsransoneringens vardagsbekymmer ut mot den primitiva kampen för att överleva. Paniken spred sig som en löpeld. I Nordenburg började det med ett falsklarm. Marianne Wineig minns:

> Det kom så många flyktingkolonner – hästar och vagnar stod överallt och vi barn undrade naturligtvis varifrån de kom. ”Det är människor som tvingats fly från kriget och de ska tåga vidare”, fick vi till svar. Som barn tänkte jag inte ens tanken att vi också kanske skulle behöva bli flyktingar. Vi visste inte riktigt vad det innebar. Ibland pratade de vuxna om att den och den åkt och att ”Ortsgruppenleiter” si-och-så gett sig av. ”Vad händer nu?” undrade de sinsemellan. På kvällarna fick vi inte längre använda pyjamas, utan måste

sova i våra vardagskläder för att snabbt komma iväg. En natt vaknade vi av att man skrek på gatorna: ”Rädde sig den som kan!” Då gick vi till samlingsplatsen. Det visade sig sedan att soldaterna lyckats hålla fronten ett tag till och allihop återvände hem, men nästa dag skulle vi evakueras. Alla kom till järnvägsstationen med packade väskor och säckar, men ingenting annat än väskan man bar i handen fick tas med på tåget. Vi fick vänta länge, men till sist kom det ett tåg. Även om det var isande kallt fick en stor del av invånarna plats i halmen på godsvagnarna som var på väg till Königsberg.[288]

Det var på Nordenburgs järnvägsstation som Marianne såg sin storasyster Ursula för sista gången på fem decennier. Sex veckor gammal hade Marianne kommit som fosterbarn till familjen Krause på övervåningen i ett litet tvåvåningshus på Lange Strasse. Här växte hon upp i en tillvaro med två mammor, dels den snälla fostermamman, som hon kallade för ”Mutti” (mamsen) medan dennas stränga syster fick heta ”Mutter” (mor). ”Mutters” dotter, Hannelore, var fyra år äldre än Marianne, men de växte upp tillsammans som syskon.

Men Marianne hade också en riktig syster och det var henne hon var mest orolig för. Det var en ren slump att Marianne hade fått vetskap om Ursula. På ett kalas hade hon suttit gömd under bordet när skvallertanterna sladdrade om att hon inte var Mutti Krauses riktiga dotter. Fostermodern blev ledsen när Marianne kom hem och ställde henne mot väggen med sina frågor, men så småningom kom det också fram att hon hade en storasyster som skulle komma till en annan fostermor i staden efter att ha slussats mellan olika barnhem och fosterfamiljer. Marianne hade därefter lärt känna Ursula som en god vän och hon brukade ofta springa hem till henne glad som en lärka för att berätta vad hon gjort i skolan.

Men i trängseln på järnvägsstationen denna urkalla januaridag skildes deras vägar åt igen. Marianne kunde då inte ana att hon skulle tillbringa årtionden med att undra om storasyster fortfarande fanns i livet.

”Min fostermor hade en bror i Königsberg och därför valde vi tåget åt det hållet”, fortsätter Marianne.

Ursulas fostermor hade släkt i Rastenburg och valde tåget åt andra hållet. I Rastenburg fanns dock redan ryssarna och därför tog de sig tillbaka till Nordenburg, men där hade de flesta invånarna redan flytt. Ryssarna förhörde fostermodern ofta och länge så att hon och en annan kvinna beslutade att lämna Nordenburg och gömma sig i en ladugård. Där svalt Ursulas fostermor till döds och Ursula togs om hand av ryska soldater. Hon

> kom till ett barnhem. En dag fick de reda på att barnen skulle till Ryssland. En pojke hade sett ett godståg på stationen och föreslog att de skulle gömma sig där. Tre pojkar och två flickor gömde sig i godsvagnen. De hoppade av tåget vid första stoppet, som visade sig vara Slabadai i Litauen. Där tog en familj med henne hem för att hon skulle arbeta hos dem. Hon fick arbeta hårt och de slog henne. Flera familjer följde, där hon behandlades väl. Hos en familj var hon i sju år och när hon slutade fick hon återlämna den klänning med förkläde hon hade fått när hon började där. Hos nästa familj utgav hon sig för att vara en föräldralös flicka som kom från gränsen Ostpreussen-Litauen. Först sedan kommunismen fallit vågade hon avslöja sin riktiga identitet för sin egen familj. I Litauen bildades en förening av tyskar som kommit till Litauen som föräldralösa barn, "Wolfskinder" (vargungar). Genom deras kontakter med hembygdsföreningar i Tyskland kunde vi återförenas i Sverige 1994.[289]

Många familjer splittrades dock för gott under flykten. Familjemedlemmars slutgiltiga öden blev inte sällan ouppklarade trots Röda korsets ansträngningar.

•

Den 20 januari stålsatte sig generalöverste Hans-Georg Reinhardt för ett avgörande telefonsamtal. Han kände att ostpreussarnas och armégrupp Mittens öde vilade på hans förestående ordväxling med Adolf Hitler. Två av hans arméer var på full reträtt: den 3. pansararmén öster om Königsberg och 2. armén jagades från Narew i norra Polen av Rokossovskijs Andra Vitryska Front. Ostpreussen var därmed fångat i en jättelik kniptång och enligt de senaste rapporterna stod ryssarna numera bara 70 kilometer från kusten på 2. arméns avsnitt. Mellan de båda retirerande arméerna befann sig fortfarande general Hossbachs 4. armé nästan helt oantastad i sydöstra hörnet av Ostpreussen. Genom ryssarnas offensiver hotades den av att bli omringad mellan Novogrod och Goldap utan att ha avlossat ett skott.

Reinhardt hade återigen gått igenom de senaste kartorna och rapporterna, som visade att fiendens numerär var överväldigande. Enligt underrättelseavdelningen hade marskalk Rokossovskij 54 skyttedivisioner samt 4–5 pansarkårer, under det att general Tjernjakovskij förfogade över 56 skyttedivisioner, 1–2 pansarkårer och en kavallerikår. Mot detta kunde armégrupp Mitten bara ställa upp 35 infanteridivisioner samt sju pansar- eller pansargrenadjärdivisioner.

Marskalk Konstantin Rokossovskij i samspråk med brittiske fältmarskalke Montgomery strax efter krigsslutet. Rokossovskij hade kastats i fängelse under Stalins utrensningar på 30-talet, men släppts på nåder för att hjälpa till att försvara Sovjetunionen mot tyskarna. Foto: Imperial War Museum.

En stabsofficer anmälde att ledningen till Führerhögkvarteret var klar och Reinhardt tog luren. Gång på gång under den senaste veckan hade han begärt Hitlers tillstånd att få dra tillbaka den utsatta 4. armén och därigenom förkorta frontlinjen. Då skulle han kunna frigöra ett antal divisioner att skicka till trakten av Allenstein i västra Ostpreussen för att stoppa Rokossovskijs anfallskil i armégruppens rygg och säkra landförbindelsen västerut. Men svaret från Hitler hade varit detsamma varje gång: Varje kvadratmeter mark måste hållas – ingen reträtt för 4. armén!

"Mein Führer", började Reinhardt, "jag måste återigen vända mig till er personligen med mina stora bekymmer för Ostpreussen. Jag bedömer att vi står inför ett omfattande anfall mot hela Ostpreussen under morgondagen. Enligt en erövrad fiendekarta visar 5. gardespansararméns anfallsriktning mot Danzig med fyra pansarkårer. På vår sida har 2. armén endast så svaga styrkor att de helt enkelt inte kan hålla ställningarna. Den andra operativa faran ligger hos 3. pansararmén, som också blivit genombruten av fienden.

Om fiendens gardespansorarmé bryter igenom är vi kringrända i ryggen, där det inte längre existerar några styrkor."[290]

Führern lät sig inte övertygas om att en reträtt för 4. armén ledde till att divisioner frigjordes för andra hotade avsnitt. Reinhardts invändning att han måste spara divisioner avfärdade Hitler med ett av sina standardargument: "Då förlorar ni territorium." Istället föreslog han att om armégruppen ville lösgöra divisioner ur frontlinjen fick dessa ersättas med folkstorm. När generalen svarade att detta var omöjligt, meddelade Hitler att en pansardivision skulle anlända från Kurland på fem stora lastbåtar redan samma kväll. Dessutom, tillkännagav han, hade storamiral Dönitz utlovat 20 reservbataljoner från flottans baser i Danmark.

Övertalningsförsöket hade misslyckats även den här gången. Hossbachs armé var tvungen att stanna där den var och hängde snart i luften mellan de sviktande grannarméerna. Under tiden beseglades Ostpreussens öde genom en oväntad order från sovjetiska överkommandot i Moskva till Andra Vitryska Fronten, som stötte fram mot Torun. Marskalk Rokossovskij beordrades att överge den ursprungliga planen att rycka fram på Zjukovs högra sida mot Berlin och istället svänga norrut för att hjälpa Tjernjakovskij som stött på oväntat hårt motstånd. Redan några timmar senare trängde fyra av hans arméer in i sydvästra Ostpreussen och avancerade snabbt norrut mot hamnstaden Elbing, öster om Danzig. Detta var en stöt rakt in i provinsens veka liv. Städerna Soldau, Gilgau och Neidenburg föll snabbt i ryska händer och Mohrungen, Allenstein samt Osterode hotades av ryska stridsvagnar. I sistnämnda stad hade Hindenburg haft sitt högkvarter under slaget vid Tannenberg.

Än så länge hade den tyska civilbefolkningen kunnat fly ut ur provinsen antingen via hamnarna i Königsberg och Pillau eller via landvägen västerut, men nu höll den sistnämnda flyktvägen på att strypas.

·

Tidigt på morgonen den 20 januari klev Alfred Adomeit och hans pappa av tåget i Mohrungen för ett efterlängtat återseende med mamma och lillebror Walter, vilka fått husrum hos en bonde vid namn Jordan i byn Kranthau intill Mohrungensjön. Men lyckan blev kortvarig, minns Alfred:

> Samma kväll kom ett meddelande att Röda armén hade brutit sig igenom och att alla som hade möjlighet att fly skulle ge sig av västerut. På natten

gjordes vagnarna i ordning och det nödvändigaste lastades på. Familjen Mrongovius som var från Königsberg, men som för tillfället bodde i närheten på en gård som ägdes av en farbror, behövde också hjälp för att hinna få allting i ordning. På morgonen den 21 januari samlades vi i Mohrungen för vidare flykt västerut. Gruppen bestod av följande personer:

Familjen Adomeit: mor och far, Walter 10 år, jag Alfred 15 år, en äldre fröken som förvaltade gården. Familjen Mrongovius: mor 46 år, mormor 70 år, fyra barn 12, 9, 4 och 2 år samt en tjänsteflicka från Ukraina. Familjen Romeikat: mor och far, Herbert 15 år och Kurt 11 år. Familjen Prusseit: mor och far, två barn 14 och 16 år samt en fransk krigsfånge.

Varje vagn drogs av två stycken hästar och var överspända med en presenning som vindskydd. Uppbrottet var på intet sätt organiserat. Varje person fick ta sina egna beslut. Eftersom familjen Romeikat och Prusseit var våra grannar från hembyn och Mrongovius behövde mycket hjälp beslöt vi att under alla förhållanden hålla ihop. Vi beslöt att flykten västerut [skulle gå] över Marienburg-Dirschau.[291]

Alfreds kusin, Herbert Rausch, som bodde hos fosterfamiljen Romeikat, erinrar sig att

vägarna var igensnöade och det härskade en bitande kyla. Genom det här uppbrottet var vägarna fulla och delvis igenkorkade inom loppet av några timmar. Förutom flyktingarna utnyttjade Wehrmacht huvudvägarna, och Wehrmacht hade företräde. De körde på breda vägar i två kolonner och bredvid dem flyktingkolonnerna tätt intill alléträden och däremellan flyende fotgängare med handkärror och kälkar. Ofta måste vi ta småvägar för att alls komma fram.[292]

Hundratusentals människor var på väg mot samma mål. Men hur länge skulle det vara möjligt att korsa den breda Weichsel vid Elbing, Dirschau eller Marienwerder? Övergången försvårades till råga på allt av att färjeställena inte kunde användas på vintern, samtidigt som många broar var reserverade för militära transporter. Militären byggde dock pontonbroar på flera platser för att underlätta flyktingströmmen. Cirka 250 000 ostpreussare lyckades ta sig ut den här vägen i en klappjakt med fiendens spjutspetsar. Herbert Rausch fortsätter:

Vi åkte dag och natt. Nattkvarter var inte att tänka på. Hästarna utfodrades och vattnades vid korta raster, vagnarna smordes och sedan gick det vidare. En natt rullade vi cirka tio timmar och dirigerades hit och dit cirka 30

> kilometer. Fågelvägen var det bara sex kilometer. Delvis åkte vi mellan frontlinjerna.
>
> Efter sex dagar befann vi oss strax utanför Marienburg och rastade några timmar i en tom skola. Alla ville sova lite grand. Människor och djur pysslades om och unnade sig lite vila.
>
> Flyktvägen hette alltjämt "Elbing", men på grund av att militärfordonen nästan var borta öppnades sträckan Marienburg–Dirschau för civil trafik. Vi måste åka genast i skymningen. Resan gick genom Marienburg via bron över Nogat, vidare i riktning mot Dirschau. Bron över Weichsel var fullproppad med fordon och fotgängare, däremellan militärfordon, vilka alltid hade företräde. Bron var glashal till följd av underkylt regn och i varje ögonblick skadades en häst (brutet ben eller någon annan skada) och måste skjutas. Det tog en hel natt att passera Weichselbron. Tre timmar senare skulle den sprängas. Efter en kort rast fortsatte flyktlavinen mot väster. Liksom tidigare åkte vi dag och natt.[293]

När bron flög i luften bakom dem tänkte flyktingarna i den lilla gruppen från Mohrungen att de kommit undan och var steget före ryssarna. Men bekymren var långtifrån slut. Kyla, hunger och trötthet plågade dem svårt.

> I egenskap av kusk med tre hästar var jag, liksom alla andra kuskar, mer utsatt för väderleken än vad medpassagerarna var. Jag tänkte dra av mig de genomblöta handskarna när jag skulle spänna loss hästarna, men det gick inte, för mina händer och handskar hade frusit ihop till en klump. Det dröjde flera timmar innan händerna och handskarna tinat upp och var rörliga igen. Hästarna hade inte lidit på samma sätt på grund av att de drog och var i rörelse.[294]

På morgonen den 30 januari – Herberts sextonde födelsedag – stannade de fyra vagnarna framför skolan i den lilla orten Böck i Västpreussen. Skolbyggnaden var övergiven och utkyld, men alla ville vila här ett par dagar. Nio dygns resa på vintervägar hade tärt hårt på hälsan. Därefter fick de husrum på två ensliga bondgårdar i tio dagar så att människor och hästar kunde kurera sig och hämta krafter inför den fortsatta färden.

Stadsbor och mindre bemedlade utan egna transportmedel fick lita till att benen bar. De kunde vara lyckliga om de fick plats på något av de överfyllda tågen, i likhet med lilla Lise Puschzians familj:

> Det var inget vanligt tåg, utan ett godståg med vagnar utan fönster. Det var gräsligt kallt och vi satt hopträngda i våra tjocka kläder och filtar i halmen på

golvet i en av vagnarna. Det var så mycket folk i vagnen att man inte kunde röra sig. Någon mat fanns inte att få. De lovade alltid att vi skulle få mat när tåget stannade på nästa ställe, men antingen fanns det inget eller så tog den slut innan turen kom till oss. På de stationer där tåget stannade öppnades vagnsdörrarna så att vi fick in frisk luft och ibland kunde sträcka på benen utanför vagnen. Även om det råkade finnas någon mataffär alldeles i närheten hann mamma aldrig gå dit, därför att man aldrig kunde veta när tåget satte igång igen. Överallt på stationerna såg jag ensamma barn i min egen ålder som grät och ropade efter sina mammor och pappor. Många föräldrar övergav helt enkelt sina barn för att de inte orkade med dem, tror jag.

Ibland blev vi beskjutna av flygplan och då stannade tåget i skogen för att inte synas från luften. Jag minns att jag var vettskrämd under resan och det sitter i än idag: om det plötsligt skramlar till bakom mig blir jag väldigt, väldigt rädd. Och jag gillar inte heller lågflygande flygplan eller åskväder, på grund av att det påminner mig om kriget.

När vi först tvingades åka hemifrån förstod jag inte hur allvarligt det var. Det var bara roligt att åka tåg. Men när vi sedan kom allt längre och längre bort, utan att kunna återvända hem, kom jag på andra tankar.[295]

Städer och landsbygd blev nästan helt folktomma på grund av fruktan för fienden. Och i spåren av den sovjetiska framryckningen fick de kvarvarande ostpreussarna känna på fiendens hämnd.

•

Vid tiden för offensiven mot Ostpreussen började artilleriofficeren Jurij Uspenskij ur Tredje Vitryska Fronten skriva dagbok. Han hade blivit förflyttad till en utbildningsenhet i Litauen långt bakom fronten efter att ha uppträtt berusad i tjänsten och hans dagbok ger en unik samtida inblick i atmosfären som rådde i de arméer, vilka trängde fram mot Königsberg. På nästan varenda sida slits den intellektuelle officeren mellan hatet mot tyskarna, krigströttheten och det allmänmänskliga medlidandet med kvinnor och barn.

Dagboken inleds med några allmänna reflexioner i början av januari:

Situationen vid fronten har inte förändrats. Vi slåss förbittrat med Ungern. Dag för dag pressas stridsgruppen i Budapest samman på en allt mindre yta, tyskarna anfaller envist med avsikt att bryta igenom. Striderna är i allmänhet mycket hårda där. På västfronten anfaller tyskarna likaså, de allierade går till motanfall, de står alltid på samma ställe och trampar, den enes eller andres framgångar räknas i kilometer. Krigets flammor har drabbat hela världen. I Grekland kämpar engelsmännen sedan länge mot de grekiska partisanerna.

Vår Front gör sig klar för anfall. Styrkorna samlas. Därför kommer jag nog inte att kunna stanna hos 45. utbildningsbataljonen länge till. Här är det också oroligt. Runtomkring opererar de polska partisangängen. Allt oftare blir våra officerare och soldater mördade i Vilna [Vilnius]. Det händer nästan varenda natt. Förvisso, de våra slåss mot dem och arresterar alla som vi får tag på. Situationen är i allmänhet väldigt spänd. – Jag befinner mig här sedan den 2 november 1944, alltså sedan två och en halv månad. På senare tid har jag börjat känna mig dålig, äter nästan ingenting, har blivit mager, sover mycket lite. Orsaken är för det första att jag är sysselsatt med diktandet, för det andra är S. väldigt sjuk – och det gör mig deprimerad. Av breven att döma är livet mycket svårt där hemma, farmor ber om pengar, och vad ska jag skicka till henne? Jag har redan spenderat min sold i förskott på dricka. Och även om jag skulle stanna här länge så kan jag ändå inte skicka någonting, för man får bara sända hem pengar från fronten. Och utan pengar är det väldigt besvärligt att klara sig här. Mitt tidigare muntra humör är borta. Sarina är nära döden, vännerna skriver inte. Kriget rasar sedan mer än tre år, miljontals människor har förlorat livet och åter miljoner måste utstå oerhörda kval. Mor är död, jag var inte hos henne, såg henne inte och skrev mycket lite till henne, däremot skrev hon oftare till mig. Far, som jag knappast har sett, har stupat. Min syster skriver inte och jag vet inte hur hon har det. Farmor och moster har det svårt och jag gör ingenting för att hjälpa dem …

Lördag den 13 januari och söndag den 14 januari på herrgården Velitsjani vid Vilna.

I Vilna har en mycket kraftig explosion inträffat på järnvägsstationen. Det påstås att ett godståg krockat med en bensintank. Tankvagnen exploderade och artilleriammunitionen, med vilken godståget var lastat, flög i luften. Man säger att det blev en hel del offer. Tydligen handlade det om sabotage. Bland oss pratar man mycket fientligt om polackerna. Man säger till och med att de måste hängas allihop, och dessutom yttras också kulturfrasen: ”Historiskt sett är det polska folket inte lämpat att få leva.” Något sådant kan bara dumhuvuden säga, för det är ju en rasteori! Så många dumskallar det fortfarande finns! Den kommunistiska uppfattningens principer innebär: ”Alla folk har rätt att leva, alla nationer äger rätt till självbestämmande.” Man måste bara vara internationalist. Denna tanke är den mest idealistiska och frihetssträvande, därmed alltså den framstegsvänligaste. – Är det då alls möjligt att hänga ett helt folk? Ja, några har försökt, men därefter har de själva hamnat i snaran. Åtminstone är det idiotiskt att tala om det polska folket som en fiende, på grund av att ett par terroristiska gäng håller på med otyg i Vilnaområdet. Och ingen av dem som pratar på det viset har ansträngt sig att lära känna det polska folket närmare och utröna vad det polska folket – och inte banditen från Vilna – känner, såväl som att följa den polska historien för att bilda sig en uppfattning om orsakerna till dessa och andra händelser.

Igår var jag på bio och såg filmen "Jubileum". Jag tyckte mycket om reportaget "Belgrad". Man ser tusentals civila, däribland även de våra. Söta flickor, åldringar och gamla kvinnor ler mot våra förbifarande stridsvagnar. – Alla vill de leva, och ändå känner de döden. Och vilket stort ansvar måste inte anstiftarna till det här kriget, Hitler och konsortierna, bära? Vilket fasansfullt straff de måste få! Det är ett brott att älska kriget och förhärliga det i sånger! Nej, det är rent av ett brott att blott säga ett enda gott ord om kriget. Kanoner och flygplan måtte uppväcka en känsla av avsky. Inte ett ord, inte en ton, inte ett penseldrag får ägnas åt att förhärliga kriget. Krig borde bara få föras för ett enda mål, att det aldrig blir krig igen någonstans och att världen får sin egentliga mening – livet, att inget, ack så litet minne över mänsklighetens gravar får bli kvar. Endast ett sådant mål kan rättfärdiga ett krig och förringa omfattningen av dess brott.

15 januari, måndag.
[Efter att ha resonerat kring några författare och framstående män, däribland även Schiller, Goethe, Heine, Koch, Beethoven, Mozart, Hegel, Marx, Engels och Remarque, fortsätter Uspenskij:]
Man måste vara fientligt sinnad mot alla som är fiender mot den internationella humanismen, och vän till allt som hänger samman med den. Enbart i humanismen kan svaret på alla samvetsfrågor hittas. Samvetet är humanismen. Det betyder Det Goda. En världshumanism, en internationell humanism! Man måste alltid ha dessa ord i tankarna! Män som Napoleon, Batij, Mamaj, Nero, Hitler, Julius Caesar måste släpas i smutsen – allihop en olycka, hela mänsklighetens spetälska, pesten bland människorna.

Ett svagt leende av Dickens, ett skärande skratt av Swift – det är livet!

a2+b2=c2 – det är livet!

Leo Tolstoj – det är livet!

Igår besökte bataljonschefens assistent… fronten. Man sökte folk till kurserna i Kostroma. Man kallade även på mig. Följande samtal utspann sig:

"Varifrån kommer ni?"

"Från 7. gardesgranatkastardivisionen."

"Varför har ni förflyttats?"

"Därför att jag druckit och handlat egenmäktigt."

"Vad ska man ta sig till med er nu?"

"Vad ni vill. Dit ni skickar mig, dit går jag."

"Varför har ni uppträtt på det sättet?"

Inget svar.

"Till fronten alltså!"

"Uppfattat, till fronten."

Kampen om Polen började. Efter Första Ukrainska Frontens stöt mot Kielce följde en stor stöt av Första Ukrainska Fronten mot Radom. [oläsliga ord] ... söder om Warszawa drevs en stor kil in i den tyska fronten, vilken arbetar sig framåt och utvidgas med väldig tyngd. Slutet måste stå för dörren i Budapest, sannolikt kommer ytterligare några slag att följa snart, närmare bestämt norr om Warszawa. Där står Andra Vitryska Fronten.

Det är inte för inte som Rokossovskij satts in som befälhavare för denna Front. Angående vår Front är ännu ingenting känt för tillfället. Man pratar om att 13. armén likaledes gått till anfall, men jag tror inte längre på de ryktena. Offensiven i Polen går fram som en ångvält. Warszawa, Czestochowa och en stor mängd andra städer har redan erövrats. Våra trupper står utanför Kraków, Lódź och vid Schlesiens gränser. På det hela taget är framgången mycket stor. Förmodligen är de allierade inte särskilt nöjda med denna sakernas gång, för det är ju symptomatiskt att offensiven satte igång just då den provisoriska polska regeringen bildades i Lublin. En bra operationsbas har uppstått för denna offensiv: mer än halva Polen. Man säger att vår Front gick till anfall den 12:e, men det finns för närvarande inga framgångar att bokföra. Därför tiger man. I morgon måste jag resa till bataljonens [?] i 5. artillerikåren. Jag kommenderas till 120 mm-granatkastarna. Jag är bättre till mods. Varför? Tusan vet. Men de kan också ställa till svårigheter för mig, eftersom jag är artillerist. Jag förflyttas också till ett nytt batteri.

18 januari 1945:
Var och när kan man må sämre än här? Det är fruktansvärt smutsigt, kallt och fullproppat med människor i vagnen. Vi sitter i två timmar på tåget som fortfarande står på samma ställe. Stämningen är bedrövlig. På återseende, Vilna!

23 januari 1945, Kybarten:
Våra trupper är inte långt från Königsberg, Ostpreussens huvudstad. På de andra frontavsnitten går det också oavbrutet framåt med undantag för Andra och Tredje Ukrainska Fronterna utanför Budapest. Våra trupper befinner sig på tysk mark – inte bara här, utan också utanför Breslau i Schlesien. Första Vitryska Fronten står 250 kilometer från Berlin. Det verkar som om kriget närmar sig slutet.

Vi bröt upp från Velitsjani den 19 januari. I Novo Velejka klev vi på tåget och kom till Vilna. Här stannade vi på grund av att tåget inte kunde avgå. Det är anmärkningsvärt att antalet små affärer och krogar i Vilna har minskat kraftigt. Och det beroende på att skatter införts. Men därigenom har det skapats mer ordning. Under samtalet med krogvärden yttrar denne att Litauen inte får något stöd från Sovjetunionen, därför att det kan existera på egna medel.

Eydtkuhnen [Eydtkau]: en halvt förstörd liten stad. Gatorna är fulla av soldater och motorfordon.

Stallupönen: staden är oerhört förstörd. Man ser bara ruiner. Vi har inte hittat 5. artillerikåren. Den här gången ser man mindre ödeläggelse på resan än under den tidigare delen av offensiven. Man kan se verkan av vårt artilleri på de forna främre tyska linjerna. Det är anmärkningsvärt att jag på vägen från den före detta tyska huvudstridslinjen bara såg en enda förstörd rysk stridsvagn. Vår förplägnad är välorganiserad under resan. När man tänker på våra framgångar kan man ana att krigsslutet snart är här. Vi befinner oss i arbetarbostäderna på ett tegelbruk. Många möbler, böcker och annat krimskrams har lämnats kvar här. I morgon åker vi till Insterburg.

24 januari 1945, Gumbinnen:
Vi gick genom staden, vilken blivit relativt skonad. Enstaka byggnader har förstörts, andra står fortfarande i lågor. Man säger att våra soldater satt eld på dem. Möbler och andra föremål ligger utströdda på gatorna i staden, som är ganska stor. Överallt på husväggarna står det: "Död åt bolsjevismen". På det sättet försökte fritzarna bedriva agitation bland sina soldater. Och dessa slagord finner man enbart i Gumbinnen och omgivningar, där [de tyska] trupperna rullat fram. De vill sporra sina soldater med dessa slagord. Och på vår sida har man redan alltsedan krigsutbrottet översållat vägarna från Moskva ända till fronten med dylika slagord!

På kvällen talade vi med fångarna i Gumbinnen. Det var fyra fritzar och två polacker. Av allt att döma är stämningen inte bra, de har gett sig och säger: "För oss gör det detsamma var vi arbetar – i Tyskland eller Ryssland."

Vi kom snabbt till Insterburg. Vi beskådade det ostpreussiska landskapet: vägar kantade av träd, byar, vars hustak är täckta med tegel, åkrar som kantas av taggtråd till skydd mot boskapen.

Insterburg är större än Gumbinnen. Hela staden är ännu full av rök. Husen brinner upp. Staden är starkt förstörd, gatorna är belamrade med spillror och tegel och diverse husgeråd. Ofta dånar explosioner, våra ingenjörssoldater spränger ruinerna. På gatorna ser man allt oftare förstörda tyska lastbilar och lik av tyska soldater. Oändliga kolonner av soldater och fordon passerar, en för oss härlig och för fienden hotfull bild. Det är hämnden för allt som tyskarna gjort hos oss. Nu blir deras städer ödelagda och befolkningen får känna på vad krig innebär!

Vi åkte med en personbil från 11. [gardes-]arméns stab längs landsvägen mot Königsberg för att leta upp 5. artillerikåren. Vägen är helt igenkorkad av fordon. Byarna är delvis förstörda, delvis välbehållna. Det är värt att lägga märke till att man ser väldigt få förintade ryska stridsvagnar, så som annars varit fallet under det första anfallet.

På vägen mötte vi grupper av civila som under bevakning fördes bort till området bakom fronten. Några av dem åkte i de stora täckta vagnarna. Pojkarna, männen, kvinnorna och flickorna går till fots. De är välklädda. Det vore intressant att tala med dem om framtiden. Vi övernattade här. Äntligen har vi kommit till ett rikt land! Runtomkring ser man boskapen som springer lös. Igår och idag kokade och stekte vi två hönor var. Allting är mycket välordnat i huset. Tyskarna har lämnat nästan allting efter sig. Återigen måste jag tänka på vilken stor olycka Hitler och detta krig bringat över världen. Nu erfar den tyska befolkningen faktiskt in på livet vad krig innebär. Under bevakning går de förbi de nedbrända städerna och byarna, de otaliga kvaddade fordonen, liken av deras soldater. Först nu ser och känner de vad kriget innebär!

Så mycket elände det finns i världen! Och detta elände har redan pågått så länge. Men överallt i de tyska tidningarna ser man Adolf Hitlers förvridna ansikte. I en av dessa tidskrifter ser man över 30 sidor fotografier av ”undermänniskor”, och därefter de vackra tyskarna! Det är fähundar! Jag hoppas att Adolf Hitler inte behöver vänta länge till på en snara.

Igår fick vi den första påminnelsen om kriget. Gödselspridaren [öknamn på tyska flygplan] kom. Bomberna exploderade mellan husen.

26 januari 1945, Petersdorf vid Wehlau:
Här på detta frontavsnitt befann sig de våra fyra kilometer från Königsberg. Panik har utbrutit i staden. Våra flygplan har spärrat utfarterna från staden åt söder, norr och åt havet. Vårt artilleri håller utfarterna mot fronten under eld. Andra Vitryska Fronten har redan nått havet vid Danzig. Ostpreussen är alltså helt avskuret. Det är egentligen redan så gott som i vår hand. Vi åker igenom Wehlau. Det brinner fortfarande och är helt ödelagt. Överallt rök och tyskarnas lik. Man ser många övergivna tyska artilleripjäser på gatan och lik i rännstenen. Det är tecknen på den fasansfulla förintelsen av de tyska trupperna. Man firar. Soldaterna lagar mat ute i det fria. Fritzarna har kastat bort allting. Väldigt mycket nötboskap driver omkring. Massor av möbler och porslin befinner sig i de ännu oskadda husen. Man ser tavlor, speglar och fotografier på väggarna. Väldigt många hus har stuckits i brand av vårt infanteri. Det är redan så som i det ryska ordspråket: ”Som man ropar får man svar.” Så gjorde tyskarna 1941–42 och 1945 kommer ekot tillbaka! Jag ser en kanon som rullar förbi med ett virkat överkast. Inget dåligt kamouflage! På en annan pjäs ligger en madrass och rödarmisten sveper in sig i ett täcke. Till vänster kan man se en intressant

bild... två kameler. En tillfångatagen fritz med bandagerat huvud förs bort. Rasande frågar soldaterna honom: ”Nå, har du erövrat Ryssland!” och fortsätter att jaga honom i det att de knuffar honom med nävar och gevärskolvar.

27 januari 1945, byn Starkenberg:
Det ser mycket fredligt ut. I rummet är det ljust och hemtrevligt. Man hör kanonadernas dån i fjärran. Det kämpas om Königsberg. Tyskarnas situation är förtvivlad. Rokossovskijs arméer stötte fram till Danzigbukten igår. Därmed är återstoden av Ostpreussen avskuret från Tyskland. Bukten vid Pregel har frusit till så att evakueringen sjövägen [av soldater och civila från Königsberg] försvåras. Våra flygplan fäller bomber över stadens utfarter och gator. Den 12 januari inleddes artilleribombardemanget, fritzarna försvarar sig envist.

Vi har en mycket bra bostad, så mycket vi vill att äta. Igår var jag i byn Gauleden, men 9. brigaden hade inte infunnit sig. I byn såg jag våra 210 mm-kanoner, vilka förts fram mot Königsberg. Tydligen beskjuter man kusten. Dessa pjäser har en räckvidd på 30 kilometer eller mer.

Kriget fortsätter, men man skulle ju vilja tro att det snart tar slut. Offensiven sprider sig alltmer. I Tyskland har panik brutit ut. Och hur kunde det vara annorlunda? I söder står våra trupper vid Breslau. Nu kommer tidpunkten då vi ska göra upp om allt. De våra har inte behandlat Ostpreussen sämre än tyskarna Smolenskområdet. Vi hatar Tyskland och tyskarna mycket. I ett hus såg våra pojkar till exempel en mördad kvinna med två barn. Även på gatorna ser man ofta mördade civilpersoner. Och tyskarna har förtjänat dessa grymheter, med vilka de själva började. Man behöver bara tänka på ”Majdanek”[296] och teorin om övermänniskorna för att förstå varför våra soldater med nöje gör så här med Ostpreussen. Förvisso, det är otroligt grymt att döda barnen, men den tyska kallblodigheten i Majdanek har varit hundrafalt värre. Och tyskarna har ju också förhärligat kriget. Nu sjunger de tyska småfåglarna nya sånger med en annan stämma. Särskilt brottsligt är att de fortsätter kriget, då det ju inte längre finns något tvivel om utgången. Av denna orsak måste Tyskland lida ännu mer.

28 januari 1945, samma ort.
Vi spelade kort till klockan två på natten. Husen har lämnats i en enda röra. Tyskarna hade väldigt många ägodelar. Men nu har allting slängts huller om buller. Dunbolstren har tömts och fjädrarna spritts ut överallt. Möblerna i husen är utmärkta. Man träffar även på väldigt mycket matporslin. De flesta tyskarna har inte levt dåligt. Uppenbarligen kommer alla ägodelar att transporteras till Sovjetunionen. Man bör skynda sig att föra bort boskapen och fölen. Det går inte längre att hitta några hönor och kaniner.

Krig, krig... när kommer det att ta slut? Det här förintandet av människoliv, av det mänskliga arbetet och kulturen har redan pågått i tre år och sju månader. Städerna och byarna brinner, ett tusenårigt arbetes skatter försvinner. Och oduglingarna i Berlin anstränger sig att fortsätta detta i historien enastående slag så länge som möjligt. Därför uppstår det hat som också drabbar Tyskland. Och så har tyskarna fortfarande mage att säga: "Gud är med oss!"[297] Är detta Guds vilja? Vilket fruktansvärt och brottsligt hyckleri det är! Och det är tjugonde århundradet? Är det Europa? Europa befinner sig i en smutsig avgrund. Jag har tittat på de tyska tidskrifterna och det har bara äcklat mig. Det är detsamma som en liten nickellåda som glimmar och innehåller kondomer. I tidskrifterna ser man tjugonde århundradets soldatesk, vilken marscherat upp i kanonmatens led. Eller så behandlas könsumgänge. Och det ska vara Europa? Nej! Nej, hellre leva i Sibirien långt bort från Europa! Ja, till och med musiken har man gjort oanständig! Och det kallar man för högtstående civilisation.

Och tyskarna säger att denna civilisation bara kan falla på övermänniskornas lott!

29 januari 1945:
De andra går likgiltigt förbi liken. Även liken av våra soldater ligger runtomkring sedan lång tid tillbaka och blir inte begravda. Till och med här, 20 kilometer bakom främsta linjen, ligger fortfarande snötäckta lik.

Februari:
Vi befinner oss på järnvägsstationen Hanau (Hapau). Soldater hämtar snaps, cigarrer och spelkort ur en inte helt nedbrunnen byggnad. Man ser väldigt mycket övergiven ammunition. Där framme omgrupperar man. Det är möjligt att man låter Königsberg ligga till vänster och dirigerar styrkorna västerut. För övrigt har situationen i Tyskland aldrig varit svårare. Marskalk Zjukov var 110 kilometer från Berlin den 30 januari. När det blir en vilopaus skulle man helst vilja glädja sig: är kriget redan slut?

Jag kommenderas till 2. artilleridivisionen (respektive 2. artilleribataljonen).

1 februari 1945, Starkenberg:
I byn såg vi en lång kolonn av de nuvarande tyska slavarna som tysken hämtat till Tyskland från alla delar av Europa. Där marscherar fransmän, italienare, belgier och polacker. Endast tyskar saknas i denna kolonn av europeiska folkslag. De smiter iväg, men snart kommer de inte längre att veta vart de ska ta vägen. Våra trupper har trängt in i Tyskland på bred front. Och de allierades går också framåt. Ja, Hitler ville krossa hela världen. Istället har han krossat Tyskland. Och så många slavarbetare man ser! Där

finns naturligtvis också de som anslöt sig till tyskarna. Dessa kommer man att sortera ut. Framöver ligger kraftig artillerield. Våra trupper befinner sig vid Königsbergs stadsgräns. Königsberg kommer nog att stormas snart.

2 februari 1945:
Vi har anlänt till Fuchsberg. Vi nådde vår bestämmelseort – 33. pansarbrigadens stab. Av en rödarmist från 24. brigaden erfor jag att 13 av våra pojkar hade blivit förgiftade, däribland några officerare. De hade druckit denaturerad sprit. Dit leder kärleken till alkohol! På färden träffade vi på långa kolonner av tyska civila. Huvudsakligen kvinnor och barn. Många bar barn på armen. De ser bleka och oroliga ut. På frågan om de är tyskar svarar de snabbt: "Ja." Trots det kommer fruktan också här till uttryck. De får inte glädja sig över det. Man möter också vackra ansikten.

Igår kväll berättade soldaterna från divisionen några saker som man under inga förhållanden kan acceptera. I huset, där divisionens stab låg, inkvarterades tyska kvinnor och barn på nätterna. Då kom den ene berusade soldaten efter den andre, valde ut kvinnor, förde bort dem och våldtog dem. Det gick flera män på varje kvinna. Soldaterna berättade att även 13–15-åriga flickor blev våldtagna. Åh, hur de värjde sig. Man berättade rent av om detaljerna. I allas närvaro hämtade man en kvinna och lade henne på kadavret av en ihjälfrusen ko, och där blev hon våldtagen. Samma sak gjorde man med en annan kvinna på de frusna inälvorna. Och dessa orgier varade hela natten. Den ene efter den andre kom, lyste på kvinnorna med ficklampan och valde ut en. Det kan man inte acceptera. Man ska hämnas, men inte med lemmen utan med vapnen. Man kan ursäkta dem, vars anhöriga tyskarna dödat. Men våldtäkt på flickor – nej, det kan man inte acceptera!

Enligt min åsikt ska man göra slut på sådant och det onödiga förintandet av värdesaker. Till exempel sover soldaterna i ett hus, därefter går de och sätter eld på huset eller slår meningslöst sönder speglar och möbler. Det är ju klart att alla saker ska transporteras bort till Sovjetunionen. Men här lever vi i förskott och här kommer soldater att leva också i fortsättningen. Sådant upplöser soldaternas moral och disciplinen försvagas, vilket leder till en minskning av stridskraften. Dessutom utgör det hållpunkter för fiendens propaganda, vilket är av stor betydelse.

Jag hatar Hitler och Hitlertyskland av hela mitt hjärta, men detta hat rättfärdigar inte sådana saker. Vi hämnas, men inte på det sättet. Vi förintar den tyska krigsmaskinen och den fascistiska statsapparaten. Vi kommer att tvinga tyskarna att återuppbygga allting som blivit ödelagt hos oss. Och inte bara krigsfångarna utan även civilbefolkningen kommer att få arbeta. Men vi vill inte införa några "majdaniki"[298], vilka förintar kvinnorna, barnen och åldringarna. Tyskarna har släppt ut sina flyktingar ur Königsberg till oss. De våra sköt inte på dem utan släppte igenom dem till de bakre områdena.

Vi är inte långt ifrån Königsberg. Tysken har inte några särskilt starka försvarsstyrkor där. Ostpreussen är hopklämt av Andra och Tredje Vitryska Fronten. Avskuret från söder och kringränt från norr. Königsberg är omslutet av en stark halvring. Våra trupper står precis vid Pregels strand. Sålunda kan tyskarna knappast få fram något från sjösidan. Vi befinner oss i en arbetarbostad på en flygplats. Verkstaden är totalt utplånad, väldigt många fungerande flygplan har blivit kvar.

4 februari 1945, Gutenfeld:
Våra trupper har trängt fram till havet, och Königsberg är avskuret från söder. Tyskarna försöker bryta sig igenom. Våra trupper har till uppgift att utvidga fronten på näset. Artilleriet skjuter dag och natt.

Här hos oss är det helt lugnt. Tyskarna skjuter lite. De våra inte heller mycket.

5–6 februari 1945:[299]
Det är fortfarande sex kilometer till Königsberg. Snart kommer vi nog att storma staden. På de andra avsnitten har anfallstakten sackat något. Det är en gammal fras: man måste omgruppera sig igen. I Schlesien har våra trupper betvingat Oder. Det är storartat! Nu måste blott en enda sak ske: de allierade måste sätta igång ett avgörande anfall – och kriget kommer att vara slut.

Jag var gäst hos chefen för [?] skyttebataljonen ur 26. gardesskyttedivisionen. Hos honom tittade jag på en samling tyska pornografiska bilder. Vad kunde vara mer avskyvärt. Vår kultur står redan därför högre än den tyska, eftersom sådana fotografier inte kan påträffas hos oss.

7 februari 1945, byn Kraussen:
Till höger om oss släpper tyskarna ut de civila ur staden. Vaktposten kontrollerar så att inga militärer slinker igenom. Vår vaktpost kontrollerar likaså. Senare sorteras de och transporteras till de bakre områdena. Man säger att de kommer till de ostpreussiska områden som ligger bakom oss. I en kolonn av flyktingar såg jag en åldring på 92 år. Även några kvinnor i samma ålder var med. Alla är ganska illa klädda och det är ju förståeligt, för de rika har säkert kommit undan för länge sedan. Nu måste Tyskland känna smaken av tårarna, som en gång ryssarna har fått känna av. Ohyggliga grymheter begås på Jorden. Och Hitler är den som framkallat dem. Och tyskarna har förhärligat denna fasa. Ett grymt straff är bara alltför rättvist för Tyskland, för Tyskland har ju följt Hitler och fortsätter också att följa honom. Jag förundras bara över att det fram tills nu ännu inte funnits någon stark opposition som undanröjt denne blodtörstige skurk.

Och vad allt gör människorna inte! Till exempel: en soldat har skjutit en tysk kvinna och hennes spädbarn framför våra stridsvagnar, eftersom hon vägrade att vara honom till lags. Det är fruktansvärt. Men tyskarna har begått ännu värre brott hos oss. Man behöver bara tänka på Majdanek och andra trakter, på ”själaförintarna” (motorfordon[300]) och dylikt. Ja, Tyskland får betalt med samma mynt.

Vi ligger här i en försvarsställning. Man pratar om att tyskarna planerar ett motanfall. De är inte i stånd till det!

8 februari 1945:
I samtalen sägs det ofta ”slaver”. Man säger inte: vårt infanteri eller våra soldater utan: våra slaver! Man säger: där sitter våra slaver, eller: slaverna har ställt till med det. Och soldaterna har ställt till med mycket! Förintandet av sakvärden och grymheten gentemot den fredliga befolkningen är särdeles vansinnigt. Men detta bekämpas nu. Man har redan förslösat tillräckligt – så att de härvarande tyskarna kommer att göra korstecknet vid minnet av vintern 1945 – och förmodligen kommer åtskilliga tyskar därvid att tappa lusten att kriga. Här har tyskarna övergett de största sakvärden. Massor av boskap, och allt av fin ras. Möblerna och jordbruksmaskinerna transporteras bort, allt av ”ekonomin” som lämnats kvar åt slaverna. Nu tillkommer även fabrikerna med sina maskiner. På järnvägsstationen i Gutenfeld har stora lager av maskiner och förnödenheter påträffats, vilka man redan börjar transportera iväg. Och på flygplatsen har man hittat väldigt många nya flygplansreservdelar. Inte långt härifrån finns det förråd med kläder och skor. Här har alla valt ut saker till paketen hem. Nu har man nämligen tillåtit oss att skicka hem paket. Det var i precis rättan tid!

Överallt hittar man värdefulla saker, exempelvis radioapparater och ännu mer cyklar. Vart man än vänder blicken åker slaver omkring på cyklar. Då en cykel går sönder kastar man den och åker vidare på en annan. Cyklarna konfiskeras från soldaterna i de bakre områdena. Det har redan hopats ett helt berg. Fritzen beskjuter oss när han hör något ljud. Vi har grupperat 82 mm-minkastare bakom ett hus. Blockaden av Königsberg ska ha börjat, enligt säker källa. Högtalaren har kungjort att våra trupper har nått havet och att Königsberg är omringat. Antalet tyska fickor växer mer och mer, och Tyskland blir allt mindre. Jag förstår inte vad tyskarna egentligen tänker sig. Uppenbarligen vill de se Tyskland förvandlas till en ruinhög. De allierade har gått till offensiv i Holland. Man kan ännu inte säga någonting om den offensivens omfång, men om den skulle vara svag så vore det ett brott … Men om de så bara genomför en stöt som är en tredjedel så kraftig som vår, så vore kriget avslutat. De har ju mer än tillräckliga styrkor för det. Man tänker blott på hur många flygplan de har.

Med intresse har jag iakttagit vårt spaningsarbete. Första gången gick fyra man iväg, vilka tog sig in bakom den tyska fronten och observerade det tyska försvaret. Nästa natt kom de tillbaka välbehållna. De gick igenom Pregels träskmarker. Därefter gick fyra man ut igen. De nådde ända fram till Königsbergs förorter (stadsgräns) och återvände välbehållna. Igår gick 50 man ut. Dessa arbetar väl. Sådant folk måste man belöna. Bland annat tillhör vi inte längre Tredje Vitryska Fronten utan Första Baltiska Fronten. Sannolikt måste vi stanna här en längre tid, därför att vår Front måste bekämpa den uppkomna säcken, av vilka Hitler storslaget bildat så många.

13 februari 1945, samma ort:[301]
Slaverna tar på sig olika sorters kläder, bär promenadkäppar, napoleonmössor, paraplyer, gummirockar och ser ut som civilister eller soldater från en okänd armé. Vi har en 60 kilometers resa framför oss. Vi befinner oss inte långt från staden Cranz på Samlands nordsida. Tidigt i morgon bitti måste vi iväg för att genomföra en upprensningsaktion på Samlandshalvön. Civilbefolkningen ser eländig ut. De vandrar omkring utmattade, rädda och uthungrade. De gamla männen och kvinnorna är helt hjälplösa. Det är ytterligare en av Hitlers "tjänster" gentemot det tyska folket. Ett fasansfullt straff har kommit över Tyskland. Och hon förtjänar detta straff, men så många oskyldiga människor som måste lida och gå under. Bara de arma blir kvar, alltså de som bär den minsta skulden. Vad soldaterna anbelangar så har de inte minsta medlidande. Oerhörda scener utspelar sig. Åh Gud, vad mycket som sker i världen! När kommer vi Hitler in på livet?

För övrigt kan vårt folk uthärda umbärandena lättare än tyskarna. Tyskarna tar exempelvis inte de herrelösa hästarna, vagnar, livsmedel, utan hungrar hellre. De utnyttjar varken de tomma husen eller de existerande livsmedelsförråden. De fruktar oss som Djävulen själv, vilket också är förståeligt.

15 februari 1945, Schuditten:
Byn är halvt förstörd, fritzen skjuter hitåt med skeppsartilleri. De våra ställer upp många 120 mm-granatkastare. Här befinner sig också vår bataljon, infanterikanoner och 525. granatkastarregementet. Bakom oss har redan ganska mycket artilleri ställts upp. Idag bemannar vi nya ställningar. Vi har byggt in bunkrarna bakom en tegelhusvägg, och det på husets baksida så att fritzen knappast kan träffa oss. Vi understödjer 39. arméns 19. gardesskyttedivision. Överallt är stöttrupper på väg. Det är vår uppgift att kasta fritzen i havet, närmare bestämt från Samlandshalvön. Offensiven måste börja under de närmaste dagarna.[302]

Där slutar dagboken.

Den tyska motoffensiv från Königsberg, som Jurij Uspenskij trott var omöjlig, inleddes i själva verket några dagar senare. Dagboksanteckningarna hittades av en tysk soldat på hans döda kropp, snabböversattes till tyska och stoppades undan i den tyska generalstabens arkiv. Kanske blev världen en blivande Solsjenitsyn fattigare.

•

I kölvattnet på Andra Vitryska Frontens västligare anfallskil in i Ostpreussen följde löjtnant Alexander Sjvejtser som var tolk i 48. arméns stab. Han översatte erövrade tyska dokument och tolkade förhören med krigsfångar, men de tyska soldater han mötte 1945 upplevde han inte längre som några hårdhudade nazister. "Mot slutet av kriget uppvisade tyska soldater inte längre fanatism, utan var upptagna av sitt eget öde", berättar han. Sjvejtser såg ruinerna av det erövrade Allenstein, men uppger att han inte iakttog så mycket av de egna truppernas uppträdande på tysk mark.

> Då våra trupper trängde in i Ostpreussen var deras inställning till tyskarna ibland så bitter att några av soldaterna gav utlopp åt sina känslor genom att sätta eld på övergivna byar och städer... Men militärledningen reagerade mot det genom att utfärda order som strängt förbjöd mordbrand, och sådana handlingar upphörde. Personligen har jag aldrig hyst bittra känslor mot tyskarna som folk. Dessutom mötte jag några av dem som var på andra sidan frontlinjen och upplevde aldrig någon personlig fiendskap mot dem.[303]

Beträffande övergreppen mot tyska kvinnor tillägger han:

> Jag hörde talas om några exempel på våldtäkter, men varken bevittnade dem eller såg några av offren. Jag tror inte att det var något verkligt problem under det sista skedet av kriget, även om jag inte utesluter det helt och hållet.[304]

Desto mer hade en annan officer, som var chef för en högtalaravdelning i Andra Vitryska Fronten, att berätta om saken.

•

Majoren Lev Kopelev korsade den tyska gränsen i en amerikansktillverkad lastbil. Bredvid honom i förarhytten satt medarbetaren Beljajev och en inställsam chaufför, medan en kärv sibirier vid namn Sidorytj satt på flaket.

Majoren, som i fredstid var forskare vid Moskvas universitet, var mycket intresserad av tysk kultur och ivrig att beträda tysk mark. Då de passerade gränsbron mötte de den förste ryske plundraren – en ranglig beriden trosskusk ”... med ben som enorma vinkelhakar”. Hästen var fullastad med färggranna tygbitar som han tagit som krigsbyte. Det fanns inget storslaget i synen, bara en slags tragisk komik, tyckte Kopelev.

Att överskrida gränsen var ändock ett högtidligt ögonblick och det lastbilsburna sällskapet hade kommit överens om att markera det på ett passande sätt. Efter en närmare kontroll på kartan att detta verkligen var Tyskland klev de ur bilen och pinkade högaktningsfullt på den tyska myllan innan de fortsatte norrut i riktning mot fronten. De första tyska byarna stod i ljusan låga. Hettan var så stark att chauffören tvingades köra i mitten av vägen. Inget liv syntes till där de rullade genom de sprakande eldtunnlarna. På ett bytorg stod det några trosskuskar och rökte. Kopelev frågade dem om striderna varit hårda i byn.

”Inte heller”, svarade en av soldaterna. ”Dom flyr med rumpan mellan bena så det hinner inte satan ifatt dom. Inte en civiljävel finns det kvar heller.”

”Jaså, är det dom själva som satt eld på det? Eller var det minerat?”

”Vem då? Tysken? Inte... Här har inte varit minerat. Det var våra som satte eld på det.”

”Varför då?”

”Det vete fan, på jävelskap.”

En mustaschprydd soldat sa bittert:

”Tyskland är Tyskland, tänkte dom. Så då skulle dom slåss och bränna för att hämnas. Men var ska våra egna ligga i natt? Var ska vi lägga dom sårade?”

”Så mycket värdefullt som går till spillo”, utbrast en annan soldat med sorgsen min. ”Hemma har dom ingenting att sätta på sig, varken på kroppen eller på fötterna, och här bränner vi till ingen nytta.”

Politmedarbetaren Beljajev hade trätt fram och började undervisa dem:

”Fritzarna har plundrat runt om i hela världen, det är därför dom har så mycket värdefullt. Dom har bränt hos oss, nu är det vi som bränner hos dom. Det finns ingen anledning att beklaga.”

I den lilla staden Neidenburg brann det också för fullt när de anlände dit på kvällen. Neidenburg hade en av Ostpreussens bäst bevarade medeltidsborgar, men den hade också förvandlats till en ruin på grund av striderna och härjningarna. Kopelev såg hur rödarmister gick in och ut ur husen släpande på väskor eller bylten med krigsbyte. Ingen gjorde sig någon brådska och det verkade inte råda någon militär disciplin någonstans, noterade han. På en sidogata hittade han en död gammal kvinna liggande under ett plank. Hennes klänning var i trasor och mellan benen låg en telefonapparat. Någon hade försökt köra in luren i hennes slida. En soldat som majoren fick tag på förklarade omständligt att tyskan varit spion därför att hon hade blivit överrumplad vid telefonen. "Tja, och sen hade det inte varit mycket att prata om", avrundade soldaten utläggningen.

En liten stund senare påträffade de en gammal gumma som försökte göra sig förstådd av en grupp ryska soldater som välvilligt lyssnade på henne, trots att de inte förstod vad hon sa. Kopelev gick fram och talade till kvinnan.

"Jag letar efter min dotter, min dotter har små barn, och alla kupongerna har jag. Barnen måste vara hungriga", svarade hon misstroget och förvirrat.

Kopelev lovade att hjälpa henne att hitta huset i utkanten av staden, men där stod inte hennes dotter och barnbarn att finna. En rysk stab hade slagit upp sitt kvarter i huset och vaktposten kommenterade: "Om det så vore ett enda fruntimmer så skulle vi veta det."

Kvinnan mumlade något osammanhängande och började sjava tillbaka inåt staden. Beljajev hoppade ut ur lastbilen och ville skjuta gumman som spion, men Kopelev hindrade honom, bara för att höra hur en av de andra soldaterna som hoppat av flaket sköt henne med flera skott.

"Vad ska du hålla på så där för?" försökte Beljajev beveka den förfasade majoren. "Du tänkte väl inte ge dig på dina egna för en satans tyska? Förstöra gammal vänskap? Sluta nu. Skit i henne."

Några timmar senare gav han själv order om ett nådaskott för en svårt knivhuggen tysk kvinna som de hittade i ett plundrat hus. "Vilken av våra sjukvårdare hade velat äta sig henne?" tänkte han. Propagandan hade inte försummat att poängtera att detta var Erich Kochs hemland.[305]

9
Generalerna som nästan lurade Hitler

4. armén på flykt.
(Gauleiter Koch avslöjar generalernas "förräderi" för Hitler och stänger en flyktväg för de civila.)

Den 21 januari 1945 var det bara en fråga om dagar innan fällan slog igenom bakom armégrupp Mitten och cirka 1,5 miljon ostpreussare. Men än så länge stod dörren på glänt, och generalöverste Hans-Georg Reinhardt hade inte gett upp hoppet att rädda dem ur knipan, för han visste bättre än många andra varifrån fiendens oförsonliga hat mot tyskarna kom.

Mannen som ledde försvaret av Ostpreussen såg inte direkt ut som någon hårdför armégeneral. Med de runda glasögonen och den höga pannans tunga veck var han snarare sinnebilden av en disträ professor, men någon förment tankspriddhet låg fjärran från Reinhardts karaktär. En 37 år lång karriär, med början i kejsarens här, via Weimarrepublikens tandlösa riksvärn till Hitlers toppmoderna härskaror, hade gjort att han i augusti 1944 placerats i ledningen för armégrupp Mitten, som var en av Tredje rikets största militära styrkor.

Reinhardt var en framstående medlem av det garde av aggressiva tyska pansarchefer som lagt Europa under stridsvagnarnas larvfötter. Under sin tid som arméchef på östfronten hade han inte bara fläckat sin sköld med fiendesoldaternas blod utan även med kvinnors och barns. Han var inte okunnig om de nazistiska brott som skett i öster, eftersom vissa av hans arméenheter deltagit i massakrer framför allt i samband med jakten på partisaner. Dessutom var han bevisligen en av de befälhavare som varit ansvariga för de tyska terrorhandlingarna i Sovjetunionen 1941–44. Han och hans gelikar i den tyska generalskåren utstrålade självmedvetenhet och fackmässig professionalism, men ett flertal av dem hade gjort sig skyldiga till de gemenaste brott genom att vidarebefordra order som stred mot moral, krigskonventioner och folkrätt. I kampen mellan två raser på östfronten gick det inte att ta några hänsyn till humanitära principer, ansåg Hitler och utfärdade drakoniska order om hur trupperna skulle uppträda mot fienden. Östfronten liknade därför ett krig ur gammaltestamentlig tid, fastän det utkämpades med de modernaste vapen. Att Sovjetunionen inte undertecknat de folkrättsliga konventionerna blev en välkommen förevändning för Hitler. Skoningslösheten blev därför stor från båda håll och den som gav sig fången åt fiendesidan kunde inte räkna med nåd som en självklarhet. Blodtörstiga order förvandlades till administrativa rutinsaker i den militära befälskedjan och själva mördandet skedde långt från stabsexpeditionerna, så att generalerna skulle slippa se obehagligheterna själva.

Bland de vidrigheter som begåtts av trupper under Reinhardts kommando kan nämnas avrättningar av krigsfångar eller överlämnande av krigsfångar till säkerhetstjänsten SD (Sicherheitsdienst) för specialbehandling, vilket oftast var liktydigt med en kvalfylld död. I synnerhet var han involverad i kampen mot de ryska partisanerna i de bakre frontområdena, en kamp där den ryska civilbefolkningen drabbades urskillningslöst av de tyska repressalierna. I exempelvis februari 1943 rapporterade hans 3. pansararmé om framgångar i kampen mot banditgängen:

> För att hindra partisaner från att få fotfäste i det här området... dödades befolkningen utan undantag till sista spädbarn i byar och på bondgårdar. Alla hem brändes ned. Boskap och livsmedel konfiskerades och fördes bort från detta område.[306]

Vid en annan anti-partisanaktion bakom Reinhardts linjer rapporterades 35 stupade fiender, 27 fångar och 550 avrättade *efter* operationens slut.[307] De tyska förlusterna uppgick därvidlag till en stupad och fyra sårade, vilket är statistik som talar för sig själv när det gäller den här aktionens karaktär. Tillfångatagna partisaner och misstänkta medhjälpare bland befolkningen, inklusive kvinnor och barn, överlämnades till SD, som deporterade dem till Majdanek eller Auschwitz. Även om Reinhardt sannolikt inte var informerad om att dessa destinationer var rena dödsfabriker gjorde floskeln ”överförd till SD” att han slapp befatta sig med dessa personers öde.[308] Hitlers så kallade kommissarieorder, enligt vilken alla tillfångatagna politiska kommissarier skulle avrättas, utfördes samvetsgrant i de enheter Reinhardt kommenderade. Inom loppet av en månad arkebuserade hans trupper exempelvis ett par hundra sovjetiska kommissarier.

Rena rama slavjakten inleddes också bland den ryska befolkningen och de här systematiska tvångsdeportationerna antog en sådan omfattning att det var omöjligt att Reinhardt inte ägde vetskap om det. ”Varje åtgärd som på snabbast möjliga vis ökar antalet civila som arbetar för oss är riktig”, betonade han i en order.[309] Män, kvinnor och barn tvingades hänsynslöst fram i stridszonen för att röja minfält och bygga befästningar åt tyska militären.[310]

•

Alltsedan sensommaren 1944 hade Reinhardt skådat damoklessvärdet som hängde över Ostpreussen. Och sju dagar efter vinteroffensivens början var det uppenbart, även för de mest förblindade nazisterna, att det höll på att gå åt skogen. Detta drev honom närmare ett personligt beslut att bryta mot en direkt order från Führern och handla helt på eget ansvar, även om det innebar att föra Hitler bakom ljuset. Det fanns absolut ingen tid att förlora och för varje timme trängde fienden allt djupare in i Ostpreussen och hotade 4. armén med omringning. Rokossovskij stod redan utanför Allenstein och Raus förblödda pansararmé förlorade ytterligare terräng till ryssarna, som nalkades Taplaken och Wehlau. På förmiddagen den 21 januari ringde Reinhardt återigen upp Führerhögkvarteret och upprepade sin tidigare begäran att få dra tillbaka 4. armén till en kortare linje vid Masurenkanalen och floden Deime framför Königsberg. ”Någon annan lösning ser jag inte, annars tappar jag kontrollen”, dristade han sig att säga.[311]

Efter en lång diskussion avslutade Führern samtalet med ett korthugget: ”Gott, då ger jag er tillåtelse!” Strax därefter jagade ordern om återtåg ut från armégruppens högkvarter i Zinten till 4. armén. Redan samma kväll började armén dra sig tillbaka 20 kilometer till den så kallade ”Sjöställningen” – en befästningslinje som byggts under mellankrigstiden och vars ryggrad utgjordes av de talrika Masuriska sjöarna samt garnisonsstaden Lötzen, vilken Hitler förklarat vara en ointaglig fästning.

Nästa dag medförde nya motgångar. Tannenbergmonumentet föll i fiendehänder efter att tyska ingenjörssoldater sprängt det i luften och fört sarkofagen med fältmarskalk von Hindenburgs kvarlevor i säkerhet ombord på en tysk kryssare. På kvällen erövrade Rokossovskij även Mohrungen och Allenstein. Även Insterburg gick helt förlorat och Hitler gav order om att utrymma det belägrade Memel, men det skulle dröja flera dagar för de två stridsstarka divisioner som försvarade sig där, att skynda Raus till undsättning.

•

Den 4. arméns återtåg gick enligt planerna, men den 23 januari stod Reinhardt vid ett vägskäl. Antingen kunde han passivt bygga upp en försvarslinje mot Rokossovskij och finna sig i att bli innesluten, vilket skulle ha varit i överensstämmelse med Hitlers stående order att försvara varje meter, eller kunde han gå till offensiv västerut, rakt igenom Rokossovskijs anfallskil, för att försöka hålla landvägen öppen. Stabschefen Heidkämpers dagboksanteckningar visar hur resonemanget gick:

> Första alternativet [= ny försvarslinje] måste leda till att armégruppen förblöder snabbt eller långsamt, för det går inte att räkna med någon hjälp utifrån, i synnerhet inte vad gäller ammunition och drivmedel. Vid andra alternativet [= anfall västerut] måste man ge upp åtminstone Königsberg och Samland. I praktiken innebär det andra alternativet att armégruppen bryter sig ut ur Ostpreussen. Det står redan från början klart att vi aldrig kommer att få Führerns godkännande för det andra alternativet. Jag och befälhavaren är överens i vårt beslut att bara alternativ två kan komma på fråga.[312]

På så vis utkristalliserades planen att överge Ostpreussen och hålla flyktvägen västerut öppen för civilbefolkningen. De här planerna måste hemlighållas så att Hitler kunde ställas inför fullbordat faktum. Annars kunde hans vrede väckas i förtid och räddningen av armégrupp Mitten gå i stöpet. Enbart Reinhardt, Heidkämper och en annan pålitlig stabsofficer var invigda i planen och alla order gavs muntligt för att undvika att de hamnade i fel händer. Allt fungerade enligt ritningarna. Den 4. arméns front förkortades och de lösgjorda divisionerna skickades tvärs igenom Ostpreussen för att möta Rokossovskijs anfall.

Mellan fyra ögon måste general Hossbach, 4. arméns befälhavare, naturligtvis göras förtrogen med de här avsikterna. Vid middagstid lämnade Reinhardt därför högkvarteret och for i riktning mot Lötzen, där Hossbachs stab befann sig enligt de senaste informationerna. Det var dock lättare sagt än gjort för generalöversten att ta sig fram på grund av alla flyktingar, snödrivor och militärkolonner. I Bartenstein tvingades han vända om utan att veta att Hossbach flyttat sin stab till byn Borken några kilometer därifrån. Med oförrättat ärende återvände Reinhardt därför till sitt stabståg som för närvarande stod parkerat på järnvägsstationen i Lichtenfeld. Där mottogs han med nyheten att läget förmörkats ytterligare. Kapplöpningen västerut höll på att förloras, på grund av att Rokossovskijs stridsvagnar nått hamnstaden Elbing i Västpreussen.

•

De 95 000 invånarna i Elbing levde som om kriget pågick hundratals mil därifrån. Spårvagnarna följde hålltiderna och nithammarnas slag genljöd från varvet, affärerna höll öppet, även om utbudet var magert till följd av ransoneringen. Utanför biografen vid Friedrich-Wilhelm-Platz gjorde affischerna reklam för färgfilmen *Opfergang*, som producerats i Goebbels filmverkstäder, och på gatorna svepte de Elbingbor som trotsade kylan halsduken ett extra varv om sig. Snön yrde över rådhustorget, stormen ylade och termometrarna visade tio minusgrader. Alla flyende österifrån, vilka strömmade fram på genomfartsvägarna eller belägrade centralstationen med sitt bylsiga bagage utgjorde emellertid ett nytt och olycksbådande inslag i gatubilden. Den här folkvandringen hade pågått i en vecka och stadsbefolkningen stod villrådig inför denna syn, men de flesta hade ändå blivit lugnade av nazistpartiets försäkran att fienden hejdats långt därifrån.

Det första tecknet som åttaårige Fritz Rump fått på sin mors begynnande oro inför framtiden var att det stora matsalsbordet i finrummet försvunnit. Fritz hade ofta lekt under det bordet och fått bannor när hans mor en gång kommit på honom med att tälja med pennkniv i bordsbenen. Bordet samt andra delar av möblemanget och släktsilvret hade magasinerats hos släktingar på landsbygden för att skyddas mot eventuella bombangrepp. Annars gick livet i normala banor på Tannenbergallee 95 i Elbing fram till den 23 januari 1945.

Stadens borgmästare, dr Hans Leeser, kände däremot ett växande obehag och undrade vad han skulle råda befolkningen till, men Gauleiter Forster i Danzig hade bestämt sagt ifrån att inga evakueringar var aktuella. Och ledaren för provinsens folkstorm, ubåtskaptenen Hartmann, hade på telefon meddelat att det inte förelåg någon fara för civilbefolkningen. Han hade också avslöjat att han kommit direkt från en militär konferens i Marienburg, där SS-ledaren Himmler förklarat att hans nyuppställda armégrupp ”Weichsel” skulle ställa allt till rätta på östfronten inom några dagar.

Sådana besked stillade dock inte borgmästarens gnagande oro. Flyktingarna härstammade från orter på allt närmare håll, men ändå betraktades Elbing som en trygg plats. Borgmästaren från Wormditt lämnade till och med stadskassan i Leesers kassaskåp i tron att pengarna var i säkerhet. Vad som sedan hände har återgetts av dr Leeser:

> På tisdagsförmiddagen den 23 januari 1945 ringde [den nazistiske] distriktsledaren upp mig och meddelade att han nyss hade fått ett samtal från Gauleiter Forster. Denne hade meddelat honom att den militära situationen stabiliserats. Det var ingen fara för Elbing och en evakuering var inte nödvändig. Ett liknande besked erhöll jag från militärkommendantens förste stabsofficer, major Altermann. Flyktingkolonnerna fortgick oavbrutet genom Elbing, alltmer uppblandade av retirerande militärenheter. På eftermiddagen ringde en rådsherre, vilken underrättade mig om att ryssarna tågat in i Preussisch-Holland, 20 kilometer från Elbing. Han hade fått nyheten av ledaren för nazistpartiets motorskola i Preussisch-Holland, vilken lyckats undkomma från staden med en hårsmån. Den här rapporten fick mig att återigen ringa till... major Altermann. Denne sa till mig att nyheten var felaktig. Vid middagstid hade en infanteribataljon från Elbing satts i marsch till Preussisch-Holland och den hade kommit fram välbehållen. Under det här samtalet hörde jag i telefonen hur kommendanten, överste Schöpfer, kom in i majorens rum och sa till honom: ”Hör ni, Altermann, ryska stridsvagnar har rapporterats i Pomehrendorf.” Därefter lade jag på. Pomehrendorf låg bara åtta kilometer från Elbing.[313]

Några månader tidigare hade staden fått en egen stridskommendant i form av den erfarne översten Eberhard Schöpfer, men det var inte många som trodde att de försvarsställningar som han låtit bygga någonsin skulle komma till användning. Tidigare än någon anat var emellertid detta ett faktum. Klockan 17 den 23 januari skramlade telefonen i överstens högkvarter. Det var den upphetsade vaktofficeren i Gollwitzkasernen som ropade i andra luren: ”Sju fiendestridsvagnar skjuter och kör förbi kasernen i riktning mot staden!”

Schöpfer stirrade klentroget på sina båda höga gäster, Danzigs kommendant general Freytag samt 7. infanteridivisionens befälhavare, generallöjtnant von Rappard, vars trupper var grupperade väster om Elbing. Överraskningen var total. Tre dagar tidigare hade militärkommandot i Danzig visserligen meddelat Schöpfer att ryssarna verkade vara på väg mot Elbing, men nyheten att fienden redan befann sig innanför försvarsringen och obehindrat rullade mot den folkfyllda stadskärnan kom som en chock för dem som trott på nazistpartiets löften. I rådhuset hajade borgmästaren till när han hörde de första explosionerna mitt inne i staden.

> Jag uppmanade de tjänstemän och anställda som fortfarande befann sig i huset att gå ner i luftskyddskällaren, men själv stannade jag kvar i mitt arbetsrum och såg sedan hur ryska stridsvagnar rullade förbi rådhuset i riktning mot torget och sköt med kulsprutor och kanoner… Paniken var oerhörd. Rådhusets och polishusets luftskyddskällare fylldes av skräckslagna människor. Jag begav mig till polischefen, som inte heller visste vad som pågick.[314]

Till en början syntes inga tecken på motstånd, men några ögonblick senare hade kommendanten alarmerat pansarvärnsstyrkorna. Cykelburna pojkar med pansarnävar dinglande över axeln hetsade in mot centrum från alla håll.

”Snart anlände den första rapporten att en stridsvagn förstörts av en trupp på Gamla Torget”, fortsätter översten.

> Man hörde tydligt stridsvagnarnas eldgivning och pansarnävarnas detonationer. Jag var orolig för stridens utgång, eftersom flyktingströmmarna som trängts samman utanför järnvägsstationen måste erbjuda ett välkommet mål för fiendestridsvagnarna. Men inom kort anlände ytterligare telefonrapporter om att även den andra, tredje och fjärde vagnen skjutits sönder. De tre återstående stridsvagnarna mullrade norrut, förbi bryggeriet Englischbrunnen och ut ur staden, på flykt från pansarvärnsenheterna. Under natten hittades ännu en stridsoduglig stridsvagn övergiven en bit utanför staden.[315]

Paniken bland befolkningen gick dock inte att hejda. Nazisternas distriktsledare, som dittills vägrat att evakuera ens kvinnor och barn, påkallade plötsligt total evakuering av hela staden, inklusive alla civila myndigheter. Några timmar senare upphävdes den ordern av en rasande Gauleiter Forster, som hotade att skjuta varje myndighetsperson som flydde därifrån. Men det var redan för sent att stoppa uttåget. Under de första dagarnas belägring saknades det därför viktiga nyckelpersoner som läkare, posttjänstemän, slaktare, specialarbetare osv.

En militär snabbutredning visade att fiendens pansarkolonn slunkit in tillsammans med flyktingar och retirerande tyska soldater. Stridsvagnarna rullade helt fräckt igenom vägposteringarna utan att någon av försvararna tog notis om dem. I skymningsljuset hade vaktposterna förväxlat dem med tyska stridsvagnar, emedan ryssarna bluffade sig igenom med strålkastarna påslagna och stridsvagnscheferna fullt synliga i tornluckorna.[316] Efter detta intermezzo var Elbings garnison på helspänn, men fiendens huvudstöt riktades inte rakt mot staden utan gick fram öster därom i riktning mot kusten. Dagen därpå inleddes en mer reglerad evakuering av stadsbefolkningen per tåg, men snart hotade ryssarna också järnvägslinjen till Danzig. Fritz Rump berättar:

> Jag tror att min mor visste att hon borde åka till sin syster i Berlin. Men att hon var rädd för att göra det, eftersom ingen fick ge sig av och hon inte riktigt kunde tro på vad hon hörde på radion. Mycket av det "måste" vara fiendepropaganda och lögner. I varje fall kom det en dag en kungörelse att bara ta med de allra nödvändigaste sakerna och ge sig iväg. Inget att oroa sig för, det var bara för en kort tid för barnens skull och alla skulle vara hemma igen inom en vecka eller två. Sålunda klädde hon sig i sin bästa pälskappa och snofsade upp oss [dvs. Fritz och hans syster] också. Min syster tog sin docka, som var nästan lika stor som hon själv, under armen och vi började gå nedför gatan till centralstationen. Egentligen ville min mor ha tag på en båtbiljett, men hörde någonstans att dessa var slutsålda och att det redan var alltför många människor där. Så tåget fick duga. Vi var tvungna att gå cirka en kilometer till centralstationen. Det snöade otroligt och det var mycket svårt att gå. Min syster började gråta, för hennes docka var för tung och hon ramlade omkull hela tiden. Det låg några djur på gatan med benen rakt upp i vädret. Det var väldigt konstigt att se. Jag tror att det var hästar, men allt jag minns är benen. Vi beslutade oss för att vända tillbaka, byta kläder och skor samt lämna dockan. Vi hade kanske varit borta i mellan en halvtimma och en timma, men då vi kom in i huset (det var ett sexfamiljshus som min mor ägde och hade ärvt av sina föräldrar) var det fullt av [tyska] soldater. Min mor fick ett utbrott. Deras kängor hade börjat smälta lera överallt och de höll på att göra det mycket bekvämt för sig på soffan och tog för sig av allting som gick att äta. De blev ytterst generade och bad översvallande om ursäkt. När saker och ting lugnade ner sig igen satte de mor på en stol och för första gången fick hon reda på vad som verkligen höll på att hända. De förklarade att de väntade sig att dö inom de närmaste dagarna och att allt de ville ha var lite bekvämlighet som påminde dem om hur det var där hemma, och att de trodde att vi hade åkt för gott etc. Vidare sa de till henne att klä sig ordentligt och bara ta med sig mat. Ingenting annat än mat och kläder spelade någon roll. Och om inte amerikanerna

> förenade sig med dem i kampen mot ryssarna skulle hon aldrig få se sitt hem igen. Så profetiskt![317]

Med ett barn i varje hand skyndade Luise Rump därefter tvärs över gatan till godsbangården där ett rödakorståg med sårade soldater precis kommit in. Det var ingen idé att gå till den överbefolkade centralstationen och det fanns ingen tid att förlora. Det var familjens lycka att Fritz och hans syster blev igenkända:

> Eftersom vi alltid brukade möta tågen och ta med frukt från vår trädgård, kände några sjuksköterskor igen oss och tog ombord oss på tåget. Det fanns ingen plats, men de kastade ut något från bagagehyllan och jag stoppades in där och min syster pressades in någon annanstans. Min mor var kvar utanpå. Då tåget avgick klängde människor fast på utsidan på samma sätt som min mor. ... min mor förfrös benen, vilket plågade henne under resten av livet, men hon fick komma in i tåget när soldater som avlidit helt enkelt slängdes ut ur tåget för att göra plats åt de levande på utsidan. Vi blev ofta beskjutna under resan. Det tog oss tio dagar att göra den normala tiotimmarsresan till Berlin, på grund av att spåren måste repareras, vagnar kopplas loss och nya letas upp. Nästan alla fönstren var trasiga till följd av explosionerna. Jag kommer ihåg hur kallt det var, eftersom någon höll mig på utsidan av ett sådant öppet fönster varje gång jag måste kissa och jag kommer aldrig att glömma den iskalla vinden.[318]

Alla utfarter från Elbing utom sjövägen, blockerades av ryssarna och hårda strider utspelades om staden under de följande veckorna. Den 10 februari bröt sig resterna av garnisonen ut mot väster och nådde de egna linjerna vid Danzig med cirka 4 050 soldater, varav 850 var sårade, samt ett okänt antal kvinnor och barn. Men många som inte hunnit fly föll i ryssarnas händer. En dag senare stod borgmästare Leeser i Gauleiter Forsters arbetsrum. Förvånat, nästan urskuldande, välkomnade Forster honom med orden: ”Jag trodde aldrig att Elbing skulle falla så snabbt. Jag betraktade Elbing som provinsens säkraste stad.”[319]

·

Landvägen ut ur Ostpreussen spärrades definitivt genom den sovjetiska framstöten till kusten, som fullbordades med erövringen av Tolkemit den 26 januari. Flyktingar på väg mot Danzig möttes plötsligt av människor som fått vända och söka sig en annan väg till räddningen. Hela det väldiga lämmeltåget vände sig därför norrut mot kusten och sökte på måfå de enda utvägar som fanns kvar – den tjocka isen på strandsjön Frisches Haff till landtungan Frische Nehrung samt hamnen i Pillau. Cirka 1,6 miljon ostpreussare och några hundratusen kvarvarande soldater ur armégrupp Mitten satt fast i den ostpreussiska säcken med ryggen mot havet. Men just när den här fällan slagit igen började generalerna Reinhardt och Hossbach sätta sin radikala plan i verket.

Reinhardts trupper hade till råga på allt kluvits i två delar av marskalk Rokossovskij. Raus och Hossbachs arméer satt i Ostpreussen med ryggen mot havet, medan generalöverste Weiss 2. armé hamnade utanför den här säcken och trängdes bort mot Weichseldeltat och Danzig. En allvarlig ammunitions- och bränslebrist inträdde omgående för de båda avskurna arméerna. Bland annat nådde inte 14 tåg lastade med drivmedel Ostpreussen, och armégruppens små förråd var snart slut. Hädanefter fick de avskurna trupperna lita helt till de förnödenheter som kunde föras in via hamnstaden Pillau, men det tog tid att få igång konvojtrafiken i tillräcklig omfattning.

Den 23 januari medförde även terrängförluster på andra delar av armégruppens front. Ortelsburg föll, liksom järnvägsstationen i Tapiau. I Wehlau stod ryssarna också. På kvällen diskuterade Reinhardt på nytt det planerade genombrottet västerut med sin stabschef. OKH informerades om valda delar av planen. Heidkämper antecknade:

> På kvällen rapporterar vi vårt beslut uppåt, men utan att avslöja att styrkorna inte räcker till för att bryta igenom mot väster och samtidigt hålla Königsberg och Samland. Härvidlag låter vi oss ledas av tanken att man först och främst måste slå en bro till övriga Tyskland, annars är vi alla förlorade. Vad som därefter sker blir ett senare bekymmer. Vårt beslut får totalt bifall. Man lovar till och med att möta oss med svagare styrkor från Elbingområdet.[320]

På förmiddagen följande dag möttes Reinhardt och Hossbach slutligen i 4. arméns högkvarter i Borken. Armén hade då fullbordat tillbakadragandet till "Sjöställningen", men vid denna tidpunkt hade även denna linje blivit omöjlig att försvara på grund av fiendens fortsatta framgångar på dess flanker. Båda generalerna var överens om att radikala lösningar var det enda rätta, vilket betydde att sätta sig över Hitlers order att försvara varje kvadratmeter av Ostpreussen. Och just olydnad var ett problem som 4. arméns befälhavare brottats med tidigare. Infanterigeneralen Hossbach var ännu en typisk produkt av den glädjelösa preussiska skolan. Kantig, tjurig och konservativ räknades han inte till de generaler som gjort karriär genom att svinga sig upp på den nazistiska kusen. På 30-talet hade han varit Hitlers militäre adjutant och fått exklusiv förhandsinformation om hur allvarligt menade Hitlers militära ambitioner egentligen var. Vid ett hemligt möte i rikskansliet i november 1937 hade Hitler utvecklat sina erövringsplaner för en liten skara åhörare ur stats- och militärledningen. Hossbach hade varit närvarande i rummet och nedtecknade Führerns utläggningar om behovet av "Lebensraum" för Tyskland. "Frågan för Tyskland är var den största möjliga erövringen kan göras till lägsta kostnad", summerade Hitler och påpekade att Storbritannien och Frankrike oundvikligen skulle stå i vägen för en tysk expansion på Österrikes och Tjeckoslovakiens bekostnad. Händelserna hade tagit en lite annorlunda bana än rikskanslern hade spekulerat kring den där novemberkvällen, men andemeningen i det protokoll som Hossbach förfärdigade hade uppfyllts. Huruvida Hossbach gjorde sig några eftertankar kring sin egen yrkeskårs beredvillighet att blint lyda order ger hans sakliga men snustorra minnesanteckningar om de ödesdigra januariveckorna 1945 inget besked om. I det avseendet var han emellertid obrottsligt lojal och det ökända "Hossbachprotokollet" blev inte känt förrän vid krigsförbrytarrättegångarna i Nürnberg efter kriget.

I samband med den så kallade "Fritsch- och Blombergaffären" 1938, varvid både krigsministern och arméns överbefälhavare avsattes under förödmjukande former, blev även Hossbach befriad från uppdraget som Hitlers adjutant, sedan han vägrat dansa efter dennes och intriganternas pipa. Fastän han inte var omtyckt av Führern på grund av sin gensträvighet den gången, hade han stigit i graderna från regementschef till befälhavare för den 350 000 man starka armé, för vars skull han återigen tänkte bryta mot Hitlers order, oavsett vilka personliga konsekvenser det kunde få för hans del.

"Genombrottet måste lyckas", betonade Reinhardt för Hossbach, men tydligen avslöjade generalöversten inte sina tankar på att ge upp hela Ostpreussen för denne. Hossbach avslöjade att han på egen hand smitt liknande planer, men han avslöjade inte att han tänkte gå längre än vad han lät sin överordnade veta.

Efter att hans chef åkt sin väg kallade Hossbach till sig tre av sina kårchefer och anförtrodde dem att han tänkte ta hela ansvaret för det som nu skulle ske. Därefter förklarade han för dem att det inte fanns något hopp om undsättning utifrån och att ett utbrytningsanfall skulle börja om två eller tre dygn. Vad han inte avslöjat för Reinhardt var att han avsåg att kasta in hela sin armé i utbrytningen för att rädda den över till andra sidan av Weichsels nedre lopp och därmed ge upp hela Ostpreussen. Det var inte tal om att rädda de civila, för de måste lämnas kvar, menade han. Visst lät det fruktansvärt, medgav han i samma andetag, men han måste först och främst tänka på att föra tillbaka sin armé intakt. Generalen nämnde inte ett ord om 3. pansararmén som stod utanför Königsberg och kämpade rygg mot rygg med hans egna trupper. Om 4. armén bröt sig ut skulle Raus divisioner lämnas i sticket, men sannolikt räknade Hossbach kallt med att händelsernas gång skulle lösa det problemet.[321]

Anfallet skulle genomföras med fyra infanteridivisioner från området kring Wormditt-Guttstadt öster om Elbing. Det innebar en marsch på 300 kilometer för dessa trupper som drogs ut ur Hossbachs front i sydöstra Ostpreussen och skickades ut på de snöiga vägarna. Ordningspolis, militärpolis och militära patruller såg till att marschvägarna hölls fria från flyktingar för att anfallsstyrkornas förflyttning skulle gå så snabbt som möjligt. Flyktingkolonnerna dirigerades om till andra vägar så gott det gick, men Gauleiter Koch vägrade att låta personal ur de nazistiska partiorganisationerna hjälpa till på grund av sin misstänksamhet mot militärens förehavanden.

All onödig utrustning kastades bort och alla fordon som inte behövdes för att transportera soldater och förråd förstördes. Marschen utvecklades till en pressande kapplöpning med fienden som växte sig starkare i korridoren öster om Elbing för varje dag som gick. Hossbach skildrade senare svårigheterna på följande sätt:

> Ledningens [dvs. Reinhardts] planer för att övervinna tid och rum saknade verklighetsförankring. Riksjärnvägarna hade inte längre någon överblick över sin aktuella kapacitet. Det gick inte att transportera större truppförband per järnväg. I den utsträckning enstaka mindre enheter transporterades [på detta sätt] fick man ta med i beräkningen att järnvägsnätet råkat i olag genom den hastiga ryska framryckningen. Inte heller var trupptransporter per fordon möjliga i större omfattning. Den ansträngda drivmedelssituationen medgav endast att de fordon som behövdes för strid, staber och förråd rullade. Med hänsyn till dessa omständigheter... återstod inget annat än att låta anfallsdivisionerna marschera till fots till Guttstadtområdet. Trots igensnöade vägar, hård kyla, stora underhållssvårigheter och talrika trafikstockningar, vilka orsakades av de oändliga flyktingkolonnerna väster om

> Lötzensjöarna, tillryggalade trupperna, som kom direkt från skyttegravarna och inte längre var vana vid marscherande, sträckan på mellan 200 och 250 kilometer på fem dagar. Det besvärliga företaget att lösgöra marscherande fottrupper ur en stridande armé på reträtt, låta dem få ett... försprång för anfallet och garantera dem det nödvändiga skyddet i flanker och rygg, lyckades – en utomordentlig prestation av de marscherande och av divisionerna som skyddade dem i hårda försvarsstrider.[322]

Armégruppens högkvarter fördystrades emellertid av flera tunga jobsposter på kvällen den 24 januari. Rokossovskij befäste ställningarna vid Elbing, men det allra värsta var en nyhet som fick Hitler att börja ana att armégruppen inte gjorde sitt yttersta för att försvara Ostpreussen, nämligen att delar av Sjöställningen överraskande gick förlorade och fästningen Lötzen hamnade i stridszonen. Hitler krävde en specialrapport om saken och misstänkte att Hossbach höll på att dra sig tillbaka längre än vad han hade tillåtelse till. Dessutom stod Raus trupper på sammanbrottets rand. Försvarslinjen vid Pregel började falla i bitar och fienden lyckades även överskrida floden vid Wehlau. Emellertid anlände de första trupperna från den utrymda "fästningen" Memel i tid för att förhindra ett ryskt genombrott vid Labiau.

Hossbachs anfall kunde börja först den 26 januari, men hela säcken hotade att kollapsa innan dess. Fast Reinhardt vågade inte konfrontera Hitler med det faktum att det var nödvändigt att utrymma Königsberg och Samland för att klara operationen. Därför började han vackla och drog under natten till den 25 januari bort två infanteridivisioner från 4. arméns anfallsstyrka för att förstärka försvaret av Königsberg. För den planerade utbrytningens vidkommande blev detta en fatal försvagning.

På kvällen den 25 januari avslutades de sista anfallsförberedelserna hos divisionerna som samlats i närheten av Wormditt utan att bli upptäckta av fienden. Vid Lötzen i botten av säcken var dock läget fortfarande kritiskt och på kvällen ringde Reinhardt upp OKH och bad om tillstånd att få dra tillbaka 4. armén ytterligare en bit, men generalstabschefen Guderian sa nej. Armégruppen måste försvara sig där den befann sig.

Nästa dag fortsatte armégruppen att värja sig mot de mäktiga ryska attackerna, men Lötzen gick helt förlorat. Med hjälp av snabba slädar hade ryska soldater korsat isarna på båda sidor om staden och kommit ut i ryggen på försvararna i Sjöställningen. Även Nordenburg, Angerburg och Nikolaiken gick förlorade. Reinhardt meddelade OKH att han tänkte dra tillbaka 4.

armén hela vägen till floden Alle för att rädda den från hotande omringning och utplåning.

Nu gick det definitivt upp för Hitler att han blivit förd bakom ljuset. Ett intrigant telegram från Koch hade fått honom att gå i taket: "4. armén på flykt. Försöker fegt slå sig igenom mot väster. Jag fortsätter att försvara Ostpreussen med folkstormen!"[323] Führern rasade mot Reinhardt och Hossbach och skrek att de måste ha affärer ihop med de tyska överlöparna i Moskva: "De båda spelar under täcket med Seydlitz![324] Det är förräderi! De hör hemma inför krigsrätt. De är omedelbart avskedade tillsammans med sina staber, för de har känt till saken och ingen av dem har rapporterat det!"[325]

Führerns ilska bedarrade inte förrän han gett Reinhardt sparken och utsett generalöversten Lothar Rendulic till efterträdare.

•

Klockan tjugo minuter i tio på kvällen den 26 januari mottog Reinhardt telegrammet som satte punkt för hans militära bana. Både han och stabschefen Heidkämper befriades från sina uppdrag. Fortfarande var emellertid hoppet inte ute att öppna landvägen västerut igen. Några timmar tidigare hade Reinhardt på eget ansvar dragit tillbaka 4. armén till en ännu kortare linje och samtidigt strömmade de första rapporterna in från Hossbachs genombrottsförsök, som inletts vid sjutiden på kvällen. De första resultaten såg lovande ut. Ryssarna blev totalt överraskade av anfallet som startade utan någon förvarnande artillerield. Intet ont anande sovjetiska enheter överrumplades och förintades i det månupplysta vintermörkret. Däremot uteblev det utlovade understödsanfallet från Danzighållet av 2. armén, som under mellantiden hamnat under Himmlers kontroll. Marskalk Rokossovskij togs dock på sängen av frenesin i den tyska offensiven:

> I skymningen blåste en hård snöstorm upp med vindbyar som ibland nådde orkanstyrka. Vi var allihop samlade i högkvarteret då en signalist kom med ett telegram från 48. arméns chef, N.I. Gusev, som rapporterade att mäktiga fiendestyrkor ryckte fram och att han tvivlade på huruvida hans egna trupper kunde hejda deras påtryckningar västerut. Eftersom jag kände Gusev alltför väl som en intelligent och erfaren general, ansåg vi att faran var verklig när han slog larm.[326]

Marskalken kastade genast in stora styrkor från 5. gardespansararmén, samt en självständig pansarkår och en gardeskavallerikår för att parera slaget. Snart kom general Oslikovskijs gardeskavallerister ridande förbi högkvarteret i full galopp i riktning mot fronten. Rokossovskij fortsätter:

> För att vara på säkra sidan höll vi vårt högkvarter i stridsberedskap. Soldaterna och officerarna i etappenheterna gick i försvarsställning i lagerbyggnaderna runtomkring oss. Vi hade bra stridspositioner. Under tiden fortsatte snöstormen. Mer snö föll och vinden byggde upp jättelika drivor. Under sådana förhållanden åtnjöt kavalleriet en stor fördel över infanteriet och lämnade det långt bakom sig. Men snövädret var lika illa för fienden som för oss och hindrade hans rörelser avsevärt. Han kunde inte slå sig igenom byarna som hårdnackat hölls av enheter ur 48. armén, och när han försökte gå runt dem fastnade hans fordon och artilleri i snön.[327]

Efter 20 kilometer körde Hossbachs anfall fast. Det hade bara kommit halvvägs.

·

Dagen därpå tog generalöverste Reinhardt emot sin efterträdare, som flugits in från armégruppen i Kurland. Lothar Rendulic var av samma skrot och korn som Schörner och inställd på att skaffa sig en plats i historieböckerna som en av Hitlers trognaste generaler. I Kurland hade han gett sina stabsofficerare rådet: ”När det är som svårast och ni inte längre ser någon utväg, slå er då för bröstet och säg till er själva: Jag är nationalsocialist. Det förflyttar berg!”[328] Han var en världsvan österrikare med belevade manér och stor bildning – men samtidigt en enkelspårig nazist. Han hade lång erfarenhet av fälttåget på östfronten och hade även deltagit i det hänsynslösa kriget mot partisanerna på Balkan. Hösten 1944 hade han lett de tyska truppernas reträtt från norra Finland och förhärjat landet genom brända jordens taktik. Ödeläggelsen av Rovaniemi är det mest kända exemplet.

På den timslånga bilresan från flygplatsen till pansarkasernerna i Zinten, där staben låg, hade han stiftat den första bekantskapen med flyktingkatastrofen. ”Bittra känslor av medlidande väcktes hos mig när flera kvinnor uttryckte förhoppningar om att snart kunna återvända hem”, skrev han senare.[329]

Generalöverste Reinhardt, som bar bandage runt huvudet efter en splitterskada som han ådragit sig vid ett frontbesök ett par dagar tidigare, förklarade den militära situationen i svepande ordalag och satte sig därefter på ett flygplan till Berlin. Fortfarande var rapporterna från Hossbachs anfall hållna i en positiv ton, men ännu hade Rendulic inte fått några ledtrådar till varför hans företrädare fått sparken. Reinhardt hade själv inte upplyst honom om den saken. Strax därefter uppenbarade sig dock en överstelöjtnant, vilken skickats som kurir från Führerhögkvarteret med ett budskap från Hitler: Königsberg måste hållas under alla omständigheter, så att inte von Seydlitz Moskvabaserade nationalkommitté kunde få tillfälle att upprätta en tysk motregering där.

En av Rendulics första åtgärder var att avlägga en visit hos riksförsvarskommissarie Koch, som gjorde ett ”käckt” och ”hurtigt” intryck på honom. De båda fanatikerna hade lätt för att tala med varandra. Även om Koch erkände att flyktingproblemet växt över huvudet på partiet, ledde inte det här mötet till något konstruktivt för ostpreussarnas del. Koch vidhöll att befolkningen bara fick evakueras från de områden som väntades gå förlorade och tillade att en utrymning av Königsberg var uttryckligen förbjuden. För Koch var Rendulic ingen rival och evakueringsåtgärderna kom att fortgå på samma rigida och verklighetsfrämmande sätt som dittills.

•

Ännu fortsatte Hossbachs divisioner att dundra på för att öppna landvägen till Danzig igen. Under tre dagars strider lyckades han tränga fram 30 kilometer, erövra Liebstadt och komma inom räckhåll för Preussich-Holland. Några av hans stridsvagnar lyckades faktiskt slå sig igenom till Elbings utkanter, men infanteriet kom på efterkälken och framgången kunde inte utnyttjas. Ryssarna visade inte längre några tecken på att ge vika. Dessutom förstod Hossbach att sanden i timglaset höll på att rinna ut. Därför beslutade han sig för att framtvinga ett snabbt avgörande den 30 januari och planerade att sätta in ytterligare en pansardivision och en pansargrenadjärdivision i anfallet. Men natten till den 30 januari ringde Rendulic upp Hossbach och läste upp en Führerorder för honom:

> Anfallet västerut måste ställas in omedelbart. Pansar- och pansargrenadjärdivisionerna ska sättas i marsch till 3. pansararmén i Königsberg. Den 4. armén försvarar sig där den står. General Hossbach övergår till officersreserven. Infanterigeneralen Müller, som anländer per flygplan från Führerhögkvarteret, kommer att ta befälet över 4. armén redan i natt.[330]

Klockan fyra nästa morgon var Müller på plats och fyra timmar senare åkte Hossbach därifrån och lämnade Ostpreussen för sista gången. Den 1 februari kom han till Berlin, där han behandlades som en pestsmittad. Varken Hitler eller Guderian ville ta emot honom, men vare sig Hossbach eller Reinhardt utsattes för några repressalier från regimens sida.

·

Ostpreussens öde var beseglat och undergångsdramat hade fått sin lämpliga rollbesättning. Den brutale Koch och de båda osjälvständiga individerna Rendulic och Müller var garanter för att Hitlers order uppfylldes till punkt och pricka i fortsättningen. Friedrich Wilhelm Müller hade gjort sig känd som en skicklig improvisatör under den tyska reträtten från Grekland 1944, men hade inte blivit berömd för något vidsynt strategiskt tänkande. Han lär ha anmält sig hos Rendulics stabschef med orden: ”Jag är en bra underofficer och kan verkställa order. Men jag förstår ingenting av strategi och taktik. Tala om för mig vad jag ska göra.”[331] En seg och militärt sett meningslös dödskamp vid Östersjöns kust väntade den tidigare så kraftfulla armégrupp vars trupper varit nära att erövra Moskva 1941. Mitt i denna ojämna kraftmätning dvaldes den lidande civilbefolkningen.

10
Belägringen av Königsberg

”Kämpa som indianer!”
Ur nazistiskt upprop till Königsbergs soldater och civila.

Flyktingarna vällde in i Königsberg i oöverskådliga mängder från och med mitten av januari 1945. En sovjetisk krigskorrespondent beskrev med fiendens ögon den panik som drabbade ostpreussarna vid Tjernjakovskijs genombrott:

> Vägarna som leder till Königsberg är täckta av omkullvräkta vagnar. Jag såg kuddar, madrasser, väskor och cyklar ligga runtomkring i snön. Korna, fåren, grisarna och kalvarna har lämnats åt sitt öde på alla lantbruk: djuren går sorgsna runt på gårdarna. Många har vandrat ut i skogen. De preussiska bönderna hade så bråttom att försvinna att de lämnade halvätna måltider på borden – kotletter, potatis, *ersatz*[332]-kaffe, *ersatz*-sylt, *ersatz*-honung. I ladorna har vi upptäckt traktorer tillverkade i Stalingrad och Charkov-verken, tröskor och såningsmaskiner från Rostov. Det tycks som om parollen för det tyska uttåget var ”Rädde sig den som kan”. I den frenetiska brådskan övergavs till och med gamla mödrar och fäder av dem vars ben var yngre.[333]

Königsberg blev den viktigaste samlingspunkten eller hållplatsen för flyktingarna från östra Ostpreussen. Att Marianne Wineig överlevde den iskalla järnvägsresan från Nordenburg till Königsberg hade hon sin fostersyster Lore att tacka för. Utan Lores envishet skulle hon ha slutat som ett stelfruset bylte någonstans utefter banvallen.

”Resan till Königsberg tog två dagar på grund av att tåget inte gick raka spåret och ideligen stod stilla”, berättar Marianne. ”Det fanns folk som dog och de slängdes helt enkelt ut ur vagnen. Jag hade drabbats av någon slags chock på grund av flykten och reagerade inte på tilltal. Själv minns jag ingenting av det, men fick det berättat för mig efteråt. Jag bara låg där, och Lore bönade och bad: 'Marianne är inte död. Snälla, släng inte ut henne!' När jag vaknade igen sa Lore förebrående men glädjestrålande: 'Det enda du skulle bära var mjölkkannan med marmelad i, men den tappade du!'"[334]

Ostpreussens provinshuvudstad bar fula ärr efter den svåra amerikanska bombräden i augusti 1944, som gjort 20 000 av de 360 000 invånarna hemlösa. Nästan hela innerstaden hade lagts i ruiner av bomberna, men den allmänna uppbrottsstämningen i staden underlättade ändå ansträngningarna att hitta tak över huvudet:

> Första problemet var att finna någonstans att övernatta, men det var faktiskt inte svårt. Befolkningen hade lämnat staden, så det var bara att ta ett hus i besittning. Det tyckte vi barn var jättekul. Förråden och skafferierna var fulla med färsk mat, konserver och inkokt. Det var bara att ta för sig. En lekkamrats familj hade flyttat in i ett ännu finare hus med glasveranda en liten bit från "vårt" hus. När jag gick dit kom det rätt som det var flygplan och fällde bomber. Jag slängde mig platt på marken, såsom jag blivit tillsagd att göra, men jag var aldrig medveten om faran. Bara för att jag låg platt på marken inbillade jag mig att jag var osynlig och inte kunde bli träffad. Då flygplanen försvunnit hoppade jag upp igen och fortsatte som ingenting hänt. Det var min första närkontakt med kriget.[335]

Under det att gatorna översvämmades av flyende från landsbygden, försökte desto fler lämna staden. Åtminstone fram till den 21 januari kunde en tågbiljett betyda en förhållandevis bekväm räddning, och uppslitande scener utspelades på centralstationen, där folkmassor kämpade om de åtråvärda platserna. Tiotusentals människor försökte storma snälltågen som avgick mot Danzig, däribland den lilla flickan Helga Zimmermann från Eydtkau:

> Människorna liknade packåsnor. De var överbelamrade med saker och bylten och ryggsäckar. I regel hade kvinnorna små barn vid handen... Jag såg gråtande barn som kommit bort från sina föräldrar i trängseln. Många tragedier utspelades då. Vi lyckades hålla oss tätt intill varandra – mamma, jag och mina småsyskon. Och vi lyckades också få plats på tåget, även om vi var tvungna att stå som packade sillar. Vi kunde inte ta med oss någonting, vi barn var ledsna och kunde inte förstå vad som försiggick.[336]

De sista tågen stoppades av Rokossovskijs framstöt till kusten. I fyra dagar stod en lång rad av tåg stilla mellan väster om Königsberg innan de skickades tillbaka. Hermann Krupke och hans mor väntade förgäves på att tåget skulle gå:

> Vi satt och väntade ombord på tåget så gott som hela dagen utan att det hände något. Överallt i vagnarna låg det en massa packning och hela tåget var överfullt av människor. På kvällen måste det utrymmas. Motiveringen var att landförbindelsen mot Berlin hade blivit avskuren av fienden.
>
> Därefter sökte vi oss tillbaka till mors väninna i staden, där vi redan hade sovit en natt, och låg över en natt till. Hon arbetade på Schichauvarvet och hade förfalskat eller fått tag på en biljett åt sig själv, enligt vilken hon även kunde ta med ett barn. Nästa morgon åkte vi till hamnen med spårvägen som fortfarande fungerade, för att vinka av henne. Men i hamnen var det ingen ordning längre. Båten, som mors väninna skulle åka med, syntes inte till. Kajen var ett enda stort hav av folk. Enligt vad jag kan bedöma var det 80–100 meter fram till kajkanten och folkmassan fyllde hela kajen. Långt där framme syntes en båt – en kolfraktare, konstaterade vi senare. Det var fullt med folk och packning överallt. Då vi äntligen kom fram till landgången hade det gått flera timmar. Det var ingen stor båt, och det var naturligtvis kvinnor och barn som fick komma ombord först.
>
> ”Ta med pojken. Jag tar mig alltid ut på något sätt”, sa hon plötsligt till sin väninna. Där på kajen skildes jag alltså från min mor.
>
> Det fanns inga hytter ombord, det var nästan bara ett tomt skrov ända ned till kölen. Ingenstans fanns det släta golv, utan alla samlades nere vid kölbottnen i lastrummet. Endast någon eller några centimeter plåt skilde oss från vattnet.
>
> Resan från Königsberg till Cammin vid pommerska kusten tog fyra dagar för oss, eftersom båten låg stilla ett tag på Östersjön på grund av ubåtar. Jag var sjuk och mådde väldigt illa, men det var inte sjösjuka utan all den där gengasen jag andats in i fältpostbilen under den tidigare delen av vår flykt. Det enda jag fick i mig under resan var en kopp dåligt kaffe. Många veckor senare och efter diverse äventyr på egen hand återförenades jag med min mor och lillebror i Apolda i mellersta Tyskland.[337]

Under tiden grasserade vankelmodet och osäkerheten på gatorna i Königsberg som hamnade allt närmare stridslinjen. Stadsbon Anna Fahrenholz erinrade sig senare:

> Människorna springer från den ene till den andre för att höra efter vad de tänker företa sig. De som har telefon ringer varandra. Men ingen kan ge

> den andre något råd vad han bör göra. Var och en måste själv fatta beslut. Åsikterna går isär. Den ene säger: ”Bara ut.” Den andre tycker: ”Avvakta.” Eller: ”Det är osäkert om man ännu kan komma till Tyskland.” Rykten av alla slag flyger från mun till mun. Den som tappade nerverna begick självmord. En skakande syn när män kom ut ur husen med övertäckta bårar.[338]

I en lugnare del av staden tog Dagmar Mrongovius på sig kappan för att gå ut. Förstrött kastade hon ett sista öga in i finrummet innan hon svepte sjalen runt halsen. Möblerna, prydnaderna och fotografierna därinne var en del av hennes uppväxt. Alla de här föremålen hade stått på sina välbekanta platser så länge hon levat. Då kom hon plötsligt att tänka på de märkliga notpappren som förvarades i en låda därinne. Notpappren med de stora bläckfläckarna var det enda minnet från en svunnen tid, då hennes föräldrar tvingades lämna sina stora lantegendomar i Baltikum på grund av den ryska revolutionen. Men den händelsen var inget föräldrarna gärna pratade om. Allt hon visste var att bläckhornet kastas ned i kistan bland noterna och gått sönder i brådskan. Å andra sidan hade hon hört alla historierna om de stora herrgårdarna och det rika livet som balttyskarna levt där borta. För henne hade de här anekdoterna nästan karaktären av sagor, så fjärran från hur det var att växa upp i en mindre lägenhet med utsikt mot gatan och husen mittemot. Men hon var själv tacksam för att hon aldrig skulle behöva överge sitt hem på det sättet, för hon var säker på att Hitler skulle vinna kriget med hjälp av ”undervapnen”. Varken skollärarna eller ledarna i den nazistiska flickorganisationen BDM, Bund Deutscher Mädel, lämnade henne i tvivelsmål om de fantastiska hemliga vapnens förträfflighet. Därför betydde de uppdykande flyktingarna och det tilltagande stridsmullret i fjärran till en början ingenting för henne.

Dagmar var vid den tiden 15 år gammal och klarade sig själv i trerummaren på Louisenallee 77, sedan hennes mamma och syskon evakuerats till Mohrungen.[339] Hennes pappa, Paul, som i fredstid drev ett kolkontor vid Nordbahnhof, Norra Station, var soldat någonstans på det för henne exotiska Balkan och hade inte varit hemma på länge. Med sin mors medgivande fortsatte Dagmar dock skolgången på flickgymnasiet i Königsberg på egen hand, men den här natten hade hon haft gäster.

En unken doft av svett och smutsiga militärkläder dröjde sig kvar i rummen märkte hon när hon tog skolväskan för att gå. Hela lägenheten hade varit full av soldater som övernattat på golvet och i soffan. Smågrupper av militärer som flackade omkring planlöst hade blivit en del av gatubilden i takt med det annalkande stridslarmet, och om de stoppades av polisen svarade de bara att de letade efter sin enhet. I själva verket sökte de blott en väg att undkomma döden, en väg nog så riskabel med tanke på militärpolisens och de flygande ståndrätternas skoningslösa jakt på desertörer.

Almanackan visade den 26 januari och Dagmar gick till skolan som vanligt, men detta blev den sista skoldagen. Rektorn kom in i klassrummet mitt i lektionen och sa att ”allt var slut”. Flickorna fick åka hem igen och se vad de kunde göra för att lämna Königsberg. Enstaka granater slog redan ner i staden.

På fritiden var jag aktiv med att hjälpa sårade och soldattransporter på järnvägsstationen och samma morgon gick jag från skolan till partikontoret och försökte erbjuda dem mina tjänster. Där stod redan en lång kö av människor som sökte hjälp. En av partigubbarna, som jag kände, iförd brun skjorta och koppel, tog mig åt sidan och viskade till mig hur det låg till. Sist sa han: ”Snälla du, ge dig iväg, vi har ingenting att hjälpa dig med.”

Jag tackade honom och lämnade kontoret. Det var så sorgligt och upprivande att tvingas lämna sitt hem och sin hemstad. Det känns likadant idag när jag tänker på det. Därefter gick jag hem till mitt hus och ringde på varenda dörr. Det bodde nio familjer i huset och jag talade om för dem vad som försiggick och frågade om de ville följa med mig på flykten. Fyra familjer fick jag med mig. Sedan gick jag till min väninna, Alexa Skodowski. Hon var enda barnet och hennes pappa hade dött i cancer på 30-talet. Alexa och hennes mamma ställde också upp. Vi gjorde i ordning min kälke och lastade på våra resväskor… De andra i huset gjorde likadant med kälkar och handkärror. Mitt på dagen var vi färdiga för avmarsch. Jag vet inte om vi låste dörrarna, men jag minns inte att jag hade med mig någon nyckel.

Vi styrde kosan västerut mot Pillau, som var Königsbergs hamnstad. Ryssarna hade nått Königsberg i söder och det gick inte att komma fram åt det hållet längre. Det fanns ingen information och vi räknade själva ut att båtarna var enda chansen att komma ut. Det var 27 grader kallt den dagen och vi vandrade till fots mot Pillau, dit det var 80 kilometer. Vi var som myror på en skogsstig. Det var tätt, tätt med folk, och det verkade som om alla försökte komma ut den här vägen. Endast soldater var på väg åt andra hållet.

Första natten övernattade vi i en övergiven villa. Det fanns ingen utspisning, inga soppkök, ingenting alls att äta längs vägen och jag kommer ihåg att vi länsade skafferiet i den där villan för att ha mat. Nästa natt gjorde

> vi halt i en skola och det var där som det verkligt tragiska började. Vår grupp beslutade att jag och Alexa skulle gå i förväg till Pillau och försöka skaffa kvarter åt oss, eftersom vi hade hört att staden var stängd för alla som inte hade någonstans att ta vägen, på grund av att det var överfullt med folk. Vi lämnade därför våra tillhörigheter i gruppens händer och gav oss av till fots. Det gick bra, ibland fick vi lift med militärbilar och vi kom fram snabbt. Soldaterna var vänliga och delade med sig av brödlimpor och annan mat på resan.[340]

Samma dag spreds ett upprop av Gauleiter Koch med budskapet att i det fall Königsberg hotades genom ett fientligt genombrott vid Tapiau skulle detta meddelas till alla invånare via trådradio (dvs. radiosändningar per telefon) så att evakueringarna kunde inledas. Uppropet fick emellertid den effekten att en flod av skräckslagna människor genast satte sig i rörelse mot Pillau och myndigheterna tappade kontrollen över situationen.[341]

En ensam stabsbil rörde sig åt motsatt håll som lämmelvandringen med en sammanbiten general i baksätet. Otto Lasch, Rigas erövrare 1941, var på väg tillbaka till Königsberg efter en kort visit i Pillau där han diskuterat transportkapacitet och evakueringstekniska frågor med flottans sjökommendant på marinbasen. Flyktingar och deserterade soldater fyllde vägen tre–fyra kolonner i bredd och tvingade bilen att köra i snigelfart. Efter att ha tjänstgjort på östfronten och i Frankrike hade Lasch i oktober 1944 blivit arméns försvarsområdeschef för Ostpreussen med befäl över alla depå- och utbildningsförband. Och på denna korta tid hade han redan hunnit skaffa sig en god bild av hur det stod till med försvaret av provinsen och de bristfälliga evakueringsförberedelserna. Många gånger hade han fungerat som medlare i det minst sagt spända förhållandet mellan generalöverste Reinhardt och Gauleiter Koch.

När Lasch till sist kom fram till sitt provisoriska högkvarter i en skogvaktarstuga utanför Königsberg sent på natten hälsades han med beskedet att Koch sökt honom hela dagen för en ”viktig nyhet”. Generalen begav sig omgående till Kochs flotta lantställe Friedrichsberg, där han hamnade mitt i en röra av väskor och flyttlådor. Gauleitern höll på att sätta sig i säkerhet, men berättade för gästen att Führern personligen ringt tidigare under dagen, vilket bara hänt ett fåtal gånger under hela kriget. Hitler hade ställt frågor om Lasch som han tänkte tilldela en viktig uppgift.

”Här går det bara att bli fästningkommendant”, anmärkte Lasch, sannolikt inte utan viss butterhet. Utsikterna att kämpa till sista man i en tätbefol-

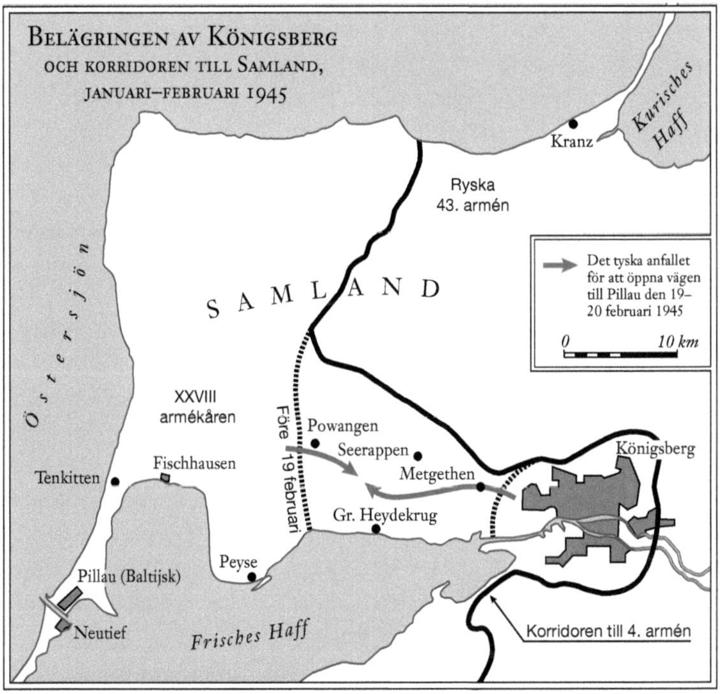

kad stad ingav ingen entusiasm hos en militär med minsta gnutta sunt förnuft kvar.

”Nej, nej, det handlar om en större uppgift”, försäkrade nazisten honom, men följande morgon fann sig Lasch likväl utnämnd till kommendant för fästningen Königsberg. Han inrättade sin befälscentral i huvudpostkontorets källare i centrum och försökte genast skaffa sig en överblick över försvarsanläggningarna och garnisonens styrka. Fästningens försvarare bestod endast av 10 000 nödtorftigt utrustade folkstormssoldater och några svaga mag- och öronbataljoner, det vill säga, enheter sammansatta av soldater som ordinerats mediciner eller specialdiet på grund av magproblem eller led av hörselskador. Öronbataljoner hade tidigare visat sig vara mycket tappra och ståndaktiga, vilket berodde på att de helt enkelt inte hörde det skrämmande stridslarmet. Dessa trupper skulle bemanna en 53 kilometer lång fästningsgördel runt staden, men de skulle näppeligen kunna stoppa en modernt utrustad fiende som förfogade över så mycket artilleri och pansar man kunde önska sig. Befästningarna var dock ganska imponerande. Ryggraden utgjordes av tolv bastanta men ålderdomliga fort från 1882, vilka dock lätt kunde förvandlas till råttfällor för besättningen, eftersom de bara hade en enda utgång.

Genom 3. pansararméns sammanbrott och reträtt in i staden, som skedde ungefär vid samma tidpunkt, fick Lasch förstärkning av resterna av sex divisioner[342], vilka malts sönder i de föregående striderna. Fem av dessa sattes in i yttre försvarsringen medan en infanteridivision hölls tillbaka som reserv. Improviserade och nyuppställda styrkor slängdes också in i försvarslinjen. Patruller bestående av sysslolösa officerare lyckades på ett par veckor samla ihop ”ett överraskande antal” soldater som sökt sin tillflykt till källare och övergivna bostäder.[343] Inom en tidsrymd på fyra–fem dagar lyckades Laschs stab exempelvis ställa upp 99 alarmkompanier med 100 man vardera, vilka formerades till en sjunde division i västra delen av försvarsringen. ”Det var särskilt svårt att förse dessa sammanrafsade enheter med vapen och annan utrustning samt tilldela dem officerare och underbefäl. Tyvärr hade majoriteten av dessa soldater slängt bort vapen och utrustning vid flykten”, enligt Laschs adjutant, kapten Werbke.[344] Soldater som bytt om till civila kläder arkebuserades för feghet på kommendantens order.

Enligt tyska källor utgjorde garnisonens totala styrka cirka 45 000 man vid belägringens början, medan ryssarna hävdar att tyskarna räknade 130 000.[345] Det dröjde inte många dagar förrän Königsberg isolerades nästan helt från omvärlden av 11. gardesarmén och 39. armén ur Tredje Vitryska Fronten. Den 26 januari tvingades Raus soldater ge upp den sista försvarslinjen vid floden Deime öster om Königsberg och tre dagar senare slöts belägringsringen genom en snabb nattlig framstöt av 39. armén till samhället Metgethen mellan Königsberg och Pillau. Förbindelsen med omvärlden gick härefter enbart via en smal korridor västerut längs kusten till den likaså isolerade 4. armén. Korridoren var fem kilometer lång, men bara 600 meter bred och låg under ständig fientlig eld, men alla förslag från Laschs sida att bredda den här förbindelsen avslogs av Hitler, som inte ville ge sina generaler några reträttvägar. Framstöten till Metgethen medförde även att 3. pansararmén klövs i två delar: dels de inneslutna trupperna i Königsberg, dels några divisioner som försvarade den så kallade Samlandshalvön väster därom. Samlandsbrohuvudets centrum utgjordes av Pillau, som härefter fick en exceptionell roll som flykthamn för de civila som ännu kunde rädda sig.

Dagmar Mrongovius och Alexa Skodowski, som gått i förväg till Pillau, hade större tur än resten av flyktgruppen, som överrumplades vid ryssarnas attack mot Metgethen.

> I Pillau sökte vi upp en väninnas familj. Det visade sig att vi var välkomna där och då vände vi på klacken för att gå tillbaka till skolan och hämta resten av gruppen. Men vi blev allt ensammare på vägen. Plötsligt ställde sig en tysk officer i vägen för oss. ”Halt, mina damer! Vart är ni på väg? Ni befinner er mellan de tyska ställningarna och fronten.” Officeren förklarade att ryssarna hade gjort en framstöt norr om staden och invaderat byn som skolan låg i. Vi greps av tystnad, vi tappade språket. Vi visste ingenting om hur det gått för människorna där. (Det tog oss för övrigt tre år att lokalisera min väninnas mamma som överlevt och hamnat i Sachsen efter kriget.)
>
> Just då kände sig Alexa och jag ensammast i hela världen. Det var bara att vända om igen. Några skrattande soldater plockade upp oss på en lastbil som var på väg till Pillau. Det var numera bara soldatfordon på vägen.
>
> Vi tog oss tillbaka till vår väninnas adress, där vi stoppades i säng – det var en apotekarfamilj vi hamnat hos. Min väninna och jag låg i samma säng och jag vet inte hur länge vi sov. Mina sockar var våta och hade stoppats i en kakelugn för att torka, men de hade blivit svedda och var helt bruna. När vi ätit frukost fick vi veta att vi hade chans att komma med en båt. Vi blev jätteglada, för vi hade tappat varje förankring i tillvaron. Och vi var så välkomna att bära några väskor åt familjen. De var lyckliga över att ha fått några extrahänder som kunde hjälpa till att rädda deras ägodelar. Vi tog gladeligen var sin väska och travade ner till hamnen när det var dags.[346]

Dagen innan belägringen tog sin början gav Koch sina närmaste medarbetare order att infinna sig till en konferens i Fischhausen i närheten av Pillau kommande förmiddag. Med största sannolikhet handlade detta om en kamouflerad flyktsignal för de ledande nazisterna, eftersom Fischhausen låg på betryggande avstånd från fronten. Befolkningen fick dock inte veta något, även om många redan hade dragit de rätta slutsatserna och gett sig av i tid. Men många andra hade inte gjort det och över 300 000 civila blev kvar i staden och tvingades utstå de kommande veckornas beskjutning och umbäranden.[347]

I ett försök att höja moralen lovade fästningsstaben invånarna att postgången till och från resten av Tyskland skulle fortsätta att fungera normalt, men det gjorde även censuren. En gammal ämbetsman som skrivit till släkten i västra Tyskland att situationen inte såg bra ut, att partiet svikit och att

Gauleitern flytt, dömdes till döden av en krigsrätt. Men Lasch, som måste bekräfta alla dödsdomar, lät inte verkställa den.

Då ryssarna kopplade sitt första grepp om ”fästningen” Königsberg kunde man fortfarande uppleva märkliga kontraster av krig och fred i staden. Till exempel blev doktor Hans von Lehndorff, som besökt ett sjukhus i en förort medan en våldsam pansarstrid rasade i närheten, varse detta när han kastade en blick mot fälten utanför stadsgränsen:

> Över de vida ytorna kommer soldater springande emot mig, kastar sig på magen i snön, reser sig på nytt och springer vidare. En av dem kastar sig ner alldeles intill mig och jag frågar honom häpen vad det här egentligen ska betyda. ”Infanterield”, ropar han bara och rusar vidare. Det dånar fortfarande så kraftigt i mina öron att jag faktiskt inte hört hur kulorna slagit ned i den mjuka åkern. Tydligen har inte heller invånarna i de stora hyreskasernerna bakom bangården märkt något. Medan jag skyndar förbi ser jag kvinnorna stå och sopa trapporna och barnen göra snögubbar.[348]

Under de följande veckorna avstod ryssarna dock från att göra några allvarligt menade stormningsförsök, men striderna som rasade kring de tyska försvarsverken var nog så hårda. Samme ryske krigskorrespondent som återgav sina intryck från ryssarnas framryckning mot Königsberg, skildrade med vissa överdrifter fästningens styrka för sina läsare:

> Königsbergs försvarszon är en av de tuffaste nötter som rödarmisterna på denna front någonsin behövt knäcka. Jag såg åtta stora betongfort nästan ovanpå varandra. Allihop måste stormas av stridsgrupper. Några av förorterna är fästningar i ordets sanna bemärkelse.
>
> Bland de tyska fångar som släpar sig fram längs vägarna finns såväl veteraner som stred vid Moskva och Rostov, som medlemmar av Volkssturm-bataljoner, eller ”volki” [vargar] som ryssarna kallar dem. Fienden har skickat ut personalen på fältpostkontor, slakthus och sjukhus i strid.
>
> Den grå vinterhimlen över Königsberg är spöklik – tyskarna sätter eld på högar av otröskat spannmål, bostäder och fabriker när de retirerar.[349]

·

I Pillau var det inte lätt att hitta en sängplats, eftersom den här hamnen var enda utvägen för hundratusentals ostpreussare från bland annat Königsberg och Samland. Till exempel anmäldes till myndigheterna i staden att 8 000 flyktingar var på väg under sista söndagen i januari, men när dagen var över hade det kommit 28 000. Före kriget hade staden 12 800 invånare, men i januari 1945 ökade befolkningen till 70 000 på ett par veckor.

Den 25 januari lade den första konvojen ut, bestående av fyra fartyg med sammanlagt 7 100 människor ombord, vilka var på väg till någon tryggare hamn längre västerut. En mur av människor väntade skuldra vid skuldra på de vindpinade kajerna, enligt soldaten A.S.:

> I hamnen trängdes alla mot fartygen. Fruktansvärda scener utspelades. Människor förvandlades till djur. Kvinnor kastade sina barn i vattnet, bara för att komma med eller inte låta dem bli ihjälklämda i trängseln. På samma gång stegrades det allmänna virrvarret ytterligare genom att totalt desorganiserade trupper strömmade in i staden och husen, plundrade, förenade sig med flyktingarna och likaså trängde på mot skeppen. För att komma igenom avspärrningarna i hamnen rövade soldater bort barn från mödrar och påstod att de ville föra ombord sin familj! Andra hade klätt sig i kvinnokläder och försökte på detta sätt komma med båtarna.[350]

Det finns historier om hur spädbarn använts som ”färdbiljett” för flera släktingar, på grund av att vakterna gav företräde åt mödrar med små barn. Då modern kommit ombord kastades barnet över relingen till nästa släkting som väntade på kajen och då kunde det hända att barnet hamnade i främmande händer eller i vattnet i stället.

”Dagligen avgick det ungefär åtta till tio fraktfartyg med flyktingar”, meddelade prästen Paul Bernecker efter kriget. ”Det var oerhört svårt att komma ombord på något av skeppen. Alla män, även de äldsta rekvirerades till folkstormen om de inte fått en frisedel från denna. Ortens byggnader var överbelagda med flyktingar så att det låg mellan 15 och 20 människor på golvet [även] i det minsta rum.”[351]

Temperaturen sjönk ned mot 20 minusgrader och soldaten Guy Sajer led med de förtvivlade människorna som utsattes för det obarmhärtiga vädret:

> En oöverskådlig massa väntar framför den stora, överfyllda byggnaden, från vilken doften stiger upp från en soppa som kokas i all hast i ett dussin stora grytor. Tätt sammanpressade bildar dessa människor en enda kompakt massa. I regelbunden rytm stampar de en ryslig takt med fötterna, annars skulle de förfrysa. Deras trampande låter som en dov trumvirvel. Anblicken av barnen utgör nog det mest hjärtskärande skådespelet. Många av dem

> har tappat bort sina föräldrar i trängseln, och de badar i en ström av tårar som ingen kan stoppa, utmattade av ropandet efter mamma. Här talar jag självfallet om småbarnen som inte är mottagliga för en förklaring eller ett hyschande, hur upplysande det än må vara. Jag ser deras ansikten framför mig, helt indränkta i tårar, tårar vilka blivit till is på deras kinder. Och dessa ansikten har ristats in i mitt minne som den mest skakande bilden av detta drama ur Dantes djupaste helvete. Vi sätter igång att samla ihop dessa barn och föra dem under tak inne i huset i närheten av grytorna, där de kan värma sig lite grand. Vi försöker pumpa dem på deras föräldrars namn så att de kan ropas ut via högtalare, men allt är förgäves. Det går inte att få ur dem någonting, endast gälla skrik och störtfloder av tårar.[352]

Sårade soldater skickades genast iväg på lasarettsfartygen, men ändå fanns det dagar då upp till 35 000 sårade måste få husrum, vård och mat i staden. Inte ens marinens stora förråd räckte till för att klara anstormningen. Efter bara några dagar rådde skriande livsmedelsbrist och man levde bokstavligt talat ur hand i mun när fartyg anlände från flottstationen Gotenhafen med nya förråd.

Fram till den 27 januari fanns det i alla fall husrum överallt, men den dagen inträffade en katastrof som ändrade på den saken. En fruktansvärd smäll fick hus att rasa samman och takpannor att hagla ner på gatorna. Tusentals fönster sprack och dörrar slets loss från gångjärnen. Bara ett fåtal hus klarade sig oskadda. Från mun till mun spreds nyheten att det var marinens ammunitionslager i Fort Stiehle som hade flugit i luften. Ingen i fortet överlevde och kunde vittna om huruvida det var en olyckshändelse eller sabotage som utlöste explosionen. Åtskilliga hus blev helt obeboeliga och el- och vattenförsörjningen slogs ut i fem dagar. Detta ledde till svåra störningar i konvojtrafiken eftersom de anlöpande fartygen inte längre kunde bunkra färskvatten. Några ubåtsturbiner sattes igång i marinbasen för att försörja krigsmarinens fartyg med ström. Åt de civila räckte emellertid inte kapaciteten. Färskvattentillförseln ordnades temporärt genom att tankvagnar ställdes upp i staden, men vattnet i tankarna frös ideligen till is.

Anhopningen av människor var ett stort problem, inte bara till följd av de ovannämnda svårigheterna, utan också på grund av faran för flygräder. Den 5 februari ägde det första sovjetiska bombangreppet mot Pillau rum, vilket orsakade stor förödelse och hundratals dödsoffer.

Hamnen var varken förberedd eller dimensionerad för den roll den tillmättes under de sista krigsmånaderna. Ändå blev Pillau ett nålsöga för en ansenlig del av den ostpreussiska befolkningen. Enbart under de första fyra dagarnas sjöevakueringar, fram till den 28 januari, skeppades 67 000 personer ut den här vägen enligt tyska överkommandots krigsdagbok. Under totalt 90 dagar – från slutet av januari till stadens fall den 25 april 1945 – transporterades mer än 450 000 människor från dessa kajer.[353] Då måste man också hålla i minnet att konvojtrafiken från Pillau låg nere under tre veckor i mars eftersom båtarna behövdes bättre i stridernas brännpunkt vid Danzig-Gotenhafen. Efter att isen på Frisches Haff smält i februari var Pillau enda utvägen ut ur Ostpreussen.

Successivt bringades viss ordning i stormfloden av människor. Under veckorna då Königsberg var omringat, slussades istället några av de 350 000–400 000 människor som trängt ihop sig på Samlandshalvön till Pillaus kajer i noggrant reglerade omgångar så att folkmassorna inte skulle bli så stora åt gången. På så viss hölls trafiken oavbrutet igång. När landvägen till Königsberg åter öppnades i mitten av februari följde en ny flyktvåg därifrån.

Konvojerna västerut tog flera vägar. En del gick direkt till säkra hamnar i till exempel Kielbukten och Danmark, andra gick endast i pendeltrafik till Danzig-Gotenhafen, där flyktingarna lastades om på andra båtar för den fortsatta resan.

•

Marianne Wineig hamnade också i det strömlösa Pillau, sedan rykten spritts om att Königsberg inte var någon säker plats.

> Vi blev inhysta i en stor, övergiven militärkasern, som förvandlats till flyktingförläggning. Jag minns att det var kallt, att det var ont om filtar och kuddar. ”Mutti” gick ut för att försöka få tag på något värmande, men det var inte lätt, trots att militären hade stora förråd av filtar. Framför förrådsdörrarna hade människor hängts upp med skyltar som ”Jag har stulit det-och-det” eller ”Jag är en brottsling” omkring halsen. Men nöden har som bekant ingen lag. Mor kom ändå tillbaka med filtar som hon skaffat på något sätt.[354]

Nere i hamnen kånkade väninnorna Dagmar och Alexa resväskor åt apotekarfamiljen som de övernattat hos:

I hamnen var det mycket liv och rörelse. Båtarna låg vid kajen och plockade upp folk. Jag vet inte om det var turordning eller svarta pengar med i spelet, men vi slussades eller snarare föstes ombord på ett litet krigsfartyg. Det var en fiskebåt som gjorts om till minsvepare. Fartygen tog ombord så många människor de vågade – det gick varken efter vikt eller antal. Där fanns gamla, unga, barn, ja allt... och så vi två flickor tillsammans med apotekarfamiljen.

Vi kom ombord medan det var ljust, men båtarna låg stilla till mörkrets inbrott. I skydd av mörkret lämnade vi kajen. Det var kallt. Det blåste och alla som fick plats hade dragit sig ned under däck, men vi tillhörde dem som fick stanna kvar uppe. Eftersom det blåste från sjösidan hade alla andra trängt ihop sig på läsidan, varvid båten fick slagsida när vi löpte ut. Kaptenen beordrade oss som inte var sjösjuka att gå över på den blåsiga sidan, där jag och Alexa placerades på var sin sjunkbomb med en matros bredvid, så att vi inte skulle trilla överbord.

När vi tittade bort mot kusten väntade vi oss att den skulle vara svart, men det var den inte. Den var röd. En röd strimma av krig. Vi såg eldsken och kreverande granater och hörde mullret. Strimman av ljus blev allt mindre, tills vi fångades av den svarta natten och en mycket hög sjö.[355]

11

Kort respit

> Tänk på Metgethen!
> (Gauleiter Koch till Königsbergsborna. En skrämselparoll som överskuggade minnet av Nemmersdorf under de sista krigsmånaderna.)

Anna Fahrenholz hade sin obeslutsamhet att tacka för att hon undgick ett värre öde vid början av belägringen av Königsberg:

> Själv kunde jag inte bestämma mig för att fly, även om jag var ensam. Mina 12 och 17 år gamla döttrar var redan ute ur Königsberg sedan början av november 1944. Den äldsta dottern, 20 år gammal, lämnade staden i slutet av januari 1945 tillsammans med myndigheten som hon arbetade hos. Inte heller hon kunde övertala mig att åka till Berlin. Min man var död. Jag föredrog att härda ut där hemma, som beskyddare av och väktare över våra ägodelar för mina barns räkning, eftersom jag fortfarande hade kvar mitt hem.
>
> På 14 dagar hade fienden översvämmat Ostpreussen och hejdats utanför Königsberg. Under de sista januaridagarna inleddes också beskjutningen av staden. Den höll på dag och natt. Mina bekanta, vilka bodde mitt emot, ville fly undan beskjutningen redan efter två nätter och vila ut hos vänner i Metgethen. Det var meningen att jag skulle följa med, men när vi hade kommit till spårvägshållplatsen vände jag om... Attackflyg, spaningsplan kretsade ständigt över staden i det frostklara vädret (20 till 22 grader). Mitt beslut att gå tillbaka var riktigt. Mina bekanta kom aldrig tillbaka utan överraskades av ryssarna i Metgethen och tvingades uppleva otäcka saker där. Hunden återvände efter 14 dagar. Själva blev de deporterade, mannen hängde sig på resan.[356]

Under de första belägringsveckorna fanns det ingen möjlighet för civila att ta sig ut ur staden, som fortfarande härbärgerade hundratusentals invånare och flyktingar. Men fästningskommendanten Laschs improviserade försvarsstyrkor visade sig vara framgångsrika och höll envist stånd mot fiendens attacker. Utåt visade han inga tvivel om sin beslutsamhet att försvara staden:

> I denna svåra stund har jag fått befälet över Königsberg. Jag kommer att göra allt för att fylla min uppgift. Fosterlandet kräver våra ovillkorliga och sista ansträngningar av oss… Hjälp till i äkta kamratskap, stöd de svaga. Vi tänker slåss såsom fosterlandet fordrar av oss, då är vi förvissade om att vi kämpar för något: om inte för våra liv så för vår ära! … Minns den odödliga tyska militarismen! Leve Führern och vårt folk!
>
> Lasch, general av infanteriet.[357]

Å andra sidan fanns det vassa tungor i fästningen som med rätta tvivlade på stridens utgång. Folkhumorn påpekade elakt att det aldrig kunde gå väl med en general som hette Lasch (trög) och en stabschef vid namn Süsskind (fritt översatt gullunge).

·

En person som hade större anledning att hysa tillförsikt var Ivan Tjernjakovskij, Tredje Vitryska Frontens befälhavare.

”Det är ute med Ostpreussen”, sa han till den nyanlände generalen Ivan Bagramian den 9 februari. Tyskarnas läge var hopplöst, förklarade han för denne.

Bagramians Första Baltiska Front hade tidigare slagits i Baltikum och höll på att förflyttas till Ostpreussen för att förstärka offensiven. Tjernjakovskijs order till Bagramian var att blockera de tyska trupperna i Königsberg och på Samlandshalvön. En direkt stormning av Königsberg, vilken Tjernjakovskij betraktade som en ”förstklassig fästning”, skulle emellertid vara utsiktslös, eftersom belägringsstyrkorna ännu var för svaga. Visserligen försvarade sig tyskarna benhårt och tillfogade ryssarna svåra förluster, men Bagramian insåg att främsta nackdelen för armégrupp Nord (f.d. Mitten) var att den inte längre uppträdde som en samlad styrka, utan hade splittrats i tre delar, Heilsberg, Königsberg, Samland[358], vilka man kunde eliminera en efter en. Första gruppen att sopas bort från kartan var därför general Müllers avskurna och försvagade 4. armé i Heilsbergfickan. Detta innebar ett visst andrum för Königsberg.[359]

I armégrupp Nords högkvarter producerades vid denna tid en plan för att bryta belägringsringen runt Königsberg och öppna vägen till Pillau igen. För att undvika risken att garnisonen tog en utbrytning som förevändning för att ge upp staden helt och hållet, fick Lasch enbart tillstånd att använda en infanteridivision och delar av sin pansardivision för att anfalla västerut i riktning mot Fischhausen-Pillau. Fast han struntade i detta och satte in betydligt större styrkor, två infanteridivisioner och hela pansardivisionen, i anfallet. Tre infanteridivisioner stod redo att gå till anfall från Samland för att möta utbrytarna och fånga en del av fiendens styrkor i en kniptång. Försenade förrådskonvojer till Pillau ledde dock till att operationen måste uppskjutas flera gånger, men den 19 februari satte den igång och blev en fullständig överraskning för fienden.

General Bagramian, vilken en dag tidigare fått veta att Tjernjakovskij dödats av en tysk granat vid Mehlsack, serverades ännu en dålig nyhet när befälhavaren för 39. armén vid Metgethen, general Ivan Ljudnikov, ringde upp honom denna morgon. Ljudnikov struntade i alla artighetsfraser i telefon:

> För en halvtimma sedan inledde fienden en spärreld mot divisionerna på vänstra flanken med över 100 artilleripjäser och granatkastare. Våra ställningar bombarderas på samma gång från Königsberg och halvön. Fienden tänker utan tvivel bryta blockaden av stadens garnison och återställa landförbindelsen med den. Vi gör oss redo att slå tillbaka anfallet. Ge oss flygunderstöd.[360]

Drygt en timma senare informerade Ljudnikov Bagramian om att tre tyska infanteriregementen understödda av 60 stridsvagnar anföll från Königsberg och att tre infanteridivisioner med 100 stridsvagnar i spetsen kom från andra hållet. Ljudnikovs front bröts snabbt sönder. Säkerligen bidrog den dåliga stridsberedskapen i åtskilliga sovjetiska enheter till den hastiga tyska framgången – en rad sovjetiska militära dokument som erövrades av tyskarna bekräftade bilden av upplösning och kaos i Röda armén.[361] Tyskarna lyckades bland annat erövra hela 150 pansarvärnspjäser från ett enda sovjetiskt regemente, men den dominerande höjden Galtgarben stannade i ryska händer trots upprepade tyska anfall.

Blott ett par dagar före anfallets början hade överstelöjtnanten Hans-Heinrich Wendlandt tagit över ett nyuppställt regemente ur 548. folkgrenadjärdivisionen, med vilket han deltog i understödsanfallet från Pillauhållet. Allt hade gått så snabbt att Wendlandt knappt hunnit lära känna ens sina närmaste officerare, och ännu mindre sina trupper, innan det var dags för elddopet. Föga förvånande hade hans stridsovana soldater stora svårigheter att tillryggalägga de tre kilometerna till den by som var regementets första anfallsmål. Då hans regemente till sist nådde fram efter att ha kommit över en hårt försvarad bäck, fann han att andra enheter hade erövrat byn för länge sedan.

> Annars gick anfallet enligt planerna. Trupperna kämpade väl. De var glada att äntligen vara på frammarsch igen och hade en absolut känsla av överlägsenhet. Vi kammade igenom skogarna, tog ett ansenligt antal fångar och kunde inte förstå varför ryssarna inte jagades ut ur hela Samland. Senare fick jag veta att vissa enheter avgett felaktiga rapporter om sin prestationsförmåga... Inte heller motsvarade uppgifter om viktiga broars bärkraft verkligheten. Anfallet hejdades, man nöjde sig med en delseger och vi lade oss åter i försvar.[362]

Den 20 februari slog kniptången igen och en mellan fem och tio kilometer bred korridor från Königsberg till Pillau upprättades. Belägringsringen var bruten och landvägen fri igen.

Bagramian gav Ljudnikov en extra armékår i förstärkning för att genomföra ett motanfall och ställa saker och ting till rätta, men det nyttade ingenting till. Motanfallet körde fast i kraftig tysk försvarseld, bland annat från tyska krigsfartyg.

Då lugnet inträdde igen och Tjernjakovskijs död blev allmänt känd trodde tyskarna att det var denna händelse som ledde till en längre respit för Königsberg. Men Bagramian visste att den verkliga förklaringen var betydligt krassare än den att ett av Röda arméns största framtidslöften stupat. Ryssarna var i själva verket allvarligt försvagade och behövde förstärkningar för att skära av korridoren igen. Belägringsstyrkorna ägnade istället en och en halv månad åt att ladda upp inför slutanfallet mot Königsberg och Samland.

Den notoriskt sangviniske Rendulic gjorde genast en inspektionsresa till fästningen, där han bland annat besökte Lasch och förnöjsamt såg att uppröjningen efter de senaste striderna gick snabbt. ”Överallt märkte jag en mer optimistisk stämning än vid mitt första besök i januari”, anmärkte han.[363]

•

Fasaväckande syner mötte emellertid de tyska soldaterna i de befriade orterna utanför Königsberg, särskilt i Metgethen. Kapten Hermann Sommer, som tjänstgjorde i general Laschs stab, vittnade sex år efter krigsslutet:

> Efter befrielsen rapporterade trupperna till fästningskommendanten att man påträffat flera likhögar tätt intill varandra. På order av fästningskommendanten, general Lasch, tillsattes en kommission för att undersöka dessa händelser. Förutom de över hela orten utströdda liken fann denna två särskilt stora likhögar, i vilka det låg ungefär 3 000 huvudsakligen kvinno- och barnlik. En specialkommission av läkare, kriminalare och utländska journalister tillsattes, vilka hade till uppgift att fastställa offrens identitet och samtliga föreliggande fakta. Arbetet visade sig vara väldigt besvärligt, därför att ryssarna begjutit likhögarna med bensin och försökt bränna upp dem. Trots det blev flera hundra lik fotograferade och på dessa bilder förevigades alla fakta om det grymmaste, våldsammaste dödssättet. Bland dessa bilder och kriminalpolisernas redogörelser måste framhävas, att de flesta liken uppvisade skador genom slag och stick och endast i sällsynta fall hade de dödats genom nackskott. Hos många var brösten uppskurna, könsdelarna sönderskurna och underlivet uppsprättat. Bildmaterialet och även protokoll av vittnen, som hade blivit ihopfösta och upplevt våldtäkterna, låg på mitt kontor. De utnyttjades av underrättelseofficerarna och kriminalpolisen för att förhöra krigsfångar, vilka kom från det aktuella frontavsnittet, och fastställa de mördade civilpersonernas identitet. Eftersom nyheten om upptäckten av de här liken snabbt spred sig bland civilbefolkningen i Königsberg och utlöste oerhörd förbittring, strömmade oräkneliga människor till mitt kontor för att få veta huruvida deras anhöriga befann sig bland offren. Enligt min vetskap handlade det här om ett verk av ett ryskt regemente som var insatt i området Metgethen-Wargen. Vidare står det klart att en stor del av liken inte var av tysk utan av rysk nationalitet. Befälhavaren för den ukrainska brandkåren, Fiedler, hade evakuerat flera tusen ukrainare och deras familjer [från rikskommissariatet Ukraina] till brandkårsskolans domäner i Metgethen. Antalet ukrainska flyktingar i skogen vid Metgethen uppgick till 25 000 människor. Då ryssarna överraskande ockuperade detta skogsområde och orten Metgethen blev majoriteten av männen omedelbart inlemmade i ryska straffbataljoner och återstoden avrättades. Detta faktum intygade flera hundra krigsfångar för våra förhörsofficerare.
>
> Mina egna iakttagelser gjorde jag den 27 februari 1945, då jag var i Metgethen å tjänstens vägnar. När jag strax innan järnvägskorsningen i Metgethen körde in i ett grustag med min motorcykel för att undersöka de därvarande byggnadernas användbarhet, hittade jag bakom huset plötsligt

tolv kvinno- och sex barnlik. Alla var de helt avklädda och låg i en oredig hög. På barnen hade mestadels skallen blivit inslagen med något hårt föremål eller så hade de små kropparna genomborrats med otaliga bajonettstick. Kvinnorna, huvudsakligen äldre mellan 40 och 60 år, hade likaledes bragts om livet med knivar och bajonettstick. Hos allihop syntes de blåsvarta fläckarna efter slagen tydligt…

Händelserna i Metgethen undersöktes… av en kommission, i vilken bland annat kriminalrådet Landshöft var aktiv. Tillgängliga fakta utvärderades av partiledningen i Ostpreussen och tillkännagavs för civilbefolkningen med rubriken: "Tänk på Metgethen!" Vidare hade partiledningen försökt förmå befolkningen att lämna staden genom stora plakat, på vilka man kunde se ryssarnas grymma behandling av människorna.

Det omfångsrika materialet som jag förfogade över angående händelserna i Metgethen, Thierenberg, Germau och Cranz förintades genom ett granatnedslag i Königsberg den 2 april 1945, varvid också mitt kontor fullständigt slogs i spillror. Efter erövringen av staden kunde ryssarna systematiskt gripa alla medlemmar av underrättelsetjänsten, SD och Gestapo, och knappast någon av dem torde vara i livet i dag.[364]

Det existerar flera bevarade vittnesmål om massakrerna i Metgethen, alla nedtecknade ur minnet flera år efter krigsslutet. En av vittnena var Horst A., som var motorcykelordonnans i 1. signaldepåbataljonen från Königsberg:

När vi nådde Metgethen möttes vi av en fasansfull syn: vi påträffade några hundra döda soldater, vilka delvis mördats till oigenkännlighet. I nästan varenda hem låg ihjälslagna civilpersoner, som också bestialiskt hade tagits av daga, till exempel hade kvinnorna fått brösten avskurna. Till och med i trädgårdarna hittade vi kvinnor som hängts upp och ned och knappast hade några kläder på sig. I ett hus upptäckte vi en 63 år gammal kvinna som gråtande berättade för oss att hon hade blivit misshandlad av cirka 12–15 ryssar. Hon badade i blod på golvet. Den här gamla kvinnans dotter hade enligt uppgift satt sig i säkerhet i skogen, medan hennes ettåriga barn förts bort av ryssarna. På gatorna och även på järnvägsstationen i Metgethen upptäckte vi ungefär 15 tomma, delvis omkullvälta barnvagnar. Att döma av innehållet hade spädbarnen, vilka ryssarna likaså bortfört, befunnit sig i dem.[365]

En dåvarande motorcykelordonnans i 561. folkgrenadjärdivisionen hävdade att han såg

> två flickor i 20-årsåldern, vilka verkade ha blivit fastbundna i fötterna mellan två fordon och därefter slitits i stycken. En rent bestialisk syn. På samma gata befann sig en större villa. Namnet på gatan har jag glömt. Från huset transporterades cirka 60 kvinnor bort, av vilka hälften måste föras till mentalsjukhus omedelbart... de hade våldtagits i genomsnitt 60–70 gånger per dag.[366]

Soldaten B.H., som var med och befriade samhället, uppger:

> 1. I många hem i orten Metgethen... hittade vi kvinnor och barn i åldrarna från tio till 80 år skändade och mördade. Ungefär 200 av dessa döda samlade vi in med truppfordon och förde till identifiering (1. och 561. divisionernas stridsavsnitt).
> 2. På järnvägsstationen i Metgethen hittade vi cirka sju personvagnar ur ett flyktingtåg från Königsberg. I varje vagn hittade vi mellan sju och tio bestialiskt tilltygade lik av tyska flyktingar i alla åldrar och av båda könen, enstaka kvinnor uppvisade tecken på våldtäkt.
> 3. På tennisplanen i Metgethen befann sig en sprängkrater med cirka tio meters diameter och fyra meters djup. I dess inre, på dess rand, i kraterns närmaste omgivning, vid och på tennisplanens höga stängsel och i de stora trädens grenar låg och hängde jordiga lik och likdelar av cirka 25 män, kvinnor, barn, tre–fyra luftvärnssoldater samt några vagnar med söndertrasad flyktpackning. Andra likdelar, exempelvis knä, arm med hand osv. påträffade vi upp till 200 meter från tennisplanen. Förklaring: tydligen blev flyktingar, tillfångatagna soldater och poliser fösta mot en flygbomb i kraterna på tennisplanen, vagnarna uppställda runtomkring och en sprängladdning detonerad på marken bland de hopträngda människorna.[367]

Regementschefen Wendlandt chockades också av det han upplevde i Metgethen:

> Ryssarna hade mördat massor av tyskar i de återerövrade samhällena. Jag såg kvinnor som fortfarande hade snaran, med vilken de släpats till döds, runt halsen. Ofta var flera hopbuntade med varandra. Jag såg kvinnor som låg med huvudet i ett dike eller gödselbrunnen och vilkas underliv bar tydliga spår av bestialisk misshandel. Jag såg två kvinnor, den ena hade ett hötjugeskaft, den andra en träpinne i slidan. I grund och botten var alla kvinnor och flickor mellan 14 och 65 års ålder, ofta även yngre och äldre, våldtagna... En knappt sextonårig flicka blev våldtagen arton gånger under en natt. Beklagande sa jag till henne: "Mitt barn, vad har du inte fått stå ut med", och hon svarade mig i sin oskuld: "Ryggen min gjorde också ont." Är det inte förfärligt?

> Senare [förde] jag alla dessa arma olyckliga människor till kvinnokliniken i Königsberg, där de fick profylax mot könssjukdomar och graviditet. Men hur många födde inte barn, vars fäder var ett dussin ryssar.
>
> Men de döda hade ryssarna inte begravt, inte heller sina egna. Uppenbarligen hade de inte haft tid till det. Vart man än gick låg det lik och kadaver överallt, som spred en vidrig lukt. Bostäderna var plundrade, möbler av alla slag låg på gatorna och gårdarna, sönderslagna, smutsiga, obrukbara. Vid järnvägsstationen hade radioapparater, symaskiner, dammsugare, cyklar, medicinsk utrustning, sängar, bolstermöbler, porslin osv. samlats ihop, redo att transporteras bort. Töväder, frost, snö och regn gjorde sitt.[368]

Det bör ha funnits andra kopior av läkarrapporter och undersökningsprotokoll än kapten Sommers, men inga dylika dokument som bär officiell prägel har kunnat spåras efter kriget – förutom propagandabudskapen som riktades till befolkningen. Det är emellertid naturligt att anta att alla dokument ur Königsbergs fästningsarkiv förstördes i striderna eller brändes upp av tyskarna vid kapitulationen. Detta lämnar därför fältet fritt åt ögonvittnens spekulationer, minnesfel, överdrifter och – lögner.

Någon källkritisk specialstudie av händelserna i Metgethen, av samma kaliber som Bernhard Fischs granskning av massakern i Nemmersdorf, har ännu inte gjorts.[369] Inget av de ovan redovisade vittnesmålen bekräftar varandra i enskilda detaljer och det går inte att komma ifrån misstanken att något eller några av vittnesmålen innehåller direkta fel eller excesser, men själva förekomsten av oberoende tyska vittnen tycks bekräfta att en massaker av större omfattning ägde rum i Metgethen. Att det förekom disciplinproblem bland de ryska trupperna i form av bland annat plundring och alkoholmissbruk, varvid det ena med lätthet kan ha gett det andra, var ingen hemlighet, även om händelseförloppet i Metgethen inte låter sig rekonstrueras med säkerhet. Det här redovisade källmaterialet är alldeles för begränsat för att dra några bestämda slutsatser om massakerns omfattning, men kapten Sommers uppgifter om 3 000 döda kvinnor och barn av tysk och ukrainsk härkomst bör sannolikt tas med en nypa salt.

Oavsett sanningshalten i de individuella vittnesuppgifterna om fasorna tjänade dock nyheten om Metgethen nazisternas omedelbara syften att stärka soldaternas motståndsvilja och påskynda den senkomna evakueringen av Königsberg. Den blev dock av mycket halvhjärtat slag.

•

Gauleiter Koch, vilken varit alltför långsam med att föra königsbergarna i säkerhet i slutet av januari, ansåg nu att tiden var mogen. Hos Hitler utverkade han att Pillau fick främsta rangen som evakueringshamn, och partiet krävde att flottan skulle transportera iväg 15 000–20 000 människor per dag. Enligt en dagsrapport från februari gick 17 fartyg i pendeltrafik mellan Pillau och Gotenhafen medan ytterligare nio fartyg var på väg till området.[370] Men i land gick ansträngningarna långsamt, eftersom antalet skepp inte räckte till för att föra bort människomassorna tillräckligt snabbt. Därför upprättades ett mellanläger i Peyse för de evakuerade, så att Pillau inte skulle belastas ytterligare.

Gauleitern ville att så många stadsinvånare som möjligt skulle överföras till Samlandshalvön och man lyckades transportera ut cirka 100 000 personer till Peyse, Pillau och Samlands kustorter under veckorna efter motanfallet.[371] Tvångsevakueringarna genomfördes ”… med alla medel. Även de som vägrade tvingades med våld. Att genomföra aktionen i sista minuten var oansvarigt och kostade många livet…”, enligt Anna Fahrenholz. Snart utbröt det hungersnöd och epidemier i de överfulla barackerna i Peyse, vilket medförde att kvinnor och barn sökte upp general Lasch och fick tillstånd att få återvända till sina bostäder i Königsberg under väntetiden, för där hade de åtminstone något att äta. Inte så få vände tillbaka till fästningen, som därför aldrig tömdes helt på civila. Belägringen var inne i en lugn fas och faran kändes inte så överhängande. Dessutom bidrog nazipropagandans löften om att fästningen skulle hållas till att skapa en falsk trygghetskänsla. De kvarvarande invånarna var följaktligen mycket motsträviga och lämnade ogärna staden. Många var livrädda för havet efter vad de hört om fientliga ubåtar, sjöminor och stora skeppsbrott. Anna Fahrenholz fortsätter:

> Evakueringen genomfördes alltmer energiskt. Människorna ville inte längre ut därifrån, därför att en transport till Tyskland var utsiktslös. De höll sig gömda i dagar för att inte bli gripna. Blockledarna [från partiet] hade det inte lätt att verkställa den här ordern. Jag stod själv under denna press. En försäkran från min ortgruppsledare att man bara ville mitt bästa och att jag absolut skulle komma fram till mina barn i Tyskland, kunde inte övertyga mig. Jag lyckades genomdriva mitt beslut att stanna kvar. Därför skonade man mig från ytterligare krav.[372]

Invånarna tvingades anpassa sig till det speciella liv man måste leva nära fronten, men ändå tycks de inte ha lidit någon hungersnöd under belägringen, eftersom det fortfarande fanns matförråd att ta av. Anna Fahrenholz skildrar hur vardagslivet tedde sig så nära fronten:

> Det grävdes fortfarande löpgravar i staden och civilbefolkningen utrymde ruinernas källare för försvarets skull. Det fortsatte att finnas livsmedel på ransoneringskort, vilka bibehölls ända till slutet. Ransonerna blev inte större, men det blev partiets tryck [på befolkningen]. Smör fick vi knappt. Hästkött var gott nog åt oss under de sista veckorna. På dagtid blev det också farligare att uträtta de nödvändiga ärendena och bestyren. På gatorna såg man soldater från divisionen Grossdeutschland, vilka också hade flyttat in i de övergivna husen. De trodde tydligen fortfarande på Tysklands seger, åtminstone sa de det till oss. I systugorna försökte man såväl sy kläder och underkläder, som sticka strumpor åt flyktingar och utbombade. På grund av tvångsevakueringen gick det knappast att få igång något produktivt arbete. Befolkningen försörjdes kvartersvis i fortsättningen. Alla var tvungna att hjälpa till. Eftersom stadsdelen Maraunenhof delvis ödelagts genom ett flygangrepp i augusti 1944 och Maraunenhof sträcker sig ända till Rothenstein, var försörjningen av befolkningen mycket besvärlig. I de enskilda små husen gick det inte att förmå i synnerhet gamla människor att bo tillsammans med grannen. Således måste man gå igenom hus för hus, källare för källare, för att få tag på de människor som fortfarande var kvar. Däremot gestaltade sig livet helt annorlunda i stadsdelen Hufen. Gatorna var fortfarande relativt oskadda. Den slutna byggstilen erfordrade inte någon riskfylld försörjning på samma sätt som i ytterområdena. Inte ens livsmedelsinköpen krävde mer än en kvarts väg hos oss. Farans art och storlek var likadan överallt. Ofta passerade en [kula] förbi en eller över huvudet med sisssss och ”klatsch”. Det hade gått bra ännu en gång.[373]

Det stoiska mod Erich Koch fordrade av undersåtarna gällde dock inte honom själv. I största hemlighet avvaktade han händelsernas gång i en jämförelsevis komfortabel bunker vid sjöflygarskolan i Neutief på betryggande avstånd från de visslande kulorna och granatnedslagen i Königsberg. Under de första belägringsveckorna hade han radiokontakt med sin distriktsledare Ernst Wagner, som styrde staden i hans frånvaro. I slutet av februari började Koch emellertid göra sitt inflytande gällande på allvar igen i och med att han kommenderade så många som tolv arbetslösa distriktsledare samt sin ställföreträdande Gauleiter, Grossherr, till fästningen för att ta över den civila kontrollen igen. Med sina underhuggare på plats började gauleitern styra och ställa på sitt invanda sätt, vilket gjorde livet surt för militären. Onödiga myndigheter började arbeta igen och blanda sig i militära angelägenheter. Vidare började partiet bygga meningslösa och amatörmässiga barrikader i centrum, utan att Lasch tillfrågats. Likaså påbörjades en startbana för flygplan på Paradeplatz, så att många huskvarter måste rivas. Även en ståtlig bunker byggdes för Kochs räkning i hörnet Tragheimer Strasse-Gartenstrasse[374], men varken där eller någon annanstans i staden lär Koch ha satt sin fot under striderna.

Utåt höll gauleitern skenet uppe och lät alla tro att han uppehöll sig i Königsberg och personligen ledde försvaret av fästningen, men han lämnade i själva verket sällan sin bunker i Neutief, kring vilken hela hans hov uppehöll sig. I slutet av mars dök han dock upp på ett sista besök i Berlin. Vid en visit hos propagandaminister Goebbels tog han åt sig äran för alla försvarsåtgärder i Königsberg och skrävlade om att Stalin måste "... förlora några fina stjärtfjädrar vid erövringen av Ostpreussen".[375] Men den pinsamma bluffen hade redan börjat uppdagas vid det laget, på grund av hans "stuntman" Wagner. När Wagner inledde en öppen telegramväxling med Gauleiter Hanke i det likaledes belägrade Breslau i Niederschlesien, höjde man på ögonbrynen i Berlin och frågade var Koch egentligen höll hus. Denna fråga ledde till "en fruktansvärd skräll" mellan Koch och Wagner, men den sistnämnde lät sig inte rubbas, eftersom han "med rätta kände sig som herre i Königsberg", som en av Kochs nära medarbetare uttryckte sig.[376] Maktkampen mellan Koch och Wagner bidrog till att ytterligare förgifta atmosfären för Laschs stab som fick ytterligare komplikationer att hantera.

"Mellan Laschs stab och partiorganen existerade bara utåt sett en dräglig relation. Sambandsofficeren mellan partiet och krigsmakten, reservmajoren Ibsen – universitetsprofessor från Wien – hade händerna fulla med att undanröja de svårigheter som dök upp. Svårigheter uppstod inte bara i förhållandet mellan krigsmakten och partiet, utan i nästan ännu större omfattning mellan Gauleiter Koch och distriktsledare Wagner. Till sist föll Ibsen personligen offer för spänningen mellan Koch och Wagner. Han hade tagit Wagners parti mot gauleitern och bestraffades därför med husarrest och förflyttning till en annan armé", enligt en av officerarna i fästningsstaben.[377]

Tack vare Goebbels informanter avsattes slutligen Wagner och skuffades undan till en undanskymd post.[378] Andra källor uppger att Wagner fortsatte att vara Königsbergs distriktsledare och omkom under sista striden om staden. Dylika motstridiga uppgifter är betecknande för de sista kaotiska krigsveckorna, men det viktiga för fästningskommendanten Lasch var att den lilla tillstymmelse till samarbete som han byggt upp med Wagner omedelbart brakade samman på grund av Kochs inblandning.

•

Andrummet för Königsberg var bara temporärt, men mitt i de dagliga farorna och vedermödorna försökte invånarna ordna livet så bra som möjligt. Anna Fahrenholz hus ödelades av granater och hon tvingades flytta in hos en bekant, dr K., vars hus fortfarande var intakt:

> Kampen om Königsberg blev alltmer dramatisk. Flygangrepp dag och natt. Sirenerna hade slutat tjuta för länge sedan. Vi hörde på motorernas brummande hur flygplanen nalkades. På dagen spaningsplan och attackplan med sina kulsprutor, vilka även sköt in i bostädernas fönster. Visslandet och nedslagen av större och mindre projektiler satte människors och djurs liv i fara. Många människor hade redan tagit sig ut ur Königsberg. En eller annan kom ut med båt. Men det går inte att säga hur många av dessa människor som havet krävde i tribut.
>
> Även vår gemenskap hade blivit mindre genom evakueringen. Tack vare dr K.:s och hans hustrus gästfrihet levde vi i en välgörande kamratlig samhörighet. På kvällen satt vi omkring vår lilla varma ugn, stickade och sydde och berättade därvid om dagens upplevelser. Männen debatterade det förgångna, samtiden och framtiden, tills motorbullret drev oss ner i skyddsrummet. Bombnedslagen skrällde redan så att marken bävade under våra fötter. Nerverna var på helspänn, om och när ödet skulle hinna ifatt oss. Artilleripjäsernas avfyringar och detonationer hördes redan tydligt. Kulsprutornas knattrande visade att fienden kom allt närmare. Man gjorde det inte lätt för honom. Fortfarande gjorde våra soldater sitt bästa.
>
> I slutet av mars måste även dr K. lämna oss. Han hade order att flytta över till Fischhausen med sin praktik. Avskedet från honom och hans hustru var svårt och inte heller likgiltigt för oss. Men vi kunde stanna kvar i hans hus. Samma kväll blev även mitt hus förstört av bomber. Själv var jag av en slump inte i min bostad, inte heller i dr K.:s kök, annars hade jag kanske inte varit i livet idag. Det hade inte börjat brinna, så jag kunde fortfarande hämta några saker därifrån. Denna ansträngning var förgäves. Det kom annat. Men jag är nöjd med att bomberna förintade alltihop och att gemena händer inte kunde lägga beslag på mina saker. Visserligen föll det som jag tidigare hämtat utan undantag i fiendens händer senare. Vem kan beskriva hur man levde där när faran nalkades?
>
> Det är också överflödigt eftersom kriget rasade likadant i resten av

> Tyskland. Var och en såg hopplösheten i sin egen räddning och därigenom en vändning av vårt öde. Trots detta ville vi in i det sista inte se detta slut, precis som en döende vilken är förlorad först vid sista andetaget.[379]

I slutet av mars bars inte längre det avlägsna kanonmullret fram över hav och land till Königsberg från 4. arméns sista fäste på Balgahalvön några mil längre västerut i Ostpreussen. Detta innebar att åtskilliga sovjetiska arméer blivit lediga för stormningen av general Laschs fästning. Fristen under galgen var inom kort till ända.

12

Frisches Haff – döden på isen

> Den här vägen kommer jag aldrig att glömma under min livstid.
> (Hildegard Aminde, flykting från Allenstein)

Inte nazistisk skrämselpropaganda utan de vänliga varningsorden från två hungriga rödarmister förmådde 13-åriga Irmgard W.:s familj att fly från hemmet i mellersta Ostpreussen.

Hemmet var beläget i bondbyn Bonbitten, vars alla hus låg längs den enda bygatan. De flesta bodde under ganska påvra förhållanden med några kor, grisar, gäss och höns. Några större gårdar fanns det också, och på den största bodde den lokale nazistledaren Kenke, som styrde över de 50–60 familjerna i byn.

Varje dag brukade Irmgard cykla halvmilen genom skogen till skolan i staden Zinten. I skolan hade hon haft det besvärligt med de nazistiska lärarna, därför att hennes föräldrar inte betraktades som riktigt partitrogna. Elaka tungor utnämnde ibland hennes mamma till halvpolack, eftersom det var känt att hon hade en polsk adelsman långt bak i släkten. Men nu var skolan stängd till Irmgards stora lättnad, en lättnad som inte bara berodde på lärarna som plågade henne. Skolvägen hade dessutom blivit väldigt kuslig att åka den senaste tiden, för skogarna var fulla av soldater och det prasslade otäckt överallt, tyckte hon. Krigsmullret hade kommit mycket nära och den lokale nazistledaren, överläraren och andra storheter i trakten försvann först av alla med sitt pick och pack. Byborna stannade, för det fanns inga besked om evakuering eller om hur kriget förlöpte.

En kväll knackade det på dörren. Ute på trappan stod det två tjockt påpälsade soldater. Irmgards mamma ryggade förskräckt tillbaka. Det var inte tyskar utan ryssar i jordbruna uniformer och med omisskännligt slaviska anletsdrag. I åratal hade Goebbels varnat tyskarna för vad som skulle hända om de tvingades möta en bolsjevik öga mot öga. Nu var det ögonblicket här och Irmgard trodde att deras sista stund var kommen.

Det talade hygglig tyska och kunde göra sig förstådda. Vi var mycket rädda och de hade all möda i världen att hyscha ner oss och tala om att de inte var farliga. De hade kommit gående längs vägen och stannat vid första bästa hus. Nu förklarade de att de var vänligt sinnade, men mycket hungriga och de hade tagit med sig en fryst kalkon. Kunde ”matka” laga till kalkonen tills nästa kväll? undrade de. Det lovade mamma att göra. Vi barn blev tillsagda att hålla tyst och inte yppa ett ord om besöket för grannarna, för då kunde vi bli angivna för att ha hjälpt fienden.

Nästa kväll kom ryssarna tillbaka för att äta sin kalkon. De ställde sina gevär i farstun. Den ene hade sin bajonett på. Det andra geväret var mycket långt och såg jättekonstigt ut, tyckte jag. Jag vet inte vad det var för ett gevär.[380]

Mamma skickade ner mig i källaren för att hämta grytan med potatis som hon hade skalat tidigare. I vanliga fall skalade vi inte potatisarna utan borstade dem bara, men nu ville mamma göra sig till lite. Kalkonen hade hon fyllt med katrinplommon, äpplen och sådant som jag hämtat i matkällaren.

”För Guds skull, säg inget”, förmanade mamma oss barn och sa åt oss att springa ut och titta om vi mörklagt ordentligt, så att ingen kunde se in. Soldaterna åt och pratade viskande med mamma. De berättade om fronten och talade om vad de hette. De pratade om sina familjer och den ene avslöjade att han var tyskättad. Jag kommer ihåg att han nämnde ”Weissrussland”, Vitryssland.

”Var är far i huset?” frågade de.

”Han är saknad sedan förra krigsvintern”, svarade mamma. ”Han försvann vid reträtten från Tjernigov vid Dnepr och ingen har hört något ifrån honom sedan dess.”

Ryssarna talade om att det fanns si och så många ryska militärer i skogen och sa till mamma att ta barnen och försvinna. När som helst kunde det bli ett angrepp. Efter maten fick ryssarna varsitt glas honung som jag hämtat. Sedan gjorde mamma korstecknet för dem och så försvann de ut i mörkret.

Följande dag flydde byborna med häst och vagn på grund av att striderna blossat upp alldeles i närheten. Ryssarna sköt redan mot byn från en skog ett par kilometer bort. Jag och min familj ingick i en grupp på tolv bybor som slutit oss samman för flykten, men vi hade inga planer på att fly så långt. Redan i nästa skog inrättade vi oss i en jordkoja som vi grävde tillsammans i den frusna marken. Över gropen lades slanor som täcktes med ris och jord. En fältkamin gav oss värme och möjlighet att koka potatis. Hästarna och vagnarna ställdes upp bredvid kojan.

På kvällarna gick någon eller några av de vuxna tillbaka till byn för att hämta konserverad mat, mjölka korna eller släppa loss kreaturen så att de fick söka mat på egen hand. Men en morgon när jag skulle gå upp för att uträtta mina behov var hästarna borta. Någon i vår grupp påstod att de försvunnit redan under gårdagskvällen. Jag såg några militärer röra sig en bit bort, men de upptäckte inte mig.

”Vad soldaterna ser konstiga ut”, sa jag till mamma. Jag berättade att de hade lindor runt benen och pickelhuvor av filt. Då förstod de äldre i vår grupp att vi var omringade. Soldaterna jag sett var också ryssar! Vi måste hålla oss lugna och fick inte elda i kaminen. Där satt vi tysta i några dagar och frös. Det var högt med snö och ingen upptäckte oss.

En dag var det solsken och då tilläts vi barn att vistas utanför. Ryssarna var borta. Plötsligt kom en tysk militär med två vinklar på ärmen.

”Varifrån kommer du?” undrade han.

”Vi bor här”, svarade jag.

”Ni gör *vad*?!” gapade han och bad mig hämta mamma.

”Är ni alldeles vansinniga? Stick genast härifrån”, röt soldaten när hon kommit upp ur vår bunker. Men mamma hade inga planer på att ge efter.

”Jag har minsann flytt en gång tidigare under mitt liv, under förra världskriget. Då behövde vi bara fly två byar bort och sedan kunde vi komma tillbaka. Förresten spelar det ingen roll om vi lever under tyskar eller ryssar. Huvudsaken är att vi är hemma!” sa hon.

Soldaten fick gå med oförrättat ärende.

Tidigt på eftermiddagen kom det en officer med silver runt kragen och han var mycket barsk mot oss. Vi måste därifrån, sa han.

”Vi gör som vi vill”, svarade mamma trotsigt. ”Det är våra liv och vill vi offra dem så gör vi det. Vi orkar inte fly.”

Vi hade en kvinna som var nyförlöst samt två franska krigsfångar som jobbat i byn och som vi gömde hos oss. De fick inte beblanda sig med tyskar, enligt reglerna, men de hade blivit våra vänner och ville stanna hos oss. Men framåt kvällen kom ett flertal militärer tillbaka, dels den arge officeren, dels hans kalfaktor eller stövelknekt. Jag minns att jag bara glodde officeren på stövlarna – jag har aldrig sett så blankpolerade stövlar i en skitig skog.

”Ni ska vara borta inom en timma. Annars kommer vi att skjuta er. Inga civilister får överlämnas åt ryssarna”, beordrade han.

Officeren uppgav att ryssarna stod i en ort bara två kilometer bort och det återstod inget annat än att ge sig av. Eftersom hästarna var borta kunde vi bara ta med oss det som gick att bära. Vi tvingades pulsa fram genom snön rakt över fälten och åkrarna, på grund av att vägarna i stridsområdet inte

> fick användas av civilister. Vandringen gick till Heiligenbeil, som var ”Kreisstadt”, det vill säga distriktets huvudort. Där fick vi höra att Röda armén hade skurit av Ostpreussen.[381]

Enda utvägen för många ostpreussare var en 15–18 kilometer lång vandring över isen på strandsjön Frisches Haff till den långsmala landtungan Frische Nehrung, på vilken flyktingarna kunde vandra eller rulla vidare västerut förbi de ryska ställningarna på fastlandet till Danzig och vidare till Pommern. De kunde också välja att gå österut på landtungan till Neutief, där färjor skeppade över dem till Pillau på andra sidan sundet. Den förstnämnda vägen användes oftast av dem som kom med vagn och ännu hade tillhörigheter att rädda.

Frische Nehrung, som av polackerna idag kallas Mierzeja Wislana, är en märklig naturformation, en mellan en och tre kilometer bred samt 60 kilometer lång sandvall som inneslöt strandsjön Haff (Zalew Wislany) vid Danzigbukten. Med början väster om det dåtida Elbing sträckte sig landtungan österut parallellt med kusten ända bort till Neutief-Pillau, där endast ett smalt sund förband Haff med havet. Sanddynerna och de vindtuktade skogarna på Frische Nehrung var i fredstid omtyckta utflyktsmål för hundratusentals semesterfirare från när och fjärran. Små ångbåtar hade fört badgästerna över den lätt krusade vattenspegeln till Kahlberg, Narmeln eller något annat av de pittoreska små fiskelägena eller badorterna på landtungan. Men fiskegubbarna hade stor respekt för de här farvattnen, som också kunde vara mycket förrädiska med rasande höststormar och lömska strömmar.

Detta sommarparadis blev vintern 1945 en förtvivlans skådeplats, men på samma gång symboliserade Frisches Haffs is en slags hoppets bro för var och en som beträdde den. Så länge isen höll utgjorde denna plats vid sidan av Pillau den största samlingspunkten vid ostpreussarnas uttåg.

·

Oroligt kastade de flyende blickar både mot det till synes ändlösa istäcket framför dem och mot den röda horisonten inåt land. Hur långt försprång hade de framför fienden? Hur länge höll fronten?

Den tyska 4. armén, numera under generalen Friedrich Wilhelm Müllers befäl, utkämpade en desperat dödskamp i mellersta Ostpreussen och bildade en ständigt krympande halvcirkel med staden Heiligenbeil som centrum. Armén bestod numera av sex armékårer med ett tjugotal åderlåtna divisioner.

Från cirka 350 000–400 000 man krympte armén under februari månad samman till ungefär 150 000[382], vilka hela tiden var hårt ansatta av sju fientliga arméer. Müller följde bokstavstroget Führerordern att slåss om varje kvadratmeter mark, vilket oundvikligen ledde till att denna ursprungligen mäktiga styrka offrades på ett militärt helt meningslöst sätt. Bland hans soldater fanns det naturligtvis fortfarande nazistiska fanatiker, men de flesta soldaterna genomskådade situationens hopplöshet. Ändå fortsatte soldaterna att slåss med en oerhörd förbittring, vars like sällan skådats, och det av en orsak som varje ”Frontschwein” kunde ställa upp på, nämligen att hålla flyktvägen öppen för de cirka en miljon civila som troddes finnas kvar i säcken.[383]

Leden av soldater som skyddade civilbefolkningens uttåg tunnades emellertid ut alltmer på grund av fiendens oupphörliga attacker, men även om de tvingades tillbaka steg för steg lyckades de ändå hålla samman ytterligare några värdefulla veckor. Därmed hade värdefull tid köpts för hundratusentals människor.

·

Det fanns emellertid fortfarande ostpreussare som vägrade att fly och höll sig kvar hemmavid i det längsta. I Bartenstein såg 18-åriga Ursula Lowsky på när staden tömdes på folk, vilka uppslukades av det allmänna lämmeltåget mot norr och nordväst. Charkuteriet som hennes mor Frieda drev på Rastenburgstrasse var den sista butiken som höll öppet och följaktligen det enda ställe dit de få kvarvarande invånarna kunde gå för att köpa mat. Modern ville inte överge familjeföretaget och hemmet utan trodde att allt skulle vända till det bättre i sista stund.

Även Ursula stannade kvar, för hon skötte bokföringen och ville inte lämna sin mor i sticket. Hennes håg stod egentligen till konsthögskolan i Königsberg, där hon hoppades få börja studera snart, men innan hon kunde ägna sig åt målandet måste hon lära sig ett ”hederligt” yrke, hade hennes mor bestämt. Bokföring var rejält – måleri var däremot lite suspekt, menade modern. Nu såg det dock ut som om hela provinsen var på fötter och Ursula visste inte hur det skulle bli med konststudierna eller framtiden överhuvudtaget.

> Våra fyra franska krigsfångar som skött ruljansen i slakteriet istället för våra inkallade anställda, hade redan transporterats iväg. Alla krigsfångar hade transporterats iväg först, därefter de krigsdugliga männen och allra sist kvinnor och barn, berättade en bekant som bevittnat evakueringen.

För varje dag tilltog beskjutningen av staden och kunderna blev bara färre. Nätterna tillbringade vi i källaren, dit de värdefullaste ägodelarna flyttats ned. En kväll i början av februari skakades källaren av en fruktansvärd smäll. Hade granaten träffat huset? undrade vi. Fanns det något kvar? Brann det? Var vi instängda? Verkmästaren gick upp för att se efter vad som stod på och han kom snabbt tillbaka. Det var ett av grannhusen som hade träffats och börjat brinna, sa han, men han var mycket uppjagad av en annan orsak. Han hade också stött på tyska militärer på gatan. "Är ni kvar?" hade de förvånade soldaterna frågat honom innan de avslöjade att de stod i begrepp att spränga bron över Alle och dra sig tillbaka.

På ett ögonblick fattades beslutet att fly. Det allra nödvändigaste var redan nedpackat och nu stuvades det sista ner i största hast. När vi samlades ute på backen hade verkmästaren och hembiträdet fått med sig en väska var, medan vår familj, dvs. min mor, jag och mina tre yngre bröder, bara fått med oss en enda väska tillsammans. Vår gengasdrivna bil stod i garaget, men den ville inte starta när jag försökte få igång den. Istället selade vi hästen och plockade fram fjädervagnen. Den var avsedd för finåkning och kunde inte bära några större laster, men det var vår lycka att vi tog vagnen, för med bilen hade vi inte kommit fram. Vägarna var nämligen reserverade för militärtransporter, och flyktingarna fick ta sig fram vid sidan om.

Bartenstein låg nästan mitt i Ostpreussen och det var långt till kusten, cirka 70 kilometer, men jag gick praktiskt taget hela vägen till fots i den hårda vintern. Mamma fick ett gallstensanfall och tvingades ligga på en bale i vagnen, där också min yngste bror Theodor, nio år, fick plats. Verkmästaren satt på kuskbocken, men han drabbades av blåskatarr och måste stanna stup i kvarten för att pinka. Det var lite komiskt. Jag, hembiträdet, min äldste bror Reinhardt, 16 år, och mellanbrodern Berthold, 14 år, pulsade fram i snön bredvid vagnen nästan hela tiden.

Det var bara att följa strömmen. Framför oss såg vi ryggarna på de flyende människorna i en oändlig rad i snön. Bakom oss såg vi inte heller något slut på kolonnen. Det var människor som kämpade sig fram till fots, ibland med barnvagnar eller handkärror, och bönder med hela hushållet på stora bastanta skrindor. Stadsborna hade ju för det mesta ingen möjlighet att ta med sig mer än de kunde bära. De kunde få åka med på de stora lassen om bönderna var snälla, men det var inte alltid på det sättet.

Vi tog en dag i taget och jag kan inte säga exakt vilken väg vi gick, för jag brydde mig aldrig om att ta reda på namnen på orterna vi passerade. Vi tänkte bara på att klara livhanken och få i oss lite mat för dagen. Var och en är sig själv närmast, det såg jag tyvärr många exempel på under den här flykten. Och så tänkte vi att det här inte kunde vara för gott. Snart skulle vi få återvända hem, om inte annat så när kriget var över, trodde vi.

Vi var helt utlämnade åt oss själva under den här flykten. Det fanns

> ingen mat att få. Flyktingorganisationen fungerade inte. Det fanns nästan ingen hjälp att få i husen utefter vägen. Ingen brydde sig, utan alla fick klara sig bäst de kunde. Jag såg också hur en del flyktingar gick in i tomma hus och stal värdesaker, bara för stjälandets skull. Någon nytta kunde de ju inte få av sakerna. Det var så skamligt, tyckte jag.
>
> Till sist kom vi ut vid Frisches Haff, förmodligen vid Heiligenbeil, och vi såg hur ormen av människor fortsatte från land rakt ut på isen, som ett lämmeltåg. Här och där längs kusten syntes enstaka militära posteringar och ryska flygplan dök ner och sköt med kulsprutor mot den oskyddade folkmassan på stranden. Planen flög så lågt att mynningsflammorna syntes tydligt och det gällde att hoppa åt sidan för att inte träffas av kulorna som slog ner – om det gick att flytta sig i trängseln. Det var ett grymt lotteri om vem som skulle dö eller inte i massan.[384]

Massor av folk och vagnar fyllde tillfarterna till isvägarna som iordningställts över strandsjön vid Frauenburg, Leysuhnen, Alt-Passarge, Neu-Passarge, Wachtbude, Deutsch-Bahnau och Rosenberg. Mycket snart hade tillströmningen växt lokalmyndigheterna över huvudet och det fanns varken mat, värme eller skydd att tillgå. Irmgard W. minns:

> På vägen från Heiligenbeil till Frisches Haff fylldes vägkanterna av döda hästar, trasiga vagnar, brudkistor, silverbestick – ja du kunde hitta precis allt möjligt som folk lämnat efter sig. Vi gick på vägen och fann lite rökt fläsk och sådant, så att vi kunde livnära oss. Vid stranden av Haff var det stopp och köbildning. Det hade varit en period av töväder och folk hade gått ner sig på Haff, eftersom de inte hade hållit säkerhetsavståndet till varandra.
>
> Äntligen var det vår tur. Vi blev påsläppta på isen och uppmanade att hålla avstånd till dem framför oss, men det fungerade inte. Vi hamnade i ändan på varandra ändå. Gång på gång blev vi angripna av flygplan så länge det var ljust.
>
> Därute såg vi fordon som låg halvvägs genom isen, fastfrusna. Hästhuvuden stack upp genom istäcket... Det är syner som förföljt mig genom åren. Var fanns folket som suttit i vagnarna?[385]

Vagnskolonnerna stod fyra i bredd på tillfartsvägarna till kusten. Det var besvärligt för både militär och civila att ta sig fram på grund av att armégrupp Nord förlorat nästan alla sina snöplogar under reträtten. Det fanns bara tre–fyra kvar som skulle räcka åt hela Ostpreussen.[386]

Kurt Chill, en general som flögs in från Danzig till Müllers armé för att ta över en armékår, hamnade mitt i kaoset:

Det mest skakande intrycket för mig var den oöverskådliga strömmen av flyende människor från Ostpreussen, vilken, uppblandad med tiotusentals fordon, var på väg mot Frisches Haff eller rörde sig framåt över Haffs is i kilometerlånga kolonner för att nå vägen på Nehrung. På denna dels gyttjiga, dels ännu nedisade sandväg rörde sig flyktingkolonner mot väster för att nå Weichsels lågland. Endast en enda ångbåtsfärja transporterade varje halvtimma 6–10 fordon över den breda floden. Sålunda är det förståeligt att allt större människo- och fordonsmassor dagligen stockades på Nehrung och i låglandet. Vädret var inte nådigt mot denna folkvandring, regnskurar omväxlande med snöväder ökade de fördrivnas lidande till det omänskligas grad. Och dessa olyckliga människor var oskyddade mot det ryska flygvapnets oupphörliga attacker, för även nattetid utsattes den enda möjliga evakueringsvägen gång på gång för bombangrepp. Antalet omkomna kvinnor och barn, gamla och sjuka män samt nyfödda kommer nog aldrig att kunna fastställas. Även om maten var tillräcklig, med mänskliga mått mätt, så var den psykiska påfrestningen och de fysiska ansträngningarna den största belastning som människor någonsin måst tåla. Enbart förhoppningen att undkomma de ryska soldaterna gav otaliga krafter att härda ut. Och från flygplanet såg det ändå ut som en organiserad flykt. Verkligheten var mycket grymmare än vad en mänsklig hjärna kan förstå. På så sätt innebar flykten över den utstakade isvägen på Frisches Haff ett martyrium som bara den som själv upplevt det kan förstå. Hur ofta hörde jag inte under de följande dagarna fråga på fråga, som riktades till oss soldater: ”Håller isen fortfarande?” – ”Finns det mat på Nehrung?” – ”Hur långt är det till andra sidan?”

Isen bredde ut sig långt framför dem som kom. Vagn följde på vagn. Det är viktigt att avstånden hålls för att inte utsätta isen för alltför stor belastning. Fordonen som råkar in i mörkret måste tillbringa natten på isen. De inväntar nästa dag för att inte hamna i vakarna eller på sprucken is. Det går alldeles för långsamt framåt för de flyende människorna och det är således förklarligt att flykten över det istäckta breda Haff ofta varade flera dagar och nätter, gång på gång försinkad av hästar och fordon som gick igenom isen. Majoriteten av de flyende bönderna förde med sig en eller flera kor ända till Haff, vilka var bundna vid vagnarna för att åtminstone kunna ge barnen mjölk. Men sedan visade det sig att ingen ko kunde gå över isen. Allihop blev kvar herrelösa...

Väldigt få av dessa människor anade nog att denna lidandets väg inte heller skulle vara över på länge för många av dem, efter att de kommit välbehållna över Frisches Haff...[387]

•

Under en veckas tid i slutet av januari gick det inte att nå landtungan torrskodd, därför att flottan evakuerade några halvfärdiga torpedbåtar från det belägrade Elbing, varvid en 30 meter bred isränna bröts upp. Dessutom fraktades mat och ammunition åt andra hållet till Elbings garnison som höll ut ända till den 10 februari. Ingenjörsoldater lyckades dock överbrygga rännan med svajiga träkonstruktioner, vilka kunde lyftas undan för passerande båtar. Men från och med den 28 januari, då det blivit omöjligt för skepp att anlöpa Elbing, kunde träbroarna ligga kvar och frysa fast.

Generalöverste Rendulic satte in militärpolisen för att reda upp kaoset vid kusten och hålla människoströmmen igång. Hästkärror och andra fordon måste bort från vägen vid längre vilopauser så att bakomvarande kunde komma förbi. Fordon från bivägar måste släppas in på huvudvägen och långa kolonner undvikas på grund av faran för flygangrepp. Fältkök sattes upp för att försörja de flyende. Ute på isen slet ingenjörsoldater med att förbättra isvägarna och små träskjul med kaminer byggdes längs isvägarna för att frusna vandrare skulle kunna värma sig. Ortsbor från trakten märkte ut isvägarna med granar så att ingen skulle köra vilse när snöstormar sopade igen spåren.

Upprörda gräl utspelades när polisen tvingade vagnarnas ägare att slänga bort mödosamt medförda ägodelar och livsmedel så att fler kvinnor och barn kunde få åka med över isen. Berg av prylar tornade upp sig vid påfarterna: mat, husgeråd, trunkar med kläder, radioapparater, madrasser, spannar, sänglinne, resväskor, koffertar, till och med möbler fick skatta åt förgängelsen. Men ändå kunde inte alla fotvandrare få plats i vagnarna. Människor som släpade på knyten, väskor och fullastade kälkar sågs traska över isen. Bland dessa fanns allt från kvinnor med barnvagnar till brevbärare och stinsar, fortfarande klädda i sina uniformer. Alla spanade nervöst mot skyn för att upptäcka de fientliga flygplanen i tid.

Men det var inte bara från luften faran kom. Röda armén hade även rullat fram sina långskjutande artilleripjäser till kusten vid Tolkemit och Frauenburg och sköt obehindrat mot isvägarna och Nehrung. Varje kväll körde bilar längs isvägarna och samlade upp de döda, vilka begravdes i namnlösa gravar i närmaste kustby. Men tragedierna undgick inte Ursula Lowskys ögon:

> Hittills under flykten hade vi inte sett så många döda, men det ändrade sig snabbt när vi nådde Frisches Haff. Det var det grymmaste under hela resan. Det var nog inte så konstigt att de sköt mot oss och bombade flyktingkolonnerna, eftersom så många deserterade soldater höll sig dolda

> i vagnarna, och ryssarna måste ha vetat det. På nätterna brakade flera vagnar igenom isen, på grund av att de inte såg bombhålen i mörkret. Vi såg fullt av lik i vattnet.
>
> Vår färd över isen började mitt i mörka natten och det hade varit ljust i flera timmar när vi till sist nådde landtungan. Det gick i snigelfart. Isens knakande och vagnshjulens gnisslande var de enda ljud som hördes under vandringen, förutom flygplanens återkommande angrepp.
>
> När vi äntligen kommit över gick folkstormsmän runt bland flyktingarna och tog ut alla pojkar som fyllt 16 år till krigstjänst. Min äldste bror var 16 år, men på något sätt lyckades min mor förfalska hans födelseattest innan de kom fram till oss. På det viset klarade han livet.[388]

Februarisolen sken klar och vacker då Hildegard Aminde och hennes gamla mor, som var flyktingar från Allenstein, nådde isen på bondkärran de liftat med sista biten. Vid stranden möttes de av officerare som dirigerade överfarten, som började vid middagstid. Vädret hade tillfälligt blivit varmare och medförde tidvis iskallt regn. Slasket gjorde isen ännu mer förrädisk, då det blev svårt att upptäcka vakar och sprickor.

Modern, som brutit handleden, satt på vagnen medan Hildegard själv gick till fots i den tjocka snösörjan som rann ner i stövelskaften. Några vagnar svängde av från isvägen för att försöka komma fram snabbare på egen hand, men det var rena dödsfällan. Överallt fanns det bombhål dolda av ett bedrägligt tunt islager. Hela ekipage försvann i djupet på ett ögonblick utan att någon kunde undsätta dem.

Klockan åtta på kvällen nådde Hildegard äntligen Frische Nehrung och nästa morgon satte bonden av henne och hennes mor vid ett flygfält, men inte heller där kunde de stanna. Soldater satte dem på andra förbipasserande vagnar och resan fortsatte. Hästar som dödats av kulspruteeld låg i vägkanterna, men Hildegard orkade inte reagera över vare sig det eller de återkommande flygangreppen. Från den lilla badorten Kahlberg gick det brant nedför och hästarna som drog vagnen, med vilken modern reste, störtade i halkan. Bonden hoppade av och vagnen föll ned för en fyra meter hög sluttning och landade med hjulen uppåt. Lyckligtvis var det en vagn med brädtak och Hildegards mor kunde kravla sig ut levande när soldater lyfte vraket. Marschen över landtungan var lika fruktansvärd som isresan.

> Vid vägen låg det berg av bagage, som människor hade kastat bort. Amputerade soldater stod med sina blodiga stumpar i snön och bad bönderna att få

åka med. Men sällan förbarmade sig någon. De hade utlänningarna, polacker och fransmän, på vagnarna. Denna väg kommer jag aldrig att glömma under min livstid![389]

På Frische Nehrung gick det inte att stanna. Det var det nålsöga som de hundratusentals flyende måste igenom för att komma ut ur säcken, men på den enda riktiga vägen rullade nästan bara militärtransporter. Flyktingarna tvingades kämpa sig fram på en usel skogsväg, där det knappt fanns plats för två vagnar i bredd. Varje axelbrott eller hjulhaveri gjorde att det blev tvärstopp för alla. En hel dag kunde gå utan att flyktingarna kommit fram mer än någon kilometer. Människoströmmen tog därför även två alternativa vägar, dels längs stranden, dels 300–400 meter ut på isen parallellt med landtungan. Några hade tur och kunde få plats på någon av flottans små farkoster som angjorde fiskelägena vid kusten för att hämta folk.

Militären gjorde stora ansträngningar för att underlätta evakueringen. Uppemot 7 000 ingenjörsoldater täckte sandvägen på Nehrung med plankor på tre–fyra veckor för att få den att bära bättre. Även en provisorisk smalspårig järnväg byggdes och cirka 30 000–40 000 vagnar omdirigerades österut till Neutief-Pillau. Under några dagar satte Rendulic vidare in ett hundratal lastbilar för att transportera 50 000–60 000 flyktingar som samlats under bar himmel vid Narmeln. Flottan ställde i ordning 30 000–40 000 ton skeppslastutrymme vid Pillau för att föra dessa människor i säkerhet.[390]

Irmgard W. hade satt tilltro till ett felaktigt rykte om att ryssarna redan intagit Danzig och gick följaktligen på måfå österut till Neutief.

På vägen mötte vi en militär lastbil som endast hämtade upp gamla människor och kvinnor med många barn, men mamma hade ju bara oss två flickor. Jag vet inte vad som flög i mig, för jag höll mig i hasorna på en tant med många barn och blev upplyft på bilen tillsammans med dem. Precis när de skulle klappa igen luckan till flaket skrek jag: ”Här sitter jag, men mamma och min syster står kvar därnere!” På så vis fick de också komma upp. Att jag vågade göra något sådant!

På det guppande lastbilsflaket nådde vi Neutief längst ut på Nehrungs spets och kunde åka med färjan till Pillau. Därifrån fick vi snabbt lägenhet på en liten lastbåt som fraktade flyktingar till Gotenhafen.[391]

När Hinterpommern och Danzig föll i ryssarnas händer i mars vändes hela flyktingströmmen på landtungan mot öster. Vid Neutief lämnades vagnarna kvar och bönderna sa farväl till sina trofasta hästar som måste överges utan foder och väderskydd. Så småningom hamnade de i något av de provisoriska slakterierna och blev mat åt soldaterna.

•

Det finns lika många skakande berättelser om Haffs is, som det finns människor, som beträdde den. Kyrkomannen Paul Bernecker kände till en mor för vilken ”... två barn redan hade frusit ihjäl när de nått mitten av Haff, vilka hon helt enkelt måste låta ligga, med de andra båda barnen gick hon vidare, men när hon var i närheten av Nehrung hade också dessa båda barn frusit ihjäl”.[392]

Tvåbarnsmamman Lore Ehrich från Sensburg tyckte att flyktingkolonnen över isen påminde om ett långt liktåg. Ofattbart långa kolonner rörde sig under tystnad framåt genom det matta snölandskapet. I timmar satt hon på en ordkarg bondes kärra och stirrade på den svartgråa himlen när kylan sakta kröp upp i kroppen. I söder skimrade himlen röd och violett, där fronten stod i brand.

> Då det ljusnade såg man överallt flyktingkolonnernas nedkörda vrak och bilar ligga runtomkring. Några människor hade lyckats rädda sig, och fortsatte till fots. Och färden gick vidare över den spröda isen ända till Kahlberg. Barnen blev allt mattare av kylan och den sparsamma maten och ville inte alls ut ur vagnen längre. De insjuknade i en dysenteriaktig diarré, den så kallade ”landsvägssjukan”...[393]

De sårade soldaterna som kom direkt från fronten fick sällan adekvat vård, utan skumpade iväg på höskrindor eller instoppade i bondforor, nödtorftigt skylda mot snö eller regn. Hunger och törst plågade flyktingarna, för de extrainsatta fältköken förslog inte långt. Efter att förgäves ha sökt mat i Kahlberg begav sig Lore Ehrich till det nazistiska partikontoret, där det delades ut skeppsbiljetter till Danzig. Alla utom höggravida kvinnor och barnrika mödrar skickades dock tillbaka igen. Ändå var det kaos. Ännu klockan fem på morgonen satt det ilskna människor och väntade.

> Distriktsledaren skrek, skakande i hela kroppen av raseri, till och med åt svårt sårade att han skulle jaga ut dem med hjälp av polisen. ”Slå ihjäl de bruna hundarna då!”, ropade några kvinnor bredvid mig: ”Om ryssarna redan vore här skulle åtminstone våra barn kanske inte hungra längre!”[394]

Resignerad lämnade Lore rummet och beslutade sig för att gå till fots med barnen till Danzig. Till vänster om vägen skimrade hela tiden Haffs is, till höger lågskogen. Till sist nådde de det ”obeskrivligt smutsiga” uppsamlingslägret vid Stutthof utanför Danzig. Barnen Hektor och Olaf låg vid det laget svårt sjuka efter alla strapatser.

Den 20 februari kom de till Danzig och skickades till ett stort uppsamlingsläger, där de fick tillbringa ett dygn sittande på stolar, eftersom golvet var helt ockuperat av sovande. Bekanta från Danzig, som sett deras namn på en lista, hämtade dem och lät dem bo hos sig i tre veckor.

> Under de första tio dagarna tyckte vi att livet här var näst intill paradisiskt; butikerna var öppna, spårvagnarna gick fortfarande och man kunde ännu laga mat, tvätta och få värme. Och efter allting som vi hade upplevt, vad betydde lite flyglarm och vistelse i skyddsrum??![395]

Vandringen över isen varade under hela februari månad. I fem veckor hölls vägen öppen för uttåget från det land som Gauleiter Koch sturskt lovat aldrig skulle falla. Samtidigt drog ryssarna samman stora infanteri- och pansarstyrkor för att förinta 4. armén. Till lycka för flyktingarna stod trupperna ännu pall för trycket, även om nästan inga nya underhållstransporter kunde komma fram till dem.

> I början kunde det tyska artilleriet svara med fem granater mot 20 ryska, senare med tre och slutligen blott med en. Det var så mycket mer tragiskt som det existerade ett överflöd av kanoner, vilka var mer till besvär än nytta under dessa omständigheter. Och drivmedlet räckte till sist endast för ett par stormkanoner och kunde bokstavligt talat bara fördelas litervis.[396]

Under februari rasade striderna längs hela Müllers front, men de upprepade ryska attackerna bröts till en början sönder i svärmar av oerhört kraftiga granater. Utifrån havet understöddes de tyska infanteristerna av de tunga kryssarna *Lützow* och *Admiral von Scheer* som skickade sina projektiler uppemot 35 kilometer inåt land, dirigerade av radioanrop från utsatta frontställningar.

Röda arméns övermakt var emellertid för stor och brohuvudet krympte alltmer. Den 8 februari gick Frauenburg väster om Heiligenbeil förlorat och tre dagar senare utrymde försvararna den länge omstridda staden Wormditt. Säcken, som i slutet av januari varit 40 kilometer vid kusten och sträckt sig 60 kilometer inåt land, halverades på ett par veckor. Ryska flygplan behärskade luftrummet och omöjliggjorde militärtransporter dagtid. Generalöverste Rendulic, som efter en tids kontakt med verkligheten kommit till samma slutsats om den hopplösa situationen som Reinhardt, försökte flera gånger förmå Hitler att godkänna en utbrytning mot antingen Königsberg eller Elbing med alla trupper. Men varje sådan begäran avvisades av Führern.

Ryskt stål och fosfor östes över de tyska positionerna, som inte längre var några försvarslinjer annat än på kartan. De överlevande soldaterna klumpade till sist ihop sig runt enstaka kvarvarande artilleribatterier och stormkanoner. Det var meningslöst att prata om divisioner, regementen och bataljoner. Till och med staberna sattes in i stridslinjen. En av Müllers kårchefer beskriver militärens vanmakt:

> Vi försvarade oss, byggde ställningar, men fick inte ge upp ogynnsamma frontutbuktningar. Under tiden förberedde fienden i lugn och ro sin offensiv, förde fram förstärkningsartilleri, byggde batteriställningar, staplade ammunition och förde slutligen fram anfallsdivisioner och pansarförband. Vi såg på, identifierade uppmarschen som flygfotografierna tydligt visade och rapporterade iakttagelserna uppåt. Ingenting hände från Hitlers sida. "Inte en enda kvadratmeter..." Våra ställningar var tunna, enbart svaga lokala reserver stod till förfogande, någon stark reserv för motanfall hade vi aldrig...[397]

Varje dag fronten höll var dock en vinst för evakueringarna. Till exempel fick, enligt säkerhetsföreskrifterna, bara 10 000 personer per dygn korsa isen från påfarten vid Leysuhnen men i verkligheten släpptes långt fler än detta antal ut på isen.

•

Franziska Hatwig, en 19-årig lotta, hade tagit farväl av sina föräldrar i Rössel för att försöka slå sig igenom i sällskap med väninnan Hedwig. Efter 14 dagars odyssé i en trång militär pansarvagn, som de fått lift med, nådde de kusten vid Braunsberg den 5 februari:

> Vid första anblicken kunde ingen se att vi båda smutsiga och uttröttade passagerare var kvinnor, för vi såg snarast ut som vilka arméesoldater som helst i våra lånade grå uniformer. Endast skäggstubb saknades.
>
> Det var lustigt att just Hedwig och jag blivit flyktkamrater. Jag var oerfaren och strängt hållen hemma, medan hon var raka motsatsen – vild och karl-

> tokig. Men eftersom vi delat rum på förläggningen i Rössel blev det bara så att vi flydde tillsammans. Vi kom varandra mycket nära under den här tiden.
>
> Vid ankomsten till kusten bestämde vi oss för att vänta en dag innan vi gick över på grund av risken för flyganfall. Och därför gjorde vi det bekvämt för oss i ett övergivet hus. Nästa morgon beträdde vi isen och då började eländet på allvar. Hittills hade vi trots allt haft det ganska bekvämt hos pansartrupperna, men nu fick vi se krigets allvar på riktigt. Under den gångna natten hade ryska jaktbombare attackerat flyktingkolonnerna på isen. Det låg halvdöda hästar överallt och spillror av vagnar, men människorna hade man redan hunnit föra bort. Just i det ögonblicket gjorde förödelsen dock inget större intryck på mig. Allt det kom senare. Vi var ju så unga och hade bara oss själva att tänka på.
>
> Under resan över isen fick vi sitta på öppna hästvagnar och det var så kallt att vi knappt visste om fötterna satt kvar. Det var mycket militär ute. Sårade soldater vandrade över till andra sidan på egen risk. Temperaturen låg under 20 minusgrader och många flyende frös också ihjäl på isen. Gamla och unga låg döda eller döende längs vägen utan att någon bekymrade sig om dem. Alla var avtrubbade och ville bara vidare, bort från Ostpreussen.[398]

I slutet av februari började det töa och blåsa upp stormar. Vattnet ovanpå Haffs is nådde upp till hjulaxlarna på de kärror som ännu vågade sig över utan att veta var vakarna och sprickorna fanns. En dag var plötsligt hela istäcket borta efter en vårstorm, tillsammans med alla tragiska reliker som frusit fast i den. Den vackra glittrande havsytan låg vidöppen, som om något drama aldrig utspelats därute.

·

På landtungan möttes de flyende av nya offer, enligt Ursula Lowsky:

> På Frische Nehrung kom de första rödakorsbilarna från Danzig och hämtade sårade. Hela Nehrung fick vi gå till fots och alla vagnar måste köra åt sidan på den smala vägen så fort det kom en rödakorsbil eller militärtransport. Överallt låg det små knyten med döda spädbarn. Tjälen var så hård att det inte gick att begrava dem.[399]

Förhållandena blev mycket snart olidliga därute. Förutom de 450 000 människor som tros ha nått Nehrung via isvägarna, förmodas ytterligare 200 000–300 000 personer ha skeppats över dit från Pillau för att lätta trycket på evakueringshamnen. Nöd och vidrigheter gick hand i hand:

”En polisman talade om för mig”, berättar kyrkomannen Paul Bernecker, ”att man redan krävde 50 mark för en brödskiva. Bland smuts och exkrementer förtärde människorna, som kamperade i det fria, sina eländiga måltider. Många gick under på grund av detta liv.”[400]

Franziska Hatwig och hennes färdkamrat Hedwig följde strömmen mot Danzig.

> Vi tillbringade natten i en skog, där vi satt och grät i vår förtvivlan. Vi hade ingen aning om huruvida våra familjer ännu var i livet och vi visste inte hur länge vi själva skulle orka med strapatserna innan vi också blev liggande i vägkanten.
>
> De flesta var på det klara med att de måste ta sig vidare till Danzig utanför den ryska ringen, sedan fick man se. Så resonerade vi också. Slutligen kom vi in till Danzig där allt var rena kaoset. Vi läste skyltar om att den som var folkstormspliktig skulle bege sig dit och dit, medan den som gjort riksarbetstjänst skulle anmäla sig där och där osv. Vi gick till en biografsalong som förvandlats till övernattningsställe. Därinne var det fullt av halvdöda åldringar och andra människor. Lössen kryllade och det stank obeskrivligt. Vi klarade inte av att stanna, så vi gick ut därifrån.
>
> Men hur skulle vi komma vidare? Jag vägrade att ta båten och det var jag inte ensam om. Alla hade hört talas om sänkningen av *Wilhelm Gustloff* och en del var så rädda för båtarna att de hellre valde att stanna kvar och invänta ryssarna, som de var så rädda för.
>
> Så småningom kom vi med ett lasarettståg mot Stettin. Tåget var redan överfullt, så vi hoppade upp på stötfångarna mellan två vagnar. Vi tänkte inte på hur farligt det var och blev skräckslagna när tåget började gå. I en timmas tid stod vi på varsitt ben tills sjuksystrarna upptäckte oss och drog in oss. Ingenstans i tåget gick det dock att vara. Det låg sårade överallt, till och med på toaletterna. Det var en riktig ”Lausenfahrt”, men ändå var vi lyckliga, för vi hade fått vår ”biljett” till friheten.[401]

När markstriderna ebbade ut i början av mars efter sju veckors oavbrutet vinterkrig höll 4. armén endast en 50 kilometer bred kustremsa som sträckte sig högst 20 kilometer inåt land.

Från de bakre tyska artilleriställningarna kunde soldaterna redan se solen reflekteras i Haffs vågor, som spärrade deras reträttväg. Det fanns nästan inga civila kvar att skydda, men alltjämt vägrade Führerhögkvarteret att evakuera armén. Därmed gick möjligheten förlorad att inte bara rädda soldaterna utan även de kvarvarande kanonerna och stridsvagnarna. Tredje Vitryska Frontens slutoffensiv inleddes den 13 mars och Müllers trupper låg i dödsryckningar. ”Haffs strand liknade en arsenal”, erinrade sig ett ögonvittne efteråt. Där samlades kanoner, fordon och annan materiel som måste lämnas kvar.

Österrikaren Rendulic slapp dock bokföra 4. arméns undergång i sin meritlista. Dagen före anfallet hade han skickats tillbaka till Kurland. Hans efterträdare, generalöverste Weiss, var en ostpreussare som dock inte heller kunde göra något för att rädda sin hembygd.

Kustkorridoren till Königsberg skars snabbt av med följd att inga sårade längre kunde transporteras landvägen till något av de 20–25 militärsjukhusen i Pillau. Heiligenbeil översvämmades därigenom av tusentals sårade innan också den staden hamnade i stridslinjen. Artillerigranater och flygbomber gjorde sitt. ”Hela staden var ett eldhav som man bara kunde ta sig igenom med svedda uniformer och gummirockar som krympte i hettan”, uppgav en soldat.[402]

Enbart under första dagens strider förstörde 4. armén 39 fientliga stridsvagnar, men bakom dessa stridsvagnsvrak rullade hundratals nya stridsvagnar fram. Efter tre dagar föll staden Brandenburg och fienden lyckades även åstadkomma ett lokalt genombrott vid Pörschken. Vid brännpunkterna kunde striderna mäta sig med dem i Stalingrad. Sammandrabbningarna om adelssläkten Dohnas slottsdomäner vid Waldenburg slukade 2 000–3 000 tyska soldatliv per dag och eldstriderna rasade även fram och tillbaka inne i slottets salar. Den 24 mars föll de sista delarna av Heiligenbeil och två dagar senare var den enda hamnen, Rosenberg, i fiendens händer.

Müllers ammunitionsförråd var nästan helt tömda efter en veckas strider och det var meningslöst att tala om organiserat motstånd längre. Hos exempelvis 24. pansardivisionen var alla soldater insatta i striderna, inklusive kockar och divisionsstabens officerare. De fyra återstående stridsvagnarna lyckades förinta 20 fiendestridsvagnar i en enda strid, men ryssarna förde hela tiden fram nya styrkor och tyskarna pressades allt närmare stränderna. Ingen utväg tycktes finnas för dem. Den 20 mars befallde Hitler att armén skulle fortsätta att försvara ett brohuvud vid kusten, men storamiral Dönitz gjorde en betydligt nyktrare bedömning och började dra samman alla båtar han kunde lägga vantarna på inför den oundvikliga evakueringen. Till sist gav Hitler med sig och godkände att 4. armén evakuerades till Nehrung, men först ”efter att artilleriet, stridsvagnarna, stormkanonerna och specialfordonen skeppats över”.[403] Detta var emellertid inte längre möjligt.

I slutet av månaden steg rökpelarna från kustbyarna, och resterna av Müllers armé drog sig tillbaka till den lilla Balgahalvön, varifrån utrymningen inleddes under natten till den 26 mars med hjälp av en armada av småfartyg av olika slag.

Spillrorna av 24. pansardivisionen var Müllers sista stridsdugliga styrka, vilken låg i beredskap i närheten av arméhögkvarteret. Stabsofficeren von Knebel-Döberitz var förmodligen den lägst rankade officer som fått befälet över en division under andra världskriget, även om det bara var till namnet. Han var endast major och tog över resterna av divisionen, sedan divisionschefen sårats. Den 27 mars närmade sig dock slutet för hans division och alla andra kvarvarande trupper på halvön. Major von Knebel-Döberitz har lämnat följande redogörelse för vad som hände:

> På eftermiddagen, när fienden anföll från söder längs Haffs kust och från sydväst längs vägen mellan Hoppenbruch och Balga, för att klämma ihop återstoden av 4. armén i området runt Balga, samlades divisionens sista 300 soldater under förste stabsofficerens [alltså von Knebel-Döberitz själv] och de övriga officerarnas befäl för ett oväntat flankanfall mot fienden, som ryckte fram mot Balga. Tusentals soldater, vilka tillhörde krossade enheter ur 4. armén, stannade apatiskt på stranden under de branta klippornas förrädiska skydd. Enbart överlevande från 24. pansardivisionen och 9. infanteriregementet följde divisionschefens muntliga order. De samlades runt det sista fungerande stridsfordonet, divisionens befälsvagn, för att undgå fiendens försvarseld. Därefter kastade de tillbaka fienden och upprättade en försvarsfront, vilken möjliggjorde för 4. armén att embarkera huvuddelen av de kvarvarande enheterna följande natt. Morgonen den 28 mars lyckades de sista skyddsstyrkorna ur 24. pansardivisionen dra sig tillbaka via Balga för att gå ombord på båtarna till Pillau.[404]

På morgonen den 29 mars gick de allra sista 2 530 soldaterna, 2 830 sårade och 3 300 man hjälpmanskap (”hiwis”) i båtarna.[405] Därmed var tio veckors strider i den här delen av Ostpreussen till ända. Av den en gång så starka 4. armén fanns det bara kvar 60 000 utmattade soldater och 70 000 sårade.[406]

Frisches Haff hade varit en räddningsplanka för hundratusentals människor, men åtskilliga av dem kom bara ur askan i elden. Omkring hälften av de 800 000 flyktingar som nådde Danzigbukten från öster samt ett par hundratusen personer från Warthegau blev upphunna av Röda armén vid Danzigs och Gotenhafens fall i slutet av mars.[407]

13
De stora skeppskatastroferna

Wilhelm Gustloff, en massgrav som bär namnen på tusentals unga människor, måste varna oss levande och påverka nationernas ledare på ett sådant sätt att krig, vilka medför ett outsägligt lidande för mänskligheten, aldrig kommer att kunna starta igen.
(Karl Hoffmann, överlevande)

”Nej, mamma. Han är varm än.”

Tioåriga Helga Munck kände med handen inuti den lilla filten som hängde på mammas rygg. Den var hoprullad med snören omkring, men den nyfödde pojken därinne hade inte frusit ihjäl. Han låg där och andades stilla. Ett under. Det var 20 minusgrader och de hade pulsat fram i snön i flera timmar i den hårda vinterstormen som pinade Danzigbuktens kust – en ensam mor på 35 år med sju barn, varav den äldsta bara var tolv år och den yngsta några veckor gammal. Innan gryningen måste de vara framme vid kajen, men de 20 kilometerna från Danzig till Gotenhafen kunde lika gärna ha varit tjugotusen.

Sent föregående kväll hade det knackat på dörren till hemmet – en lägenhet på Weidengasse i Danzig. Beskedet att det var tid att lämna staden på grund av ryssarnas framryckning kom som en blixt från klar himmel. Det fanns en båt som skulle föra dem i säkerhet till Kiel, som ännu inte hotades av några fientliga arméer.

Vi fick packa ihop lite saker på mindre än en halvtimma. Det var extrakläder och det allra nödvändigaste som skulle med. Och så skulle alla små väckas och kläs på. Vi barn tyckte att det var spännande, för vi hade naturligtvis aldrig upplevt något liknande. Sedan var det bara att låsa dörren och ge sig av. Vi vandrade genom snön, en grupp på cirka 50 personer som samlats för

> att gå igenom skogen. Ingen annan fick veta vad vi gjorde och det var mycket hysch-hysch. Man fick ju inte ge sig av, och konstigt nog hade vi fått reda på att det här var sista chansen, för i mars kom ju ryssarna. Jag hade med mig lite kläder och leksaker, som mamma plockat ner. En del människor kastade bort saker de bar med sig, eftersom det blev för tungt. Jag minns hur det slängdes väskor och saker, som hamnade i en liten å, för de flesta hade ju även en massa barn att hålla reda på. Mamma slängde också bort ett par ryggsäckar, som vi kunde undvara....
>
> Efter fem timmars svår marsch stod vi i folkvimlet på kajen i Gotenhafen och passagerarfartyget tornade upp sig som ett höghus framför oss. Jag vände om när jag fick syn på båten och tänkte resolut försvinna hem igen. Om inte hem, så i alla fall till mormor, som stannat kvar i Danzig. Båten var ju så skrämmande stor, tyckte jag. Mamma skrek till när jag började springa och en matros fångade mig. Jag minns att han grep mig hårt i handen och hur lättad mamma var när jag var återbördad, om än motsträvigt. Jag ville inte ombord på den båten, ville inte.[408]

Scenerna i Gotenhafen och Danzig var lika kaotiska som de i Pillau. Marianne Wineig väntade tålmodigt i den knädjupa snön på att få kliva på någon av de små båtarna som skulle föra dem ut till det stora passagerarfartyget *Deutschland* på redden i Danzigs frihamn. Stormvindarna tjöt och kön av kvinnor och barn gick att mäta i kilometer. Hos många hade krafterna redan sinat och de satt hjälplösa på sina resväskor eller i en snödriva, medan ormen av människor ringlade vidare.

> Min fostermammas syster var nervsjuk och benen vek sig på henne ibland. På kajen ville hon plötsligt inte gå ett steg till. ”Nu åker ni. Jag orkar inte”, sa hon och de andra gjorde en ansats att lämna henne. Hon hade inte varit snäll mot mig och påminde mig ofta om att jag inte tillhörde familjen. Ändå var det jag som av någon anledning sa ifrån.
>
> ”Om hon inte följer med, följer inte jag med heller”, sa jag. Hennes egen dotter Hannelore gick, men jag stannade. Det glömde hon aldrig.
>
> Det slutade med att två soldater fick bära henne ombord, och det var besvärligt när alla måste klättra via repstegar från de mindre båtarna till den större. Jag minns att det fanns matroser överallt som hjälpte till. Men det fanns de som råkade trilla i det iskalla vattnet från repstegarna och de var förlorade, för det var ingen som försökte rädda dem.[409]

Mariannes fostermor var lite förtretad över att hon inte lyckats hålla samman hela familjen. Hennes svägerska hade nämligen hittat några av sina egna släktingar med ett nyfött barn, och svägerskan tänkte göra sällskap med dessa på en annan båt – passagerarfartyget *Wilhelm Gustloff* som låg för ankar i Gotenhafen.

•

En bitande nordanvind piskade upp stora skumkaskader över Gotenhafens vågbrytare när den 35-årige sjökaptenen Harry Weller anlände från Hamburg den 27 januari för att leta upp sitt nya fartyg. På kajerna och i hamnmagasinens utkylda innandömen var tiotusentals förtvivlade människor samlade i väntan på att någon Noaks ark skulle rädda dem undan syndafloden. Bönder från fjärran byar hade flera veckors strapatser bakom sig, många av dem hade aldrig sett havet förut, än mindre varit ombord på ett skepp. De var märkta av svält och frost och en del hade hårresande historier att berätta om möten med fienden. Jagade av Röda armén, beskjutna av ryska stridsvagnar och ibland av eget artilleri, utan en aning om var en trygg plats stod att finna ställde de sina förhoppningar till armadan av båtar i hamnarna som ännu stod för ordning i kaoset. Även om landfronterna bröt samman och upplöstes en efter en, fungerade ännu flottans organisation klanderfritt.

Världshistoriens största marina räddningsoperation började under improviserade förhållanden med endast 18 fartyg, men fick snabbt en väldig omfattning. Sammanlagt gjorde 790 båtar[410] ur den tyska krigsmarinen och handelsflottan en otrolig transportinsats i Östersjön under krigets fyra sista månader – drygt två miljoner flyktingar[411] räddades sjövägen från de hotade hamnarna och brohuvudena som bildades längs kusten på grund av de sovjetiska framstötarna, närmare bestämt Pillau, Frische Nehrung, Danzig-Gotenhafen, Weichseldeltat, Helahalvön och Kolberg.

Gotenhafen var ovanligt lämpad som navet i det stora räddningsföretaget genom sin stora hamnkapacitet. Stadens egentliga polska namn var Gdynia, men den hade prompt döpts om av nazisterna till Goternas hamn, fastän den inte har någon gotisk eller germansk förhistoria. Det var en polsk pionjärstad, som hade blivit påtänkt först när kartan över Östeuropa ritades om efter första världskriget och det återuppståndna Polen fick en cirka tio mil bred korridor fram till havet. Blott ett obetydligt fiskeläge hade funnits på platsen fram till 1921, då den första grundstenen till Gdynia lades av polackerna. Denna polska livsnerv expanderade hastigt under mellankrigstiden och blev den största handelshamnen i Östersjöområdet samt en allvarlig konkurrent till Danzig. Bakom fyra kilometer av vågbrytare fanns det 13 kilometer kajer, där det lastades stenkol och trä samt lossades framför allt svensk malm, järnskrot och konstgödsel. Totalt 225 kilometer järnvägsspår fungerade som dessa varutransporters kapillärnät i hamnområdet.

På samma gång var det en tråkig stad, byggd som ett symmetriskt rutbräde med raka, breda gator. Hos besökaren ingav den ett halvfärdigt intryck på grund av de många obebyggda tomterna som låg granne med nyuppförda kvarter. Monotonin förstärktes av att staden var ett riktigt blåshål, utslängd på en flack kuststräcka där den kalla nordan hade fritt spelrum och ven i husknutarna. Under kriget hade ”Goternas hamn” blivit den tyska marinens huvudbas i Östersjön. Av de 113 800 polska invånarna kördes alla utom cirka 17 000 bort och ersattes av tyskar, dvs. huvudsakligen anställda inom marinen och deras anhöriga. Här utbildades besättningarna på de ubåtar, vilka jagade likt hungriga vargflockar på Atlanten, och övervattensfartyg kunde ligga här långa tider under ett skyddande paraply av luftvärn.

Fram till 1944 betraktade tyskarna Östersjön som sitt eget innanhav, men den bilden hade hastigt ändrats genom de sovjetiska landvinningarna i Baltikum samt Finlands utträde ur kriget. Under de månader som förlöpt sedan dess hade en intensiv konvojtrafik utvecklats i Östersjön, varvid Gotenhafen utgjorde omlastningshamn för de förnödenheter som transporterades till den avskurna armégruppen i Kurland och det belägrade Memel. Mat, bränsle och ammunition för 300 000 soldater passerade dessa kajer varje vecka, och de återvändande fartygen förde med sig trupper, sårade samt evakuerade civila till Tyskland.

Skogen av skorstenar och master i hamnbassängerna var minst sagt tät. Där fanns allt från stora lyxkryssare, åldriga pansarskepp och moderna jagare till små rostiga kolbåtar, motorpråmar och guppande fiskekuttrar, vilka alla kom att användas i den stora räddningsoperationen. Den skedde naturligtvis inte utan förluster. Från den 1 januari 1945 fram till kapitulationen sänktes 144 tyska fartyg på totalt 538 444 bruttoregisterton i Östersjön på grund av minor, flygangrepp och torpeder. Cirka 20 000–25 000 människor omkom därvid[412], huvudsakligen flyktingar, vilket trots allt var förvånande lite – omkring en procent av alla transporterade – med tanke på konvojtrafikens omfattning. Förlusterna till lands var mångdubbelt högre.

Operationen startade när krigsmarinens befälhavare, storamiral Karl Dönitz, den 22 januari gav order om att fartyg som avgick västerut från de hotade provinserna Ost- och Västpreussen skulle utnyttjas för att föra befolkningen i säkerhet. Detta gällde också den lätta kryssaren *Emden*, vars reparationer på varvet i Königsberg hade avbrutits abrupt när varvsarbetarna blev inkallade till folkstormen. Men, betonade Dönitz, ”under inga förhållanden får detta störa flottans livsviktiga strategiska operationer, som handlar om transport av trupper och förråd, samt eskorttjänsten”.[413] Med vetskapen att sjöevakueringen av civila endast betraktades som en andra- eller tredjerangsuppgift av flottans ledning framstår prestationen som ännu mer anmärkningsvärd. Vidare rådde det stor brist på kol och koks, vilket ledde till att dessa fartyg i början allenast reserverades för militära uppdrag, medan civila transporter överläts åt de numerärt färre oljeeldade skeppen. Denna ordning upplöstes dock så småningom i takt med att flyktingkonvojerna fick allt högre prioritet.

Flottan skred till verket med stor energi. Redan sex dagar efter Dönitz order hade hela 62 000 civila transporterats från Ost- och Västpreussen. Den 2 februari rapporterades att 184 780 människor skeppats ut från hamnarna Pillau och Gotenhafen, men mottagningshamnarna längre västerut var oförberedda på denna plötsliga anstormning och i Swinemünde trängdes plötsligt 47 000 flyktingar.[414]

Folk packade ihop sig under eländiga sanitära förhållanden och olidlig stank i alla upptänkliga vrår av skroven. Ohyra och epidemier grasserade lätt i de stora skeppens inre. Prästen Paul Bernecker minns, att

> på kolfartyget där vi fick en fristad fanns det exempelvis bara en toalett på 3 000 passagerare. Trots detta var vi på väg i fem dagar och nätter, tills vi steg iland i Sassnitz på Rügen efter en äventyrlig resa. Samma dag lade en lyxångare från Danzig till här, vilken förde partimedlemmar med dess anhang till Sassnitz, vilka hade gjort resan i fina kläder, med mycket bagage och fina hytter. De hade till och med tagit med sig cyklar och liknande saker, medan oräkneliga kvinnor och barn måste bli kvar i Pillau på grund av överfyllda fartyg.[415]

Skeppskatastroferna lät inte vänta på sig under denna täta trafik längs tyska Östersjökusten – katastrofer som var och en var flera gånger större än *Titanics* undergång 1912. I synnerhet skulle namnet på lyxångaren *Wilhelm Gustloff*, döpt efter en mördad schweizisk nazist, hamna på allas läppar.[416]

Det var just till detta skepps landgång som kapten Weller styrde stegen genom folkmassan. Förutom *Gustloff* höjde sig några andra oceanjättar över mängden av skorstenar: Hamburg–Amerikalinjens *Hansa* (23 130 ton) och *Hamburg* (22 117 ton) samt *Cap Arkona* (27 561 ton), som trafikerat linjen Hamburg–Sydamerika i fredligare tider. Weller, som tillhörde handelsflottan, kände till dem alla. Allihop hade de förlorat sina skinande civila färger och smetats ned med dystert maringrått. Weller och hans kollega, kapten Kohler, hade fått order att assistera på bryggan under *Gustloffs* aviserade resa västerut med militär personal och flyktingar ombord. Före kriget var denna båt på 25 480 ton ett uppskattat kryssningsfartyg som tillhörde den nazistiska Tyska arbetsfronten och dess fritidsorganisation Kraft durch Freude (Styrka genom glädje). Hon hade tagit utvalda arbetare på turistresor till både Norges fjordar och Medelhavet, men krigsåren hade hon tillbringat vid kaj såsom flytande logement åt cirka 1 500 matroser från 2. ubåtsskoldivisionen. Förberedelserna för avresan var emellertid i full gång. Fem dagar innan Wellers och Kohlers ankomst hade sjökrigsledningen bestämt att ubåtsvapnets värdefulla nyckelpersonal måste evakueras tillsammans med sin utrustning. Nya ubåtstyper höll på att tas i tjänst, vilka åter gjorde haven farliga för de allierades konvojer, och Dönitz hade därför inte råd att förlora dessa nästan färdigutbildade ubåtsbesättningar. Uppdraget hade högsta prioritet, men fartyget måste också ta med flyktingar, sårade soldater och marinlottor, bestämde Västpreussens Gauleiter Albert Forster.

Vid landgången höll två soldater vakt utrustade med stålhjälmar och kulsprutepistoler för att hindra folkmassan på kajen från att storma skeppet. Den ene av soldaterna hälsade sjökaptenerna med kommentaren att de äntligen skulle vara på väg snart, men Weller kom snart underfund med att förhållandena ombord inte var okomplicerade. Arbetet med att göra fartyget sjödugligt igen hade pågått i flera dagar, och testkörningen av maskinerna, som inte använts på fem år, var ett kritiskt moment, men det visade sig att de fungerade, även om de inte skulle klara att gå på maxfart igen. På fartygets kommandobrygga rådde vidare en märklig kluvenhet med två chefer, dels den 67-årige civile sjökaptenen Friedrich Petersen, som var fartygschef, dels kommendörkapten Wilhelm Zahn, som var chef för 2. ubåtsskoldivisionen och samtidigt *Gustloffs* militäre befälhavare. Stämningen mellan ubåtsofficerarna och handelsflottans befäl lämnade mycket övrigt att önska, vilket Weller förstod när han beträdde mässen. Mottagandet från marinofficerarnas sida var hövligt men ganska kyligt. Ubåtsofficerarna såg sig själva som marinens elit och såg ner på civilisterna från handelsflottan. De sistnämnda åt numera sin mat i hytterna, mätta på ubåtsmännens sällskap. Men Weller hann inte bry sig så mycket om dessa interna bekymmer, för det fanns många viktiga detaljer att sätta sig in i. Ett problem för skeppsledningen var att det inte fanns tillräckligt med räddningsutrustning ombord. Bara tolv av de 22 livbåtarna hängde kvar i dävertarna, och därför togs 20 småbåtar och ett stort antal räddningsflottar ombord. Förberedelserna för resan var i stort sett avslutade. Förutom den militära personalen släpptes nästan bara kvinnor, barn och äldre människor ombord. Uppemot varenda kvadratmeter på de elva däcken var upptagna av passagerare. Till sist var det bara fartygschefens kabin som var ledig, men i sista ögonblicket stuvades Gotenhafens borgmästares familj på 13 personer in där. Icke desto mindre var trängseln på *Gustloff* avsevärt mindre än på de andra fartygen i den planerade konvojen. *Hansa* hade 7 000 passagerare, *Deutschland* 12 000 och *Cap Arcona* otroliga 14 000.[417]

Den 29 januari gav kommendörkapten Zahn en lägesorientering för officerarna på bryggan. Allt bäddade för en nästan bekymmersfri resa, ansåg Zahn. Fortfarande låg de sovjetiska sjöstridskrafterna för ankar i marinbasen Kronstadt utanför Leningrad, så som de hade gjort ända sedan 1941. Han redovisade också uppgifter om att den tyska flottan fortfarande kontrollerade Finska viken och att *Wilhelm Gustloff* inte behövde räkna med att stöta på vare sig fientliga övervattensfartyg eller ubåtar. Däremot fanns det stor risk för fientliga flygangrepp, varpå några luftvärnskanoner hastigt lyftes ombord och surrades fast på däck.

·

Förmiddagen den 30 januari, dagen för avgången, såg det plötsligt inte ut att bli något av den stora konvojen. Flottans 9. eskortdivision hade inga eskortfartyg lediga och de flesta passagerarfartygen låg följaktligen kvar för ankar med släckta pannor, utom *Gustloff* och *Hansa*, som började varmköra maskinerna vid tiotiden. När röken började stiga från de båda skeppens skorstenar ringde chefen för 9. eskortdivisionens kontor i Gotenhafen, kapten Leonhardt, upp Zahn och kallade honom till ett möte. Leonhardts lilla stab, som låg i en oansenlig kontorsbyggnad, fungerade i dessa dagar som Gotenhafens ”resebyrå”. Den ställde samman konvojerna, arrangerade eskorten och utstakade vilka minfria färdvägar varje konvoj hade att ta. Leonhardt hade blivit tagen på sängen av det faktum att ubåtsdivisionens stora båtar uppenbarligen tänkte avgå utan att ens informera hamnmyndigheterna. Men kapten Zahn menade att han inte tog order från någon annan än befälhavaren för ubåtsflottan och han hade ingen lust att invänta några eskortfartyg. Oaktat att *Gustloff* inte kunde uppnå sin maxhastighet längre skulle inga fientliga ubåtar hinna ikapp henne, ansåg han. Därför nöjde sig *Gustloff* och *Hansa* med sin egen lilla eskort på två skepp, torpedbåten *Löwe* och det lilla övningsfartyget TF19, som endast var byggd för att fiska upp övningstorpeder som skolubåtarna skjutit bort.

Leonhardt kom ingen vart med ubåtsmannen som insisterade på att genast verkställa sitt brådskande uppdrag. Ingen vet helt säkert hur många som fanns ombord, men det troligaste antalet var 6 600 personer, varav:

4 974 flyktingar från Gotenhafen, Danzig, Zoppot, Elbing och Memel;
918 medlemmar av 2. ubåtsskolflottiljen;
373 marinlottor i åldrarna 17–25 år; samt
173 besättningsmän.[418]

Tar man hänsyn till könsfördelningen rörde det sig uppskattningsvis om 1 300 män, 2 200 kvinnor och 3 100 barn upp till 16 års ålder på sista resan.[419]

•

Färden såg ut att bli helt odramatisk, bortsett från det dåliga vädret som gjorde många sjösjuka. Ute härskade 18 graders kyla, med hög sjögång och stark blåst. *Hansa* tvingades stanna i Danzigbukten på grund av maskinskador, men kaptenerna Zahn och Petersen valde att stäva vidare. *Gustloff* och hennes lilla eskort lämnade bukten och fortsatte längs en av de minfria lederna utanför pommerska kusten med tolv knops fart. *Löwe* hade svårigheter att hålla farten i den oroliga sjön.

Kommendörkapten Zahn var orolig för de civila kaptenernas omilitäriska sätt att föra *Gustloff*. De höll rak kurs och relativt långsam fart, vilket var emot säkerhetsföreskrifterna. När Zahn menade att de borde sicksacka och öka hastigheten som ett försiktighetsmått för att undvika eventuella ubåtstorpeder, genmälde Petersen och den yngre av handelskaptenerna att detta var omöjligt. Framför allt klarade hon inte att gå snabbare till följd av en nödtorftigt lagad bombskada och en sicksackmanöver var utesluten på grund av skeppets otymplighet därför att maskinerna var för svaga i förhållande till skrovets längd. Diskussionen hann inte avslutas innan kaptenerna fick annat att tänka på.

Vid Stolpe Bank lurpassade den sovjetiska ubåten S-13 under kapten Marinesko på ett lämpligt byte. Tvärtemot tyska sjökrigsledningens uppfattning hade fientliga ubåtar lyckats bana sig fram till tyska hemmafarvatten och skulle från och med nu göra dem osäkra. Vad kapten Marinesko anbelangade var det mörklagda fartyget som tornade upp sig i periskopet med all sannolikhet en trupptransport med tusentals ”fascistiska” soldater ombord. Han hade både rätt och fel.

Klockan 21.16 träffade den första torpeden utan förvarning *Gustloffs* babordssida. Vaktkapten Weller var precis på väg från kartrummet till bryggan när han kastades upp i luften och slog huvudet i dörrkarmen. ”Mina!” skrek han och hävde sig över maskintelegrafen som han vred till ”stopp”. Runtomkring skrällde gälla varningsklockor. ”Vi har hamnat i ett minfält”, var hans första tanke.

Kvartermästarassistenten Heinz Schön, 23 år, hade tagit en klunk ur en konjaksflaska i sin hytt när han blev varse att något träffade skrovet med ett dovt ”wrooom”. Stöten och detonationen slungade honom in i väggen. Kippande efter andan hörde han åter ett ”wrooom” och skeppet riste på nytt. Detta upprepades ännu en gång. Tre torpedträffar! Ljuset hade slocknat och däcket verkade höja sig under hans fötter. Träffarna hade genast gett skeppet slagsida åt babord. Detonationsgaserna stack i näsan och utanför dörren hördes ett öronbedövande oväsen av människor. I ficklampans sken kunde han se att hela rummet var uppochnervänt. Tavlorna hade rasat ner från väggarna, skåpet var omkullvält och alla böcker låg huller om buller på golvet. På ett av bokomslagen stod det ”Titanics undergång”. Den boken hade han läst för bara några dagar sedan.

Paul Uschdraweit, kommunalrådet från Angerapp som numera var på flykt tillsammans med sin chaufför Fabian, hade nyss gått och lagt sig i officersmässen under kommandobryggan, vilken han delade med cirka 300 andra passagerare, huvudsakligen kvinnor och barn. Han väcktes av

> en oerhörd detonation, vilken upprepades ytterligare två gånger med 3–5 sekunders mellanrum. Jag måste först komma underfund med var jag befann mig, eftersom jag hade somnat in djupt och såg människor springa förbi mig i vild panik i det fladdrande ljusskenet, däribland kände jag också igen Fabian, som precis rusade förbi men inte reagerade när jag ropade på honom. Plötsligt efter den tredje träffen slocknade lyset och i närheten av dörrarna hörde jag de rysliga skriken öka i styrka. Jag kunde naturligtvis inte veta vad

som inträffat och trodde först på flygplan. Då kände jag när jag famlade mig fram att parkettgolvet hade höjt sig och att *Gustloff* efter bara några ögonblick lutade åt babord. Idag förmodar jag att denna slagsida inte berodde på det inströmmande vattnet, skeppet var för stort för att luta så många grader på ett fåtal sekunder, utan att den första träffen skett rakt under vårt däck.[420]

Matrosen Karl Hoffmanns första tanke var att båten kört på flera minor. Han hade vakten vid en av luftvärnspjäserna på däck:

> Jag försökte rädda några personliga tillhörigheter från min hytt på C-däck, men det var omöjligt. Den desperata massan av tusentals människor hade bara en enda tanke: att nå de övre däcken, bort från den massiva floden av vatten. De klöste sig uppåt, hänsynslöst skuffande och knuffande. De som ramlade var förlorade. Barn som gled ur sina mödrars armar trampades ihjäl. Ingen kunde hjälpa de hjälplösaste av passagerarna: gravida kvinnor och svårt sårade soldater.[421]

Uppe på bryggan vrålade kapten Weller till signalgasten att han skulle avfyra en röd nödraket. En ultrakortvågsradio på kommandobryggan hade klarat smällarna och telegrafisten började sända ut nödsignaler, trots att räckvidden var mycket kort, ”sos ångaren wilhelm gustloff – tre torpedträffar – skeppet sjunker – 6 000 ombord”. Signalraketerna och nödropet uppfattades av eskortfartygen *Löwe* och M341, vilka reläade ut det till andra förmodade fartyg i närheten.

•

Heinz Schön spottades ut som en lekboll genom dörren till däck på grund av trycket från alla människor som ville upp. Iskall luft slog emot hans ansikte och han torkade bort blodet från rivsåren han fått under kampen i trappan och drog fingrarna genom det tillrufsade håret när han försökte sansa sig. Han lutade sig över relingen vid fören och såg med bävan det stora mörka hålet i skeppssidan, där vattnet dånade in. Han bedömde att hålet var så stort att det så när hade slitit bort hela förskeppet. Gång på gång lystes kaoset på däck upp av lysraketerna som sköts upp från kommandobryggan. Skriken ville aldrig tystna. Människor rusade omkring barfota och halvklädda på det såphala däcket. Bredvid honom dök en stor bredaxlad figur upp och högg tag i hans hand när slagsidan ökade med ett plötsligt ryck. I det matta skenet av en raket upptäckte han att det var överstewarden. ”Nå, Schön, redan skrivit ditt testamente?" frågade denne godmodigt och hoppade överbord i det iskalla vattnet.

Sedan Paul Uschdraweit spårat upp sin stora fårskinnspäls bland det omkringslängda bagaget i den kolmörka officersmässen hade han lyckats öppna en lucka och stod plötsligt ute på däck.

> Jag springer fram till bogspetsen och stirrar ner i djupet under mig. Jag står så i kanske fem eller tio minuter och försöker samla tankarna. Kanske kommer fartyget att flyta och vi kan bli räddade, för kommandobryggan måste ju ha kontakt med andra båtar. Då flammar ljus upp överallt på däcken, röda spårljus jagar mot himlen, jag tittar återigen på vattnet och märker med fasa att järnbitar, ankarkättingar och allt möjligt rör sig mot bogspetsen med ett otäckt gnisslande och rasslande, och jag tycker att det verkar som om vattnet kommer närmare. Jag springer tillbaka och uppför en järnlejdare till övre promenaddäck. Här möts jag av en vild syn, människor rusar skrikande förbi mig akteröver, där skeppet höjer sig mer och mer. Vad ska jag göra för att rädda mig, ska jag försöka att komma i en båt? I så fall måste jag till övre däck och jag börjar genast springa för att nå trappan ditupp, men knappt har jag hunnit en sådär 15 steg förrän en väldig järnbit slår ner bredvid mig så att jag förfärad hoppar bakåt. Jag kommer till sans och springer tillbaka till ett ställe, där relingen går i båge åt babord runt kommandobryggan. Här blir jag stående på styrbordssidan och kommer att tänka på att jag såsom man omöjligt kan gå i någon båt. Då dyker det upp en skugga bredvid mig och båt nummer ett sänks ned i djupet, likaså båt nummer två. Slagsidan ökar. Båt nummer tre ser jag firas ned, men då börjar ett rysligt skrikande och båten välter i luften. Jag vänder mig bort, då brusar en stor våg fram och allt är förbi.
>
> Plötsligt grabbar en hand tag i min arm, bredvid mig står en kvinna med ett barn på armen, ytterligare två barn hänger i hennes kappa och hon skriker till mig: "Hjälp mig nu då, ni är ju man, ni måste ju veta vad jag ska ta mig till." Då känner jag igen min granne från mässen. Herregud, så liten och hjälplös jag känner mig, båtarna är borta och jag kommer bara att tänka på de nedisade gummibåtarna som ställts upp överallt. "Stanna hos mig, jag ska försöka att rädda er och era barn med gummibåt." "Ni är ju galen, jag kan inte gå ned i det iskalla vattnet med barnen", skriker kvinnan åt mig, "där står ni män hjälplösa och vet inte heller vad ni ska göra." Med ögon vansinniga av panik springer kvinnan vidare med barnen i riktning mot aktern. Den här scenen skakar mig, skräcken stiger inom mig, vad ska jag göra? Kommer *Gustloff* att flyta eller måste det ta slut nu? Jag stirrar på det brusande havet, min hustru kommer aldrig att få veta var jag dog…[422]

Besättningsmedlemmen Schön försökte nå livbåt nummer fem, där han skulle vara posterad i en nödsituation för att hjälpa passagerarna. Där rådde emellertid lynchstämning. En stor människomassa pressade på mot båtarna, men hindrades av två officerare och fyra matroser med skjutklara pistoler. En lång infanterisoldat i folkmassan vrålade besinningslöst: ”Frigör båten – frigör båten!”

”Tillbaka, bara kvinnor och barn ombord!” röt en av officerarna.

Soldaten försökte hoppa i den tomma livbåten, men fälldes i samma ögonblick av en pistolkula. Mannen föll i vattnet och de rasande männen längst fram i skocken skingrades. ”Mördare! Mördare!” skallade upprörda rop, men skottet hade haft avsedd verkan. Det blev en viss ordning och Schön hjälpte kvinnor och barn över relingen.

”Det är ju vansinne. Lämna 40 kvinnor och barn ensamma i en båt”, ropade han till löjtnanten som förde befälet.

”Fira iväg båten!” ropade löjtnanten tillbaka, utan att ta notis om Schön.

”Jag måste i båten, jag är styrman.”

”Det kan vem som helst säga”, genmälde löjtnanten och skakade på huvudet.

”Vill ni kanske se mitt identitetskort, herr löjtnant?”

Då officeren inte reagerade, gjorde sig Schön redo att hoppa över till livbåten, men fick genast en pistolmynning i bröstkorgen.

”Tillbaka – annars skjuter jag!”[423]

Officeren var orubblig.

•

Klockan hade blivit 21.49. Det hade gått 33 minuter sedan den första torpeden träffade. Paniken hade avstannat något, eftersom fartyget inte verkade sjunka djupare. Schön hoppades på att komma med den sista räddningsbåten, som fortfarande hängde i dävertarna. Kaptenen hade gett order till besättningen att rädda sig bäst den kunde! Det fanns fortfarande gummibåtar och flottar att ta till, men slagsmål utbröt om den sista livbåten. Bara 40 personer fick plats och ytterligare ett tiotal klamrade sig fast hängande i relingen, vilket tyngde ner båten betänkligt. Människorna i båten bankade och slog på deras fingrar tills fripassagerarna dråsade ner i havet en efter en.

Till sist hissades båten ner i långsamt tempo, följd av hundratals ögon uppifrån däck, men plötsligt genljöd ett varningsrop och folkmassan skingrades som av ett trollslag. En tung luftvärnskanon hade lossnat från sina förtöjningar och kom rutschande utför däcket, log igenom relingen med ett brak och störtade rakt ner på räddningsbåten, som precis nått vattnet. Några kvävda rop hördes, sedan försvann allt. Så snabbt kunde utsikterna till räddning förbytas i bråd död. *Gustloffs* slagsida hade blivit så brant att det inte gick att hålla sig upprätt, utan att klamra sig fast vid överbyggnaderna. Många gled skrikande över bord. Flottar kanade iväg med människor släpande efter sig. Förskeppet doppades i vattnet och skeppet vred sig ytterligare. Runtomkring Schön knallade pistolskott, när de som fortfarande bar vapen snabbt satte punkt för sina och de egna familjernas kval. En kvinna vädjade till sin make, som var en SS-officer, att skjuta henne och de små barnen, vilket denne också gjorde, men när han satte mynningen mot sitt eget huvud var magasinet tomt. SS-mannen uppslukades av vågorna efter att Schön svarat honom att han inte hade någon pistol att låna ut.

Lutad mot relingen försökte Paul Uschdraweit röka en sista cigarett innan allt var över. Cigarettpaketet hade han hittat av en slump i rockfickan.

> Jag drar ett par bloss och kastar cigaretten över bord, jag tänder nästa och först den tredje röker jag slut. Då hojtar någon till mig: ”Hur kan ni röka i denna situation?” Jag tittar upp och där framför mig står en officer från Organisation Todt[424], de båda Järnkorsen glimmar på hans bröstkorg, på den vänstra kinden ser jag några ärr. ”Ta en ni också, det är ju slut med oss.” Han skriker någonting och springer vidare. Runtomkring mig blir det allt ensammare, endast havet ryter och däremellan hörs fragment av skrik ovanifrån och akteröver. Nu skyndar blott ett fåtal män förbi mig och kastar sig i vågorna, det är inte längre så högt, jag hör ett tjut och sedan inget mer.
>
> Då släpar sig en stor gestalt fram till mig vid relingen i halvmörkret. Drällbyxorna skimrar matt och i det kritvita ansiktet stirrar två uppspärrade ögon på mig. Jag känner igen en fänriks gradbeteckningar och när jag tittar ned för att komma på det klara med orsaken till de ryckiga hjälplösa rörelserna håller han fram benet och ur den våta blodiga, söndertrasade byxan sticker en benpipa fram, från vilken det oupphörligt rinner [blod] på det nedisade däcket. ”Kompis, vad har hänt med dig?” Mellan de kalkfärgade läpparna väser han fram: ”Jag var därnere, där kom det över mig, nu är det slut. Skit!” Jag ser förskräckt efter honom när han långsamt släpar sig därifrån. Han vänder sig om en gång till och säger: ”Tusentals har drunknat som råttor därnere och jag kommer snart också att gå över bord.” Hur länge kommer det att dröja, kommer skeppet att hålla ihop i alla fall? Jag blickar åter fram mot bogen och det slår mig att det finns en förhöjning i däcket från kommandobryggan och framåt, som om fartyget ska brytas sönder på

längden. Då kommer det en våg och vågkrönet bryts inte längre av mot bogen, utan rinner undan mellan ankardelarna som ligger på back, de sju meterna ned till vattenytan är alltså borta. Jag vänder mig åt höger och klamrar mig fast vid relingen för att inte kana ned på det isiga däcket, då ser jag fyra figurer cirka fem steg framför mig och känner igen en löjtnant på axelklaffarna. Jag ropar till honom: ”Det är slut, bogen är borta.” Han rutschar handlöst till min sida… ”Släpp taget, vi ska rädda oss, kana åt babord, jag skjuter fram en flotte åt dig, men fort, annars är det för sent.” Jag släpper och glider nedför det lutande däcket förbi kommandobryggan och landar i vatten upp till magen vid babords reling. Vågen brusar tillbaka och jag vrålar av full kraft: ”Skynda er!” Då knuffar man fram gummiflotten till mig och jag griper tag i sidosnöret. Flotten, stelfrusen, slår mot mina skenben och enbart mina höga tjocka filtstövlar räddar mig från benbrott. Jag tänker inte på smärtan och då kommer också de andra fyra männen farande mot mig, hugger tag, och när jag tittar bakåt ser jag en jättevåg rulla fram, den lyfter oss högt och slungar oss mot kommandobryggans fönster. Jag tror mig se några gestalter i det fortfarande upplysta rummet och då sköljs vi tillbaka över relingen ner i vattnet. Jag vet inte hur det går till, men i det ögonblick jag åter simmade kom min livsvilja tillbaka igen och märkligt nog var all dödsångest borta. ”Ro, ro, vi hamnar i suget”, skriker löjtnanten och medan vänster arm håller fast i gummiflotten paddlar jag och de andra vilt i vattnet. Vi måste bort och vi lyckas till sist driva bort ungefär 50–75 meter. Min päls och filtstövlarna blir bara tyngre och jag ropar åt officeren att vi nog kan sätta oss upp nu, men först efter det att vi kommit cirka 100 meter bort, pressar vi oss upp och sätter oss på flotten.[425]

Karl Hoffmann simmade snabbt bort från det sjunkande skeppet för att inte dras med i djupet när båten gick till botten:

Först kände jag inte alls det iskalla vattnet. Jag högg tag i sidan på en fullastad livbåt och höll fast för glatta livet. Vad jag då såg var fruktansvärt. Barn hängde i livvästar, deras stela ben stack rakt upp. Äldre människor guppade döda omkring i vattnet. Dödsskrik och rop på hjälp fyllde luften. Två barn som fortfarande var vid liv klängde fast hårt vid mig och ropade på mamma. Jag lyfte upp dem så gott jag kunde i den överfyllda livbåten. Jag vet inte om de blev räddade senare.

Därefter märkte jag att jag domnade bort på grund av nedkylning. Jag fick tag på en liten flotte med metallhölje och försökte fortsätta simma bort från suget. Jag var omkring 50 meter från *Gustloff* och såg att akterskeppet redan var halvvägs under vattnet. Aktern började visa sig. Hundratals människor befann sig fortfarande på den, desperat skrikande av dödsskräck.

> Fartyget sjönk snabbare och snabbare. Då plötsligt, dödstystnad. *Wilhelm Gustloff* hade glidit under vågorna med de flesta av passagerarna ombord.[426]

Upplevelsen då *Gustloff* försvann kallade Paul Uschdraweit för

> den fasansfullaste under denna skräcknatt och i hela mitt liv, och aldrig mer kommer det att finnas något som kan göra mig uppskakad och driva mig till vansinne. Hittills hade jag kämpat för mitt liv, hyst fruktan och även gett upp, men nu existerade möjligheten till räddning och tankarna började klarna, och då, när vi simmade i det upprörda havet, såg vi *Gustloffs* akter resa sig som ett högt torn och därifrån ljöd skriken från hundratals kvinnor och barn, ett skrik av dödsångest, så oerhört att det inte kan beskrivas av någon som inte upplevt det. Förmodligen hade fören stött emot botten och skeppet stod fortfarande i detta läge. Skriken stegrades till ett gällt ylande när det såg ut som om fartyget skulle kantra. Löjtnanten och jag såg spöklikt på varandra i vinternattens halvmörker. Då kunde jag inte längre lyssna, jag trodde att jag skulle bli galen och skrek: ”Om det inte tar slut snart släpper jag taget.” Jag måste ha sett förfärlig ut, för löjtnanten grep tag i min axel och höll fast mig. Sedan sjönk den jättelika skuggan allt djupare och därefter blev det stilla.[427]

Strax innan fartyget gick under tändes oförklarligt belysningen igen och *Gustloff* badade i ljus. Schön urskilde människor som klättrade omkring på skrovet och överbyggnaderna likt små myror. Mistluren ljöd tills skeppet försvunnit från vattenytan. Han simmade runt bland levande och döda, men var för långt borta för att märka något sug från båten. Vågkammarna blev högre och dalarna djupare. Bredvid honom drev en död pojke. Tids- och rumsbegreppet försvann när nedkylningen tog ut sin rätt. Han försökte ta sig upp i en överfylld flotte, men blev bortmotad. En drunknande kvinna slängde sig runt hans hals och höll på att dra med honom i djupet, men han kom loss ur hennes grepp.

Karl Hoffmann urskilde en stor skugga som var på väg rakt mot honom i mörkret. Det var ett av räddningsfartygen och han skrek av sina sista krafter tills han blev upptäckt och uppfiskad. Det var den tyska torpedbåten T36, som råkat passera området tillsammans med kryssaren *Admiral Hipper*.

Paul Uschdraweit visste inte hur länge hans flotte drev runt bland kropparna i vattnet. Flotten hade börjat mjukna och gå djupare i vattnet och de skeppsbrutna fruktade att den var otät, men alla försök att ta sig över i något annat flytetyg misslyckades. Löjtnanten tvingade dem att hålla igång de stelnade lemmarna, för att inte frysa ihjäl. Uschdraweit fortsätter:

> Jag sitter och dåsar och då skriker plötsligt någon bredvid mig: ”Där, vår jagare”, och vi börjar paddla i rasande takt, först utan att veta var skeppet befinner sig. Först när en våg slutligen lyfter oss ser jag en skugga dyka upp och försvinna omkring 100 meter ifrån oss och nu kämpar alla sammanbitet och taktfast i riktning mot den. En strålkastare blixtrar till och sveper i en båge och när den kommer mot oss höjer vi armarna och vinkar. Kommer den att upptäcka oss? Där har den oss redan och släpper oss inte mer ur sikte. Vi driver snabbt mot jagaren, eftersom den ligger precis i lä och snart befinner vi oss vid skrovsidan, där vi klänger oss fast vid de hängande tamparna. Nästa våg lyfter upp oss och två av oss dras över relingen. Återigen åker vi ned i djupet och upp igen, och nu är det bara löjtnanten och jag kvar på flotten. Återigen bär det uppåt, en av oss håller i tampen, jag säger till löjtnanten att han ska släppa, men han svarar skarpt och kort: ”Iväg, jag lämnar flotten sist”, och då griper man redan tag i mina utsträckta armar och fasthållen av starka nävar flyger jag över ståltrådsrelingen och landar på det isiga däcket. Stödd av två man kommer jag på benen igen och när jag vänder mig om för att hjälpa till att få upp den siste kamraten, löjtnanten, ser jag med fasa att flotten redan befinner sig flera meter bort och på denna den siste mannen. Jagaren har satt fart och jag förs snabbt ner i en nedgång för att inte spolas över bord av vågorna.
>
> Kunde löjtnanten rädda sig? Kommer jag någonsin att få veta det? Jag har honom att tacka för mitt liv. Jag stapplar några trappsteg neråt, en dörr går upp och några matroser tar av mig de våta kläderna. Jag behåller så mycket sans att jag kan packa allt i pälsen och knyta ihop ärmarna, därefter sveps jag in i filtar och läggs som ett paket i ett nät vid väggen. Min kropp skakar i den varma luften och den övergången är värre än frysandet i vattnet. Efter kanske en halvtimma har jag återhämtat mig och ser mig om. Kvinnor, barn och några män ligger i hörnen, i mitten är matroser upptagna av att med hjälp av filtar gnugga två nakna kvinnor, vars kroppar lyser blåblekt. När jag sätter mig upp blir jag tillsagd att hjälpa till om jag orkar. På min förfrågan kastar en matros åt mig en skjorta och drällbyxor, vilka naturligtvis är alldeles för små för mig och nu deltar jag i försöken att få liv i människorna som hela tiden bärs in. Plötsligt stelnar den förvirrade hopen till, någon har slagit på radion och Führerns stämma hörs. Det är den 30 januari 1945 och det är tolv år sedan han tog över makten. Men vi hör bara några ord, sedan stängs apparaten av igen och räddningsaktionen fortsätter.[428]

Heinz Schön halades upp på T36. Han var bortom medvetande då sjukvårdarna skar av honom de stelfrusna kläderna. Karl Hoffmann var däremot vid medvetande och hörde motorerna gå upp i varv och kände torpedbåten gira skarpt in på en ny kurs. De överlevande som ännu simmade runt i vattnet såg hjälplösa hur båten styrde bort. Senare fick Hoffmann veta att torpedbåten tyckt sig ha siktat två torpeder och skyndat bort från riskområdet. Även Paul Uschdraweit erinrade sig anfallet.

> En matros sliter upp dörren till logit. ”Bli inte rädda, vi fäller sjunkbomber” och då går det ett ofantligt ryck genom fartyget och omigen och omigen, kvinnor och barn skriker och först så småningom hör man åter de räddades, och tyvärr även de döendes stön och rosslingar…
>
> Framför mig på golvet vid väggen satt en pojke i 16-årsåldern. Då och då trillade tårarna utför hans ansikte och först efter en lång stund berättade han. Han kom från Danzig, en sjömansson som hade kommit ombord tillsammans med sin mor. Då ordern kom att bara kvinnor och barn skulle sätta på sig flytvästar var han tvungen att ta av sig sin och endast modern hade sin kvar. Båda hade klarat sig under den vilda jakten till aktern och pojken hade ända till slutet varit med om hela kampen alla mot alla och när det stod klart att båten inte längre gick att rädda hade modern spänt av sig flytvästen och gett den åt pojken. Pojken hade vägrat och då hade modern sagt: ”Men pojk, om du har västen kan du ju hålla fast mig bättre och rädda mig.” Och då hade han tagit emot den! När sedan aktern sjönk med alla människor kom han ifrån sin mor i kaoset. ”Jag vet inte vad som hände, plötsligt var jag vid ytan igen. Om jag ändå inte hade tagit flytvästen, då hade mor ännu levat, jag kan ju simma.” Pojken stirrade frånvarande framför sig och tårarna rann.[429]

”Var… var är jag?” undrade Heinz Schön när han vaknade upp.

”Var bara lugn”, svarade en sjukvårdare. Han fick några rejäla klunkar ur en fältflaska och en torr uniform. Plötsligt öppnades dörren och någon bars in på bår. Tysta snyftningar hördes. En sjuksköterska stod i vägen, men Schön förnam hur det stank eter. Ett hostanfall drabbade Schön och sjuksköterskan vände sig irriterat mot honom. Då såg han kvinnan som låg på bordet och höll på att föda ett barn. Ett skrik hördes från den lilla som räddats från *Gustloff* i mammas mage och nu var alldeles nyfödd. Födslovärkarna hade börjat i den herrelösa räddningsbåten.

Samtidigt ropade en 17-årig flicka bredvid Schön hjärtskärande efter mamma.

Men ännu fanns det tid för fler under. Bevakningsbåten *VP 1703* från

Gotenhafen anlände sent på natten till katastrofplatsen, utan att kunna hitta några överlevande. I en drivande livbåt hittade matrosen Werner Fick bara två döda, en 10–15 år gammal flicka och en kvinna, som fortfarande kramade en tom svart väska. Liken fördes över till båten, men ingen av kropparna hade några identitetshandlingar. Fick klättrade tillbaka till livbåten för att hämta några filtar. ”På styrbrädan ligger också något”, ropade en kamrat till honom. Fick plockade upp byltet som var genomblött med en isskorpa på utsidan. Så kände han en liten arm, bände upp den styva filten och såg huvudet på ett barn i ett och ett halvtårsåldern. Fick sprang med byltet in i kaptenlöjtnant Hahnenfelds kabin och flottiljläkaren, som råkade befinna sig ombord, skyndade genast till. Barnet hade bara svag puls och läkaren konstaterade att det inte hade långt kvar, men efter upprepade upplivningsförsök slog barnet upp sina ögon.

”Finns det verkligen ingen hållpunkt för barnets härkomst?” frågade kaptenen.

Bara en liten blå kofta och en gummiblöja. Inget annat.

”Då tar jag barnet!” förklarade matrosen. ”Han ska heta Peter Fick.”

Peter Fick växte sedan upp i Östtyskland och blev föremål för en bitter föräldraskapsstrid mellan adoptivföräldrarna och en man från Västtyskland, som påstod sig vara barnets far och vars hustru omkommit på *Gustloff*. Sanningen om pojkens riktiga föräldrar blev aldrig klarlagd på grund av att den västtyske mannen avled innan tvisten kunde få ett slut.

•

Bara en bråkdel av *Gustloffs* passagerare överlevde. Totalt räddades 1 252 personer av nio fartyg som deltog i letandet. Flest överlevande togs ombord på T36 (564) och *Löwe* (472). Många räddade avled av nedkylning eller skador. Åtminstone 904 personer överlevde, de flesta var män, däribland kaptenerna.[430]

Nyheten om katastrofen tystades ned av myndigheterna men spred sig ändå som en löpeld i hamnarna. I Führerhögkvarteret rapporterade storamiral Dönitz personligen för Hitler om förlusten i sin vanliga kyliga ton. Storamiralens slutsats var att

> förluster togs med i beräkningen i förväg vid de omfångsrika transporterna i Östersjön och att man – hur smärtsam den enskilda förlusten än är – måste betrakta det som en särskild lycka att inte fler förluster har drabbat oss hittills.[431]

Sjöevakueringarna fortsatte.

Sänkningen av *Gustloff* hade dock inte nått passagerarnas öron på *Deutschland* som stävade ut från Danzig. Helga Munck berättar:

> Vi åkte med slagsida hela vägen och fartyget höll bara åtta knop. Farten talade de om för oss. Slagsidan kände vi och det var många som trodde att vi skulle drunkna. Men besättningen lugnade oss och sa att det inte var farligt: vi gick med slagsida för minornas skull.[432]

Slutligen nådde *Deutschland* destinationsorten Kiel och lossade sin mänskliga last. Hela familjen Munck hade klarat sig. Även minstingen i filten överlevde.

> I Kiel hamnade vi i ett stort uppsamlingsläger i en eller två månader innan vi fraktades vidare till andra bostäder. Vi var flera tusen människor som bodde i en stor hall, en sporthall. ”Kraft durch Freude” stod det ovanför ingången. Vi skulle alltså få ”styrka genom glädje” efter allt vi varit med om! Till och med mamma skrattade. Så dråpligt vi tyckte att detta var. Sporthallen var sprängfylld av människor, men vi fick mat, sängar och ett litet område att vistas på med våra tillhörigheter. Allt var i ordning. Den ”tyska ordningen” fungerade fortfarande.
>
> Det var i Kiel som vi senare fick höra att vår hemstad fallit i ryssarnas händer och jämnats med marken. Jag visste inte om jag skulle få återse min gata. Det var overkligt att tänka på hemmet som vi lämnat för alltid mitt i natten. Alla möblerna och sakerna. Lekkamraterna. Mormor… Fanns det inte någonting kvar?[433]

Konvojtrafiken antog allt större proportioner, trots den nyligen timade katastrofen. De båda ostpreussiska flickorna Dagmar och Alexa, som frusit på en liten minsvepares däck hela vägen från Pillau, urskilde snart Danzigs kustlinje.

”När vi kom till Danzigbukten var havet lugnare och då tog matroserna ned oss under däck”, berättar Dagmar Mrongovius.

> Vi fick ställa oss med en regel bakom ryggen och en bräda framför magen – det var matbordet för matroserna på båten, mer plats hade de inte. Där fick vi något att äta. Eftersom vi suttit på vindsidan hela tiden var jag hes och hade tappat allt vad röst heter. Jag kunde inte viska ens. Däremot hade min väninna behållit talförmågan. I Zoppot kom vi till kajen och släpptes i land.

På kajen bad apotekarfamiljen oss att gå längs kajen och leta efter en annan båt, som kunde ta med oss ytterligare en bit. Tåg var inte tänkbart, för det ryktades att ryssarna redan hade gått förbi söder om Danzig mot Pommern. Vi lämnade apotekarfamiljen och deras bagage och satte fart längs kajen. Så fort vi gick förbi en båt liftade vi med tummen. Min väninna pratade och jag skrattade, för jag tänkte på hur löjlig situationen var. Hon var huvudet längre än jag, hade mörkt hår, blå ögon, mörka ögonbryn och en mycket ljus hy. Och jag var som jag var: lite rund, lite gladlynt och med långa flätor. När vi gått längs hela kajen var vi tvungna att vända därför att det inte fanns någon båt som ville ta oss ombord. Då vi kom tillbaka till vår båt höll matroserna precis på att städa däcket och de var inte glada över alla spyor som låg där. Men de skrattade ändå åt oss och sa att de absolut inte kunde skjutsa oss längre bort, för de skulle tillbaka och hämta ännu fler flyktingar. Men bredvid denna båt låg det en annan, en sju våningar hög koloss. Uppe på kommandobryggan stod det en liten officer som hörde vad matroserna sa till oss. När vi tittade försiktigt upp mot den stora båten frågade han vart vi var på väg. Min väninna repeterade vår historia och jag stod bredvid och skrattade. Därefter skickade han oss till hamnkaptenen med hälsningen att vi skulle få komma ombord på hans båt, men att vi måste registrera oss på hamnkontoret först. Där träffade vi en byråkratisk hamnkapten med tjock mage, men han hade absolut ingen förståelse för två ensamma flickor som ville åka västerut och dessutom hade en hel apotekarfamilj med sig. Han skyllde på farlig last, sårade soldater och olämpligheten att ha små flickor ombord. Slokörade gick vi därifrån och återvände till den stora båten för att berätta att det inte gick. ”Det gör ingenting, damerna”, sa officeren och gav order till matrosen vid landgången att släppa över oss. Vi brydde oss inte ens om att gå tillbaka till apotekarfamiljen, utan klev bara ombord.

Det visade sig vara förstеofficeren som släppt ombord oss, utan att informera sin kapten. Officeren gick fram till kaptenen och informerade honom om att han tagit hand om två damer, men kaptenen gick i taket och skrek: ”Var har ni tänkt att vi ska göra av dem?” Men förstеofficeren, som hette Ernst von Heyne, sa: ”Inga problem, de får bo hos mig. De kan äta hos mig.” Det här var en lång karl och när vi kom till hans hytt hittade vi en stor bred säng, en byrå och en liten soffa. Officeren sa att vi fick ta slafen, för resan mellan Zoppot och Kiel skulle bara ta ett dygn. Tänk en karl som är 1,85 ligga på en soffa som kanske bara är 1,40! Och resan tog i själva verket elva dygn!

Vid utloppet från Danzigbukten tittade mastspetsen fram på en båt som gått under. Det sades att många hundra flyktingar varit ombord på den båten. Vi råkade ut för en så tjock dimma att vi måste ligga stilla ett tag vid utloppet. Under väntan formerades alla stora båtar till en konvoj med små eskortfartyg runtomkring. Vi flickor hade privilegiet att få röra oss överallt på båten, men vi var tvungna att ha flytvästar på oss hela tiden. Vi fick officerarnas mat och levde lyxliv. Jag tog det som ett äventyr, men kunde inte undgå att tycka synd om den stackars officeren som snart blev ganska ledbruten. När tjockan lättade och vi hade marschfart befann vi oss på bryggan och fick låna en kikare. Då small det plötsligt till och en båt gick under med man och allt. En enda smäll, sedan fanns det ingenting kvar. Det utbröt inte panik, men det blev ändå en viss oro, därför att alla trodde att det fanns en fientlig ubåt i konvojen. Vi hjälpte till att spana efter eventuella torpeder och periskop. Oss emellan, om jag inte hade varit religiös innan så blev jag det då. Jag såg också försteofficeren be Fader Vår. Det hördes inte, utan jag såg hans läppar röra sig. Fartyget vi åkte med var en tankbåt fullastad med olja och sårade. En smäll så hade det varit färdigt.

Konvojen sicksackade genom dimman hela vägen till Swinemünde. Dit kom vi efter åtta dagar och vi var tvungna att bunkra vatten och proviant samt lasta av en del människor och plocka upp andra. Lastningen gick bra, även om den fick ske i mörkret. Precis när vi var färdiga kom flyglarmet. Det var det mest gruvliga man kan tänka sig: att sitta på en båt när larmet går. Jag har aldrig upplevt mig vara i en råttfälla så mycket som då. Paniken kröp på en, för man kände sig inte skyddad någonstans. Alla vattentäta skott stängdes och maskinerna stod stilla. Vi bara väntade, men som tur var blev det inget flygangrepp.[434]

Efter ett par veckor bland tiotusentals människor i de iskalla hamnskjulen i Danzig-Neufahrwasser blev det äntligen Irmgard W.:s tur. *M/S Hamburg* låg och väntade, men trängseln på kajen var ofattbar.

Då vi skulle ombord puttade folk på bakifrån och ett antal människor drattade i vattnet mellan kajen och båten. Vi trängdes 16 personer i ett litet, litet rum långt under vattenlinjen. Jag fick en förlamning och kunde inte gå. Där fanns en gammal farbror som var läkare, som sa att det berodde på överansträngning. Jag tvingades på hans inrådan ligga på golvet med fötterna i vädret. En dam som fått kojplats knöt ett skärp runt mina fötter och runt min mage så att jag skulle ligga kvar. Efter några dagar släppte förlamningen och jag kunde röra mig igen.

Då gick jag upp på däck för att tigga mat av matroserna. Jag hade nästan inte ätit någonting på flera dagar, någon hade kanske fått med sig gåsflott och bröd och det hände att de delade med sig. Det var tur att jag var så ung och inte visste vad sex var, för då hade jag sålt mig utan vidare för en limpa bröd.

Ombord på båten utbröt blodig diarré, min syster blev sjuk och mamma också, men inte jag. Utanför Sassnitz tvingades vi ligga kvar ett antal dagar.

> Det var stormigt ... men vi kunde inte gå in i hamnen, därför att den var för grund för oss. Vi tvingades vänta på att mindre båtar skulle hämta oss och det tog lång tid innan vi ens kom upp på däck. Då såg vi att alla skorstenar var bortskjutna. Vi visste vad som hänt *Gustloff* och den skräcken satt i...
>
> I Sassnitz hamnade vi återigen i hamnskjul innan vi blev lastade på tåg... Vi hade tur som fick sitta i en personvagn i stället för i godsvagnarna, men det visade sig vara kallt, vi fick ingen mat och förhållandena var eländiga. Tåget stannade ofta på sträckorna... Ofta stod det rödakorspersonal och delade ut färdigbredda smörgåsar ur tvättkorgar samt vatten och te. Ett spädbarn var med på den resan och det fanns ingen chans att hålla hygienen. Man fick ta de kissiga blöjorna på magen för att de skulle torka och sedan återanvändes de. Barnet dog ändå och kastades ut genom fönstret, för man var tvungen att göra sig av med den lilla kroppen.
>
> Efter många omvägar och stillaståenden kom tåget så småningom till Schleswig-Holstein. Vid det laget hade vi både huvudlöss, klädlöss och skabb, och vi blev avlusade på ett sinnessjukhus innan vi hamnade hos en bonde i Schobie. Där upplevde vi engelsmännens inmarsch vid krigsslutet.[435]

Förlusterna på havet fortsatte och ännu fler flyktingskepp sänktes i Östersjön under de följande månaderna – förlisningar, vilka var och en överträffade *Titanics* flera gånger om. Den 11 februari sänktes den före detta lyxkryssaren *General von Steuben* på 17 500 bruttoregisterton vid Stolpe Bank av samma ubåt som torpederat *Gustloff*, trots att hon färdades från Pillau som ett vitmålat lasarettsfartyg. Hon sjönk på 20 minuter och 3 500 människor följde henne i djupet. Ingen av de 2 680 sårade soldaterna ombord överlevde. Men det allra värsta skeppsbrottet i världshistorien var passagerarfartyget *Goya*, som sänktes av ryska ubåtstorpeder utanför Stolpmünde natten till den 17 april 1945 med 6 000–7 000 flyktingar och sårade. Fartyget sjönk på 20 minuter och blott 165 personer räddades. Men i skuggan av dessa i sig ofattbara förluster fortsatte konvojerna att gå ända till krigets sista dag.

14
Pommerns fall – Zjukov rensar flanken

> Den som talar om evakuering ska spärras in!
> (Gauleiter Schwede-Coburg till befolkningen i en hotad pommersk stad.)

Generalöverste Erhard Raus visste att Pommerns öde redan var beseglat när han klev in på arenan efter den misslyckade tyska motoffensiven vid Stargard i mitten av februari. Den 24 februari efterträdde han SS-generalen Steiner som befälhavare över 11. SS-pansararmén, vilken prompt döptes om till 3. pansararmén efter Raus gamla armé i Ostpreussen. På junkersläkten von Bismarcks slott vid Plathe träffade han sin företrädare en sista gång innan denne gav sig iväg. Vi vet inte om Raus märkte att Steiner redan hade avskrivit Pommern och hade tankarna på annat håll, till exempel på sitt nya uppdrag att fånga upp desertörer och skingrade soldater i de bakre områdena på den än så länge säkra västra sidan av Oder. En annan general som mötte Steiner under dessa timmar noterade dock att denne befann sig i "uppbrottsstämning"[436], vilket förvisso inte var förvånansvärt: att ta ansvar för katastrofer har aldrig varit eftertraktat. Raus skrev senare om sig själv i tredje person på tal om mötet med Steiner: "De två befälhavarna var helt medvetna om situationens allvar. Ovädret väntades bryta ut över Pommern i vilket ögonblick som helst."[437]

Raus tvivlade inte på att befolkningen i provinsen han satts att försvara skulle drabbas av samma öde som ostpreussarna. Hinterpommern, den hotade delen av provinsen öster om Oders utlopp, hyste drygt 1,8 miljon invånare i slutet av 1944, vilka alla svävade i yttersta fara – en omedelbar fara som långt ifrån alla var medvetna om.

Redan i slutet av januari hade Zjukovs arméer överraskat civilbefolkningen i de pommerska gränsområdena i söder, men Gauleiter Franz Schwede-Coburg hade redan då vänt ryggen åt undersåtarnas olycka. Då fienden närmade sig gränsfloden Netze hade han uppenbarat sig i staden Schönlake och på ett partimöte den 25 januari högdraget deklarerat att orten inte fick överges. ”Den som talar om evakuering ska spärras in!” var hans enda besked.[438] En dag senare, när ryska stridsvagnar redan korsat Netze, höll han ett anförande på torget i Schloppe väster om Schneidemühl. Där uppmanade han de redan flyktberedda invånarna att packa upp väskorna igen, eftersom det inte förelåg någon fara. Dessutom var varje evakuering förbjuden, påminde han. Men åhörarna lät sig inte lugnas utan gav sig iväg ändå när Gauleitern åkt. Bara tre dagar senare föll Schloppe i ryssarnas händer.

Franz Schwede var en kort och mycket fet man med ett huvud som en kanonkula. Han var ingen traktens son utan härstammade från Memelområdet och hade lagt Coburg till sitt efternamn under sin tid som nazistisk borgmästare i nämnda sachsiska stad i början av 30-talet. Även om han numera mest var rädd om sitt eget skinn hade han visat prov på personligt mod under första världskriget, då han var matros i tyska högsjöflottan och dekorerades med Järnkorset efter sjöslaget vid Jutland. Nu förväntade han sig att den försvarslösa befolkningen skulle göra de yttersta uppoffringar, medan han själv inte gav avkall på sin egen bekvämlighet.

I likhet med Koch tillhörde Schwede det gamla partigardet och blev nazist redan före ölkällarkuppen. År 1934 utnämndes han till Gauleiter över Pommern och gjorde sig snart illa omtyckt i de flesta samhällsskikt genom sitt hat mot adeln, officerarna, preussarandan, kristendomen och borgerligheten. Och inte ens de mest välvilliga nazistiska skribenter kunde hitta annat än allmänt hållna propagandafloskler för att beskriva de ekonomiska framsteg provinsen gjort under hans ledning. Folkhumorn talade om ”die zweite Schwedenzeit” (den andra svensktiden), med hänvisning till de svenska knektarnas bistra uppträdande i Tyskland under 30-åriga kriget.

Även Schwedes beslutsamhet vacklade när fienden nalkades. Han var en dundrande talare, men besatt ingen handlingskraft bakom de stora orden. Men han hade en mäktig beskyddare i armégrupp Weichsels befälhavare och såg beredvilligt till att det av Himmler inskärpta flyktförbudet upprätthölls med järnhand.

Med höjd pistol tvingade hans lokale representant i distriktet Netze befolkningen, som påbörjat evakueringen, att stanna kvar hemma och överlämnade dem därmed i praktiken åt fienden. Inte sällan bröt befolkningen mot förbudet när situationens allvar stod klart för alla och envar. Några partipampar begick självmord när de för sent insåg vad de förorsakat genom sin blinda lydnad, men de flesta smög sig iväg i tysthet med familj och värdesaker. I de flesta städer och samhällen var det ropet ”rädde sig den som kan” eller kyrkklockornas larmringning som blev den första flyktsignalen, då fienden redan befann sig i grannskapet. Vid det laget hade Schwede återvänt från de hotade gränsområdena till sitt residens i Stettin.

·

Bakom ryggen på Raus soldater utnyttjade 300 000–500 000 flyktingar från Ostpreussen och Västpreussen de ännu fiendefria pommerska vägarna till Oder. Den 10 februari hade den lilla vagnkolonnen, som Alfred Adomeit och Herbert Rausch färdades med, påbörjat språnget västerut efter en dryg veckas vila i Västpreussen.

> De nedisade vägarna fick många gropar och strax före Stolp hade förvåren redan sträckt ut sina trevare. Vintervägarna hade förvandlats till fina resvägar. Från och med den 10 februari körde vi varje dag. Dagligen tillryggalades en sträcka på mellan 20 och 25 kilometer. Vi rullade igenom städerna Stolp, Köslin, Kolberg, Cammin och Gollnow. Flykten och sjappandet från ryssarna var inte lika omfattande i Pommern som i Västpreussen. Varje dag hade vår flyktgrupp satt upp ett mål för husrum och mat. I egenskap av ett litet kollektiv, fyra fordon och 18 personer, hade vi bättre möjligheter att övernatta gemensamt i små byar eller hos bönder, än vad stora flyktgrupper på tio fordon eller fler hade. Vi övernattade i stall och lador, även i bostäder och magasin. Människor och djur behövde inte stanna under bar himmel.
>
> En kvartersordning hade utvecklats i vår grupp. En eller två personer övernattade i varje fordon. För det fanns tyvärr också tjuvare och snyltare som ville bestjäla eller plundra flyktingarna. I början hade vi utsett nattvakter, men det fungerade inte. Det var säkrare att sova i vagnen.[439]

På morgnarna var det stora problemet för kolonnen att komma ut på huvudvägen igen, där det rullade en jämn ström av flyktvagnar och militärfordon. ”Det gällde att passa på när det dök upp en lucka. Det var svårt att hålla ihop vagnarna i en grupp”, minns Alfred Adomeit.[440]

På järnvägsstationerna rådde det likaså en hektisk aktivitet med ankommande och avgående flyktingtåg och militärtransporter. Överallt var människor i rörelse för att komma så långt bort som möjligt. Rykande soppkök utfodrade de hungrande, och militärpoliser letade efter desertörer eller vapenföra män att skicka till fronten. För 13-åriga Elisabeth Kloss började den dramatiska järnvägsresan på den smala Helahalvön vid västra änden av Danzigbukten. Hela, en sandig, tallskogsbevuxen landtunga med några små fiskarbyar och en liten militär hamn låg fram till 1939 i den polska korridoren och införlivades därefter i tyska Västpreussen.

Dagarna på Elisabeths barnhem i den by tyskarna kallade Hela Heide hade dittills gått sin gilla gång med skola, sträng disciplin, flagghissande och nazistiska sånger för de 40 flickorna, men också med bus, lek i skogen och härliga sommarbad. Det var ett koloniläger för stadsbarn som evakuerats till landsbygden på grund av de allierades flygräder. Förutom sällsynta flyglarm då barnen satt och darrade i skyddsrummet, var Hela ännu en fridsam oas i världskrigets tumult.

Tills en dag i februari 1945:

> Efter kvällsmaten kom lärarinnan fru Kresler och sa till oss att vi skulle fly. ”Ta bara med det allra nödvändigaste, för vi kommer snart tillbaka. Vår tyska armé ska slå tillbaka ryssarna”, fortsatte hon. Jag gick upp på vinden för att hämta saker, men jag visste inte vilka skor jag skulle ta på mig. Det var snö och kallt, så jag tog ett par kängor, även om de var för små. Och så plockade jag ihop gaffel och kniv, en handduk, en sypåse, en vante som inte var färdigstickad, min identitetsbricka, kortet på pappa, som stupat 1943, samt kortet på min bror och mig tillsammans.
>
> Nästa morgon väcktes vi tidigt och påbörjade marschen, ledda av våra båda lärarinnor, den äldre fru Kresler och den unga Margot, vars efternamn jag inte kommer ihåg. I sju kilometer pulsade vi fram genom nysnön, och mina fötter bultade av värk på grund av de för trånga kängorna. I Ziegendorf skulle vi övernatta i ett annat barnläger, men när vi kom dit var allt låst och igenbommat, för det lägret hade redan gett sig av före oss. In kom vi emellertid till sist och en eld gjordes raskt upp i kaminen. Det enda som fanns att äta för oss frusna barn var äppelmos, som vi kalasade på i stora lass, tätt hopkrupna runt den sprakande kaminen.
>
> Följande dag nådde vi tåget som stod körklart och vi flickor fick hjälpa till att lasta in det som skulle med. Då började jag misstänka att vi inte skulle vara tillbaka nästa vecka, som fröken sagt, för det lastades ombord stora korvar och massor av potatis och bröd – mat som skulle räcka länge. Sedan tog vi plats på träbänkarna i tredje klass och det ströddes ut halm på golvet. Det fanns ingen värme i vagnen, men vi var många och vi satt tätt. Vi hade

ingen aning om vart vi skulle när tåget körde igång. Vi åkte igenom Danzig med nedrullade gardiner. Det var antagligen för att vi inte skulle drabbas av hemlängtan och börja krångla.[441]

Barnen tvingades tillbringa 14 dagar på tåget innan de kunde kliva av vid slutdestinationen i Mecklenburg. Det var en resa som normalt skulle ha tagit några timmar, men det växande kaoset drabbade även de tyska riksjärnvägarna.

Vi visste inte vart tåget var på väg. Det rullade fram och tillbaka, kors och tvärs. Ibland skymtade vi namnet på någon station och fem dagar senare var vi tillbaka på samma ställe igen. Vi fick bröd och korv att äta, men ingen hade tänkt på något att dricka. Men det fanns ju istappar som hängde ner från tåget och som vi kunde bryta av och suga på. Vi sjöng för varandra för att få tiden att gå och våra lärarinnor försökte hålla oss sysselsatta. Vi läste och lekte lekar, till exempel gissningsleken ”Jag ser något du inte ser”: man skulle tala om färgen på en sak man sett i vagnen, sedan skulle de andra gissa vad det var. Snart fanns det bara korv och karameller att äta, men rödakorssystrar delade emellanåt ut bröd och mjölk på stationerna. Jag lärde mig att skrika som ett litet barn och då fick vi alltid mjölk till vår vagn av någon rödakorskvinna, som trodde att det fanns småbarn hos oss. Toaletten frös snart igen, vilket ledde till att den som var nödig fick hålla ut ändan genom fönstret, medan två andra höll fast henne. Det tyckte vi var komiskt då. Några blev sjuka och lades på näthyllorna uppe vid taket, där man annars förvarade väskorna, eller i halmen på golvet.

Ofta blev tåget stående någonstans på grund av stockningar längre fram. Då gick vi av och tvättade oss genom att gnugga oss med snön, men vi fick hålla oss strax intill tåget hela tiden, för det startade alltid utan förvarning och då gällde det att hänga med. Då och då tappade vi några passagerare som gått iväg en bit för att uträtta sina behov och inte hann tillbaka.

I Kolberg blev det stopp, därför att lokföraren, som var polack, rymde. Bredvid vårt tåg på bangården stod det ett lasarettståg med sårade soldater och vi flickor gick ombord och sjöng för dem. Några av soldaterna grät och kramade oss, de tänkte nog på sina egna barn. Efter några timmar dök en SA-man upp med en lokförare – huruvida det var den gamle eller någon ny han hittat vet jag inte – och vi kunde rulla igen. Tågresan gick vidare över Oder genom Stettin till Mecklenburg, där tåget fortsatte att kryssa fram och tillbaka. På några stationer kunde vi dock kliva av och övernatta i militärförläggningarna. I Güstrow, till exempel, fick vi mat i militärkasernerna och fick sitta i soldaternas knä. Där fick jag märkligt nog ett eftersänt brev från min mor i Danzig. Jag förstår inte hur postverket kunde hitta mig, eller om det bara var så att jag inte fick brevet av fröknarna förrän då.

Mor skrev att hon tänkte ta med min lillebror och lillasyster på båten *Wilhelm Gustloff*, och vid det laget visste vi redan att den båten sjunkit. Jag trodde att jag var alldeles ensam i hela världen. Min lillasyster var bara ett år gammal och mamma hade dåligt hjärta och kunde inte simma. Pappa hade redan stupat i kriget och jag trodde att jag stod helt själv. Jag var ensam med de här tankarna, ingen hade jag att prata med om det.[442]

I Plathe hade familjen Murawski från östra Ostpreussen levt inackorderade som flyktingar i ett litet rum alltsedan hösten 1944, men nu blev det bråttom att flytta på sig igen. Den då 17-åriga Christa-Marie Murawski erinrar sig:

När vi hörde att kriget närmade sig Pommern bestämde vi oss för att ge oss av igen. Vi hörde att ett tåg skulle avgå västerut och vi gick till järnvägsstationen och klev på. Det var sådana där boskapsvagnar och det var massor av människor ombord. Pappa vinkade av oss, för han skulle ensam köra vagnen med alla våra tillhörigheter i säkerhet. Därefter rullade tåget, men vi kom aldrig igenom, på grund av det rådande kaoset. När tåget stannade var vi tillbaka i Plathe igen. Då hade vi varit på väg i tre dagar. Sedan gick vi till fots till Mecklenburg. Emellanåt fick vi lift med vänliga människor, som tog oss med i sina vagnar. Det var en sådan röra att du inte kan tänka dig det. Man kunde hitta allting i vägkanten: hela förmögenheter och de vackraste pälsar som folk inte orkade bära med sig. Till och med människor blev liggande i dikena. På nätterna sov vi på filtar som bretts ut i festhallar och offentliga lokaler. Du må tro att vi fick löss! Vi flydde för livet och såg all militär som drog sig tillbaka. Vi var hemskt rädda för ryssarna, för vi hade hört så mycket om vad de gjorde mot kvinnor och hur de dödade folk som de trodde var kapitalister och nazister.

I Güstrow i Mecklenburg återförenades vi till sist med far, som vid två tillfällen under resan blivit tvångsinkallad i folkstormen men lyckats smita.[443]

Hänsynslöshet och egoism var lika vanligt som hjälpsamhet och barmhärtighet. En del flyende blev helt enkelt strandsatta av sina beskyddare, såsom Ottilie W., en 35-årig lantarbeterska från Västpreussen.

Jag blev tvingad att lämna vagnen på ett flygfält utanför Kolberg. Min enda väska kläder stod vid mina fötter och jag visste inte vad jag skulle ta mig till med all ilska och förtvivlan när jag såg min husbonde försvinna i fjärran med sina vagnar som var fullastade med allt från möbler till hästfoder. Bonden sa att han måste bekymra sig om sina egna barn i första hand, när han tvingade mig och de andra lantarbeterskorna samt deras barn att kliva

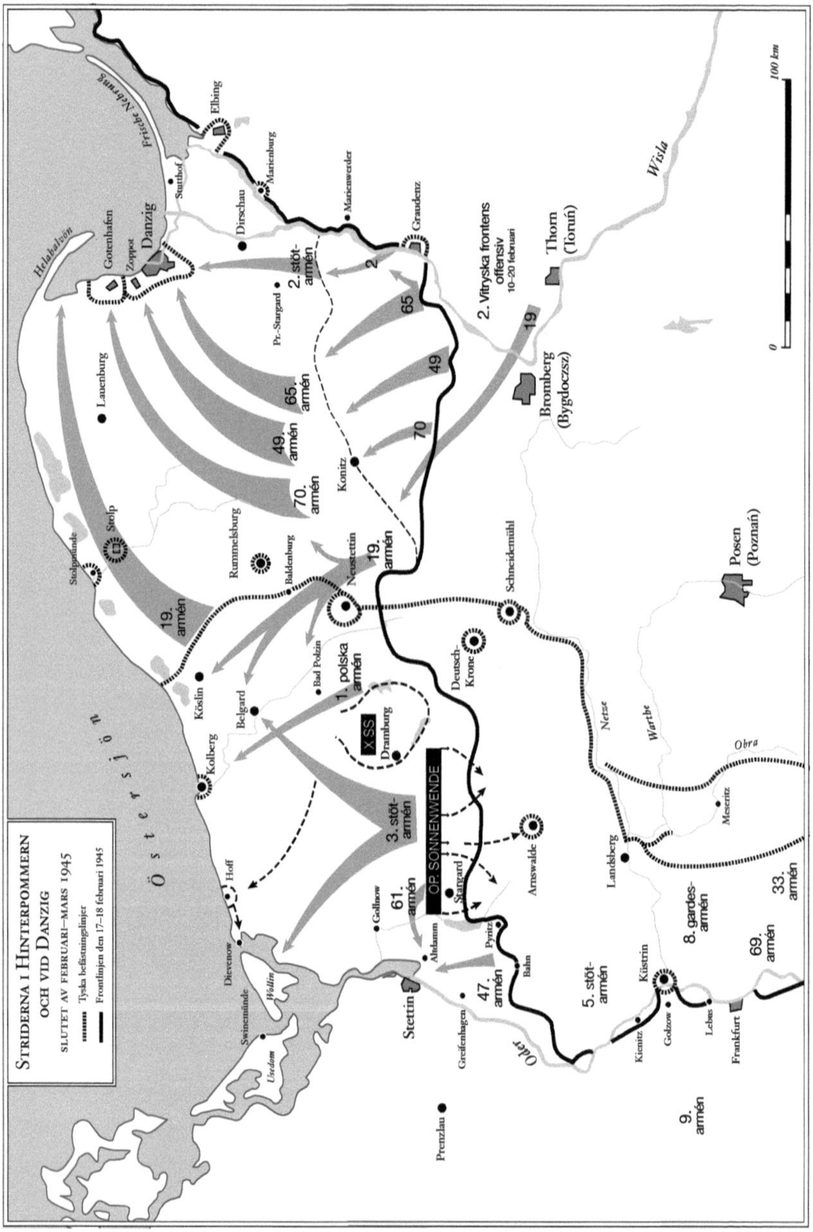
Striderna i Hinterpommern och vid Danzig
slutet av februari–mars 1945
Tyska befästningslinjer
Frontlinjen den 17–18 februari 1945
Östersjön
Helahalvön
Frische Nehrung
Elbing
Stutthof
Marienburg
Dirschau
Marienwerder
Graudenz
Gotenhafen
Zoppot
Danzig
Pr.-Stargard
2. stöt-armén
2
65
49
70
19
2. Vitryska frontens offensiv 10–20 februari
Thorn (Toruń)
Wisla
Bromberg (Bygdoczsz)
Lauenburg
65. armén
49. armén
70. armén
19. armén
Konitz
Stolp
Stolpmünde
Rummelsburg
Baldenburg
Neustettin
Schneidemühl
Posen (Poznań)
Köslin
Bad Polzin
1. polska armén
Deutsch-Krone
Belgard
X SS
Dramburg
Kolberg
OP. SONNENWENDE
3. stöt-armén
Arnswalde
Netze
Warthe
Obra
Meseritz
Hoff
Landsberg
Gollnow
61. armén
Stargard
8. gardes-armén
33. armén
Dievenow
Wollin
Altdamm
Pyritz
Bahn
69. armén
Swinemünde
Stettin
47. armén
Küstrin
5. stöt-armén
Usedom
Greifenhagen
Oder
Kienitz
Golzow
Lebus
Frankfurt
Prenzlau
9. armén
0
100 km

> av lasset. Vi stod bara tysta eller slängde glåpord efter honom när han körde iväg. Efteråt fick jag höra att han omkommit senare under flykten.
>
> Vi var många människor på det där flygfältet och alla hoppades komma med ett flygplan, men det hade snöat och de sa att flygplanen inte lyfte i dåligt väder. Då bestämde man sig för att föra oss till hamnen i rekvirerade hästvagnar. Där var fartygen överlastade av folk, men jag lyckades ändå komma ombord på en båt. ”Inte fler, vi är överfulla!” hojtades det och då kom det ändå ombord två till. Sedan lade båten ut. Under sjöresan blev vi beskjutna av brittiska flygplan, men vi klarade oss utan förluster och kom till sist till Rendsburg i Schleswig-Holstein, där vi var säkra.[444]

De bofasta i Hinterpommern befann sig dock fortfarande i stugvärmens bräckliga trygghet och följde folkvandringen från öster från köksbordet. Många intalade sig att makthavarnas löften var sanna eller ryggade inför tanken på att fly, sedan de sett de lidande kvinnor och barn som färdats från avlägsna trakter som Memel, Insterburg och Tilsit.

Generallöjtnant Kurt Chill, som övertog en armékår i Hinterpommern i slutet av februari, såg med beklagan all aningslöshet bland befolkningen, samma aningslöshet som blivit ostpreussarnas olycka:

> Genom villfarelse och propaganda av de ansvariga partiorganen felbedömde man totalt situationens allvar. Ytterligare en oöverskådlig flyktingström från Västpreussen och gränsområdena hade redan slagit sig ned i de pommerska byarna. Därtill kom den evakuerade befolkningen ifrån de bombskadade industristäderna. Bättre livsvillkor och känslan av att äntligen vara i säkerhet igen efter outsägliga kval, gjorde att många blundade för den nya annalkande faran...[445]

Återigen tornade ovädersmolnen upp sig, men underrättelseexperterna i arméöverkommandots avdelning Fremde Heere Ost (Främmande härar öst) gjorde sig skyldiga till en grav missbedömning av fiendens avsikter. I en analys som skickades till Hitler så sent som den 26 februari var FHO-chefen Reinhard Gehlen fortfarande övertygad om att ryssarnas nästa drag skulle bli det uppenbara, nämligen att fortsätta offensiven över mellersta Oder och gå direkt mot Berlin, istället för att bekymra sig om de svaga tyska trupperna på sina flanker.[446] Pommern verkade inte tillhöra de krigsskådeplatser som hade högsta prioritet för fienden.

Stick i stäv med Raus varningar drogs därför stora delar av de tyska anfallsstyrkorna bort från Pommern, just i det ögonblick då ryssarna höll på att förbereda en erövring av provinsen. En av divisionerna skickades till Danzigområdet och två till armégrupp Mitten, vars front i Schlesien nyligen brutit samman igen.

•

Vad som sedan återstod av Raus armé var fyra armékårer med totalt åtta svaga divisioner och 70 Tiger-stridsvagnar, vilka skulle försvara Hinterpommern tillsammans med generalöverste Weiss illa tilltygade 2. armé längre österut. Fienden hade däremot lyckats dölja sina avsikter så effektivt att tyskarna inte hade någon aning om att de stora sovjetiska pansarstyrkorna utanför Berlin flyttats till den pommerska fronten. Att något var i görningen hos motståndaren var visserligen en riktig förmodan från Raus sida, men han hade ingen aning om var.

Uppgiften att rensa Östersjöflanken genom en erövring av Hinterpommern och Västpreussen hade sovjetiska överkommandot anförtrott åt Zjukovs och Rokossovskijs trupper som skulle bereda vägen för stormningen av Berlin. Utan att invänta Zjukov, vilken inte hunnit omgruppera alla sina anfallsstyrkor, inledde Rokossovskijs Andra Vitryska Front sin del av offensiven på morgonen den 24 februari. Detta var första tecknet som tyska generalstaben fick på att ryssarna tillfälligt vänt blicken från Berlin, även om det inte omedelbart ledde till en omvärdering av fiendens avsikter. Efter 40 minuters intensivt bombardemang mot enheter ur Weiss armé vid Schloppe sydöst om Neustettin gjorde ryssarna snabba framsteg. En vass anfallskil sköt snabbt fram norrut mot kusten utan att tyskarna kunde hejda den.

•

På ett vidöppet fält strax utanför småstaden Rummelsburg var den 16-årige luftvärnssoldaten Erich Klöfkorn bara minuter från sin första strid på vad som skulle bli en av de mest blodgenomdränkta platserna i Hinterpommern. Eldröret på den tunga 8,8 centimeters luftvärnskanonen hade riktats mot skogsbrynet bortom bondgårdarna. Därifrån hördes det ihållande rytandet av otaliga stridsvagnsmotorer, ett spöklikt ljud som injagade fruktan hos de unga skyttarna.

Mitt batteri bestod av cirka 150 man och sex tunga luftvärnspjäser, som tillhörde Danzigs luftförsvar. Då fronten närmade sig skickades vi i godsvagnar med destinationen Sachsen, men tåget kom aldrig fram dit, för ryssarna hade redan snört åt säcken. Tåget stoppades på järnvägsstationen i Rummelsburg och vi beordrades att lasta av pjäserna. ”Frontinsats”, hette det. Vi kände inte alls till trakten, men vi fick med oss officerare som sa att vi måste försvara området. Allt gick så fort. Pjäserna sattes upp på ett fält en liten bit utanför staden. Det fanns ingen tid att bygga försvarsställningar och det var ingen ordning längre. Allt var kaos. Vi hann bara fälla ut kanonernas stödben och sedan var det dags.

Innan vi lämnade Danzig hade vi fått ut riktiga flygvapenuniformer och soldböcker. Dessförinnan hade vi bara varit så kallade ”Flakhelfer”, det vill säga hjälpmanskap vid luftvärnet med Hitlerjugends hakkorsarmbindlar, men det sades att ryssarna inte erkände ”Flakhelfer” som riktiga krigsfångar, utan sköt dem som partisaner.

Aldrig hade jag kunnat föreställa mig hur det skulle bli. Jag var fruktansvärt rädd och tänkte: ”Jag kommer aldrig härifrån med livet i behåll.” Den som säger att han aldrig gråtit i krig, han ljuger. Att sitta där i ett litet hål när bomber och raketer från Stalinorglar brakar ner – då gråter man och ropar på mamma och pappa.

Ryssarnas stridsvagnar och soldater kom emot oss. Ännu var de ganska långt borta. Vår 8,8 centimeters kanon var utmärkt att skjuta sönder stridsvagnar med: ett skott och en eldsflamma så var stridsvagnen borta. Och över infanterisoldaternas huvuden sköt vi spränggranater varvid 50 av dem strök med åt gången. Mina kompisar dog till höger och vänster om mig. Kanonmat var vad vi var, inget annat. Jag tror att 90 procent av oss omkom. Någon insåg att vi var för unga för det här och sa att luftvärnspojkarna måste bort, men då var det bara en handfull av oss kvar. Bara ett tjugotal pojkar från mitt batteri överlevde.

Gång på gång ryckte ryssarna fram. Gång på gång måste vi skjuta mot dem. Min pjäs förintade åtta stridsvagnar och för det fick jag senare Järnkorset av både Första och Andra Klass. Till en början trodde jag att jag hade blivit en stor krigshjälte, men efter kriget slängde jag bort medaljerna.

Helvetet varade i nio dagar, sedan var ammunitionen slut. Vår pjäschef, en fältväbel, hade stupat och korpralen som tagit över gav oss order att sticka. ”Nu får ni klara er själva”, sa han. Vi lät allting ligga och sprang vår väg. Tidigare hade man alltid sprängt kanonerna i luften innan man övergav dem, men det fanns inte längre något att spränga dem med – kanske använde ryssarna de här kanonerna senare för att skjuta mot oss. Jag tänkte ta mig hem till Danzig och jag lyckades också med det genom att vandra till fots och lifta med militärbilar.[447]

Den 3 mars bröt Andra Vitryska Frontens stridsvagnar den sista landförbindelsen mellan Raus och Weiss arméer, då de nådde kusten öster om Köslin. Inom loppet av fem dagar hade alltså ryssarna genom några väldiga yxhugg splittrat armégrupp Weichsel och Hinterpommern i två delar. Därigenom blev 2. armén slutgiltigt avskuren från resten av riket och pressades steg för steg tillbaka österut mot Danzig, där den mötte sin undergång. Paniken bland de tyska invånarna visste inga gränser. Återigen var det den nazistiska partiadministrationen som måste lastas med skulden, betygar generallöjtnant Chill:

> Vid striderna i Hinterpommern i mars 1945 vidtogs från partiets sida åtgärder i Schlawe, Stolp, Lauenburg och Neustadt samt många andra städer, som om en rysk ockupation inte alls låg inom det möjligas ramar. Några timmar senare blev dessa orter bombarderade av ryskt artilleri och ryska stridsvagnar, så att en panikartad flykt blev följden. Det var alltid obegripligt varför de politiska myndighetscheferna inte tog kontakt med de lokala militära staberna. Här visade det sig att partiets obrutna hegemoni gentemot krigsmakten hade en destruktiv inverkan, i synnerhet... på bekostnad av civilbefolkningen.[448]

I exempelvis Naugard fick invånarna Gauleiterns godkännande att evakuera under natten den 1–2 mars, men ordern vidarebefordrades aldrig av hans lokala funktionärer, vilka tvärtom försökte hindra människorna från att lämna staden. Men de flesta flydde likt skrämda skeppsråttor undan det framvällande vattnet.

Den 3 mars stod Rokossovskijs pansar utanför Köslin, som uppfattades som ett starkt tyskt fäste. Tolvårige Hans Wachholz i Köslin var ännu ett av de tyska barn, för vilka kollisionen mellan illusion och verklighet blev både plötslig och smärtsam. Han hade aldrig upplevt något annat än nazismen och kände inte till några alternativ till Führerns och Goebbels ord, som dagligen mässades för dem av lärarna. Så mycket mer förvirrande framstod det faktum som han ställdes för under en av de sista februaridagarna 1945. Konfunderad gick han den långa skolvägen hem till den trånga lägenheten på Konitzer Strasse 46, sedan rektorn hade stängt skolan på obestämd tid och uppmanat barnen att gå hem, utan att ge dem någon förklaring.

> När jag kom hem hade mamma fått veta att vi måste lämna staden. Närmaste stad var redan evakuerad på grund av kriget, och nu var det vår tur. Om vi inte lydde evakueringsordern skulle polisen hämta oss. Vi fick en tidpunkt

då vi skulle infinna oss på järnvägsstationen och vi kunde bara ta med oss det vi kunde bära i händerna. Allt gick så jättefort. Under gårdagen hade jag hört på radion att vi var nära segern – visserligen hade tyskarna lämnat ännu en stad, men segern var ändå nära och vi väntade alla på det "nya hemliga vapnet". Nästa dag fick jag veta att vi skulle evakueras. Jag begrep inte hur det kunde gå ihop. Tidigare på hösten hade myndigheterna uppmanat alla civilister att hjälpa till i kriget och vi skolbarn anmälde oss klassvis för att gräva pansarspärrar. Vi närde ett slags falsk optimism. Vi undrade vad det här skulle vara bra för, men tänkte sedan bara, "Jaha, det kanske är nödvändigt", utan att göra några närmare reflexioner. Man lade inte ihop ett och ett till två på den tiden. Ett plus ett blev istället tre i Tredje riket.

Vi följde strömmen av människor till järnvägsstationen. Det var min mamma Ella och jag, samt lillebror Karl-Heinz, nio år, och Edelgard, sex år. Vi visste inte vart tåget skulle, men vi hamnade först i Kolberg. Det var dock bara en mellanstation. I Kolberg skulle vi bara stanna en dag, men det blev två. Vi blev inhysta i en biosalong och det var väldigt trångt. Den var inte förberedd för att ta emot alla människor och det skreks därinne och många var hysteriska. Jag tror till och med att någon dog. Jag har ett vagt minne av hemska upplevelser där, men det mesta är förträngt. Många av människorna var äldre och någon fick en hjärtattack. Vi tog en promenad ner till vattnet, därför att vi inte stod ut med att stanna i den där biosalongen. Värre blev det därefter, för vi tvingades gå till järnvägsstationen igen, men där fanns det inget persontåg, utan vi fick klättra upp i öppna godsvagnar där golvet täckts med halm. Vi låg på de öppna flaken och det drog ordentligt när loket körde igång. Det var fortfarande kallt ute i början av mars och det snöade lite. Vi visste fortfarande inte vart vi var på väg. Under natten briserade bomber i närheten av tåget, som stannade och alla hoppade av för att ta skydd. Det blev kaotiskt när alla skulle samlas in igen. Som tolvåring tyckte jag att det hela var lite äventyrligt. Jag fattade inte det tragiska, förrän mamma senare berättade för oss barn för att få oss att förstå. Till sist nådde tåget Stralsund utan att bli angripet av sovjetiska stridsvagnar.[449]

Köslin föll den 4 mars och huvuddelen av Rokossovskijs trupper hade då redan svängt österut för att göra slut på 2. armén. En budbärare bad om företräde i marskalk Rokossovskijs högkvarter. Kuriren bar på tre flaskor med en klar vätska som skickats av pansargeneralen Panfilov. Det var en gåva från stridsvagnssoldaterna till Andra Vitryska Frontens militärråd, hälsade kuriren. Flaskorna öppnades och Rokossovskij smakade på innehållet. "Det var vatten, bräckt vatten som luktade sjögräs. Vatten från Östersjön! Vi tackade hjärtligt männen för deras fina symboliska gåva", skrev Rokossovskij i sina memoarer.[450]

Från fönstret såg elvaårige Günter Wegat skräckslagen sitt livs förste ryske soldat komma smygande mellan två grannhus, med maskingeväret i högsta hugg. Rödarmisten spanade åt olika håll innan han fortsatte framåt en bit i taget. Det var inget tvivel om att det var en ryss. Soldatens långa vinterrock räckte nedanför knäna och i pälsmössan satt det en röd stjärna.

Ryssen var på väg rakt mot hyreshuset där Günter och hans familj bott de senaste veckorna efter flykten från Ostpreussen. Bakom honom skymtade fler soldater. Platsen var Stolp i östra Hinterpommern som erövrades av Andra Vitryska Fronten den 7–8 mars. Under dagarna som föregått stadens fall hade ännu fler familjer flyttat in i hyreshuset och försökte tränga ihop sig under ett tak, i hopp om att känna sig tryggare på det viset. Men det visade sig att de allihop ändå var utlämnade åt segrarens nycker, liksom på många andra håll.

> De första ryssarna genomsökte snabbt lägenheterna i jakt på "uhri". En rödarmist kavlade muntert upp ärmen och avslöjade stolt att han hade fullt av armbandsur ända från handleden upp till armbågen.
>
> Det fanns bara kvinnor, barn och åldringar kvar i staden. De första som ryssarna tog var de gamla männen och pojkarna som var i 13–14-årsåldern. Jag själv var inte ens elva fyllda, så jag klarade mig. Ryssarna satte fångarna i stora hål i marken, vilka täcktes över så att bara en liten lucka lämnades öppen. Sedan gick ryssarna in och ut ur våningarna för att ta kvinnorna. Det hördes skrik och gråt både dag och natt. Vi var aldrig säkra. De unga kvinnorna försökte göra sig till gamla tanter genom att ta på hucklen eller måla sig. Många flickor försökte gömma sig eller hoppade ut genom fönstret när ryssarna stod vid dörren. Mor klarade sig däremot helskinnad. Jag tror att det berodde på att ryssarna var väldigt barnkära, och vi var ju som sagt fem syskon. De strök oss över håret och ibland lyfte de upp oss i sina knän. De visade mycket tydligt att de tyckte om barn.
>
> Mitt möte med en av rödarmisterna som intog staden höll dock på att bli mitt sista. Mongolerna var särskilt farliga. En småväxt soldat med kinesiska ögon kom in och radade upp alla pojkar i vårt hus, både yngre och äldre, mot väggen. Därefter drog han fram kniven, men i samma veva kom officerarna in, vilka varit ute och letat efter honom. Då visade det sig att han hade mördat en del av pojkarna i grannhuset och det tänkte han göra hos oss också, men vi klarade oss alltså genom att befälen var snabbt på plats. De

släpade ut honom under tumult och han fick våldsamt med stryk och sparkar. En annan kategori av ryssar som var farliga för oss var de som någon gång blivit sårade av tyskarna. De var ofta väldigt aggressiva och påstridiga när de kom in i husen. De slog och sparkade, men vi klarade oss även från dem, fast vi såg hur de gick omkring och trakasserade andra.

Inte ens de minsta barnen undgick de olika skräcksynerna. Jag kommer särskilt ihåg det sotiga fastsurrade liket som hängde och dinglade i fötterna från en takbjälke i en utbränd husruin. Mamma försökte få mig att titta åt andra hållet, men jag hann ändå få en glimt av det. Många gånger blev kvinnor misshandlade och slagna blodiga. Ryssarna brände ner hus med eldkastare och förstörde affärerna. Såsom äldre pojke i syskonskaran försökte jag skaffa mat åt oss. Jag smög in i de ödelagda butikerna, där allting låg omkullvräkt och bland bråten hittade jag en och annan ätbar sak, men jag måste vara på min vakt när jag försökte smuggla in bytet till min familj när nöden blivit värre – annars kunde de andra tyskarna i huset ta det ifrån mig... En dag skulle ryssarna statuera exempel, minns jag. På torget drev de samman så mycket folk som möjligt. Vi föstes dit med sparkar och slag med gevärskolvarna. Tre tyska civilpersoner hade ställts upp på torget – två yngre pojkar och en äldre man. På tyska informerades vi om att de hade haft vapen i sin ägo, därför skulle de arkebuseras. Man sköt dem inför våra ögon. Jag ser ännu för min inre syn hur de säckade ihop. Kvinnorna skrek.

Sovjetiska officerare försökte hela tiden hålla ordning på sina egna soldater, men det lyckades långt ifrån alltid. Alla förstärkte sina ytterdörrar, för soldaterna kom oftast nattetid och bankade. Då gällde det att vara tyst. Vi fem barn satt där och var skräckslagna när vi hörde ryssarna på utsidan. Soldaterna fick nämligen inte plundra och våldta, eftersom den ryske kommendanten hade förbjudit det, men de kom ändå i skydd av mörkret. De vanliga soldaterna var alltid rakade i skallen, för de hade så mycket ohyra. Kom det en ryss med mycket hår på huvudet visste man direkt att han var befäl. För det mesta stod de ryska officerarna på civilbefolkningens sida. Många befäl räddade kvinnor från våldtäkt och tog med sig soldaterna, som ofta inte var nyktra. De drack allt: hårvatten, rakvatten, ja allting som luktade lite skarpt. Så försökte de också lära sig cykla i det tillståndet. Cyklarna hade ofta inga däck, för gummi var en raritet under kriget, men de körde ändå på fälgarna. De slog i backen så det dånade, men reste sig lika fort och fortsatte som om ingenting hänt. Det var ett segt släkte![451]

Sammanbrottet hos Weiss armé var illavarslande för generalöverste Raus, vilken fått hela sin vänsterflank blottad, och strax därefter började hans egen armé att falla sönder genom ett nytt ryskt yxhugg. Den 1 mars angrep marskalk Zjukovs Första Vitryska Front nämligen 3. pansararméns ställningar vid Arnswalde-Reetz-Märkisch Friedland med siktet inställt på Stettin och Kolberg vid Östersjökusten. Anfallsstyrkan var sammansatt av två fältarméer, men vad som värre var, var att efter dem kom marskalkens båda pansararméer, som det tyska spionaget fortfarande trodde stod vid Küstrin, och bröt med full kraft in i provinsen. Stöten klöv den tyska pansararmén mitt itu och Raus kunde inget annat än se på när cirka 1 000 fiendestridsvagnar översvämmade området mellan Falkenburg och Dramburg.[452] På förmiddagen dök ryska stridsvagnar också upp i Regenwalde, bara åtta kilometer från hans arméhögkvarter i Plathe. Hela fronten var i gungning och höll på att upplösas. Halva hans armé blev avskuren bakom fiendens linjer och bara en mindre del lyckades rädda sig tillbaka. Resten utplånades eller gick i fångenskap. Den 2 mars flyttade Raus högkvarteret till Gollnow i närheten av Stettin och dagen därpå var Stargard hotat av fienden. Hans front svängdes tillbaka från en öst-västlig axel till en nord-sydlig, som om den suttit fast i ett gångjärn. Under reträtten lämnade hans stympade armé ett pärlband av stridsvagnar med tomma bränsletankar efter sig. Den nya försvarslinjen organiserades runt samhället Altdamm öster om Stettin och utsattes genast för upprepade attacker av Zjukovs styrkor. Under tiden nådde ryska stridsvagnar Kolberg vid Östersjökusten den 4–5 mars, samtidigt som Stargard föll i ryska händer.

Sammanbrottet utlöste en ny flyktvåg i riktning mot Oder. För Raus var det en förutsedd tragedi:

> För att undvika störningar från de oändliga flyktingkolonnerna instruerades de sistnämnda att enbart utnyttja den tvåfiliga Autobahn, där trafiken övervakades noggrant. De hopplösa trafikstockningarna av flyktingkolonner... vilka stört operationerna under reträtterna i Ostpreussen, inträffade inte under kampen i Pommern. Om de distrikt som hotades av fienden... hade evakuerats i god tid, skulle det ha besparat flyktingarna i Pommern mycket elände och lidande.[453]

Speciellt vid broarna över Oder och tillfarterna till hamnarna uppstod det emellertid stockningar. Alfred Adomeit och Herbert Rausch lyckades dock rädda sig över Oder innan det var för sent.

> Den 26 februari 1945 hade vi anlänt till en liten by, cirka tolv kilometer från Oder. Därifrån reglerades överfarten över Oder. Det hade meddelats att det var uppehåll fram till eftermiddagen den 27 februari. Därefter gick

det i snigelfart i 24 timmar genom ett myrområde i riktning mot Langenberg. I en del av myren hade den ursprungliga kullerstensvägen redan sjunkit ned och en kavelbro hade byggts på en sträcka av cirka sju kilometer, för att vägen överhuvudtaget skulle kunna användas.

Framemot solnedgången den 28 februari kom vi fram till den ångdrivna färjan vid Langenberg, för att åka över till Pölitz. Fyra färjor, vilka dag och natt förde flyktingar över Oder, hade satts in för att skeppa över flyktingarna. Överfarten var en lättnad för oss, för då var vi åter ett steg före ryssarna.

I Langenberg hände det ytterligare två saker:

För det första: ryska attackplan sköt med kulsprutor mot flyktfordon. Några blev sårade men inte från vår grupp. För det andra: tyska Gestapo[454] sökte igenom de flyende på jakt efter desertörer respektive ungdomar och andra användbara personer. Därvid greps Peter, en fransman hos grannen Prusseit. Han fick inte följa med över Oder.

När vi kommit i land i Pölitz var det redan mörka natten. Logi hade ställts i ordning för passagerarna. Alla kunde vila sig och hämta nya krafter.[455]

Herberts och Alfreds karavan fortsatte sedan till Mecklenburg, där de beslutade sig för att stanna hos en godsägare utanför Wismar i utbyte mot lantbruksarbete. Där upplevde de också krigsslutet och ryssarnas intåg.

Mer än hälften av invånarna i Hinterpommern hamnade dock under sovjetisk ockupation.[456]

•

Samtidigt som Hinterpommern var på väg att falla begav sig den frivillige svenske SS-soldaten Sten E. dit på jakt efter SS-divisionen Nordland, där han tjänstgjorde som officiell krigskorrespondent för Waffen-SS. I slutet av 1944 hade han blivit sårad i striderna i Kurland, och nu var han åter på väg till fronten efter att ha blivit utskriven från militärsjukhuset.

Ganska säkert var det den 1 mars jag lämnade Berlin. Det var på kvällen och det rådde en säregen stämning på slitna men intakta Stettiner Bahnhof... På ena sidan av perrongen lastade man ur ett lasarettståg med svårt sårade. På bår efter bår amputerade unga män. Luften kväljande tät av eterångor. På andra sidan perrongen transporttåget med ersättningsmanskap till fronten i Pommern. En kvinna tog hastigt avsked av en soldat, som lutade sig ut genom kupéfönstret. ”Hälsa Rudi att vi alla är i livet. Säg honom, att det inget gör, att vi förlorat allt. Efter kriget skaffar vi oss mycket vackrare saker, mycket vackrare...” Tåget rullade sakta ut. Kvinnan följde med och vinkade. Grät och försökte le.[457]

Sten E. var en av de minst 300 svenskar som av olika anledningar lämnat det neutrala Sverige och anmält sig frivilligt till Waffen-SS. Största kontingenten svenskar tjänstgjorde i SS-pansargrenadjärdivisionen Nordlands spaningsbataljon, dock ej Sten E., som inte trivts bland sina landsmän utan begärt att få tjänstgöra hos den danska kontingenten istället. Efter en lång och blodig reträtt från Leningrad via Narva till Lettland 1944 hade Nordland skeppats över till Pommern för att delta i Himmlers misslyckade motoffensiv i februari 1945. Nu fanns divisionen någonstans i sammanbrottets kaos, men Sten E. visste inte exakt var.

Hans tåg stannade redan utanför Stargard, som hamnat i stridszonen. Ideligen ljöd flyglarmet och ryska flygplan svepte in på låg höjd med smattrande kulsprutor. På marschordern stod det att han skulle söka upp sin fältredaktion i Jacobshagen 30 kilometer öster om Stargard, men där stod redan fienden. Nordlands stab befann sig istället i Massow 30 kilometer längre norrut och han lyckades få lift åt det hållet med en lastbil från SS-divisionen Frundsberg längs vägar fulla av flyende civila. I Massow tackade han för skjutsen och hoppade av vid järnvägsstationen.

> Mycket folk där med väskor och knyten. Väntade på transport västerut. En del villrådiga och tveksamma om de skulle ge sig iväg eller ej. Ännu ingen utrymning av Massow anbefalld. Drack öl på ett värdshus och serverades Bratkartoffeln. Värdinnan övertygad om, att nu äntligen skulle ryssen stoppas och köras iväg dit han hörde hemma.
>
> Fann min fältredaktion i utkanten av stan och fick som väntat nedslående information. Läget på vårt avsnitt kaotiskt. Armékåren försökte upprätta försvarslinje längs järnvägen Stargard-Freienwalde, men grupper av ryska stridsvagnar redan rapporterade norr om linjen. Sørensens danska bataljon beordrad till Freienwalde för att stödja vår slagna division Nederland.[458] Vi på KB[459], för tillfället tre man, får order att avvakta och hålla oss lugna. Chefen: ”Jag har tillräckligt med döda hjältar.” Två fotografer och en skribent hade på kort tid fallit. Gruppen hade nu bara en bil. Den behöll chefen. Bensin måste sparas. I Baltikum hade det funnits två ”Schwimmwagen” [amfibiebilar] för reportrarna. Nu tvingades vi ta oss fram bäst vi kunde. Mycket missnöje med det.
>
> Gick nästa dag till stationen. Där var nu organiserad evakuering till Gollnow. Tågen gick i pendeltrafik. Utskänkning av soppa och te. NS-kvinnor[460] och sjuksyster på plats. Ute på stan köade folk i affärerna. Utförsäljning av allt. Mitt värdshus från föregående dag stängt. På dörren en skylt, som förkunnade ”Heute Ruhetag” [Idag helg].

> På kvällen får vi veta, att förbanden i Freienwalde är avskurna, och att försvarslinjen ner till Stargard, där division ”Wallonien” ännu håller stånd, är i fullständig upplösning. Sammanhållen försvarslinje förbereds nu på en linje Stargard upp till Massow. Alltså i 90 graders vinkel till den föregående.[461]

Resterna av pansararmén i det 25 kilometer breda Altdammbrohuvudet fungerade som en skyddande sköld för båttrafiken till och från Stettin. Raus sju återstående, blodtappade divisioner, däribland Nordland och Nederland, förstärktes av ytterligare två divisioner för att stå emot ryssarnas ansatser att utplåna brohuvudet. Första Vitryska Fronten öste granater över tyskarna, men dessa lyckades hålla stånd. Raus fick dock ingen lön för mödan att temporärt ha rett upp situationen, utan Hitler gav honom sparken och ersatte honom med pansargeneralen Hasso von Manteuffel.

Altdammbrohuvudet höll ut i en och en halv vecka. SS-divisionen Nordland utgjorde ryggraden hos de hårt ansatta försvararna av brohuvudet men kunde inte hindra det oundvikliga. Sten E. beskriver situationen som minst sagt desperat:

> Vad som utspelades under de tolv dagar belägringen pågick var något oerhört. Ingen möjlighet fanns till överblick. Inte ens rykten cirkulerade. Allt förstummades i nästan oavbrutet slagregn av granater och kulspruteeld. Men jag tror, att under de första fem, sex dagarna utkämpades de svåraste och blodigaste striderna i norra avsnittet. Från middagstid den 8 mars pågick kampen oavbrutet dag och natt med angrepp och motangrepp. Strid inne i byarna från hus till hus. Närkamp. Gårdar och kyrkor i brand. Ibland snabba, nödtvungna reträtter i språng över öppna fält. Enheter kastades om varandra, skingrades i mördande eld och samlades på nytt till motstånd. Men i allt mindre och utmattade skaror.
>
> Ryssarna kom ständigt med nya förband och satte in allt fler tunga vapen. Trumeld i timmar. Artilleri, granatkastare och ylande Stalinorglar. Varje minut man överlevde var ett mirakel. Stridsvagnar sänkte sina rör och sköt pansargranater till och med på enskilda svårt sårade män som försökte släpa sig till ett värn. Vi hade inte mycket att sätta emot. Egna stridsvagnar bara några få, som dirigerades till olika avsnitt i situationer av yttersta nöd. Snart likartad transport av återstående tunga granatkastare, när artilleriet började slås ut. Efter några dagar stod vi definitivt söder om Christinenhof och tvingades snart längs [sjön] Dammscher See till kanterna av en by ännu längre tillbaka. Var då i höjd med 11. spaningsbataljonen och i ett totalt förött landskap. Av [dansken] Sørensens bataljon återstod inte mycket. Kanske 30–40 man uppdelade i stridsgrupper.

Ryssarnas resurser i trupp och materiel tycktes outsinliga. Vi led brist på allt. Manskap, befäl, vapen. Frågan som alltid hängde i luften var: ”Hur länge räcker ammunitionen?” Ändå inte minsta tecken på moralupplösning. Plågade av sömnlöshet och värk i alla leder härdade männen ut, så länge de kunde hålla i ett gevär. Att man blev utan mat för att kokvagnen fått en fullträff eller transportörerna dukat under kunde man stå ut med. Men svårare var bristen på sömn. Och svår var oron för att ammunition inte kom fram. Otroliga insatser gjordes av enskilda soldater och små stridsgrupper på fem, sex man. Hjältedåd av sjukvårdssoldater i främsta linjen. Men det hände också, att någon förlorade kontrollen över sina nerver. Något av det värsta att bevittna. Att stå hjälplös där.

Obönhörligt drevs vi tillbaka. Brohuvudet krympte ihop för att till sist bara omfatta Altdamm med närmaste omgivning. Där trängdes resterna av alla förband samman och blev om möjligt ännu mer utsatta för anstormningen. Få kompanier hade mer än 10–12 man kvar. Många hade mindre. Många var helt utplånade. Återstående artilleri sköt sina sista granater, varefter pjäserna drogs över till Stettin. Läget blev ohållbart.

Troligen den 16 mars var jag hos en stridsgrupp inne i Altdamm. På kvällen ställningsväxling till intilliggande gata. Sökte vila i en källare. Totalt slut drog jag mig undan och somnade i ett hörn. När jag vaknade var jag ensam. Utanför brann alla hus. Som jag minns det nu, borde gatan ha varit oframkomlig. Alla gator borde ha varit det. Hela stan tycktes stå i lågor. Någonstans såg jag på avstånd en böjd gammal gumma, som stödd på en käpp stapplade fram mellan brinnande byggnader och ruiner. Jag gick i motsatt riktning. Visste inte vart och kom helt oväntat till vägbron över Oder. Beslöt mig för att gå över. (Fick senare veta, att ett par grupprester om två, tre man passerade samma dag.) Haffades av en nervös och gormande militärpolis, som försökte rycka till sig mitt presskort. Jag släppte det inte och lyckades komma loss. På andra sidan bron såg jag med sorg och fasa tre, fyra soldater upphängda i lyktstolpar och med plakat på bröstet: ”Jag var för feg…”

I en av ägaren övergiven villa långt bort från det öde Stettin fann jag min KB-grupp, och blev vederbörligen ompysslad. Alla var där utom min norske kollega, som jag visste eller ville tro var kvar hos regementet Norge. Bläddrade på kvällen i en av husets böcker med dikter av de stora romantikerna. Hittade ett prydligt handskrivet blad. ”Herr, bleib bei uns, es will Abend werden, und der Tag hat sich geneiget… Bleib bei uns in der Nacht der Welt.” [Herre, stanna hos oss, det blir kväll, och dagen har gett vika… Stanna hos oss i världens natt.] Orden kom med sitt lugn och sin självklara poetiska kraft att följa mig till slutet.

Detta var sannolikt den 17 mars. Natten till den 20 utrymdes brohuvudet. 11. spaningsbataljonen bildade eftertrupp. De sista fordon som i gryningen och i förföljarnas granatregn rullade över bron, innan den sprängdes, var 3. kompaniets vagnar. Så kom männen från Svenska Kompaniet att bli de allra sista som lämnade Altdamm och den östra Oderstranden.[462]

Brohuvudet utrymdes efter en desperat vädjan från general von Manteuffel att "antingen rädda alltihop över till Oders västsida i natt eller låta allt gå förlorat i morgon". Motvilligt gav Hitler sitt medgivande. När ryssarna satte in det väntade slutanfallet den 20 mars hittade de bara tomma skyttegravar. Pansararmén hade redan satt sig i säkerhet och börjat upprätta en sista torftig försvarslinje framför Berlin tillsammans med 9. armén. Under tiden hade den tyska flottan satts på nya prov och lyckats rädda 68 000 civila samt 5 213 soldater och 1 233 sårade från "fästningen" Kolberg innan den föll den 18 mars.[463] Men denna bragd fick det tyska folket aldrig veta något om, eftersom Kolberg var en fästning Goebbels helst ville glömma. Stadens fall var nämligen ett delikat problem för de nazistiska propagandisterna på grund av att färgfilmen *Kolberg*, som handlade om stadens ståndaktiga försvar mot Napoleon 1806–07, hade gått upp på biograferna. Det var en mastodontfilm med en budget på 8,5 miljoner riksmark och tiotusentals soldater som hämtats direkt från fronten för att agera statister. Både Hitler och hans propagandaminister var övertygade om att filmen skulle få stor betydelse för att höja krigsmoralen. Goebbels fastslog i dagboken:

> Jag ska försäkra mig om att evakueringen av Kolberg inte nämns i OKW:s kommuniké. Vi kan klara oss utan det för tillfället, med hänsyn till de svåra psykologiska återverkningarna det skulle få på Kolbergfilmen.[464]

Flankhotet mot de sovjetiska anfallsarméerna var undanröjt genom Hinterpommerns fall, men striderna och evakueringarna längs Östersjökusten fortsatte. Nästa länk i försvarskedjan att falla var den tyska flottans basområde Danzig-Gotenhafen, där miljontals flyktingars återtåg skyddades av 2. armén.

15
Danzig i lågor

> Himmler förde oss bakom ljuset. Han opererade med pansararméer på en stor karta, så att vi skulle få intrycket att situationen skulle vända inom kort. Efteråt visade det sig att dessa pansararméer inte existerade.
> (Gauleiter Albert Forster i brittisk fångenskap)

Utanför mammas mataffär på Wilhelm-Tellstrasse 10 i förorten Gross Walddorf öster om Danzig stod 15-åriga Hanna F. och såg hur en brunskjorta från partiet fördelade en grupp flyktingar för några dagars vila hos de boende längs gatan. ”Det var inga problem, alla visste att de snart själva skulle behöva ge sig av”, minns hon.

Den här dagen stod en ung flicka ensam kvar på vägen sedan alla andra fått husrum.

”Hon får bo hos oss”, sa Hannas mor.

”Men titta, hon är jude!” utbrast en av grannfruarna.

Så var det också. Flickan hade följt med en grupp flyktingar från öster. Som Hanna minns det fortsatte grannfrun domdera om att det var ”allas vår gemensamma plikt” att anmäla saken till myndigheterna.

> Mor fick ”ansvara” för henne tills hämtning kunde ordnas. Hon blängde ilsket på grannfrun. All denna beskäftighet, denna självgodhet! Hur kunde en utmärglad stackars varelse skada Tredje riket nu, när totalt kaos rådde överallt?
>
> ”Ta henne med dig till källaren”, sa mor till mig.
>
> Flickan var skräckslagen.
>
> ”Inte till källaren, snälla!” bad hon.
>
> ”Gå bakvägen”, sa mor.

Jag tog henne i hand och drog iväg henne runt huset och fram till källardörren. Förutom köket uppe i lägenheten hade vi ett sommarkök i källaren. Det hade vi börjat använda den här vintern. Flyganfallen kom så tätt att vi bodde där nere. Där var vi bäst skyddade mot bombsplitter. Spisen var igång dygnet runt. Där stod [moster] Nanna och lagade mat. När nu flickan kände matlukt och såg att ingen annan än Nanna fanns i källaren gick hon med in. Mor kom nerför trappan.

”Ta fram strumpor och underkläder åt henne”, sa hon till Nanna. ”Men ta ingenting som ser nytt ut, då kanske de inte låter henne behålla det. Ta varma saker.”

Hon sprang upp igen och ställde sig bakom disken. Nanna gick för att hämta kläderna.

”Hur gammal är du?” frågade flickan.

”Femton.”

”Vad gör du här?”

”Åh, allt möjligt. Hämtar varor till affären, bär in kol och briketter och så. Hur gammal är du?”

”Sjutton. Tänk om jag fick stanna här och hjälpa till.”

Hon började snyfta.

”Jag kommer från ett läger i Ostpreussen. När fronten kom närmare skulle alla flyttas. Far och mor var också med. Vi fick gå till fots. SS-vakter gick bredvid. De sköt ner alla som inte kunde gå fort nog. De sköt både far och mor. Jag slängde mig bredvid dem. SS måste ha trott att jag också var träffad. De lät mig ligga i dikesrenen. Sen kom dessa flyktingar. Jag bara följde med dem, ingen sa någonting om judar, inte förrän idag.”

Nanna kom med kläderna. Först hemstickade strumpor. Sen ett par av mina trosor. Själv hade hon inga. Hennes underkropp var blålila av köld.

”Ät lite soppa nu”, sa Nanna.

Den snälla gamla kvarterspolisen hade fått order att hämta henne. Han kom på cykel. Hennes knyte hängde han på styret. Så traskade de iväg inåt stan. Han gjorde sig ingen brådska. Måtte det bli flyganfall, tänkte jag. Bara det blev ordentlig villervalla skulle han säkert ”tappa bort” henne, det trodde jag. Mor tittade långt efter dem. Hon hade varit inställd på att ta hand om flickan men hade inte kunnat ge henne mer än ett mål mat och lite lappade kläder.[465]

Hur det gick för den ensamma judiska flickan är okänt och inte många av de tyskar som kände med judarna och hade kurage att visa det – sådana fanns det trots allt fortfarande – tänkte på andra än sina närmaste under dessa dagar. Danzig och Gotenhafen (Gdynia) formligen kokade av människor som fyllde kajer, pirar och stränder, människor som väntade på att någon överlastad skorv eller bedagad lyxkryssare skulle rädda dem till någon hamn som ännu inte hotades av de allierades marktrupper. Danzigbukten liknade en dyster regatta. Krigsfartyg och handelsfartyg i alla storlekar formerades till konvojer i den takt de fylldes med levande last. Storamiral Dönitz lät till och med ställa in evakueringarna från Ostpreussen under flera veckor och skickade allt tillgängligt tonnage till Danzigbukten, men ändå sinade inte människoströmmen över landgångarna. Troligen fanns det så mycket som 2,5 miljoner människor i det avskurna västpreussiska området i början av mars 1945, av vilka var fjärde hade kommit dit som flykting. Ingen kunde dock säga exakt hur många av dessa som uppehöll sig inne i Danzig och Gotenhafen, eftersom administrationen höll på bryta samman. Gauleiter Albert Forster uppskattade dock invånarantalet till mellan 600 000 och en miljon människor.

Under januari och februari hade de stora flyktingströmmarna till de västpreussiska hamnarna kommit från öster och söder, men i början av mars tillkom en ny mänsklig svallvåg från väster vid Röda arméns framstöt i Hinterpommern. Västpreussen och flyktingarna försvarades av tyska 2. armén, som blivit avskuren från resten av armégrupp Weichsel av Andra Vitryska Fronten, vilken svängde österut och inledde ett koncentrerat angrepp mot Danzig-Gotenhafen. Offensiven av sex arméer kunde liknas vid en gigantisk svängdörr som slog igen mot kusten med gångjärnen i trakten av staden Marienwerder uppströms Weichsel. Framryckningen försvårades dock av det hårda tyska motståndet samt av alla flyktingar som fyllde vägarna, vilka delvis förvandlats till lera av tövädret. Men det allra värsta för ryssarna var de fruktansvärda projektiler, som tycktes komma utifrån havet och gav dem en förlamande chock när de rev upp murar av jord och eld i deras framryckningsväg. Väl synliga i bukten låg den tunga kryssaren *Prinz Eugen*, det åldriga linjeskeppet *Schlesien* samt lätta kryssaren *Leipzig* beredda att ge de tyska infanteridivisionerna ett massivt eldunderstöd.

·

Uppladdningen för den sista striden vid Danzigbukten startade i början av mars. Tyskarna kastade in vad de hade för att hålla de viktiga hamnarna. Den då trettonårige Danzigpojken Lothar Rexin berättar:

> Jag hade aldrig förut sett så många soldater på en enda gång. Åtta-fjorton dagar innan striderna utbröt började det grävas skyttegravar och stridsvagns-

> diken runt Danzig. Massor av soldater och stridsvagnar, däribland de väldiga ”Kungstigrarna”, åkte i kolonner upp till Danzighöjderna. Runtomkring i grannskapet kryllade det av soldater på fält, i koloniträdgårdar osv.[466]

Den avgörande striden om Danzig måste stå just på de skogklädda Danzighöjderna söder och väster därom, eftersom själva staden låg på en flack kustremsa som saknade naturliga skydd. Men försvarslinjen var bräcklig och ”Kungstigrarna” för få inför fiendens numerära övermakt, även om 2. armén slogs i yttersta desperation. Om fienden så bara lyckades erövra en enda länk i höjdkedjan skulle de ryska trupperna snabbt kunna sprida ut sig över kustslätten och det ryska artilleriet ges utmärkta positioner från vilka de kunde beskjuta hamnarna. Generalöverste Weiss styrkor var otillräckliga för att stå emot en avgörande sovjetisk offensiv, och höjdernas fall var bara en tidsfråga.

·

Soldaterna, kanonerna och flygplanen som tyskarna saknade 1945 försökte propagandan kompensera genom envist inhamrade slagord. Ännu fortsatte Goebbels orera i radion om Slutsegern och vikten av att ”hålla ut tills vändpunkten kom”. Fortfarande fanns det många som trodde eller hoppades, men de sårade soldaterna på fältsjukhuset, där Ursula Lowsky arbetade, förbannade ljudligt Goebbels, Hitler och kriget med svavelosande eder när de hörde talet. Stanken var kväljande i det dunkla källarutrymmet, som genljöd av de sårades matta stönanden och rop på hjälp. ”Jag blev vansinnigt upprörd när jag hörde Goebbels röst dåna ut ur högtalare, som ställts upp i närheten”, erinrar hon sig. ”Hur absurt var inte detta? Här härskade nederlag och katastrof. Var och en som fortfarande ville tro sina egna ögon kunde själva se att allt var förlorat. Varför då fortsätta det meningslösa dödandet?”[467]

Säcken kring Danzig-Gotenhafen var sprängfylld inte bara av flyktingar, utan även av sårade soldater direkt från fronten. Enbart i Danzig fanns det 16 000 sårade samt ytterligare 4 000 i Gotenhafen. Varje dag anlände ett par tusen till från stridsskådeplatserna i Kurland, Ostpreussen och Danzighöjderna, vilka spädde på nöden. Ursula Lowsky fortsätter:

> Vi hade hamnat i ett ytterst provisoriskt flyktingläger utanför Danzig efter flykten från Ostpreussen. Ortsnamnet lade jag aldrig på minnet, för det fanns ingen anledning för mig att fästa mig vid en sådan förtvivlans plats. Lägret bestod av en samling övergivna hus, vars ursprungliga invånare

> redan flytt. Mycket folk trängdes där och direkt vid ankomsten gick militären runt och frågade alla äldre flickor efter ålder och utbildning. På så vis blev jag uttagen till sjuksköterska på en ”Hauptverbandsplatz”, det vill säga ett fältsjukhus. Jag kunde ingenting om sådant, men ändå blev jag utsedd till tredje assistent vid operation, därför att jag hade läst språk. Kunde du latin blev du däremot narkossköterska, av någon anledning. Jag fick en snabbutbildning, en rödakorsarmbindel och ett stick i armen av en stelkrampsspruta. Därefter blev det allvar. Fältsjukhuset var inrymt i de halvskumma källarna till några sönderbombade hus, där lössen plågade både sjukvårdare och patienter svårt. Nästan varenda kvadratmeter av golvet var upptagen. Vi fick in gravida kvinnor med splitterskador, sårade soldater, både tyska och ryska. Söndertrasade lemmar amputerades på löpande band. Ben sågades av, utan att vare sig stövlar eller byxor togs bort. Såsom tredje assistent var det min uppgift att sy ihop efter operationerna. Det grymmaste var alla ”Kopfschüsse”, med andra ord de som skadats svårt av skott eller splitter i huvudet. Det såg väldigt otäckt ut. De var bara delvis vid medvetande och vädjade om hjälp, men vi hade inget morfin att ge dem. En del av dem kunde vi operera, men vi kunde inte ge dem den vård de behövde efteråt. De blev så gott som lämnade åt sitt öde. Min mor frågade mig förundrad: ”Du som inte ens tålde att se blod hemma, nu hjälper du till att amputera ben. Hur klarar du det?” Sanningen att säga vet jag inte hur jag klarade det, men är man tvungen så bekommer det en inte på samma sätt. Kanske är det något som ligger latent hos människor.
>
> En dag var min familj försvunnen när jag kom tillbaka från arbetspasset, och det fanns inget meddelande om vart de tagit vägen. Det tog lång tid innan jag fick veta att min mamma och mina syskon kommit ut välbehållna på en båt till Danmark. Båtarna framför och bakom deras hade däremot blivit sänkta – med många av våra släktingar ombord. Då läget blev värre längre fram i mars fick även jag och de andra kvinnorna på fältsjukhuset order om evakuering. Jag kom ut på den före detta Amerikabåten *Orania*, som var fullastad med sårade soldater, med destination Köpenhamn. Jag hann inte tänka så mycket på min situation just då på grund av alla sårade vi hade att ta hand om. Vi hade fullt upp.[468]

Generalen Dietrich von Saucken anmälde sig i Führerbunkern i Berlin den 12 mars för ett nytt uppdrag. Återigen möblerade Hitler om på ledningsposterna i förhoppning om att det skulle räcka med nya fältherrar för att uträtta stordåd i den utsiktslösa situationen. Lothar Rendulic skickades från Ostpreussen till Kurland och snabbt vidare till Österrike för att försvara Wien, generalöverste Weiss ersatte honom som befälhavare i Ostpreussen och von Saucken, som kommit på kant med Ferdinand Schörner i Schlesien, efterträdde Weiss som befälhavare för den isolerade 2. armén i Västpreussen. Kavalleristen och pansarchefen von Saucken, som därmed skulle komma att täcka en av de största evakueringsaktionerna, var ansedd som en mycket duglig soldat, av samma virke som Hossbach. Senast hade han med stor skicklighet lirkat ut elitpansarkåren Grossdeutschland ur fiendens fälla i Polen, men med sin stockkonservativa bakgrund tillhörde han inte Hitlers beundrarskara. På grund av hans oräddhet blev besöket i Führerhögkvarteret därför hågkommet som något av en hovskandal. Guderians ordonnansofficer, ryttmästaren Gerhard Boldt, skildrade senare händelsen:

> Hitlers adjutant, Günsche[469], kom in och anmälde generalen av pansartrupperna von Saucken för Hitler. Vi stod bredvid den vid kartbordet sittande Hitler när Saucken trädde in. Slank, elegant, med vänstra handen ledigt vilande på fästet till sin kavallerisabel och monokel i ögat, hälsade Saucken med en lätt bugning. Det var tre ”vidunderligheter” på en gång. Saucken hade inte hälsat med höjd arm och ”Heil Hitler”, som föreskrivet var sedan den 20 juli 1944, han hade inte lagt ifrån sig sitt vapen innan han trädde in i arbetsrummet, och när han hälsade hade han behållit sin monokel i ögat. Jag tittade ömsom på Hitler, ömsom på Saucken och väntade mig att något förskräckligt nu skulle hända. Också Guderian och Bormann stod där som förstenade. Men ingenting, absolut ingenting hände. Hitler vände sig till Guderian och bad honom kort sätta in Saucken i det militära läget…[470]

Säcken kring Danzig-Gotenhafen pressades obönhörligt ihop av fienden. Stolp och Stolpmünde hade gått förlorade. Två dagar tidigare hade 2. armén också tvingats retirera från Marienburg och dess medeltida ordensslott, som legat i stridslinjen ända sedan slutet av januari. Landvägen mellan Danzig-Gotenhafen och Helahalvön vid Danzigbuktens nordvästra hörn hade också avbrutits. Då Guderian avslutat sin genomgång började Hitler omständligt undervisa sin general om hur striden skulle föras. Führern avslutade med att Saucken skulle vara underställd den nazistiske riksförsvarskommissarien, Gauleiter Forster.

> Hitler avbröt sig och tittade uppfordrande på von Saucken. Denne rätade upp sig, besvarade Hitlers blick med monokeln fortfarande i ögat, och svarade, samtidigt som han, för att ge sina ord större eftertryck, slog med handflatan mot kartbordet: ”Herr Hitler, det skulle inte falla mig in att ställa mig under en Gauleiters befäl!” – Det var så tyst att man kunde höra

> en knappnål falla. Det var, tyckte jag, som om Hitler vid generalens ord, hade sjunkit ihop ännu djupare. Hans ansikte var vaxblekare än vanligt. Guderian var den förste som bröt den blytunga tystnaden och i manande, kamratlig ton uppmanade Saucken att ta sitt förnuft till fånga. Bormann ingrep också med varnande ord, men Saucken lät sig inte bekomma. "Det faller mig inte in", var hans enda kommentar. Tystnaden som nu följde ville aldrig ta slut. Sedan svarade Hitler med svag, tonlös röst: "Nåväl, Saucken, i så fall för ni ensam befälet."[471]

Generalen slapp sålunda inblandning från amatörer i partiuniform i de militära angelägenheterna, men innan han avreste togs han åt sidan av Guderians närmaste medarbetare, den vanligtvis lismande general Krebs, som mellan fyra ögon bad honom hålla ett extra öga på Gauleiter Forster, eftersom militären inte litade på honom. Visserligen föraktade von Saucken nazisterna, men han tvivlade innerst inne på om det verkligen kunde vara så illa ställt med förtroendet. Alla tvivel på den saken undanröjdes dock när han kommit på plats. Överallt kryllade det av nazipampar som bara såg om sitt eget hus och struntade i befolkningens nöd. Och gauleitern gjorde ingenting för att hjälpa marinen att evakuera de civila. Tvärtom lät han sätta upp plakat i Swinemünde, som uppmanade de flyende att vända hem igen och hjälpa till att försvara fosterlandet. Personligen var Albert Forster av samma skrot och korn som de andra nazistiska guvernörerna i öster, men han var samtidigt en djupt religiös katolik och hade ett mer sympatiskt personligt sätt än råsällarna Koch och Schwede. Under 1930-talet styrde han fristaten Danzig med järnhand och efter Polens erövring utvidgades hans domäner betydligt, då provinsen Danzig-Västpreussen skapades genom att ett stort polskt område införlivades med Tyskland. Men även om Forster trodde blint på Hitler avfärdade han de nazistiska rasteorierna. Följaktligen kom behandlingen av icke-tyskar att skilja sig markant från den i grannprovinsen Warthegau. Medan Greiser förtyskade sitt förvaltningsområde genom brutala deportationer och folkmord, gav Forster helt enkelt tyskt medborgarskap åt stora delar av den polska befolkningen. Forster stod för en mildare form av raspolitik till många partikollegors irritation, men trots allt handlade det bara om en gradskillnad i helvetet.

Trots att slutet närmade sig i mars 1945 kunde Forster inte upphöra att tro på Führern, som han hade sin egen upphöjdhet att tacka för. Gauleitern flög till Berlin, fast besluten att förklara för sin mästare hur förtvivlad situationen i Danzig var. I förrummet hördes han säga att han ämnade yppa den nakna sanningen och inte nöja sig med tomma löften, men efter audiensen var det en förändrad man som kom ut ur Hitlers rum. ”Führern har lovat mig nya divisioner för Danzig. Jag begriper visserligen inte var han ska ta dem ifrån. Men han har sagt mig att han kommer att rädda Danzig, och då kan man ju inte längre tvivla.” Den 13 mars deklarerade gauleitern följaktligen att ”Danzig förblir tyskt!”, och två dagar senare fick Danzigborna veta att Forster skulle segra eller dö i staden.[472]

·

General von Saucken upptäckte raskt att 2. arméns situation skönmålats i Hitlers högkvarter. På pappret bestod den av fem kårer med totalt 17 divisioner. I verkligheten var divisionerna bara sammansmälta stridsgrupper, som förlorat de flesta tunga vapnen i de föregående striderna. Säcken sträckte sig numera blott från höjderna Oxhöfter Kämpe strax väster om Gotenhafen till Weichsels sumpiga delta 60 kilometer längre österut. Huvudförsvarslinjen låg på Danzighöjderna inåt land, men ryssarna stod bara 15 kilometer från Gotenhafen och 25 kilometer från Danzig. Marskalk Rokossovskij hade satt in fem egna arméer för att förinta tyska 2. armén, men det skedde till priset av svåra sovjetiska förluster. Ryttmästaren Friedrich von Wilpert vid Danzigs militärkommando uppger:

> Danzig-Gotenhafen var ”flottans luftskyddsbunker”, där tyska krigsfartyg hade funnit en nästan ostörd tillflyktsort i månader i sträck. Luftvärnet var mycket starkt i detta område. Det sattes nu in i försvaret och hade en fruktansvärd effekt mot de ryska stridsvagnarna. I mitten av mars berättade ryska krigsfångar från 1. gardespansarkåren för mig att 17. brigaden hade ryckt fram från Heiderode med 35 stridsvagnar. Varje bataljon hade då fortfarande haft tio till tolv stridsvagnar (av ursprungliga 20 stridsvagnar), nu hade deras bataljon blott tre intakta stridsvagnar, och 16. brigaden, vilken ryckt fram tillsammans med dem, hade blivit fullständigt uppriven. Också betjäningarna vid ryska granatkastare berättade skakat att de inte haft något likvärdigt att sätta in mot de tyska luftvärnskanonerna, vilka träffade med kuslig säkerhet.[473]

Ammunitionsbristen blev dock snabbt akut för tyskarna och kanonerna värdelösa, men motståndet fortsatte med alla medel som stod till buds.

Saucken var ingen vanlig segra-eller-dö-general och hade en klar uppfattning om var hans lojalitet låg, vilket inte nödvändigtvis var hos Hitler. Bedrövad såg den ostpreussiske adelsmannen alla flyktingar från hans hemtrakter, som väntade på båtar som skulle ta dem mot okända öden. Att skydda evakueringen var enda realistiska skälet att fortsätta den militärt meningslösa kampen om Västpreussen, var generalens slutsats, och han såg till att den döende 2. armén utvecklade en oväntad aggressivitet. Varje fientligt anfall besvarades med ett motanfall, och på de platser där inte fienden gick till anfall gjorde tyskarna det för att vinna ytterligare några timmar eller dagar.

·

Från en skogklädd kulle blickade den 21-årige korpralen Gerhard Schulz ut över ett vackert kuperat landskap med omväxlande tät skog, öppna fält och små bondgårdar. Detta var trakten av byn Ellernitz utanför Zuckau sydväst om Danzig, men det fanns inte längre någon sömnig lantlig frid över vyn. Det luktade brand och död. Under de senaste dagarna hade striderna böljat fram och tillbaka med en oerhörd intensitet i det här området. Korpralen kunde iaktta pyrande husruiner och förödelse vart han än såg. Fälten var sönderplöjda av kratrar och larvbandsspår. Generationers hårt arbete av de västpreussiska lantbrukarna föröddes inom loppet av timmar och sekunder.

I skyttegravarna uppe på höjden låg resterna av Schulz bataljon och tryckte. Ännu fanns det tid att dela på en cigarettstump för att hålla nerverna i styr inför nästa strid. Han svor tyst över den hårdföre bataljonschefen som drev soldaterna till det yttersta i gyttjebadet. Schulz och hans kamrater var dock inga tvättäkta infanterister utan tillhörde flottans stormpionjärer. De var strandsatta matroser, vilka klätts om i arméuniformer och kämpat som fotsoldater på slagfälten vid Leningrad och Narva. Bataljonen väntades försvara det här avsnittet eller gå under. Det hade divisionschefen bestämt. Kanske kom ordern ända från arméstaben eller från Hitler själv, men för Schulz gjorde det detsamma.

> På de militära kartorna kallades kullen för ”höjd 104” och den var mycket viktig. Den ingick i kedjan av höjder söder om Danzig och om ryssarna fick kontroll över vår kulle skulle deras artilleri få fri sikt ända till Danzig och Zoppot. Gång på gång bytte höjden ägare. I gryningen körde ryssarna bort oss, och nästa morgon var vi tillbaka igen. Ibland hade vi rentav sett ögonvitorna på våra fiender. En gång anföll ryssarna i den täta skogen och det blev närkamp man mot man med spadar, bajonetter och gevärskolvar – en upplevelse jag helst aldrig vill tala om. Så höll det på i åtta–tio dagar. I en stridspaus var vi bara 14 man kvar, men det kom snabbt lite ersättnings-

> manskap, unga gröna killar, äldre gubbar och några tillfrisknade sårade som också slunkit med.[474]

Mellan eruptionerna av stål och eld var det mycket lugnt vid fronten, och soldaterna på båda sidor återgick till de vanligaste militära sysselsättningarna, att vänta, frysa och se till sin egen bekvämlighet. Korpralen var maktlös åskådare till fiendens kraftsamling.

> Vi kunde se de ryska trupprörelserna – hur de kom fram med ammunition och förstärkningar – utan att vi kunde göra något åt det på grund av ammunitionsbristen. Bakom oss i skogen åt Danzighållet låg det ett par batterier ur vårt eget artilleri. Jag såg dem själv en gång när jag skickades bakåt som ordonnans. Ibland avfyrade de några granater för att sikta in sig mot ryssarna och det ryska artilleriet sköt in sig likadant mot oss. Annars var det inte mycket skjutande mellan striderna på vårt avsnitt.
>
> Ibland fick vi oväntat besök. Till och med så här sent under kriget kom det ryska överlöpare till oss. Vi var själva förvånade över det. Det var smutsiga och hungriga unga killar, men vi kunde inte så många ord på ryska, utan skickade dem med ett "davaj, davaj!" bakåt eskorterade av en ordonnans. Tolkarna i staben tog hand om dem för förhör, sedan vet jag inte hur det gick för dem.[475]

Skulle livet sluta där, på botten av en lerig skyttegrav långt hemifrån? undrade korpralen och drog ett långt bloss på cigaretten. Berusad av Hitlers framgångar i början av kriget hade han 17 år gammal anmält sig frivilligt till det militära 1941. Att livet i flottan lockade pojkarna hemma i hamnstaden Warnemünde var ingen ovanlighet och Gerhard Schulz tjänstgjorde i maskinrummet på en av tyska högsjöflottans stoltheter, slagkryssaren *Gneisenau*, när hon tillsammans med systerfartyget *Scharnhorst* gjorde ett dramatiskt gatlopp genom Engelska kanalen, mitt framför näsan på britternas Royal Navy. Något år senare var Schulz siste man ur en sjunkande minsvepare i Finska viken, innan han såsom övertalig matros tvingades dra på sig fältuniformen och fick ett gevär i handen. Trots sina 21 år hade han redan blivit en härdad frontveteran med två år bakom sig i skyttegravarna utan permission. Han hade hunnit med att vara furir, men blivit degraderad på grund av flera bondpermisar, då han gjort sitt bästa för att slå runt. Tiden var ju lånad, kanske redan utmätt och därför levde han för stunden. Några illusioner om Tredje rikets utsikter att vinna kriget hade han inte kvar, utan såg bara till att han klarade sig. Det fanns inte längre någon storslagen mening med att försöka hålla en kulle på östfronten, utan stormpionjärerna försvarade den enbart för att de fått order att göra det och hoppades överleva ytterligare en dag. Andra dimensioner existerade inte.

”Se upp! Granater!”

Varningsropet avbröt hans funderingar. Nästan innan sista stavelsen uttalats började marken skaka av de öronbedövande krevaderna. Grus, stenar och glödheta splitter virvlade runt. Försvararna på kullen tryckte sig mot marken och borrade instinktivt ner fingrarna i jorden. ”Ligg kvar! Ligg kvar!” vrålade Schulz till några färska rekryter, vilka skräckslagna försökte resa sig och springa därifrån. Korpralen rullade ner på botten av en krater. Dessa var de säkraste platserna under ett bombardemang, emedan det var högst osannolikt att granater slog ner två gånger på samma ställe. När artillerielden lättade kunde han se ryssarna komma.

Fiendens stridsvagnar och fotsoldater arbetade sig framåt och befann sig redan mycket nära. En vansinnig kakofoni av eld och flygande stål utbröt, fast snart var den tyska ammunitionen på upphällningen, medan ryssarnas stormanfall inte visade några tecken på att avta. ”Bakåt! Bakåt” skallade ropen genom förbindelsegravarna och de springande, lätt hukade stormpionjärerna som överlevt anfallet retirerade ner för kullens baksida, täckta av de egna inte särskilt pricksäkra artilleripjäserna. När Schulz och hans kamrater dråsade ner bakom några husruiner hördes ett distinkt ylande som han kände igen från sin tid på *Gneisenau*. Det lät mycket dovare än de tyngsta armégranaterna. Inkommande skeppsgranater! Med enorm kraft borrade de sig in i kullen och kastade upp en ridå väldiga jordkaskader, vilket förlamade det fortsatta ryska anfallet.

Morgonen den 19 mars var det dags igen. Ryssarna satt på kullen och Schulz bataljon låg vid en sönderskjuten by en knapp kilometer därifrån. Trötta, smutsiga och hålögda gjorde sig soldaterna redo att möta sin egen skräck på nytt, smällde i de sista patronerna i magasinen och kontrollerade mekanismen. Artillerielden började.

> Jag såg de första krevaderna på kullen. I samma ögonblick gick ett signalskott till väders och med stela ben klättrade stormpionjärerna över skyttegravens krön. Två banddrivna lavetter med fyrpipiga lätta luftvärnskanoner, anförda av en stridslysten ung löjtnant, rasslade igång från sina gömställen för att understödja anfallet.
>
> Jag satte fart på min grupp. Det var bara unga killar. För flera var detta

det första anfallet. Redan när de första granaterna slog ner var vi på väg framåt. Vårt bombardemang bestod bara av 10–15 granater som träffade på och runtom höjden. Det fanns inte mer ammunition och det var förmodligen utslitna kanoner, för de hade ingen träffsäkerhet. Sedan brakade det loss på båda sidor. Våra kulsprutor och kanoner mot fiendens. Ryssarna sköt med artilleri och tunga granatkastare. Inte utan förluster för oss.

Bandlavetterna gjorde sitt jobb och skickade iväg skurar av granater mot varje punkt av de ryska ställningarna, där mynningseld observerades. Kulor och granatskärvor ven runt huvudena på oss, folk dödades och sårades till höger och vänster. Efter några hundra meter var vi halvvägs, men plötsligt bländades jag av en blixt. En granat från en rysk granatkastare hade slagit ned bredvid mig och explosionen slungade mig till marken. Allt svartnade för ögonen.[476]

För Gerhard Schulz var åren i skyttegravarna över.

•

Samma dag började de ryska granaterna falla över Gotenhafen och ett flyganfall ödelade stora delar av Danzigs centrum. Bland de civila nådde paniken nya höjder. Den 17-åriga Irmgard Ferst, som tjänstgjorde i ett flyktingkök några kilometer öster om Danzig, beskriver situationen:

Snart var det varken riktigt krig eller riktig fred i säcken där vi satt. Jag behövde ingen kikare för att se mynningselden från de ryska kanonerna på höjderna i närheten. Ändå fortsatte jag att gå till arbetet vid soppgrytorna. Min mor och mina småsyskon var som tur redan i säkerhet. De hade evakuerats västerut på en båt och jag var ensam i vårt lilla hus i byn Wesslinken.

Vi flickor som tjänstgjorde i flyktingköket fick däremot inte lämna landet i och med att vi stod under militärlag. Eftersom jag var arbetsför och inte hade försörjningsplikt måste jag stanna kvar när resten av familjen åkte.

Matbespisningen... var inhyst i en stor barack mellan byarna Gross-Plehnendorf och Klein-Plehnendorf. Vi var ett femtiotal flickor från trakten som turades om att laga mat åt de förbipasserande flyktingarna. Trehundralitersgrytorna puttrade jämt. Vi hade alltid en gryta med vatten, en med kaffe, tre med soppa samt en med vatten som mödrarna kunde göra välling åt småbarnen med. Sedan åkte de vidare, men vart de tog vägen vet jag inte. Det åkte vagnar åt båda håll. Många kretsade bara runt och dök upp hos oss igen. De övernattade runtomkring, antingen de hade tak över huvudet eller fick sova under bar himmel. De svårt sårade kunde inte flyttas utan inkvarterades i små baracker runtom. Någon sjukvård att tala om fanns det inte. Svåra sår täcktes med nödförband av tygremsor.

Militären hade järnhård kontroll över oss som beordrats att arbeta i stridszonen. Det var inte bara manliga desertörer i uniform som hotades av dödsstraff. En dag råkade jag riva mig i fingret på en liten tagg på en gryta och nästa morgon hade det blivit blodförgiftning av det. Då gick jag till doktorn, men det tog inte fem minuter förrän två soldater dök upp med gevär och påsatta bajonetter, för jag hade ju sagt till mina kamrater vart jag gått. Soldaterna trodde att jag hade flytt och doktorn blev mycket förtretad på dem. Efter behandlingen var det bara att gå tillbaka. Jag måste jobba vidare, trots att jag hade armen i bandage.

Det var livsfarligt att röra sig ute i dagsljus på grund av ryssarnas beskjutning. Man vågade inte heller göra upp eld i eldstäderna på natten, därför att det hade kunnat locka ryssarna till att börja skjuta igen. Flyktingbarackerna var den säkraste platsen, för i det området fanns det starka tyska ställningar, men vi utsattes ändå för granater och flygangrepp. Det bombades stup i ett. Ingen skilde på människor och djur längre. Alla döda kroppar slängdes i bombkratrarna, vilka därefter skottades igen. Det var så många namnlösa som begravdes på det sättet.

Människor övernattade i gropar med granris på botten – det var säkrare än att bo kvar i husen, som var lätta att pricka för fienden. Själv sov jag hemma i huset så länge det gick och jag hade änglavakt en gång när en granatskärva flög rakt igenom sovrummet. Jag vaknade av en explosion och av att fönstret ovanför sängen krossades. Skärvan hade rivit upp ett rykande spår i mitt täcke innan den träffade väggen på motsatta sidan. Om jag så bara hade haft knäna uppdragna lite grand skulle jag ha blivit träffad. Min trötta hjärna registrerade bara vad som hänt innan jag vacklade över till en annan säng och somnade om. Vi var så apatiska, så apatiska. Det går inte att beskriva. Ingenting rörde oss längre. Vi frågade inte efter vad vi tog på oss, om det var samma skor eller inte. På morgonen klev man i ett par skor, oavsett om de var ens egna eller tillhörde någon som dött nyss. Jag tappade mina egna och gick vidare i strumporna tills jag hittade andra skor på vägen. Om det var höger- eller vänsterskor struntade man i. Bara man inte frös."[477]

Och ännu hade det värsta inte börjat.

·

Handpumpen i koloniträdgården gnisslade sävligt och gav ifrån sig sitt eftertraktade innehåll. Vattnet trummade friskt och klart mot bleckspannens botten, men Lothar Rexin och hans jämnårige kamrat Klaus Schwitalski hade öronen på helspänn efter andra ljud – ljudet av vinande granater eller fientliga flygplan. De båda vännerna gick varje dag den riskabla vägen hit för att hämta vatten. Pumpen stod två kilometer från Lothars mormors hus i Danzigs sydöstra förstad Ohra, men vandringen var en lek med döden sedan Röda armén rullat upp sitt artilleri på Danzighöjderna. Fast sedan vattenverket förstörts av ryska bomber var rent dricksvatten en akut bristvara och åtskilliga människor från grannskapet vallfärdade till samma pump för att fylla på hinkar och krus.

Pojkarna kånkade mödosamt spannarna hemåt, klivande bland döda tyska soldater, hästkadaver och förstörda fordon, vilka fallit offer för lågflygande attackflygplan. En inkommande granat fick pojkarna att flinkt slänga sig på marken och invänta smällen, precis som de blivit drillade att göra i skolan. Marken skakade till av en kraftig skräll och gruset dansade ner över deras ryggar. Då de reste sig igen insåg de att de haft tur och klarat sig oskadda den här gången också. Men de båda gamla tanterna som gått snett till höger om dem hade inte haft samma tur. De lomhörda åldringarna hade inte haft en chans att höra granaterna komma.

Vattnet var inte utrunnet. Lättade över att slippa gå tillbaka till pumpen fortsatte pojkarna hemfärden och snart stod de utanför mormors hus, som förvandlats till en ruin genom de senaste dagarnas beskjutning. Övervåningen var bortskjuten och genom ett stort granathål i väggen kunde man se rakt in bland spillrorna av det som en gång var köket.

Det skvalpade över lite på trapporna ner till källaren. I den unkna källarlukten möttes de av lättade och tacksamma miner. Längs väggarna satt mamma, mormor, Klaus mamma och syster, samt en massa främmande människor – flyktingar från Ostpreussen, vilka blivit fast här.

På sitt håll försökte Hanna F. intala sig att allt var som vanligt, trots att Gudaskymningens pukor dånade allt kraftigare. Våren var på väg, det var allt hon försökte tänka på mellan skurarna av granater:

> Viporna hade kommit. Landsvägen var en enda lervälling. Bina surrade kring sälgbuskarna. Jag blundade och sög i mig alla de välbekanta dofterna. Det var inte sant, det där med krig. Sånt händer bara i böcker. Solen värmde så gott. Vem kunde vilja driva bort människor hemifrån? Döda, plundra och våldta dem som inte flydde? Nej, det hjälpte inte att blunda. Kanonerna hördes ju. Våra och de ryska. Fåglarna och bina, de brydde sig inte om fronten. Det var ju bara för DEM allt var som vanligt.[478]

Åtta personer trängdes i affärens källare, Hanna och hennes mor och moster, grannfrun Annie Orschekowski, den andra grannfrun Ella Horn och hennes son Wolfgang, samt en excentrisk läroverksadjunkt från Ostpreussen i sällskap med sin hushållerska. Läroverksadjunkten, vilken kommit till dem som flykting, var en konstig prick som höll på att fundera ut en fantastisk uppfinning som skulle hjälpa Führern att vinna kriget: då maten tog slut skulle nya livsmedel produceras av alger, men han hade inte fått någon att intressera sig för idéen. Hans kokerska lagade enbart vegetarisk mat åt honom, men lukten från moster Nannas stekar och köttbullar blev så oemotståndlig att han började äta kött.

Kvarteret gungade av bombnedslag. Husväggar sprack, rutor krossades och takpannor rasade. Moster Nanna var en hårsmån från att träffas av ett granatsplitter när hon var på väg ut ur köket. Fru Behrend, som var en trogen kund i affären, hade dödats av ett splitter när hon dristade sig ut på landsvägen. En gammal man på gatan dödades också av artillerielden och de anhöriga tvingades begrava honom i ett vattenfyllt hål i trädgården.

Själv blev Hanna ofrivilligt ägare till ett stort ardennersto under dessa gastkramande dagar. Det dräktiga stoet låg i leran på gatan för att föla och en berusad soldat sparkade hästen i magen för att hon låg i vägen. I en stridspaus sprang Hanna och grannpojken Adel fram till stoet och hjälpte till att få ut fölet – det var emellertid dött och barnen torkade av hästen med en jutesäck. Fölet lyckades de inte begrava, eftersom beskjutningen började igen, men sedan den stunden var ardennern Hanna tillgiven. Hon placerade hästen ute i mangelboden och fastän hon aldrig låste dörren stannade hästen tålmodigt kvar och väntade på att hon skulle komma hem med de små skeppor havre som hon kunde samla in hos snälla grannar. En natt när bombardemanget var särskilt nervpåfrestande förskräcktes invånarna i källaren av tunga klampande steg ute i trädgården. Källardörren flängdes upp och på trappsteget syntes bara två väldiga hovar och framben. Hästen ville också komma ner i källaren!

Plundrare tog chansen under beskjutningen. När en av fruarna i källaren, Herta Witte, gick hem för att titta till sin stuga mellan två bombanfall mötte hon en okänd man klädd i finkostymen hon låtit sy åt sin make. Mannen, som visade sig vara soldat, urskuldade sig med att han funnit det lämpligt att göra sig av med uniformen och hade trott att huset var övergivet. Då Ella Horn gick över gatan till sitt hus möttes hon av två SA-män på trädgårdsgången: ”Vi beklagar, er man Erwin Horn har rapporteras saknad vid fronten.”

Överallt förberedde sig invånarna på ryssarnas ankomst. Naziuniformer skaffades undan och Hitlerfotografier eldades upp. En grannfru försökte pracka på Hannas mor en nästan obegagnad jacka från den nazistiska flickorganisationen BDM med låtsad välmening. Visserligen var hakkorset bortsprättat, men dess konturer avtecknades tydligt i tyget, varför Hannas mor tackade nej vänligt men bestämt. Varken Hanna eller hennes inkallade storebror Georg hade haft några uniformer. Däremot hamnade en liten hakkorsflagga i kakelugnen och en liten leksakskanon som storebrodern lekt med plockades sönder i smådelar. Det var ingen ände på försiktighetsmåtten. Vissa skaffade till och med fram Stalinbilder och röda armbindlar i tron att fienden skulle behagas av detta.

Särskilt oroliga var man för de unga kvinnornas skull, eftersom de flesta satte tilltro till de detaljerade ryktena om våldtäkter. Säkra gömställen diskuterades. De flesta ville fly, men ingen visste hur det skulle gå till. I hamnen var trängseln så stor att chansen att komma med en båt tycktes obefintlig. Många valde att sitta stilla och avvakta om det kanske bleve bättre, men en dag fick Hanna en chock när hon förstod hur nära fienden befann sig.

”Här ligger en bondgård. Den håller ni vad som än händer”, hörde hon en underofficer instruera sina soldater, samtidigt som han pekade på en karta. Hanna hajade till därför att bondgården han talade om var Volkmanns gård, som låg knappt 15 minuters cykelväg därifrån. Känslan var overklig, men några fientliga stridsvagnar behövde de inte frukta från det hållet, på grund av att de sanka åkrarna och lervägarna var oframkomliga för så tunga pansarfordon.

Soldaterna hade ställt upp en ensam artilleripjäs vid gatans början. En gång i timman avfyrade de en granat. ”Bara för att visa att vi finns”, sa underofficeren till Hannas mor. Ammunitionen räckte inte till mer än så. Underofficeren presenterade sig som Rohn och visade sig vara räddaren för några av de boende på gatan. Långt ifrån alla var i stånd att hysa förhoppningar eller ens fatta några egna beslut.

”Se till att ha packat och klart”, befallde han Hannas mor. ”Sy var sin ryggsäck att ha sängkläderna i. För övrigt tar ni bara mat och cigaretter, så mycket ni kan bära, ingenting annat. En väska i varje hand. Ni får följa med vår lastbil när det blir så dags.”

•

Marskalk Rokossovskij satte in alla krafter för att klyva det tyska brohuvudet i två delar genom en framstöt till badorten Zoppot mellan Danzig och Gotenhafen. Sauckens divisioner gav långsamt vika inför det övermäktiga trycket. Onsdagen den 21 mars fick Zoppots invånare evakueringsorder, varvid många flydde till Danzig. Andra evakuerades med småbåtar direkt till Helahalvön. Dagen därpå lyckades enheter ur ryska 70. armén, 3. gardespansarkåren och 49. armén bryta igenom till kusten norr om Zoppot. Lasarettsfartyget *Pretoria*, som hämtat sårade i Gotenhafen, träffades av två stridsvagnsgranater avlossade från ryska positioner vid Zoppot, men stridsvagnarna skrämdes bort av en tillskyndande tysk jagare. Badorten föll i ryssarnas händer på kvällen den 23 mars och därigenom var 2. tyska armén splittrad i tre delar, som ryssarna kunde ta itu med i tur och ordning, Hela, Gotenhafen och Danzig. Rokossovskij pumpade in alltfler divisioner i genombrottsluckan och började rulla upp det tyska försvaret åt båda hållen. I en av Danzigs förstäder, Oliva, nåddes invånarna av evakueringsordern först när striderna blossat upp i stadens utkanter.

Danzigs och Gotenhafens slutstrid började. Till och med de ryska granatkastarna var nu uppställda så nära Gotenhafen att de kunde skjuta rakt in i staden. Flyganfallen mot de båda fästningarna avlöste varandra. Flottan fortsatte oförtröttligt att evakuera människor, trots att fartygen nu var inom skotthåll för artilleri och stridsvagnar.

> Våra eldledare var vana vid att dirigera eldgivning mot torra land och till att börja med visade sig avståndet till målen i vattnet vara bedrägligt. Men stridsvagnsskyttarna och artilleristerna lärde sig så småningom att rikta in pjäserna. En kanon avfyrades, därefter kom granatens krevad och ytterligare ett fartyg kapsejsade och gick till botten med sin last av fascister. Ytterligare ett skott, sedan ett till – och en pråm flammade upp och slog runt,

enligt general Katukov, befälhavare för 1. gardespansararmén.[479]

Fredagseftermiddagen den 23 mars gick valfångstskeppet *Walter Rau* (13 700 bruttoregisterton) in i Gotenhafens hamn och 6 000 människor fyllde fartygets innanmäte. Valfångaren avbröt lastningen och lämnade hamnen under ett pågående flyganfall. Samma dag stävade handelsfartygen *Mittelmeer* (6 730 bruttoregisterton) och *Eberhard Essberger* (5 064) ut från Danzig med flyktingar medan bomber och granater orsakade jättelika skumkaskader runtomkring dem. Tiotusentals passagerare skeppades ut varje dag. Dagsrekordet belöpte 46 000 personer.

Röda armén fick en oväntad fördel i striderna om Gotenhafen. En kvinna från polska motståndsrörelsen överlämnade en detaljerad karta över det tyska försvarssystemet till ryssarna, vilken kom till stor användning vid stormningen. Palmsöndagen den 25 mars kulminerade striderna om staden. Resterna av sex tyska divisioner var hopträngda på en landremsa på femton gånger fem kilometer. Granater slog ner oupphörligt och flyktingskeppen kunde numera bara anlöpa hamnen nattetid. Från havet dånade inte längre örlogsfartygens kanoner på grund av att marinen tvingats dra tillbaka sina stora enheter till följd av bränsle- eller ammunitionsbrist. Kryssaren *Leipzig*, som legat vid piren i örlogshamnen och i ett par veckors tid avfyrat granater över hustaken i riktning mot fronten, var ett av de sista skeppen som kastade loss och försvann. Därmed gick det inte längre att freda hamnen och den 26 mars sprängdes hamnanläggningarna av tyska ingenjörssoldater. Som kronan på verket bogserades det numera upphuggna vraket av *Gneisenau* ut till hamninloppet och sänktes där. Men ännu natten till den 27 mars åkte småbåtar och färjepråmar i skytteltrafik till Gotenhafen och hämtade soldater. De sista kvarteren föll den 28 mars och återstoden av stadens försvarare samt tiotusentals civila drog sig undan till den 85 meter höga platån Oxhöfter Kämpe i nordväst.

Marskalk Rokossovskij hävdade att tyskarna förlorade 50 000 stupade, 229 stridsvagnar och stormkanoner, 387 fältkanoner och mer än 3 500 övriga fordon i striderna om Gotenhafen.[480] Siffrorna är med all sannolikhet överdrivna, men de tyska förlusterna kan ändå sägas ha varit katastrofala.

•

I denna situation nåddes von Saucken den 28 mars av en Führerorder att försvara Oxhöfter Kämpe som om det vore en fästning. Platån hölls av 8 000 utmattade soldater bakom vilka cirka 30 000 flyktingar trängt ihop sig på stranden och väntade på sin tur att komma med någon av småbåtarna som gick i skytteltrafik till Hela. Klippbranterna skyddade dem mot direkt fientlig eld, men mot granater som slog ner på måfå fanns det inget skydd. Under de första aprildagarna hade dock brohuvudet tömts på de flesta civila.

Bristen på ammunition gjorde att försvarslinjen på höjderna kunde kollapsa när som helst och general von Kessel, som förde befälet på platsen, vädjade gång på gång till von Saucken om att få ge sig av därifrån med sina styrkor innan det var för sent. Men från 2. arméns stab, som evakuerats från Danzig-Neufahrwasser till Hela, kom det inget svar. Kanske hade inte tillräcklig transportkapacitet kunnat dras samman ännu, eller hade den annars så styvnackade fältherren börjat tveka om huruvida han vågade trotsa en uttrycklig order från Hitler. Den 2 april kom det första sovjetiska anfallet mot brohuvudet, vilket med nöd och näppe slogs tillbaka av försvararna. Under de följande två dagarna stoppades ytterligare två anfall, men ryssarna hade börjat tränga in på själva platån. Till sist bröt von Saucken tystnaden och gav kodordet ”Walpurgisnacht” (Valborgsnatt), vilket var startskottet för ännu en av marinens improviserade räddningsaktioner. En flotta på 30 så kallade marinfärjepråmar, 25 krigsfiskekuttrar och andra småfartyg började transportera bort soldaterna under natten till den 4 april. Evakueringen fortsatte även följande natt och klockan sex på morgonen den 5 april lämnade det sista skeppet Oxhöft, utan att ryssarna anat ugglor i mossen.

Danzigs slutstrid blev dock ännu värre än Gotenhafens.

·

Så småningom vaknade marinsoldaten Gerhard Schulz upp ur medvetslösheten.

> Jag hade ingen aning om var jag befann mig när jag slog upp ögonen. ”Har du en spegel”, frågade jag en vacker sjuksköterska som böjde sig över mig. Mitt huvud var inslaget i bandage och jag var rädd för att hela ansiktet var borta. ”Det är ingen fara”, sa sköterskan och log mot mig.
>
> Till en början kunde jag inte röra mig. Jag hade träffats av granatsplitter i pannan, näsan, magen och knät, men skadorna var lyckligtvis inte livshotande. Med en marschorder till ett sjukhus i Danmark i handen begav jag mig några dagar senare från fältsjukhuset in till Danzigs hamn. Några kryckor hade jag inte fått, utan var tvungen att linka fram stödd mot en bräda. Hela staden stod i lågor och ryska artillerigranater slog ner överallt. På gatorna rådde fullständig oordning.
>
> Flygande ståndrätter hängde militärer och civila som gripits för plundring eller misstänktes för feghet. Ingen i uniform kunde gå säker för dem under dessa vansinniga dagar. I hamnen trängdes tiotusentals människor och många väntade förgäves på att få en skeppsplats.
>
> ”Här kommer du aldrig ut”, tänkte jag när jag såg att det som sades vara det sista lasarettsfartyget, den lilla kolångaren *Regina*, just skulle avgå. Trängseln var fruktansvärd. Då tittade jag upp mot akterdäck och fick syn på en gammal skeppskamrat från minsveparen *Pelikan*. Detta blev min smala lycka.
>
> ”Heinrich!” skrek jag för full hals ända tills han upptäckte mig.

"Gerhard, är det du!?" kom svaret uppifrån relingen. "Men herregud, här kommer du aldrig med. Jag slänger ner något."

Min kamrat, som hette Heinrich Kalk, skickade ner ett fallrep, men jag kunde inte nå det, eftersom det var flera meter mellan båtens back och kajkanten. Då slängde han över en tross, som jag klamrade mig fast vid. Två andra människor – jag hann aldrig uppfatta riktigt vilka det var – försökte klänga sig fast på min rygg för att bli uppdragna tillsammans med mig, men ännu hade jag krafter kvar att kasta dem av mig. Annars hade det blivit för tungt. Rädde sig den som kan, var den regel som gällde. Jag fick mig en hård törn då jag smällde in i båtens sida, men höll mig kvar och kom till sist upp på däck. När båten stävade ut till havs kunde jag se den brinnande staden och folkhavet som blivit kvar på kajen försvinna i fjärran.

Efter ett par dagars sicksackande på Östersjön gick vi förbi ett underbart land på styrbordssidan – Sverige. Det lyste så vackert där borta, där rådde ingen mörkläggning. Jag frågade Heinrich, som hade frivakten: "Ska vi till Sverige?"

"Nej, för fan. Sverige är neutralt, vi är på väg till Köpenhamn."

Då jag såg allt ljus där borta tänkte jag att när kriget är slut ska jag bort från Tyskland så fort som möjligt och åka till Sverige. Så blev det också.[481]

Gerhard Schulz emigrerade till Sverige 1949. Han döpte sin dotter efter båten som räddade honom.

•

Medan Schulz skepp nådde danska farvatten brann Danzig från ena änden till den andra och det mesta av den medeltida stadskärnan var söndersmulat. Elektriciteten och vattnet i kranarna försvann. Sista utgåvan av Danzigs dagstidning *Der Vorposten* delades ut lördagen den 24 mars med ledarrubriken "Nu måste vi vara starka!" Men just den här dagen syntes inte några bombplan till över staden. Istället regnade det flygblad:

Marskalk Rokossovskij
till garnisonerna i Gdingen [Gotenhafen/Gdynia] och Danzig

Generaler, officerare och soldater i tyska 2. armén!
Mina trupper intog Zoppot igår den 23 mars och delade den inneslutna gruppen i två delar: garnisonerna i Danzig och Gdingen samt infarterna till desamma. Mina truppers järnring omkring er krymper alltmer.
Under dessa omständigheter är ert motstånd meningslöst och kommer

> endast att leda till undergång för såväl er som för hundratusentals kvinnor, barn och åldringar.
> Jag kräver av er:
> 1. Att genast inställa motståndet och ge er fångna med vit flagg en och en, grupp-, kompani-, bataljons- eller regementsvis.
> 2. Jag garanterar liv och personlig egendom för alla som kapitulerar.
> Alla officerare och soldater som inte sträcker vapen kommer att förintas vid den förestående stormningen.
> Ni bär hela ansvaret för civilbefolkningens offer.
>
> Befälhavaren för Andra Vitryska Fronten
> Marskalken av Sovjetunionen
> K. Rokossovskij[482]

Återstoden av dagen förlöpte relativt lugnt utan större strider, men ytterst få tyskar vågade tro på det här kapitulationserbjudandet. Skräcken för fienden bland de civila och soldaterna var alltför stor, oförsonligheten hos den militära ledningen likaså.

Svaret på erbjudandet anlände från Führerhögkvarteret natten till den 25 mars, men innehöll som väntat ingen nåd för Danzig. Hitler upprepade bara att varje kvadratmeter mark måste försvaras till det yttersta. Nästa morgon, palmsöndagen den 25 mars, satte von Saucken sitt eget namn under Hitlers order och vidarebefordrade den till de båda ”fästningarna”, som stod inför sitt snara fall:

> Führern har den 24 mars befallt:
> ”Viktigaste kravet för 2. armén är och förblir att hålla fästningarna Gotenhafen och Danzig under alla villkor. Alla krafter ska uppbådas för detta, varje meter mark ska försvaras.”[483]

Generalen lade till några egna ihåliga ord för att inskärpa allvaret:

> Varje reträtt måste godkännas av mig. Jag är övertygad om att min tappra 2. armé kommer att uppfylla uppgiften den tilldelats av Führern. (undertecknat) von Saucken.[484]

Detta var dödsdomen för stadens återstående ovärderliga kulturskatter och för otaliga invånare som inte kunnat fly. Denna palmsöndag klämtade klockan. Hon slog 8.30 och Danzigborna hälsades av en förödande bombräd och åtskilliga av de ännu oskadda patricierhusen ödelades i eldhavet. Många civila kvävdes på grund av syrebrist nere i källare och skyddsrum.

”Bombregnet och artilleriet mullrade vansinnigt”, skrev en äldre kvinna vid namn Klara Siedler senare.

> I vår närhet föll det ena huset efter det andra i grus och aska. Vår köpmans hustrus hus (hon gav in i det sista inte bort någonting gratis) störtade ihop ner till källaren på fem minuter. På natten flykt ut ur staden. Vår granne G. körde med ett sitt spann till Hundgasse för att hämta ytterligare en enetunna. Han bombades långt ner i jorden tillsammans med häst och vagn. Hans anhöriga hittade ingenting att begrava. Herr Makowke avled av hjärtslag. Han kördes i galopp till kyrkogården, och hans fru och dotter måste smyga eller krypa tillbaka. Vårt gårdshus fick en träff. Alla invånare, cirka 18–20 personer, var samlade i källaren. Marken skakade, huset gungade som en båt i hög sjö, ljuset slocknade. Vi var täckta av damm. Vi drogs upp genom luckan, ingen hade fått några stora skador förutom skrubbsår.[485]

Innan hjälparbetarna var klara med räddningsarbetet i fru Siedlers hus började bombardemanget igen.

> En fruktansvärd träff tryckte in dörren. Vi möttes av ett eldhav. Nu var det hög tid. Med en våt handduk för munnen letade vi efter en utgång. Källarluckan var blockerad av brinnande husrester. Med hjälp av en stol nådde vi gatan genom en öppning på nedre botten. Det kan ha varit klockan två. Trots det härskade mörker, glödande, bolmande outhärdligt mörker. Vart skulle vi gå nu? Till Johanneskyrkan. Överfullt. Ingen kom in där. Återigen regnade bomberna över oss. Vi letade efter minsta lilla skydd på marken. Nu till Langen Brücke, ett eldhav, Speicherinsel brinner. In i ett hus. Människor står i porten och knuffar oss bakåt. Åter en träff. Fem personer döda i porten. Iväg och uppför Häkergasse till Damm. Den stora bunkern överfull, även trapporna, alltså vidare i glödande, svidande mörker till den stora luftvärnsbunkern. Fruktansvärda fasor där. Materiel som lagrats där har fattat eld och brinnande människor vacklar ut som brinnande eldpelare. En brinnande gavel rasar mot oss. Vi släpper allt, har bara handväskan kvar, vidare till gasanstalten. Gatorna är beströdda med väskor, rockar, kappor och människor, vilka ligger där, förkrympta, brända, döda eller döende.[486]

Det blev för farligt att fortsätta evakueringen från hamnen. Flottans kontor stängdes och förflyttades till Hela, men skeppstrafiken fortgick ändå i det längsta.

Fartyg anlöpte Danzigs frihamn Neufahrwasser trots att ryssarna befann sig bara 1 500 meter därifrån. Passagerarbåten *Urundi* (5 791 bruttoregisterton) avgick med 4 500 flyktingar och sårade, men när fraktskeppen *Ottenberg* och *Fangturm* närmade sig hamninloppet stoppades de av en torpedbåt på grund av att ryska soldater kunde nå hamnanläggningen i vilket ögonblick som helst. Passagerarfartyget *Ubena* (9 555 bruttoregisterton) fick inte samma varning och kapten Lankau lade till vid kajen, trots att fyrljusen inte längre var tända. Kajplanen fylldes snabbt av otaliga människor som myllrade fram från sina gömställen och som köade för en plats under de följande fyra timmarna, medan granater slog ner runtomkring. Otroligt nog kunde detta sista flyktingskepp därefter lämna kaj helt oskadd så när som på splitterskador.

På kvällen erövrade ryssarna luftkurorten Oliva och rullade upp sina kanoner på höjderna omedelbart väster om Danzig. Staden låg för kanonjärernas fötter, precis som på en skjutbana. Anfallet mot "fästningen" skedde från tre håll av två av Rokossovskijs arméer, men åtta decimerade tyska divisioner bet sig energiskt fast i de yttre försvarsverken. Hettan från bränderna i centrum var outhärdlig och omöjliggjorde för tillfället en reträtt.

Den 26 mars gick även Ohra förlorat.

•

De våldsamma striderna fick hela huset på Boltengasse i Ohra att skaka. Sedan blev det tyst. Skyndsamma fotsteg hördes nerför trappan till källaren där Lothar Rexin satt. Några skräckslagna unga pojkar i tyska arméuniformer uppenbarade sig i dörren. Soldaterna tiggde om civila kläder och en plats att gömma sig, men kvinnorna i källaren skrek åt dem att försvinna. "Stanna inte här, tänk om ryssarna hittar er här!" Alla var livrädda för vad som skulle hända om rödarmisterna hittade tyska soldater eller uniformer i huset. Varje byggnad som försvarades av tyska soldater förstördes systematiskt med handgranater och eldkastare. Det hade Lothar kunnat se på avstånd. Pojkarna försvann igen. Sedan hördes nya fotsteg i trappan.

> Jag spritte till av förskräckelse. En rysk officer stod i dörrhålet. "Russkij Major! Einmal Uhri, einmal Schnaps!" röt ryssen.[487] Därefter visiterade han människorna i källaren och tog de klockor han ville ha innan han försvann ut igen. Någon snaps hittade han dock inte. Sedan kom de andra soldaterna efter och våldtog kvinnorna. Hos oss hade vi flyktingar från Elbing, Königsberg och andra delar av Ostpreussen, mest kvinnor och barn. Jag kommer särskilt ihåg

hur en mongolisk soldat drog till sig en ung kvinna med ett litet barn på armen. Barnet tog han ifrån henne och drämde det i väggen så att det dog. Kvinnan släpades ut. Vi såg henne aldrig mer. Rödarmisterna våldtog alla kvinnor mellan 13 och 70 års ålder, allt från unga flickor till gamla tanter, mitt framför våra ögon. Min mormor var 69 år gammal och hon blev våldtagen sexton gånger när hon försökte skydda sin dotter – min mamma, från våldtäkt. Våldtäkterna utspelades bakom den halvöppna dörren till kolkällaren. Min kamrat Klaus, hans mamma och syster satt i samma källare som vi. Flickan var lika gammal som jag och storväxt för sin ålder. Både hon och mamman blev våldtagna och efteråt gick hela familjen ut och hoppade i floden. Klaus var den ende som kunde simma och överlevde. Inom parentes sagt följde han senare med på en rysk lastbilskonvoj med krigsbyte på väg österut. Sedan dess har jag inte sett honom.

På natten jagade ryssarna ut oss och vi hamnade på ett gärde vid floden Radaune. Där lade vi oss att sova under bar himmel, men dit kom det också ryska soldater, som drog och slet i oss i mörkret och våldtog kvinnorna. Vi försökte dricka vatten på grund av chocken, men i Radaune flöt det fullt av kreatur och människolik med svullna bukar. Vi var tvungna att peta undan kropparna för att komma åt vattnet. Det måste kokas på en öppen härd över två tegelstenar innan det gick att dricka.

Ryska soldater plockade på måfå ut kvinnor och män som sattes på lastbilar och kördes iväg. Vi visste inte vart de skulle, och de kom inte tillbaka igen. Långt senare fick jag höra att de hade förts till Graudenz [i Polen] och därifrån vidare österut för att delta i återuppbyggnaden av Sovjetunionen. Många av dem dog där. Men när ryssarna kom till oss tyckte de nog att jag var för ung och att mormor var för gammal. Morsan såg de aldrig, för hon låg gömd under ett täcke.[488]

Från den 27 mars rasade striderna inne i Danzig, varvid även ryssarna tillfogades svåra förluster. Hos general Pavel Batov, som ledde 65. armén, dödades till och med en divisionschef av en tysk granat och en annan divisionsstab var nära att utplånas genom ett motanfall av några Kungstigrar. Hus för hus och gata för gata rasade striderna. Största förorten, Langfuhr med 50 000 invånare, utrymdes dock utan strid av de tyska trupperna som försökte undgå att bli avskurna.

•

Ute i Danzigbukten skyddade två torpedbåtar kryssaren *Lützow* strax innan hon dragit sig tillbaka före slutstriden. Efter ett flyganfall upptäckte ett av dessa eskortfartyg, *T23*, en skadad hamnfärja som var överfull av folk. Färjan hade hissat nödsignal på grund av maskinskador och låg helt stilla. På dess däck iakttog kaptenlöjtnant Weilig på *T23* många sårade och två ryska attackplan surrade som ilskna getingar kring sitt byte, tills de kördes bort av örlogsskeppens luftvärnskanoner.

I det ögonblicket närmade sig ett annat fartyg från kusten och kaptenlöjtnant Weilig tyckte det var underligt att denna lyxyacht till skillnad från alla andra fartyg inte var fullpackad av flyktingar. Däcket var så gott som tomt, men yachten passerade utan att bekymra sig om den nödställda färjan.

Weilig blev rasande och signalerade till yachten: ”Ta med färjan på släp till Hela!”

Svaret kom prompt:

”Gauleiter Forster ombord. Ni kan inte ge oss order!”

Torpedbåtarna styrde snabbt upp mot lyxfartyget och riktade sina kanoner mot det. Yachten stannade och Weilig kunde observera hur ett par personer i långa rockar med ilskna rörelser störtade under däck. *T23* och *T28* rapporterade till viceamiral Thiele ombord på *Lützow* och bad om fria händer, vilket beviljades omgående. Då yachten var inom hörhåll tog Weilig fram megafonen, men en figur på den hejdade båten förekom honom:

”Här talar Gauleiter Forster från Danzig-Västpreussen! Jag kommer att ställa er till svars!”

”Och här talar kapten Weilig. Detta är en order, se omedelbart till att ert fartyg bogserar bort färjan. Annars blir ni beskjutna!”

Färjan togs på släp och därmed försvann Forster från Danzig, dock inte lika fort som han tänkt sig.

·

I källaren till Danzigs gasanstalt hade Klara Siedler och ett par tusen andra kvinnor, barn och åldringar sökt skydd. Luften var kväljande och endast ett matt ljus lyste in i lokalen.

> Vid tvåtiden hade ryssarna kommit 100 meter framåt. ”Vill vi ge oss?” hette det och den vita flaggan hissades i gasanstalten till att börja med. Försvarskanonerna inställde eldgivningen och vi väntade på vad som skulle komma. Det dröjde inte en halvtimma förrän den första ryska delegationen, ungefär 20–24 personer, dök upp. De såg bra ut och talade tyska. Nu hette det: ”Alla män ut.” Men eftersom det bara fanns sjuka och gamla hände ingenting. Man lät oss förstå att den som fortfarande hade ett hem skulle uppsöka detta, det skulle inte bombarderas mera. Vi letade upp Walters [?] våning

vid Rammbau. Den var visserligen låst, men vi öppnade med våld. Och, o mirakel, vi kom in i en trevlig, välstädad bostad. Den var visserligen upptagen av främlingar, vilka befann sig i bunkern, men även när människorna kom [tillbaka från bunkern] samsades vi väl. Vi var sammanlagt tio personer. Först lagade vi mat och åt grundligt.

Vi hoppades att ryssarna skulle vara milda mot oss, men långt därifrån! Snart började det. Herr Bart stod i dörröppningen när den förste ryssen slet till sig klockan på västen. En bil, draperad i mattor, körde ända fram till dörren, fyra ryska officerare klev ur och krävde något att dricka, men bara vatten; de sa nej till kaffe eller te, därför att de var rädda att bli förgiftade. De var hövliga och vänliga och delade även ut cigaretter. Herr Bart satt hela tiden vid pianot och spelade med darrande händer alla ryska melodier han kom på, men det var väldigt få på grund av att han var så rädd. Vi sydde fast knappar, lagade revor i uniformerna, medan officerarna vilade. De var vårt skydd, soldaterna som ville plundra försvann vid åsynen av officerarna. Då mörkret fallit körde officerarna vidare och nu var vi sålda.

Nu kom soldaterna i grupper om fem–tio man för att plundra och skända. Nu handlade det bara om ”Uri, Uri” och ”Frau komm”. Vi satt tillsammans runt ett stearinljus. Jag hade Binge Bart, en kraftig flicka på 13 år, i knät och hade flätat hennes hår i styva flätor, samt sagt åt henne att uppföra sig rätt barnsligt. Det skyddade mig i någon mån. Fru F., en stor blondin, måste följa kallelsen under knuffar och måste låta sig missbrukas av sex soldater. Fru P. låg i Klaus barnsäng och lät saliven rinna ur munnen och grät, vilket verkade frånstötande på dem. Vi kröp ner sex personer i två sängar och darrade och bävade. Men först när den gamla stadsdelen besköts på nytt fick vi ett par timmars lugn och ro.[489]

Vid tolvtiden den dagen började den slutgiltiga förstörelsen av Danzig, vad Klara Seidler senare kunde minnas. En matta av artillerigranater och bomber ödelade allt. Klara och de andra tvingades fly igen och tog skydd i ett hus på Häkergasse, där de konfronterades med bakre echelonger av Röda armén.

Den andra uppsättningen ryssar hade nu släppts lös, ingen kvinna skonades. Kvinnorna blev våldtagna framför ögonen på männen, vilka hölls i schack med kulsprutepistoler. Vi gömde oss, de hittade oss ändå. En kanske 18–19-årig [soldat] hade siktat in sig på mig. Beväpnad med en flaska vin tvingade han in mig i telefonkiosken. Jag sa: ”Gamla farmor helt skrumpen.” Nu ropade han hela tiden: ”Farmor måste…” En ung kvinna med tre barn tänkte snabbt slinka in i källaren bredvid, när horden kastade sig över henne. Barnen ropade: ”Mamma, mamma!” Då tog den ene ryssen barnen och slog dem mot muren. Det krasandet glömmer jag inte så länge jag

> lever. Därefter tog den andre itu med kvinnan. Efteråt kröp hon ner i [floden] Mottlau, för hon kunde inte längre gå upprätt.[490]

Under tiden flydde de sista tyska försvararna och ett okänt antal civila österut till Danziger Niederung, låglandet vid Weichsels delta. Genom att spränga floddammarna lade tyskarna en bred översvämning mellan sig och Andra Vitryska Fronten.

·

Underofficeren Rohn glömde inte sitt löfte. En kväll kom han från sin artilleripjäs till butiken på Wilhelm Tell-Strasse för att säga till Hanna F.:s mor att det var dags.

”Ryssarna har intagit höjderna i syd”, sa han. ”När det blir ljust behärskar de hela området därifrån. De kan öva prickskytte på oss. Vi sticker om en timme.”

Nio personer, inklusive det excentriska studierådet från Ostpreussen, fick åka med soldaterna. Det blev tre dygns skräckfärd till ett av Weichsels utlopp, Durchbruch, dit det bara var tio kilometer fågelvägen. Framme vid kusten fattade sex av dem, däribland Hannas familj, ett snabbt beslut att följa med en liten patrullbåt.

> På båten stod vi som packade sillar. Våra behov gjorde vi utanför relingen. Den som inte orkade klättra dit, fick låna en stålhjälm. När båten var absolut proppfull, lade den ut. Men kompassen var trasig. Därför gick båten hela natten fram och tillbaka på Durchbruch, än västerut, än österut. Den navigerade efter artilleriets mynningseld, än efter ryssarnas, än efter tyskarnas. I gryningen styrde den ut till havs där *Deutschland* låg på redden. Det var långfredag när vi kom ombord på den.[491]

Långfredagen den 30 mars var de sista striderna i Danzig över. Då var den anrika hansestaden jämnad med marken till nästan 100 procent på grund av striderna. Ryssarna påstod att de tog mer än 10 000 krigsfångar, 140 stridsvagnar och stormkanoner samt 358 artilleripjäser i krigsbyte.[492] Tillförlitlig tysk statistik existerar inte. Omkring en halv miljon civila hade befunnit sig i Danzig, på sin höjd hade hälften av dessa lyckats undkomma. Hur många som omkom i striderna och bombardemangen är okänt.

16
Hela – räddningsplankan

> Även om alla makter hade vänt sig emot det tyska folket under dessa ödesmånader, hade väderguden medlidande och mildrade genom en tidig och varm vår den själsliga nöden för folket som fördrivits från sina hem.
> (Överste Schöpfer, kommendant på Hela)

Även en 16-årig luftvärnssoldat kunde inse det ironiska i de ombytta rollerna på Westerplatte utanför Danzig. När Danzigpojken Erich Klöfkorn var liten hade han hört de första skotten under andra världskriget avlossas av tyska skeppskanoner mot de polska bunkrarna på denna plats vid hamninloppet till Danzig-Neufahrwasser. I slutet av mars 1945 satt han själv i dessa bunkrar och såg röken stiga tjock från sin hemstad. Strax dessförinnan hade han också konfronterats med Tredje rikets största skuggsida:

> Efter att min enhet utplånats i Pommern hamnade jag i ett uppsamlingsläger i Danzig, där jag vilade ut och fick ny utrustning. Jag var helt desillusionerad av min första frontinsats, eftersom nästan alla mina kamrater blivit dödade, men kriget fortsatte...
>
> Därefter kommenderades vi till Westerplatte och då inträffade något jag aldrig glömmer. Vår nyuppställda enhet marscherade genom Danzigs ruiner, över Breitenbachbron och via Langgasse i riktning mot Westerplatte och därvid såg jag för första gången i mitt liv koncentrationslägerfångar. På andra sidan vägen gick en kolonn halvdöda människor i fångkläder. Det var fasansfullt att se dem och jag frågade min överordnade:
>
> ”Vad är det? Är det straffångar?”
>
> ”Vet du inte det?” svarade han förvånat. ”De är från ett KZ.”
>
> ”Vad är ett KZ?”
>
> Det var tragikomiskt på något sätt, jag hade aldrig hört talas om det. Jag

visste verkligen inte vad ett ”KZ” var, för det var ingenting som mina föräldrar hade pratat med mig om. Men mitt befäl upplyste mig:

”KZ, *Konzentrationslager*. Dit kommer alla som ska förintas.”

De här fångarna var alltså mitt första möte med nazisternas läger.

På Westerplatte tog vi bunkrarna och betongvärnen i besittning. Vi bemannade fyra fastmonterade luftvärnskanoner – två andra kanoner hade dock monterats bort. Mittemot oss, på andra sidan vattnet, såg vi piren och husen i Neufahrwasser. Några flyktingskepp anlöpte inte längre hamnen, för ryssarna var redan där. Ibland sköt de på oss, men annars var det lugnt. I kyrktornet i Neufahrwasser fanns det en lucka där en rysk artilleriobservatör med kikare satt och riktade in deras artilleri mot oss, men en av de våra lyckades pricka honom med gevär.

”Kan du något om sjukvård?” frågade vår kapten mig en gång. Jag svarade att jag fått lite sjukvårdsutbildning, varvid jag fick följa med honom till en av de tomma pjäsställningarna och nedför en trappa till manskaps- och ammunitionsutrymmena. Det fanns ingen utbildad sjukvårdare som tog hand om de sårade, bara två gamla kvinnor som bott i närheten. Hela tiden bars det in sårade i bunkern och lades på två långa britsar. Jag måste behandla dem så gott jag kunde och vid samma tid varje kväll kom det en hästvagn för att hämta dem som var svårt sårade. Kusken, en underofficer, kom alltid in och satte sig vid bordet och åt tre paket av den där chokladen som vi alltid hade i fickan, ”Chokakola”, medan vagnen lastades. När den var full körde han iväg genom den värsta elden, men han kom alltid tillbaka helskinnad.

Ryssarna ställde upp högtalare och spelade musik, alla tyska schlagervisor, för oss. De ropade: ”Kamrater, ge er! Era matburkar kommer alltid att vara fulla av pudding och mat. Kom över! Här väntar flera hundra europeiska kvinnor, som ska göra er lyckliga!” Och sedan spelade de musik igen. Det var nervpåfrestande. Sedan avbröts musiken igen: ”Nu bjuder vi på önskekonsert. Skjut ett rött spårljus så får ni marschmusik, ett grönt om ni vill ha jazzmusik. Skjuter ni inte något får ni LaPaloma på Stalinorgeln!” För oss var det förbjudet att skjuta utan order och efter exakt tre minuter började Stalinorglarna. Den som inte varit med om något sådant kan inte veta hur det är. Då en raket slagit ner visste du att det fanns si och så många till på väg – och du kunde aldrig veta om du skulle bli träffad. Fasansfullt…

Under någon av de sista dagarna lästes det upp ett meddelande, från riksmarskalk Göring eller någon annan höjdare i Berlin, vilket löd: ”Håll ut till den-och-den dagen klockan si-och-så, då kommer den stora vändpunkten!” Dagarna gick, men någon vändpunkt kom inte. Och när jag måste ut och hjälpa en sårad sköt ryssarna inte längre med gevär på ensamma soldater, de sköt med pansarvärnskanoner istället! Plötsligt kände jag röklukt nere i bunkern, det var något som brann och när jag undersökt saken såg jag att vår bunker var träffad. ”Vi måste ut, för det brinner! Om ammuni-

> tionen exploderar är det ute med oss", sa jag. Det låg inte så lite ammunition kvar därnere, så det var bråttom, men nödutgången bestod bara av ett smalt schakt sex meter rakt upp till markytan utan någon stege att klättra på. Som tur var hade vi inte några sårade just då, utan kunde tänka på oss själva. Först tog sig kvinnorna ut genom att ta spjärn med händer och fötter mot schaktets väggar. Det fanns bara små kanter att få fotfäste på. Den ena kvinnan sprang iväg när hon kommit upp, utan att bry sig om oss andra. Jag hörde bara ett skrik och sedan var hon borta. Jag såg henne aldrig igen, men den andra kvinnan stannade kvar och hjälpte mig upp genom att räcka mig handen, som väl var.
>
> Nästa dag var jag posterad vid en av kanonerna och där blev jag sårad. Jag skulle hämta granater och hann bara vända mig om innan det small. Då jag kom till sans låg alla andra orörliga runtomkring. Granaten hade träffat mitt i pjäsen och förvandlat den till skrot. Ytterligare en soldat var vid liv och jag hjälpte honom att ta ut splitter, han hade så många splitter i armen att man kunde dra ut dem för hand. "Du blöder", sa han till mig och jag tittade efter och upptäckte att ett splitter hade träffat mig i baken. Sedan var jag borta, precis som att släcka en lampa. Först ombord på en öppen stormbåt på väg över Danzigbukten till halvön Hela kom jag till medvetande igen på grund av det kalla vattnet som stänkte på mig.[493]

Föga hade de fattiga fiskarfamiljerna på Hela kunnat ana vilken enorm betydelse deras halvö och lilla båthamn skulle tillmätas under krigets två sista månader. Efter förlusten av Danzig och Gotenhafen blev den 33 kilometer långa och cirka en kilometer breda halvön centrum för den tyska evakueringstrafiken från öster.

All denna aktivitet blommade upp så gott som över en natt. Fiskarsamhället, som i fredstid hade 800 invånare, invaderades i mars 1945 av över 100 000 flyktingar från fastlandet och under april kom det 264 687 till. Många av båtarna nådde dock aldrig Hela utan sänktes av fientliga flygplan. Under samma period skeppades 387 076 människor ut från Hela på någon av de stora konvojerna som formerades på redden.[494] Till exempel hade den konvoj som lättade ankar den 15–16 april 21 000 soldater och 14 000 flyktingar ombord. Den 21 april var det till och med 38 000 personer i en enda konvoj.

Det föreföll som om alla fördämningar sprängts. Enbart den 25 mars anlände 35 000 människor och det fanns nästan ingenstans för dem att ta vägen. Bara svårt sårade, mödrar med småbarn samt sjuka och åldringar kunde få plats i hus, baracker eller provisoriska bunkrar. Alla andra måste tillbringa dagar eller veckor under bar himmel bland sanddyner och vindpinade tallar innan deras namn ropades upp av transportofficerarna. Vårsolen värmde visserligen, men nattkylan var fortfarande hård. Ingen hann dock njuta av vårsolen, för fiendens attackplan svärmade i luftrummet och luftvärnskanonerna skällde mot dem för jämnan. Utan överdrift kan man påstå att nästan varenda bomb som föll över halvön förorsakade människooffer.

Else Briese, som kommit till Hela från Danzig, skrev i sin dagbok den 30 mars 1945:

> Hur många flyktingar vistas på Hela? Människomassan var oöverskådlig, alla med samma mål: att komma ombord på ett skepp, likgiltigt varthän, bara inte falla i ryssarnas händer. Stor trängsel vid piren. Det kom fientliga flygplan, allt gick ”vind för våg”. Vid 16-tiden blev det lugnare i hamnen. Nästan sist lämnade vi halvön Hela och kunde ta med nästan allt bagage. Med hjälp av en liten båt nådde vi lastfartyget *Lappland*. I lugn sjö gick resan till Danmark utan fientliga angrepp.[495]

Marinbasen intill fiskehamnen blev trots sin ringa storlek den tyska flottans sista bas i öster, och transportfartygen, som anlände hit för att hämta flyktingar, förde med sig granater, olja och livsmedel åt militären för den fortsatta kampen. Den 8 april tvingades emellertid de sista stora kryssarna bort från Danzigbukten på grund av bränslebrist. Endast en jagare och en torpedbåt blev kvar och skyddade med sitt luftvärn de civila fartygen på Helas redd mot sovjetiska flyganfall.

·

Överste Eberhard Schöpfer tittade ner på knytet som låg på ett bord i hans befälsbunker. Det var en uthungrad niomånaders baby som hittats övergiven på en kyrkogård. Alla försök att ta reda på vem modern var hade varit resultatlösa och ingen av officerarna visste riktigt vad de skulle ta sig till med barnet, som inte ens hade ett namn. Problemet löstes genom att en sjuksyster tog med sig barnet på en av konvojerna västerut. Hur det gick med barnet är inte känt.

Schöpfer, som genomlevt striderna i Elbing, Gotenhafen och på Oxhöft, hade utsetts till ansvarig för alla flyktingar och sårade soldater på Hela. Han samarbetade med en transportofficer från marinen för att lösa den nästan övermänskliga uppgiften att hålla dem vid liv och se till att de kom iväg. Alla tillgängliga grytor och badkar beslagtogs av militären för att laga mat i. Genom en slump upptäcktes tre jättelika kokkärl med 6 000 portioner mat på en pråm som tillhörde Gauleiter Forster. Men detta var ändå bara en droppe i havet. Behoven var oändliga.

Det viktigaste problemet, förutom att hålla folkmassorna med mat, var att dirigera alla dem som slagit läger i skogar och mellan sanddyner till utskeppningsplatsen i rätt ögonblick. Organisationen måste fungera utan gnissel om onödiga förluster skulle undvikas. Arbetet följde emellertid en besvärlig rytm. Nya fartyg gled hela tiden upp på redden, men de måste iaktta total radiotystnad för att inte röja sig för fiendens signalspaning. Det medförde att varken Schöpfer eller marinens transportofficer hade en aning om hur stor nästa konvoj var eller hur många den skulle kunna ta med sig, förrän i sista ögonblicket. Först sent på eftermiddagen anlände en kurirbåt med en underrättelse om transportkapaciteten. Först då kunde planeringen av nattens evakuering börja.

> Det gällde att i rättan tid föra flyktingar i sådana mängder till den lilla fiskehamnen att lastpråmarna som behövdes för transporten från hamnen oavbrutet kunde åka fram och tillbaka. Å andra sidan fick inte några stora människosamlingar synas i hamnen eller samhället Hela på grund av de ofta förekommande flygangreppen. Man måste förstå att en jämn och snabb transport inte var lätt med tusentals flyktingar.
>
> Så lyckliga vi var på kvällen en sådan transportdag när de 20 000 människor som alarmerats och gjort sig i ordning för resan, hade förts ombord på fartygen utan intermezzon och skeppen avgick mot väster i skymningen. Men vilket fasansfullt öde måste inte de olyckliga människor utstå som hamnade i ett bombangrepp vid utskeppningen. På den smala piren som ledde till pråmarna var det oundvikligt att familjer skildes åt vid språnget ner i de små båtarna. Mödrar och sjuka var på väg till de stora skeppen, medan barnen ännu väntade på nästa pråm på piren. Om den fruktade flygattacken började då och en av dessa överlastade matarbåtar sänktes av bomber, eller transportflottan tvingades gå till havs på grund av angreppets styrka och satte kurs mot väster med bara halv last, då var eländet fruktansvärt. Barnen sprang omkring och letade efter sina mammor och kvinnor ropade efter sina barn och beklagade sig över sina anhöriga, vilka funnit en kvalfylld död i vågorna framför deras ögon. Då var det besvärligt att föra tillbaka de besvikna kvarblivna människorna till sina läger i skogen och inge dem förhoppningar om den kommande dagen.[496]

Men förluster på grund av bomberna gick inte att undvika trots alla försiktighetsmått. Översten tänkte på den moder vars båda minderåriga barn fallit offer för fiendens bomber. Dag och natt satt hon på deras lilla gravkulle på flyktingarnas begravningsplats och vägrade lämna Hela.

·

Även Gauleiter Forster uppehöll sig på halvön, men till skillnad från alla andra hade han inte tänkt ge avkall på några bekvämligheter, något han också hade möjlighet att se till i kraft av sin makt och sina kontakter. Hans specialbyggda järnvägsvagn stod parkerad i närheten av de tidigare polska bunkrar där befälhavaren över de tyska försvarsstyrkorna på Hela, general Specht, hade sitt högkvarter.

Förhållandet mellan militären och den västpreussiske potentaten var dock allt annat än avspänt, i synnerhet som gauleitern så öppet visade sin likgiltighet för civilbefolkningens nöd. Trots bristen på kol värmdes hans egen vagn upp av ett lokomotiv som höll fyr i pannan dygnet runt.

Kapten Friedrich von Wilpert i Spechts stab har vittnat om, att

> varje gång halvön låg under beskjutning eller ett flygangrepp ägde rum, uppenbarade sig gauleitern i vår bunker ”för att underrätta sig om situationen”. Då Gotenhafen blivit ett verkligt helvete och förtvivlade flyktingmassor försökte gripa varje tillfälle att lämna fastlandet med ett skepp eller en båt, då nändes Gauleiter Forster lägga beslag på ett sådant fartyg för att transportera bort sitt möblemang! En ung marinofficer vägrade visserligen följa gauleiterns order. Forster var upprörd över denna vägran och deklarerade att marinofficeren snart skulle märka vad det innebar att sätta sig upp mot honom, gauleitern.
>
> När Führerns direktiv att ”var och en kämpar in i det sista i sin provins”, tillkännagavs på radio, förklarade gauleitern för general Specht att hans provins var helt indragen i de militära operationerna, han hade därför inte längre någon uppgift här och skulle be Führern att skicka honom på ett specialuppdrag till Sydtyskland, varifrån han härstammade. General Specht blev så uppbragt över detta att han svarade gauleitern: ”I motsats till er, herr Gauleiter, har vi fortfarande väldigt mycket att göra, inte minst med transporten av flyktingarna. Tillåt mig att återgå till mitt arbete!”[497]

Den 4 april övertalade några marinofficerare Forster att följa med på en färjepråm till brohuvudet vid Weichseldeltat och själv se flyktingarnas belägenhet. Han beskådade eländet under tystnad, gjorde ytterligare en tur till deltat, sedan bröt han samman och försvann västerut med sin yacht. Sedermera hamnade han i brittisk krigsfångenskap men utlämnades till Polen och avrättades för krigsförbrytelser 1954.

Kvar på Hela fanns det cirka 52 000 flyktingar som ännu väntade på räddningen i slutet av april 1945.[498]

•

Erich Klöfkorn lyftes ned i lastrummet på ett fraktfartyg tillsammans med hundratals andra sårade på bårar eller kryckor. Någonstans under sjöresan började någon skrika upphetsat att kriget var slut. ”Tack gode Gud”, var det enda den sårade 16-åringen kom sig för att tänka. En dov känsla av ensamhet kröp inpå honom, mittibland de hurrande bandagepaketen. Hans mor hade vägrat lämna Danzig. Var fanns hon nu?

17
Slutet för Königsberg

> Vi kapitulerar aldrig!
> (Slagord på väggen i fästningskommendantens bunker)

Tolvåriga Hannelore Bartlau gömde sig bland vedträna på ett lastbilsflak för att inte bli upptäckt av de tyska vaktposterna. Den gengasdrivna bilen puttrade och spydde rök omkring sig när den skumpade in till det belägrade Königsberg. Vid stadsgränsen fanns det en militär passerkontroll för att hindra människor utan tillstånd att komma in i ”fästningen”. Lilla Hannelore skulle aldrig ha kunnat vänta sig att få tillstånd från myndigheterna att göra en så riskfylld resa, nästan som att ta sig till den mullrande vulkanens rand, utan att veta när nästa utbrott kommer.

> Denna min sista resa till Königsberg gjorde jag någon av de sista dagarna i mars 1945 och jag var mycket rädd för att bli upptäckt av soldaterna eller träffad av en bomb. Både min mor och storasyster hade blivit mycket illa däran i flyktinglägret Peyse utanför staden – min mor hade drabbats av reumatisk feber och storasyster kräktes upp all mat. Därför blev det bestämt att jag skulle ta mig hem till Jahnstrasse 12 för att hämta ett täcke och en gryta, så att vi kunde laga vår egen mat.
>
> Det första jag gjorde när jag kom fram var att hälsa på hos min far, Paul Heinrich Bartlau, på hans arbete på försäkringskassan. Han väntade sig inte att jag skulle dyka upp och blev både överraskad och glad att se mig. Trots att han var enbent hade han tvingats stanna kvar i fästningen och bidra till krigsansträngningen. Vad kunde folkstormen ha för nytta av en man med ett ben? Jag bara frågar.
>
> Vårt hus var oskadat. Och jag har hört att det är ett av de få tyska husen som fortfarande finns kvar i Kaliningrad, även om det bara bor ryssar där nuförtiden. Det var lugnt i staden, kriget märktes nästan inte och det

hände ingenting under de få dagar som jag var hemma. Men den 1 april ringde mamma och sa att jag måste komma tillbaka genast på grund av att vi skulle förflyttas från lägret. Först sprang jag till försäkringskassan och berättade för far att de hade ringt efter mig. Jag kramade honom och var väldigt ledsen.

”Vi ses nog aldrig mer”, snyftade jag.

”Vad du pratar tös”, skrattade han bara.

Men det blev så. Den 1 april 1945 var sista gången jag såg min far i livet. Ännu idag, fem decennier senare, vet jag inte vad som hände honom.[499]

Några dagar senare exploderade vulkanen.

•

Folk försökte leva så normalt som möjligt bland ruinerna under de lugna veckorna efter att landvägen till Pillau öppnats igen. Vatten, gas och elektricitet hade återvänt. Biograferna visade filmer och restaurangerna presenterade menyer, om än magra. Lekande barn syntes i parker och trädgårdar.

Över stadsgatorna hade banderoller av typen ”För oss går solen inte ned!” spänts för att hålla modet uppe. Gauleiter Koch höll staden i ett järngrepp från sin hemliga uppehållsort på Frische Nehrung. Kochs man i staden, distriktsledare Wagner, spridde följande upprop:

> Kämpa som indianer och slåss som lejon! Var listiga! Skjut till sista patron och kämpa till sista kolvslaget! Varje medel är rätt och heligt med vilket ni håller er ställning och förintar bolsjevikerna. Ingen retirerar! Den som inte slåss utan sjappar kommer att skjutas! Slå ihjäl varje ynkrygg, besserwisser och pessimist![500]

Ännu levde 130 000 civila i staden på hoppet.[501]

•

Runtomkring Königsberg stod fiendens kanoner sida vid sida med väldiga staplar av ammunition bredvid. Marskalk Vassiljevskijs och general Bagramians belägringsstyrkor gjorde sig klara för den sista stormningen. Generalöverste Weiss, vilken efterträtt Rendulic som befälhavare för de tyska stridskrafterna i Ostpreussen, fick sparken av Hitler efter att ha gett upp Balga. Han ersattes av general Müller, som bevisat att han lydde vilka blodiga order som helst.

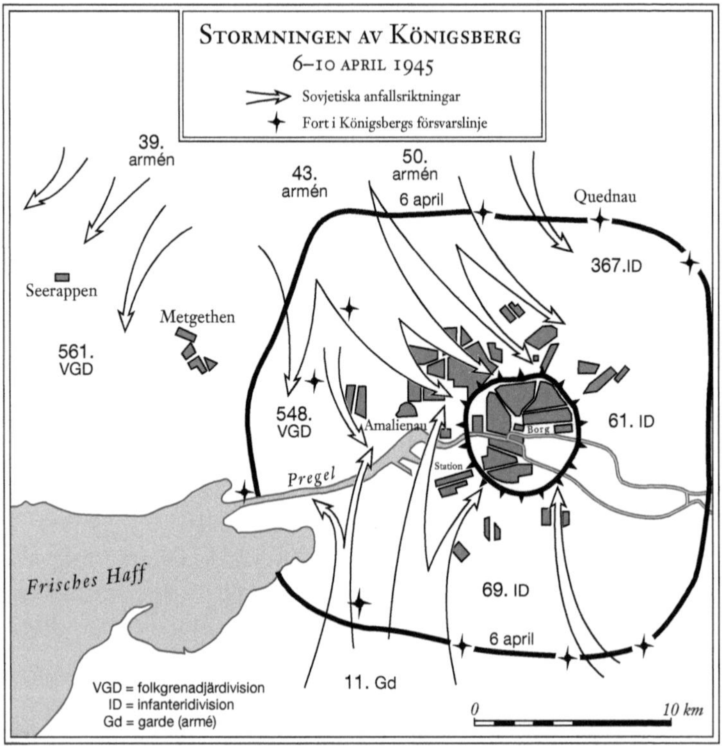

Den 2 april dök Müller upp i general Laschs bunker vid Paradeplatz i närheten av universitetet. Till Laschs stora förvåning strålade han av optimism, trots det som nyss hänt vid Balga och Heiligenbeil. Inför Laschs divisionschefer och högre officerare höll han sedan ett eldande tal i universitetets källare. Talet handlade enbart om att Tredje riket måste segra och Müller avslöjade att han tänkte sätta in de sista soldaterna ur 4. armén för att jaga bort ryssarna från Königsberg.

Lasch hade aldrig träffat Müller förut men fick omedelbart sina förutfattade meningar om honom bekräftade. Kommendanten visste att det behövdes minst fyra–fem intakta divisioner för att uppnå ens skymten av en framgång och när han frågade Müller var dessa trupper skulle tas, ryckte denne bara på axlarna. Det skulle helt enkelt bli så, menade han. Därefter tillade han att han skulle se till att Lasch blev avsatt och hotade med att anmäla honom för defaitism. Men, erkände Müller, det skulle ta tid eftersom Lasch blivit populär i Berlin.[502] Den fanatiske generalen hann dock aldrig fullfölja planerna.

•

På kvällen den 5 april slutade det äntligen regna. General Bagramian i de sovjetiska belägringsstyrkornas högkvarter förvissade sig om den goda nyheten att inte ens vädret kunde hindra operationen längre. Fortfarande var det visserligen grått och mulet, men i staben spreds de soliga minerna. Bagramian hade marskalk Vassiljevskijs kommentar i bakhuvudet: ”Han [Stalin] vill att vi skyndar på. Berlinoperationen är hack i häl på oss. Vi måste sätta igång.”[503]

Efter Tjernjakovskijs död hade Vassiljevskij blivit hans efterträdare. Vid samma tid hade Första Baltiska Fronten upplösts och inlemmats i Tredje Vitryska, men Bagramian blev inte arbetslös utan skulle få vara med om stormningen i egenskap av Vassiljevskijs närmaste man. Fyra arméer ingick i operationen, varav två skulle sättas in i ett kniptångsanfall från norr och söder för att knäcka fästningen som en nöt. Cirka 5 000 artilleripjäser och granatkastare, 300 katjusjas samt fem pansartåg med tungt artilleri stod beredda att understödja de 137 000 rödarmisternas anfall.[504] Fästningen skulle dessutom attackeras från luften av 1 124 bombplan, 470 attackplan och 830 jaktplan under flygmarskalk Novikov.

Tyskarnas 35 000 dåligt utrustade soldater och 8 000 folkstormsmän i det ”ointagliga” Königsberg kunde inte räkna med någon hjälp utifrån.[505] Till råga på allt hade fästningen plundrats på sina bästa trupper sedan landvägen till Pillau öppnats igen. Laschs enda pansardivision samt en erfaren infanteridivision och en rad specialenheter flyttades till Samland och ersattes med en andra rangens folkgrenadjärdivision, som anlände först ett par–tre veckor innan slutstriden.

För regementschefen Wendlandt i den sistnämnda divisionen tedde det sig som en gåta varför hans soldater hade beordrats lämna sina välbyggda ställningar i Samland för att förflyttas till Königsberg. De hade ont om tid att göra sig hemmastadda i sina nya skyttegravar i stadens nordvästra utkanter och Wendlandt spanade illa till mods mot den närbelägna skogen, Fritzener Forst, där fienden inte ens försökte dölja sina anfallsförberedelser. Sovjetiska artilleritraktorer drog fram pjäs efter pjäs mitt framför näsan på tyskarna, granater staplades upp väl synliga och stridsvagnar grupperades, men det tyska artilleriet hade ingen ammunition att sätta in mot dessa inbjudande måltavlor. Flygplanen med röda stjärnor på vingarna flög oantastade över staden, som helt var i fiendens grepp. Marskalk Vassiljevskij och general Bagramian kunde göra precis som de behagade, och från Wendlandts horisont sett hade kommendanten Lasch tappat greppet:

> Här avtecknades det nära förestående storanfallet tydligt. Situationen var mycket oklar. Ingen kunde peka ut de fientliga linjerna, ja ofta inte ens de egna... Staber inkvarterades inte längre efter taktiska principer, utan enligt följande överväganden:
> 1. Var finns det ett trevligt logi, möjligen med flickor?
> 2. Var är jag säkrast?
> 3. Hur kan jag bäst komma undan?
>
> Här svek den högre ledningen totalt! Jag såg ingen order, vilken med eftertryck handlade om försvaret, en indelning av stridsområdet eller en styrkefördelning. Vid min första tur i främsta linjen träffade jag bland annat på så kallade fästningstrupper, SA, folkstorm, arbetstjänst, och ingen visste vad de skulle göra. Befälsförhållandena var mycket oklara. Var och en såg efter sig själv!
>
> Det egna artilleriet hade ingen ammunition... Målpunkter, spärreldsområden och liknande hade inte fastställts. Visserligen låg det massor av ammunition i de gamla forten, men det gick inte att få tag på den. Den förvarades som i fredstid: granaterna här, tändrören någon annanstans!
>
> Skyttegravar existerade inte, fastän det hade gått månader och det inte saknades arbetskraft. Men man hade stött på grundvatten och ställt in arbetet istället för att, om så erfordrades, anlägga 30 dräneringsdiken så att en skyttegrav kunde grävas!
>
> Strax bakom vår front ... hade inte ens trädgårdsstaketen plockats ned eller öppnats så att man kunde förflytta reserver i skydd av husen, inte ens rapportkarlarna kunde utnyttja detta skydd... Gauleiter Koch ställde absolut till med mycket olycka, men inte ens han var skuld till allting![506]

På morgonen den 6 april började det sovjetiska artilleriet ösa granater över Königsberg i en stormeld som varade två timmar. Bagramian minns det som en ”jordbävning”, varefter pansar och infanteri gick till anfall från norr och söder mot staden. Flera av de stora forten i befästningskedjan föll omgående eller omringades.

Wendlandts regemente låg mitt i vägen för huvudanfallet från norr och hans nödtorftiga försvarssystem förvandlades snabbt till småsmulor tillsammans med stabsplatsen i en militärkasern bakom frontlinjen. Två av hans tre bataljoner hördes aldrig av igen i kaoset, men hans återstående soldater fortsatte envist att försvara sig mot fienden, som vid dagens slut lyckats tränga fram till Königsbergs förorter. I söder trängde ryssarna djupt in i staden och det såg ut som om fästningen skulle klyvas i två delar. Striderna rasade oavbrutet hela natten och när en ny dag grydde med strålande vårsol kunde även den fientliga flygarmadan lyfta och fälla sina bomber över staden. Hans von Lehndorff noterade i dagboken:

> En stark, bitande kall vind blåser in mot stadens centrum och drar med sig de moln av damm och rök som stiger upp mot den stålblå himlen. Mitt över staden höjer sig liksom ett svart berg som lågorna ideligen slår ut från. Över detta rökberg kretsar plan som kommer in från alla håll, dyker in i häxkitteln och oskadda höjer sig ur den igen på andra sidan. Stentrappan utanför vår dörr är översållad med granatsplitter. Men det är bara när vi har något plan direkt ovanför oss som vi tar ett par steg bakåt in i källaren igen. I nästa ögonblick står vi därute igen och stirrar som förhäxade på det helvetiska som sker.[507]

Tyskarna bjöd ett rasande motstånd mot ryssarnas markattacker, men försvarslinjen maldes sönder och smågrupper av soldater isolerades i motståndsfickor. Den som lämnade skyttegravarna hotades med hängning på stället och befälhavarna för forten hade förbundit sig att hellre dö än kapitulera. Ryssarna var dock övermäktiga och trängde allt längre in i staden. Laschs förhoppningar om ett undsättningsanfall från 5. pansardivisionen sveks när general Müller satte in den för att stå emot ett fientligt anfall på ett annat frontavsnitt i Samland.

Situationen var förvirrad och ingen i fästningen visste längre vilka nyheter man skulle tro på, intygar överstelöjtnant Wendlandt:

> Vi hoppades alltjämt på förstärkningar och undsättning från Pillau. De sista lägesrapporterna som jag fick från min division lydde: ”Håll ut! Den 5. pansardivisionen anfaller från Pillau och dess spjutspetsar har redan nått Juditten!” Denna rapport var felaktig. Såsom jag senare fick veta… existerade inte 5. pansardivisionen längre… SS-majoren som överlämnat rapporten om 5. pansardivisionens framryckning… sköt sig…[508]

En rad falska löften skulle medvetet spridas till soldaterna för att höja stridsmoralen och få dem att slåss ännu några timmar. ”Ryssarna anfaller visserligen med stora styrkor, men de har inte längre några reserver!” var ett av dessa tomma påståenden, och en ännu mer fantastisk nyhet som spreds i staden var denna: ”Ryssarna har inte längre några reserver, vilket framgår av att vi står i radiokontakt med nästan alla Ostpreussens städer. Bland annat är Insterburg, Lyck, Lötzen, Allenstein och Rastenburg rensade på fiender. Från Minsk skyndar överste Walter (partisanledare) till vår hjälp med stora styrkor!” Wendlandt var ändå överraskad över att man försökte grundlura soldaterna i en så utsiktslös situation.

> Jag trodde också på undsättning från Pommern, Schlesien, Mähren osv., genom sagolika arméer med ”undervapen” och är egentligen glad för det. Hur skulle jag annars ha kunnat leda trupper in i döden utan bättre övertygelse?[509]

Vägen till Pillau var fortfarande öppen under anfallets andra dag, även om trupperna som försvarade den utsattes för hårda anfall. Anna Fahrenholz och många andra civila med henne vågade emellertid inte utsätta sig för granatelden, utan valde att stanna i källare och skyddsrum. Men åtskilliga försökte ändå ta sista chansen att komma ut.

> Under natten från den 7 till den 8 april kom partiordern att civilbefolkningen omedelbart måste lämna staden i riktning västerut (Juditten). Det var många som gick. Hoppades de fortfarande på räddningen? I mina ögon var det samma sak som självmord... Fru Sch. och jag följde inte med. På vår gata fanns det inte längre någon annan levande själ. Helt resolut gick vi till det lokala partikontoret, som höll till i väl skyddade bunkrar bland ruinerna. Där befann sig också folkstormsmännen. Den lokale nazistledaren ville till en början inte ta emot oss. Men vi lät oss inte avspisas. Vart skulle två ensamma kvinnor ta vägen? Helvetet hade brutit löst på denna huvudgata. Stalinorglarnas oavbrutna tjutande, granaternas och projektilernas visslande och nedslag, flygplan i luften, folkstormsmännens upphetsade springande hit och dit, reguljära krigsmakten, men här insåg soldaterna redan hur meningslöst det var att slåss. De var bittra mot partiet och dess ansvariga för vår stad. För kort tid sedan hade jag hört att Gauleiter Koch inte längre befann sig i staden utan i Neutief vid Pillau. Det stod klart för oss att han genast satt sig i säkerhet utan att hysa några samvetskval inför vårt öde. Inte heller denna upplevelse kunde skaka upp oss fem eller sex kvinnor, vilka hade sökt skydd i dessa bunkrar. Vi drabbades av samma öde som männen och det förenar och förpliktar i samma grad. Det kunde inte dröja länge förrän vårt eget öde var beseglat.[510]

Dagen därpå avbröts landförbindelsen till Pillau igen och fästningen var totalt isolerad från omvärlden. Enligt en medlem av Kochs ämbetsmannastab, högre kanslisekreteraren Wenzel, hade gauleitern strax dessförinnan skickat in två av sina medarbetare till Königsberg, som ett slags dödsstraff. Det rörde sig dels om chefen för säkerhetstjänsten, som ådragit sig hans misshag, dels om NSV-ledaren Post, vilken misslyckats kapitalt med att ta hand om alla flyktingar i provinsen.[511]

•

Överstelöjtnant Wendlandt, som skadats av en nedstörtande balkong, hade inte längre någon aning om hur striderna förlöpte. Spillrorna av hans regemente hade skingrats för vinden:

> Följande morgon, det var den 8 april 1945, var situationen hopplös för oss! Fienden hade brutit igenom på flera ställen och befann sig delvis redan i vår rygg. Förbanden var splittrade. Det var inte längre möjligt att samla dem i det brinnande havet av hus. Det gick inte ens att ta reda på var försvarslinjerna gick. För vem kände till gatorna? Det existerade inte längre någon förbindelse med divisionen. Hittills hade jag upprätthållit den med hjälp av officerskurir. NU gick inte heller det längre. Nu hade jag blott delar av min stab till hands. För de båda andra regementscheferna gick det också på liknande sätt. Efter att ha diskuterat alla möjligheter beslutade vi oss för att ge upp striden. [En annan regementschef vid namn] Bernhardi försökte bryta sig igenom mot Pillau med 20–25 man. Han misslyckades.
>
> Jag upplöste min stab och rekommenderade dem att slå, eller hellre lura, sig igenom till divisionsstaben i smågrupper. En grupp under ledning av adjutanten, löjtnant Wassmann, tog likaså vägen till Pillau. Än idag har jag inte hört hur det gick för honom.
>
> Jag kunde bara gå med stor svårighet, inte springa alls och inte ansluta mig till någon av dessa grupper. Jag hade beslutat mig för att ge mig själv en kula och brände alla papper, vilka gav ledtrådar om min person. Då kom chefen för mitt stabskompani, löjtnant Wokulat, till mig och föreslog följande: ”Jag känner till trakten här väldigt väl från min skoltid. Djurparken ligger alldeles i närheten och det är inte långt till Fritzener Forst. Jag har en herrgård vid Gerdauen. Vi gömmer oss och låter ryssarna passera och på natten går vi igenom Fritzener Forst i riktning mot Gerdauen. Där blir det paus och vila. Sedan skaffar vi oss cyklar, bil, häst eller något annat, förser oss med mat och slår oss igenom till Oderfronten.”
>
> Inte ens då jag hänvisade till min bristfälliga rörelseförmåga avstod Wokulat från planen. Jag gick med på det. Men vi var båda två överens om att inte gå i fångenskap levande.

Vi hittade ett lämpligt hus på Hufenallee mittemot Skala. Från vinden spanade vi på omgivningarna, men fick just då en artilleriträff i taket, vilket var nära ögat. I källaren satt det 50–60 civilpersoner. De inväntade sitt öde här. Vi kunde inte stanna utan att försätta dem i fara. Vi gick in i parterrvåningen och låste dörren. Direkt till vänster låg det ett litet rum, rakt fram ett stort som hade tjänat som affärslokal. Runtomkring stod flera kistor med blanketter. Framför ett skrivbord låg det fällar. Genom två fönster kunde vi överblicka gatan och omgivningen åt olika håll. Det här rummet hade ytterligare en nöd- eller bakre utgång till trädgården. På grund av denna bakdörr, som uppenbarligen byggts först senare, hade det uppstått en liten fyrkantig avbalkning. Den öppna sidan som vette mot rummet täppte vi till med kistorna, vilka vägde omkring 100 kilo, och satte oss i mörkret där bakom. Genom en glipa i brädväggen hade vi överblick över hela rummet och även tamburen ända till det lilla rummet framme till vänster. Vi kunde även observera ett tredje rum, ett sovrum. Bakdörren hade vi barrikaderat. Vi hade nätt och jämt blivit klara när ryska stridsvagnar rullade förbi! Ytterligt beslutsamma, med pistolerna i hand, låg vi i gömstället. Det var fortfarande ljust. Då bankade det på dörren. Ryssarna ville komma in. Vi rörde oss inte. Det blev tyst igen. Jag kröp fram till fönstret för att spana: en stridsvagn och en lastbil stannade på gatan framför vårt hus. Pansarvärnskanoner knallade, kulsprutor knattrade. Stridsvagnen for iväg inåt staden. En annan kom. Vi hörde ryska röster i trädgården. Man skakade i bakdörren. Den gav inte efter. Det blev mörkare. Stridslarmet avtog. Plötsligt krossades fönsterrutorna. I det stora rummet stod det 12–16 ryssar. Vi osäkrade pistolerna. Ryssarna gick vidare. Andra kom. De såg oss inte. Om det äntligen bleve mörkt! Och det blev mörkt. Vid midnatt kröp vi fram till fönstret. Ryssarna kom och gick på gatan. Men husen brann, de lyste så mycket att det inte var möjligt att lämna huset. Vad skulle vi göra? Hungern märkte vi inte längre på grund av spänningen, men törsten plågade oss mycket. Fortfarande ryssar i trädgården. Kanske lyckas vi framåt morgonen. Men eldskenet avtog inte, tvärtom blev det starkare! Nya hus sattes i brand hela tiden. Trots att vi hade klätt våra mössor med päls skulle ryssarna ha känt igen oss. Morgonen grydde. Vad skulle vi ta oss till? Men enligt våra informationer hade ju ryssarna bara stridande trupper [dvs. inga bakre tjänster]. De måste ju snart bege sig till innerstaden! Återigen kom det in ryssar i rummet. De plundrade och packade ihop allting som fanns: glas, bläckhorn och skrivverktyg, gardiner och sängkläder, tvättfat och husgeråd. Då vi spanade ut genom fönstret igen såg vi hur en helt avklädd flicka balanserades av ryssarna på armar och händer i skyltfönstret hos en butik i hörnet. Ibland ställde de henne på huvudet, ibland på benen. Jag ville göra slut på vår skräck, eftersom möjligheten att komma härifrån var mycket liten.

> Wokulat tog pistolen ur min hand med orden: ”Det finns ännu tid för det. Jag är fortfarande så ung och har två barn.” Jag lät det ske.[512]

Anna Fahrenholz upplevde hur råttorna försökte lämna skeppet:

> Söndagen den 8 april hette det att det lokala partikontoret, folkstormen, allihop skulle ge oss av. Krigsmakten drog sig också tillbaka. I detta ögonblick sa man fortfarande till mig: ”Allt kommer att bli bra.” Men vi gav oss inte av allihop. Partiledaren i området föredrog att försvinna ensam tillsammans med sina trogna. Folkstormen och den ställföreträdande partiledaren, vilken vägrat följa med, stannade kvar med oss kvinnor. Jag vet inte om dessa prominenta personer lyckades komma undan. Man pratade om att gå till en underjordisk gång, som verkade vara den säkra vägen till räddningen.
>
> Den ställföreträdande partiledaren var till en början ännu för ett fortsatt motstånd. Folkstormsmännen hade inte samma åsikt och därför uppstod det en konflikt. Den ställföreträdande partiledaren måste övertygas om att motstånd var meningslöst från dessa båda folkstormsmäns sida. Det kunde bara handla om några timmar innan även vi skulle falla i ryssarnas händer. Så blev det också.[513]

Kochs ställföreträdare, Grossherr, och några andra nervösa nazister kom till Laschs bunker för att låna den enda fungerande telefonlinjen till gauleitern i Neutief. Även dessa herrar hade tvingats skåda nederlaget i vitögat och Grossherr övertalade Koch att få göra en utbrytning med hjälp av militära enheter under förevändning att civilbefolkningen skulle räddas. Koch förmådde i sin tur general Müller att gå med på detta, men samtidigt måste Lasch fortsätta försvara Königsberg. ”Fästningen ska hållas, enbart svaga styrkor får användas för partifolkets och civilbefolkningens utbrytning”, beordrade Müller. I och med detta var företaget dödsdömt på förhand. Små militära styrkor, partifunktionärer och en stor folkmassa samlades vid utfarten mot Pillau på natten mot den 9 april, men när människorna satte sig i rörelse ”arm i arm… under stort buller”[514] slaktades de av fiendens artilleri. Ett okänt antal civila omkom tillsammans med Grossherr och de två generaler som ledde utbrytningsförsöket.

•

Generaler älskar inte att orda om kapitulationer, om det är de själva som tvingats underteckna dem. Enligt Lasch var beslutet han fattade på morgonen den 9 april ”… för mig och mina kamrater det svåraste ögonblicket i våra soldatliv".[515] Endast så lite avslöjar han i sina memoarer om den kamp mellan förnuftet och den reflexionslösa preussiska pliktkänslan, som måste rasat inombords under Königsbergs sista dagar.

Situationen kunde knappast bli hopplösare. Efter tre dagars strider var de överlevande försvararna hopträngda på ett cirka 4,5 kvadratkilometer stort område i norra delen av stadskärnan. Inga tunga vapen fanns kvar och alla förråd var tömda. I väster hade amerikanerna nästan trängt ända fram till Elbe och Röda armén stod någon timmes bilresa från Berlin. På förmiddagen kallade general Lasch därför samman staben och de divisionschefer som fortfarande gick att få tag på och meddelade sitt beslut att ge upp. Församlingen nickade instämmande. Lättade miner syntes i många ansikten.

Emellertid misslyckades de första försöken att få kontakt med fienden, men en överstelöjtnant Kerwien, som var chef för försvarssektorn vid Trommelplatz, hade till sist framgång. Ryssarna ombads skicka parlamentärer och efter många timmars väntan anlände Kerwien på kvällen till Laschs bunker vid Paradeplatz tillsammans med en delegation sovjetiska officerare. Ett kort tumult uppstod när en av Kochs ökända medarbetare, brandkårsgeneralen Fiedler, försökte tränga sig in i bunkern och skjuta ner ryssarna, men han avväpnades av vakterna. Parlamentärerna frågade Lasch om denne var villig att kapitulera på de villkor som marskalk Vassiljevskij tidigare meddelat i ett flygblad, att tyska fångars liv skulle skonas, att krigsfångarna skulle få tillräckligt med mat och en värdig behandling; att sårade och civila skulle bli omhändertagna samt att alla skulle få tillåtelse att återvända hem eller till valfritt land efter krigsslutet. Lasch svarade jakande och när han lämnade bunkern i sällskap med ryssarna, hade redan ett sovjetiskt skyttekompani dykt upp på Paradeplatz.

Alla hörsammade dock inte kapitulationsordern. På flera håll fanns det officerare som hellre tog sina liv än gav upp. Då chefen för säkerhetstjänsten i Ostpreussen, Böhme, som Koch skickat in i staden på ett självmordsuppdrag, nåddes av nyheten förklarade han att Lasch var avsatt från sin post och utnämnde på stående fot en helt oförberedd polisgeneral till ny kommendant. Men polisgeneralen skyllde på sin bristande stridsvana och påbördade en av sina underställda, en enkel major Voigt, det tvivelaktiga uppdraget att fortsätta kampen. Voigt, som var chef för resterna av ett beväpnat polisregemente, beordrade alla enheter att dra sig tillbaka till ruinerna av det medeltida slottet, för att försvara sig till sista man. Med cirka 150 SS- och polismän nådde

En lång vandring in i fångenskapen. De sista överlevande tyska soldaterna återvände inte hem förrän tio år efter krigsslutet. Bilden är tagen vid Oder i mars 1945. Foto: Imperial War Museum.

han slottet, där även många civila sökt skydd. Efter hård fientlig beskjutning beslutade sig Voigt dock för att ge upp slottet och befallde soldaterna att slå sig fram till Pillau i smågrupper. Ingen av dem kom fram. Alla, inklusive Voigt själv, stupade troligen på kuppen.

Den 10 april tystnade de sista vapnen i Königsberg. Ungefär 25 000 civila tros ha dödats och 84 000 soldater gick i fångenskap. Cirka 50 000 soldater hade stupat. Nästan hela staden var jämnad med marken och av de 110 000 civila som överlevt belägringen gick de flesta senare under på grund av svält och sjukdomar. Två år efter krigsslutet var blott 25 000 civila i livet, vilka sedan fördrevs från staden av de sovjetiska myndigheterna.

För Königsbergsborna, som sökt skydd i källare och skyddsrum, började flera dagars vildsinta hemsökelser, sedan erövraren uppenbarligen prisgett staden åt plundring. Samma slags besinnigslösa våldtäkter och mord utspelades även här. Wendlandt, som numera bara hade sitt eget liv att tänka på, höll sig alltjämt gömd tillsammans med löjtnant Wokulat. Fortfarande hoppades de kunna undvika det oundvikliga:

> Det hade blivit ljust. Ryssarna kom och gick. Vi kunde bara röra på oss när ingen befann sig i rummet. En av oss var alltid vaken och på sin vakt. I rummet strax till vänster om ingången vistades hela tiden ryssar. Det hade nog blivit någon sorts vaktlokal.
>
> I gryningen fördes två flickor in i rummet. Den ena var lång och slank med ett dockansikte, röda kinder och lockigt hår, den andra mindre, snarare husmoderstypen. Båda grät. Ryssen ansatte dem och gjorde omissförståeliga rörelser och gester. Flickorna tiggde och bad, de föll på knä, det hjälpte inte. De måste ta av sig kläderna, lägga sig på golvet, två ryssar kastade sig över dem och våldtog dem. Under dagens lopp blev dessa kvinnor förmodligen våldtagna femton gånger framför våra ögon. Det var mycket fasansfulla timmar för oss. Vi kämpade med oss själva, men vad skulle vi göra? Hade vi gjort bruk av vapnet skulle inte bara flickorna ha dödats bestialiskt, utan säkerligen de 50–60 personerna som vistades i källaren. Men de psykiska kvalen som vi utstod såsom tyska män med hänsyn till dessa djuriskheter, är nästan obegripliga. Och då plågades vi också av andra tankar. Händer det samma sak med våra hustrur och systrar i detta ögonblick? På grund av ett enda brev, som hade nått mig strax före anfallet, visste jag att min hustru var i Potsdam och syskonen i Spremberg. Men är inte ryssarna där också? Säkerligen kommer han dit med. Det hade varit en lättnad för oss om vi hade kunnat koppla bort våra funderingar.
>
> Det blev middagstid. Vi måste uthärda ytterligare fyra timmar, sedan är det mörkt igen och flyktmöjlighet finns. Lemmarna smärtade, vi kunde ju inte ens sträcka på oss, halsen brann, vi drabbades av illamående på grund av hungern. Vi kunde inte uträtta våra behov. Hur gärna hade jag inte tänt en cigarett. Men det hade varit det säkra slutet.
>
> Återigen är en trupp på 15–16 ryssar i det stora rummet. För vilken gång i ordningen vändes draglådorna, rotades pappren igenom, kontrollerades kistorna. Då kommer de till vårt gömställe. De tar ned de översta kistorna, häller ut innehållet i kammaren. De tar bort nästa kista – nu måste de se oss, det är sista ögonblicket före vår fångenskap. Jag hoppar upp och går rakt förbi de totalt överrumplade ryssarna. De spärrar upp gapet utan att få fram ett ord. Wokulat följer mig. Jag går mot dörren till det lilla rummet framme till vänster, jag tyckte mig ha sett en rysk officer gå in. Jag höll redan dörrhandtaget i handen då även ryssarna i det stora rummet hade hämtat sig från chocken. Likt ett koppel vilda hundar störtade de mot oss med ropet: ”Urrrr ist?” En tog tag i min klockficka framifrån, en mellan benen, tre man bearbetade handleden, flera rotade över axlarna i mina bröstfickor,

en eller två slet i bakfickan. ”Urrr, urrr”, skrek de. Aldrig i mitt liv kommer jag att glömma detta rop.

Jag stötte omkring mig, skakade av mig kopplet av ryssar och tvingade mig in i det lilla rummet. Wokulat, som råkat ut för precis samma sak som jag, följde efter. I rummet satt det cirka fyra–fem ryssar runt bordet, däribland en sergeant som jag hade tagit för officer. ”Aaah”, sa de då vi stod framför dem. Vi blev visiterade och allting som de andra inte hade hittat i brådskan, berövades oss nu. Sergeanten bjöd mig en cigarett ur mitt eget cigarettetui och gav mig eld med mitt vackra elddon. Det var egentligen ett ganska gemytligt sällskap. Med ord, åtbörder och gester sa de: ”Hietler kapuuut, Goebbels kapuuut – Molotov hurrraaa, Stalin hurrraaa!” Det upprepades cirka 30 gånger.

På bordet stod det några flaskor, vilka innehöll vinbärssylt, tror jag. Ryssen trodde eller fruktade att de kunde innehålla gift. Wokulat och jag måste dricka. Då vi ställde ifrån oss glasen hotade en av dem oss med pistol: vi skulle dricka ännu mer. Vi gjorde det, men jag hyste stora farhågor för min mage. Ingenting att äta på flera dagar och därefter denna sura röra. Men det gick bra. Vi satt kanske 45 minuter i denna intressanta konversation. Därefter fördes vi bort över gatan till en trädgård.

Där stod det flera ryssar, däribland en stor, stram karl utan militära gradbeteckningar. Förmodligen var han en funktionär av lägsta sorten. Han kunde lite bruten tyska: ”Ahh, officer! Kom hit, du soldat, jag gör så (han gjorde en strykande rörelse). Du officer (han spottade i sin hand och slog mig rakt i ansiktet).” Det upprepades fem eller sex gånger. Min näsa blödde, läppar och ögon var uppsvullna. Omigen blev vi visiterade. Men vi hade inte längre någonting på oss. ”Ta av stövlarna!” Vi gjorde så. Wokulat blev omedelbart av med sina, mina passade inte åt någon. Jag tog nog av och på dem sju gånger, sedan tog en ryss dem över axeln, inte heller han kunde ha dem, och jag stod i strumplästen. Då fick jag ett par skor som inte längre förtjänade namnet. Jag drog på dem. De gick inte att knyta. Jag stod och frös. Politruken slet upp min rock. Jag bar en päls. Med en handrörelse blev jag berövad den. Då såg politmänniskan mina ordnar. Såsom en tjur störtade han mot mig, slet av mig dem, drog i axelklaffarna och slog mig i ansiktet. Ögonen svullnade igen ännu mer, tänderna blödde. Jag vacklade och lutade mig mot ett träd. En timme gick nog på det sättet. Det kom två ryssar, uppenbarligen på politmänniskans order, den ene bar en kort tjock piska, den andre en batong. Jag var beredd på det värsta. Hade man slagit mig en gång till hade jag gett mig på den personen. Med låg röst sa jag det till Wokulat och letade med ögonen efter någon trasig tegelsten. Då fördes vi ut på gatan. Cirka 20 berusade ryssar trängdes omkring oss. Den ene stack en cigarett i munnen på mig och tände den. En annan, som blev arg för det, slog den i ansiktet på mig. Ordväxling mellan de båda. Jag skulle röka igen, men ville inte, men jag måste.

> Vi måste rensa upp på gatan och lasta oljefat på en lastbil. Sedan måste vi sätta oss på stänkskärmen. Vi hade knappt satt oss förrän vi blev slagna på käften och måste stå upp. Knappt stod vi upp så slog någon annan oss i huvudet på grund av att vi hade stått upp. Någon kom och betraktade med häpnad våra uniformer. Han räckte oss en flaska konjak. Vi måste dricka. Men jag spottade ut. Wokulat gjorde samma sak. Vi hade näppeligen tålt det i vårt skick. Ännu en gång sträcktes flaskan fram till oss. Samma sak. Vi fördes till en trädgård, lutade oss mot en husvägg. Fyra eller fem man osäkrade sina gevär, de andra trädde åt sidan. De höjde sina gevär. En annan röt något. De sänkte dem igen. Det stod klart för mig att vi inte skulle komma härifrån levande. Jag blev apatisk. Allting var likgiltigt för mig. Ju förr, desto bättre.[516]

Anna Fahrenholz måste också underkasta sig segrarnas vilja:

> På morgonen den 9 april (det var min födelsedag) dök de första ryssarna upp hos oss. Än idag kan jag inte säga hur många det var. Bland oss kvinnor fanns det också en lettiska som kunde förklara för ryssarna varför vi satt tillsammans med folkstormsmän, så vi inte blev tagna för militärlottor. Då vi kom ut på gatan sköt man från ruinerna mittemot, men det tystnade snart. Vi blev bortförda efter att männen visiterats på vapen och förts till kommendanten. Flygplan som cirklade ovanför oss varskoddes av ryssarna så att de inte skulle beskjuta oss. Hos kommendanten skildes civila och folkstorm från varandra. Oss skickade man hem, medan folkstormsmännen behölls. Än idag har jag inte hört vad som hände med dem. På hemvägen hörde vi rop om ”Uhri! Uhri!” En vild ryss kom emot oss, förde oss till en sidogata och krävde att få våra klockor, vilka vi emellertid inte längre hade kvar. Vi hade tur att han lät oss fortsätta utan att antasta oss. Vi fick inte komma in på vår gata. Då gick vi till en gammal herre som jag var bekant med, men den ryske vaktposten i trädgården släppte inte fram mig. Jag såg flera lik ligga på trädgårdsgången. En annan bekant, som var tillsammans med oss, bodde ett par hus längre bort. Här tänkte vi stanna. Vi kvinnor lagade middag i källaren. Männen låg däruppe. Ryssarna kom och gick och letade efter kvinnor. Senare hörde jag att det inte var ofarligt för oss kvinnor att visa oss på gatorna. Eftersom vi ännu inte var medvetna om faran åt vi gemensamt middag uppe i matrummet. Vi var precis klara när flera ryssar dök upp igen och befallde oss att följa med. Våra ägodelar tog vi med i ryggsäcken och väskan. Vi samlades i en villa. Här var det hotfullare. Man hörde vad som hänt folk och att kvinnor blivit våldtagna. Jag hörde också att den gamle herrn, som jag var bekant med, hade blivit skjuten. Man hade hållit ett kort förhör med honom, sedan måste han gå till löpgraven i sin trädgård och blev avrättad med nackskott. Vad kommer man

att göra med oss? Sätter de eld på huset så att vi dör allihop? Huset vimlade av ryssar. Slutligen hette det att vi måste ut allihop. Till följd av den hårda beskjutningen skulle vi föras i säkerhet... Vägen mot det svåra ödet började. Första natten tillbringade vi i en förstörd kasern. Efter en mer eller mindre orolig natt fortsatte vi. Då vi gick igenom skogen Fritzener Forst såg vi utmattade människor sitta eller ligga, lämnade åt sitt öde. Vi varken kunde eller tilläts hjälpa dem. Vi fortsatte allt längre bort, ända tills vi kom till T., där många tyskar redan fösts samman. Här skedde den första registreringen och visiteringen av vårt bagage. Allt hittade inte tillbaka till ryggsäcken. Vi delades upp i flera grupper. Vår grupp fördes på omvägar tillbaka till Königsberg. Följande natt, vilken vi måste tillbringa i ett samhälle som var fullt av ryssar, var fruktansvärd för oss kvinnor och flickor oavsett ålder. Vad som utspelades här kan bara den som upplevt det förstå. Jag var glad att jag inte hade mina döttrar hos mig. Det offer som så många mödrar ville göra för sina oskyldiga barn (tio år och ännu yngre) var förgäves. De förtvivlade skriken från dessa barn, mödrar eller föräldrar, genljuder ännu idag i mina öron. Våra män var maktlösa inför dessa våldsdåd. På morgonen fortsatte vi. Även på vägen förekom det dylika oroligheter. Kommer vi tillbaka till Königsberg egentligen? Vi kunde inte avgöra det ännu. Men till sist var vi framme. Man förde in oss i en stor hall i en kasernbyggnad. Denna var redan fullproppad...

Efter några timmar kom vi ut ur denna hall och låg nu på gatan utanför kasernporten. Königsberg hade kapitulerat. De ryska truppernas avtåg från staden varade hela dagen. Fienden hade varit tvungen att sätta in tunga och ännu tyngre vapen samt ett stort antal människor för att inta fästningen. Förlägna måste vi åse dessa fiendestyrkor marschera förbi oss. Människomaterialet var inte gamla män eller pojkar... utan fiendens elittrupper. Förutom dessa trupper sprängde soldaterna fram på sina panjehästar i vildaste galopp på gatorna. På kvällen kunde vi flytta in i de tomma, delvis förstörda bostäderna. På natten ryckte de motoriserade trupperna ut ur K. Fienden fortsatte i riktning mot Pillau. Kriget var ju inte slut ännu.[517]

Överstelöjtnant Wendlandt och löjtnant Wokulat lyckades till sist komma undan sina berusade plågoandar genom att hoppa in i en kolonn krigsfångar som fördes ut ur den fortfarande brinnande staden. Vad de fick uppleva var en så kallad ”propagandamarsch”, avsedd att fungera som en styrkedemonstration:

Förmodligen förde man oss med avsikt kors och tvärs genom de ryska ställningarna. Jag häpnade: en sådan artilleriuppmarsch har jag aldrig sett förut. Pjäs bredvid pjäs, batteri efter batteri, alla kalibrar var representerade, ammunition i mängder. Den ena stridsvagnen stod bredvid den andra, den

> ena Stalinorgeln vid sidan av den andra! De flesta av dessa vapen hade inte alls satts in i striden. På gator och vägar vältrade sig alltjämt marschkolonner av alla vapenslag fram i riktning mot Königsberg. I varje vägkorsning stod det trafikposter, vilka mönstergillt dirigerade trafiken. Rysk text överallt på vägskyltarna, vägvisare, truppbeteckningar osv. Varje ack så liten skogsdunge, varje gård, varenda by var ockuperad! Vart vi än kom fanns det rysk militär överallt. Till och med om vi hade lyckats fly från Königsberg hade vi inte kommit 1 000 meter utan att stöta på ryssar! Den fortsatta marschen förde mig tvärs igenom Ostpreussen, hundratals kilometer, och överallt samma bild!... Men hur kunde man säga till oss att de bakre områdena var fria från fiender!? Desinformation eller medveten lögn??[518]

Först år 1948 släpptes Wendlandt ur ett sovjetiskt fångläger, svårt utmärglad och sjuk, och kunde återförenas med sin familj i västra Tyskland. De flesta av hans kamrater kreperade dock i de sovjetiska lägrens misär. General Lasch släpptes inte ur fångenskapen förrän 1955.

•

Nyheten om Königsbergs kapitulation kom som en överraskning för general Müller, som hade slagit upp sitt högkvarter i Neuhäuser på Samlandshalvön. Berlin hade fått kännedom om nederlaget före honom själv, eftersom hans förbindelser med Königsberg sedan länge var avskurna. Underrättelsen hade nått Hitlers öron via sovjetiska nyhetssändningar och Müller kallades hem för att försvara sig, men någon krigsrätt hann aldrig inledas mot honom. Efter kriget utlämnades han av västmakterna till Grekland, som avrättade honom för krigsförbrytelser 1947.

Fästningskommendanten Lasch dömdes däremot i sin frånvaro av Hitler till döden för förräderi, sedan han satt sitt namn under ett sovjetiskt flygblad som spreds hos de kvarvarande tyska trupperna i Samland. Slutklämmen i flygbladet, vilken verkade som ett rött skynke på Führern, löd:

> Folket ville inte att kampen fortsattes. Königsberg föll på grund av de ryska styrkornas överlägsenhet. Det måste förhindras att resten av Tyskland ödeläggs på samma sätt som Königsberg genom regeringens kriminella leverne. De ryska trupperna har överskridit Oder, de engelska och amerikanska har nått Elbe. Kapitulation allena kan förhindra ytterligare onödiga offer. Hitler och hans regim, som plågat det tyska folket så länge, kommer att gå under, men det tyska folket ska förbli vid liv.[519]

Gestapo spårade även upp och arresterade Laschs hustru och dotter i ett flyktingläger i Danmark med avsikt att straffa dessa i generalens ställe. Men kriget var över innan de hann utsättas för några repressalier från regimens sida.

•

Efter Königsbergs fall beslutade sig Erich Koch för att göra sorti och satte sin överlevnadsplan i verket. En telegrafist ombord på den av gauleitern konfiskerade isbrytaren *Ostpreussen* har skildrat dennes sista resa:

> Den ryska ringen omkring fästningen Pillau sluter sig allt hårdare under aprildagarna 1945. Ett telegram från Arméns Överkommando når oss: ”Omedelbart med all utrustning och minsta möjliga packning till riksförsvarskommissariens förfogande på isbrytaren *Ostpreussen*.” För första gången får vi veta att Koch vistas i en bunker på Frische Nehrung. *Ostpreussen* var en havsisbrytare från Königsbergs handelskammare. Besättningen bestod av civila. Förutom oss telegrafister befann sig blott 30 luftvärnssoldater ombord. Fartyget fick inte ta ombord flyktingar och låg med ångan uppe sedan början av april.
>
> Den 23 april för barkassen ombord en SS-officer. Han befaller att gauleiterns bil måste lyftas upp på däck och att fartyget måste göras sjöklart. Kistor med cigarrer och likörer tas ombord. Besättningen släpar på stora koffertar och livsmedel. Trots det är övre däck till största delen tomt. Kaptenen skulle ha kunnat ta med åtminstone 400 personer. Men ingen kvinna och inget barn kommer ombord, de står i hundratal på piren som förberetts för sprängning. Istället lastas vinkistor, vinthundar och en Mercedes ombord.
>
> Den Store kommer och vi löper ut under artillerield i gryningen med halvön Hela som mål. Där lastas proviant och kol ombord för de kommande dagarna. Flyktingar och svårt sårade ligger hjälplösa på pirerna och skjuts sönder och samman från luften. En vagn med hästar störtar i havet och rycker med sig kvinnor och barn i döden. En folkstormschef anmäler sig hos gauleitern för att få följa med tillsammans med sin enhet. ”Låt mig få vara i fred för sån skit!”
>
> Förstemaskinisten kommer från Königsberg och har räddat ombord sin familj från den belägrade staden. Gauleitern upptäcker hans tioårige pojke och ropar på honom. Skräckslaget berättar barnet att även hans mor och bror är här. Koch befaller att ”civilisterna” omedelbart måste lämna skeppet. Maskinisten tappar självbehärskningen: ”Om min familj inte följer med lämnar båten inte Hela.” Först efter att kommendanten lagt ett gott ord tillåter ”riksförsvarskommissarien” att kvinnan får stanna. Nästa mål är ön Rügen. Vi skickar alltjämt ”hemliga riksangelägenheter” till Berlin – lägesrapporter från kampen om fästningen Pillau...

Kommendanten på Rügen förbjuder oss att stanna. Vi ankrar utanför hamnen. Herrarna från staben fiskar eller ligger i solen. Koch går runt på däck, följd av sina båda vinthundar och sin tjocke stabschef. De bruna uniformerna byts många gånger ut mot civila kläder eller militäruniformer. Koch dyker först upp som sjabbig civilist och därefter som enkel soldat. Distriktsledare har förvandlats till luftvärnssoldater. Riksminister Funks bror uppenbarar sig som folkstormsman.

Nästa mål för vår flykt: kurs Bornholm för att nå Köpenhamn genom de ganska minfria svenska farvattnen. Vi åker bara på natten. Den 1 maj kommer meddelandet om Hitlers död. Jag tar ned det i officersmässen. Ingen reser sig efter att stabschefen läst upp telegrammet. Koch harklar sig och menar att man måste anmäla sig hos [Hitlers efterträdare, storamiral] Dönitz, avsluta kriget på västfronten och fortsätta slåss i öster. Ordonnansen kommer med ytterligare flaskor.

Under natten till den 3 maj lägger vi till i Köpenhamn. Koch går i land civilklädd och körs till det tyska högkvarteret i den tyske polischefens i Danmark bil, skyddad av kpistbeväpnade Gestapomän. Efter några timmar är han tillbaka. Han har inte fått tillstånd att stanna i Danmark. Ingen bryr sig om honom längre. I Köpenhamn ligger ovädret i luften. I varje ögonblick kan de danska motståndsmännen slå till.

På morgonen den 7 maj anlöper *Ostpreussen* Flensburg. Gauleitern skickar sin adjutant till kommendanturen och blir underrättad om kapitulationen i väster. En vild feber tycks ha utbrutit bland Führerns män. Vapen, dokument och bruna uniformer flyger överbord, väskor och kistor bärs i land. Råttorna lämnar skeppet. Adjutanten har förvandlats från en SS-kapten till en vänlig armékapten, vilken tilltalar oss med ”du” och tjänstvilligt skriver ut avskedspapper. Han talar om för oss att gauleitern ska åka till riksregeringen i Mürwik, för att fortsätta göra sin plikt där.

Men Koch försvann spårlöst i händelsernas förvirring.[520]

I fyra år höll sig Koch undan, tills han blev igenkänd och arresterad av britterna i Hamburg. Prompt utlämnades han till Polen, där han 1959 dömdes till döden för krigsförbrytelser i provinsen Bialystok. Men han avrättades aldrig, vilket gav upphov till en legend kring denne skurk. Polackerna sades hålla honom vid liv, kanske för att han påstod sig vara den ende som visste var det så kallade Bärnstensrummet, som tyskarna förde bort från tsarens palats vid belägringen av Leningrad, fanns. Han gjorde sig känd som en ”oförbätterlig” fånge som inte lärt sig något av sina misstag, vilka han förvisso hade all tid i världen att begrunda. År 1986 avled Erich Koch 90 år gammal i den polska straffanstalten Barczewo, f.d. Waldenburg, i det som en gång var hans Ostpreussen.

18
Staten, partiet och flyktingarna

Någon hänsyn till befolkningen kan vi inte längre ta.
(Adolf Hitler, mars 1945)

I nordtyska Flensburg såg 14-årige Hermann Sasse hur båt efter båt med flyktingar kastade ankar. Varje dag anlände konvojer österifrån med tiotusentals människor till de tyska och danska hamnstäderna längs sydvästra Östersjökusten. Den annars så lugna hamnen Flensburg blev med ens fullproppad med flyktingskepp.

De stora fartygen ankrade på redden och mindre fartyg for i skytteltrafik in till kajen för att lossa den levande lasten. Så fort det kom in en ny flyktingbåt spärrade soldater av hamnområdet, så det gick bara att se de nyanlända människorna på avstånd. Partifolk i bruna uniformer tog hand om dem, delade ut mat och inkvarterade dem. Sjuka och sårade lyftes direkt upp på lastbilar och kördes iväg.

”Äsch, vad har de här att göra?” minns jag att jag tänkte om flyktingarna. Det kom hundratusentals människor från öster och även om det förekom oerhört många osjälviska uppoffringar, väckte de många gånger inte några varmare känslor hos lokalbefolkningen, som redan hade det svårt på grund av kriget.

Flyktingarna inhystes överallt, till och med i kyrkorna. Så fort det blev ett rum ledigt fylldes det av flyktingar. Lokalbefolkningen tyckte att det var mycket besvärande. Det gick inte längre att ställa cykeln eller någon annan sak på gatan utanför huset, för då stals den direkt. ”Jävla pack!” sa många och östflyktingarna kallades föraktfullt för ”kasjuber”[521] av en del. De var inte omtyckta. Mitt starkaste intryck av flyktingarna var den kompakta lukten av den lysol, som användes för att bekämpa löss och ohyra hos dessa människor, vilka inte haft tillfälle att tvätta sig på veckor.[522]

Den ett år äldre Helmuth Ohl jobbade däremot innanför avspärrningarna i hamnen. I likhet med alla andra pojkar av årgång 1929 hade han blivit inkallad till folkstormen, men hans folkstormsenhet hade sluppit åka till fronten och blivit kommenderad att hjälpa till med flyktingmottagningen.

> Det berörde mig särskilt på grund av att mina förfäder härstammar från Pommern. Jag själv var ”flensburgare” och nu kom människorna hit med lite handbagage, rädslan och skräcken fortfarande ristad i anletet. Och i dessa ansikten läste vi alltid den oroliga frågan: ”Och nu – varthän?”… Egentligen förstod vi inte alls vad som hände. Av de vuxnas få yttranden kunde vi bara dra slutsatsen att det måste ha skett något fruktansvärt.[523]

Schleswig-Holstein och alla andra delar av norra och mellersta Tyskland förvandlades till ett jättelikt flyktingläger. Uppgiften att ta hand om dem blev snart nära nog övermäktig för myndigheter och militär.

”Den stora anstormningen började när ryssarna kom”, enligt den då 13-årige Hans-Werner Mau från Rendsburg.

> Alla skolor och offentliga lokaler förvandlades till flyktinganläggningar. Jag var med i Hitlerjugend och vi fick hjälpa till att bära in hö och halm på golven. Myndigheterna lade också beslag på lägenheter – de som bodde i exempelvis en trerummare måste härbärgera flyktingar i ett av rummen. Vi lastade av ”trecks” när de kom med häst och vagn. Sedan hjälpte vi flyktingarna till sina kvarter. Flyktingarna satt packade på vagnarna, de var uttröttade, smutsiga och sjuka. Mest synd tyckte jag om de små barnen, de hade fått lida mycket. De som kom med häst och vagn försökte vi inkvartera i bondgårdarna, där det fanns mat för hästarna. De andra flyktingarna hämtade vi i godsvagnarna på järnvägsstationen. Lukten var hemsk. Många av dem måste vi köra direkt till sjukhuset, för de var i mycket dålig kondition efter att ha varit på flykt i kanske två–tre månader och hela tiden jagats av Röda armén. I Nordtyskland hade vi ju upplevt de allierades massiva bombangrepp och inte fått sova om nätterna, men här såg vi folk som hade haft det mycket, mycket värre. Men det förlöpte inte alltid utan problem i Rendsburg. Det var stora skillnader mellan nordtyskar och sydtyskar och mellan nordtyskar och ostpreussare, för att ta några exempel. Det gick inte alltid så bra.[524]

Spänningarna blev ibland outhärdliga mellan lokalbefolkningen och folkmassorna som vällde in. Tioåriga Gertrud Hansen i Brunnsbüttel var avundsjuk på de nya flyktingbarnen som verkade få så många saker, jämfört med de inhemska skolbarnen:

> Som barn tar man mycket för givet utan att fundera över det – även när det handlar om ovanliga saker. Då det kom en massa nya människor tänkte vi att det säkert skulle vara så. Det fanns inte mycket mat och vi barn fick oss ett varmt mål i så kallade ”Volksküche”, allmänna soppkök, där vi fick stå i kö för att hämta soppa. Där bildades två köer, en för flyktingbarn och en för oss. Flyktingarna gick alltid före och det fanns inte mycket kvar när vi kom fram, men vi var ju lika hungriga som de. Jag kommer ihåg att när man delade ut ransoneringskort… för sandaler på våren, så fick flyktingarna först. Ransoneringskorten räckte inte till oss andra barn, men det kunde jag inte förstå på den tiden, för jag hade inte heller några sandaler. När jag tänker på det idag tycker jag naturligtvis inte att det är så konstigt – de hade ju varit på väg i månader och var sjuka och undernärda. De hade ju förlorat allt.[525]

I sitt arbetsrum på inrikesministeriet i Berlin tvingades statssekreteraren dr Stuckart att låta alla andra arbetsuppgifter stå tillbaka för evakueringsfrågan. Eftersom så gott som alla evakueringar i öster utlöstes för sent av riksförsvarskommissarierna kom flyktingvågorna stötvis och alltid lika oförberett, trots att de borde ha varit väntade.

Flykten och den efterkrigstida fördrivningen av miljontals tyska invånare från Öst- och Mellaneuropa, i synnerhet från de östra delarna av tyska riket, utgjorde kulmen på de folkomflyttningar som Hitler och Stalin utlöst. En av de viktigaste konsekvenserna av första världskriget hade varit uppkomsten av en rad öst- och mellaneuropeiska stater i samband med delningen av kejsarimperierna Ryssland, Tyskland och Österrike-Ungern. De nya staterna motsvarade grovt räknat folkgränserna, även om hela mellankrigstiden präglades av konflikter om omstridda gränsområden. Det viktigaste nationalitetsproblemet, som fick högsta aktualitet sedan Hitler tillträtt som rikskansler 1933, var dock alla tyska bosättningsområden som låg utspridda i Östeuropa. Under mellankrigstiden fördelades minoriteterna av etniska tyskar på detta sätt:[526]

Sovjetunionen	1,5 miljoner
Polen	1,2
Tjeckoslovakien	3,5
Rumänien	0,8
Jugoslavien	0,7
Ungern	0,55
Baltikum	0,22

Först i samband med Tysklands expansion österut, vilken började med annekteringen av Tjeckoslovakien och invasionen av Polen kunde nazisterna börja förverkliga de pangermanska idéerna om "Heim ins Reich", det vill säga strategin att återbörda tyskar från dessa länder till Tyskland. Dessa folktyskars förfäder hade i allmänhet utvandrat för flera sekler sedan och deras ättlingar hade många gånger knappt en aning om vilka färger den tyska flaggan hade. Men ingen frågade efter deras vilja. I vissa fall skedde omflyttningarna till följd av bilaterala politiska fördrag, men tvångsåtgärderna tog överhanden ju längre kriget led. Mellan 1940 och 1944 förflyttades totalt 910 000 folktyskar från Östeuropa till de av nazisterna annekterade polska kolonisationsområdena, främst Warthegau, samt till generalguvernementet och det egentliga Tyskland.[527] Kolonisationen föregicks av brutala deportationer av polacker och judar. Således drabbades de flesta av de omflyttade folktyskarna av en dubbel tragik genom förlusten av sin hembygd och kort tid därefter flykt från den nya tillvaro de börjat bygga upp.

Till dessa människoströmmar som Tredje riket hade att ta itu med kom de omflyttningar som blev nödvändiga på grund av det allierade bombkriget mot tyska storstäder. Från krigsutbrottet 1939 fram till sommaren 1944 evakuerades fyra miljoner människor från storstadsregionerna, främst kvinnor och barn, till tryggare tillflyktsorter, som organiserats under inrikesministeriets överinseende. Från och med sommaren 1944 tillkom nya grupper av etniska tyskar som strömmade mot Tysklands östgräns på flykt undan de sovjetiska arméernas framträngande. Många av dessa tyskar gjorde ett exotiskt intryck med sina främmande klädedräkter och utseenden, vilket föranledde flera myndigheter och nazistiska partiorganisationer att protestera mot att dessa människor, vilka i deras ögon knappast kunde betraktas som "renrasiga arier"[528], fick uppehälle i Tyskland.

> "Det är inte uppmuntrande att se de människor som kommer till Tyskland och kallar sig själva germaner. Jag tror att det kommer fler germanska typer från väster med vapen i hand, än som fredligt kommer in från öster", anmärkte Goebbels en gång.[529]

Inrikesministeriet, som nominellt leddes av Himmler, tog dock ingen hänsyn till huruvida dessa tyskar hade en tvivelaktig härkomst eller inte, utan såg som sin enda uppgift att ordna mat och husrum åt dem, medan raspolitikens detaljregleringar, vilka förvisso byråkraten och juristen Stuckart varit med om att uppfinna, överlämnades åt andra instanser. Men det fanns naturligtvis skarpa gränser även för inrikesministeriet och undermänniskor gjorde sig icke besvär, med undantag för vissa grupper av kollaboratörer vilka motvilligt togs om hand. Vid en konferens den 6 juli 1944 i skuggan av det tyska sammanbrottet i Vitryssland enades statssekreterare Stuckart med de berörda militära och civila myndigheterna om att begränsa tillströmningen av flyende vitryssar, balter och ukrainare.[530] En stor del av dessa människor, som fruktade kommunismens och Stalins återkomst, hejdades därför vid Ostpreussens gränser på Gauleiter Kochs order. Krigsekonomiska orsaker låg delvis bakom, men det är naturligtvis inte svårt att inse hur impopulärt det tedde sig för nazisterna att tvingas försörja en massa hemlösa människor av "mindervärdiga raser" på tysk mark.

På grund av Röda arméns framgångar från och med sommaren 1944 måste inrikesministeriet trolla fram husrum åt ytterligare fyra miljoner hemlösa inom loppet av fyra månader (september–december 1944). I slutet av 1944 hade alltså sammanlagt åtta miljoner människor förflyttats, enligt en uppskattning från en av Stuckarts medarbetare. En mer detaljerad översikt, daterad den 21 januari 1945, visar att det vid den tidpunkten fanns totalt 8,95 miljoner evakuerade i Tyskland, vilka det var inrikesministeriets och provinsmyndigheternas ansvar att försörja. Därav var 2,1 miljoner flyktingar på grund av att de allierade nått de tyska gränsområdena på både öst- och västfronten.[531]

Tredje riket var en gigantisk resebyrå mitt under brinnande krig. Sällan har så många människor på så kort tid i ett enda land ofrivilligt flyttats runt per järnväg och väg som i krigsårens Hitlertyskland: judar och andra undermänniskor på väg till koncentrationsläger, krigsfångar på väg till fångläger, bombevakuerade på väg till landsbygden, soldater på väg till fronten, folktyskar på väg till nya hem, flyktingar jagade av fiendens framryckning.

·

De allierades uppdykande vid riksgränserna i öst och väst på sensommaren 1944 ledde till att inrikesministeriet började aktualisera evakueringsplanerna i gränsprovinserna. Både praktiska och psykologiska förberedelser var nödvändiga. Befolkningen måste informeras och ställa i ordning personliga flyktpackningar; därutöver måste varje ort organiseras i vagnburna kolonner eller andra evakueringsgrupper; de måste tilldelas särskilda evakueringsvägar så att de inte hindrade varandra eller försinkade militära förflyttningar; vidare måste livsmedelsstationer och övernattningsmöjligheter inrättas utefter vägarna samt mottagningsområden iordningställas. En rad konferenser med representanter från inrikesministeriet och partifunktionärer i de östra provinserna hölls under sommaren och hösten 1944.

Problemet var emellertid att inrikesministeriet var politiskt svagt och bara utövade ett ringa inflytande i det här avseendet. På 1930-talet hade ministeriet haft en nyckelroll vid den politiska likriktningen av det tyska samhället och rasåtskillnaden mellan tyskar och judar i form av de ökända "Nürnberglagarna", som Stuckart var en av männen bakom. Men sedan dess förde ministeriet en relativt undanskymd byråkratisk tillvaro. I fråga om evakueringar låg makten istället hos riksförsvarskommissarierna, som tog sina order från nazistpartiets kansli under riksledare Martin Bormann. På grund av att "evakuering" var ett fult ord i Tredje riket 1944–45 var dock varje ansats till organiserade utrymningar av civilbefolkningen i god tid dömd att misslyckas. Militärens och även statliga myndigheters försök att föra befolkningen i säkerhet så tidigt som möjligt frontalkrockade med de nazistiska riksförsvarskommissariernas ambitioner att upprätthålla krigsmoralen och vidmakthålla ett om än bedrägligt lugn. Särskilt motigt för Stuckart var det när det gällde Erich Kochs Ostpreussen.

Inrikesministeriets reella ansvar inskränkte sig därför i princip bara till att ta hand om de framvältrande, okontrollerade människoströmmarna från stridszonerna. Ministeriet samarbetade med Riksbyrån för Regionplanering, som levererade statistiskt material angående lämpliga mottagningsområden, samt med hjälporganisationen NSV, vilken skötte de praktiska delarna av omflyttningarna och omhändertagandet. Som vi tidigare sett var det dock långt ifrån alltid som NSV:s apparat fungerade under påfrestningarna av de sovjetiska inbrytningarna i januari–februari 1945. Var tredje flykting kunde dock få husrum hos släktingar genom NSV:s försorg.

En av dr Stuckarts medarbetare, byråsekreteraren dr Wilhelm Schmidt, har skildrat de växande mödorna att övertyga eller tvinga lokala partipampar att ta emot fler hemlösa:

> De enskilda provinsernas inledande beredvillighet att ta emot flyktingar och omflyttade blev allt mindre. Därför måste det befintliga bostadsutrymmet i varje provins utrönas med hjälp av det statistiska materialet,

> samt ett socialindex fastställas beroende på bostadstäthet, social struktur och så vidare. Därav framgick sedan den acceptabla beläggningen för de individuella riksdelarna genom omfattande undersökningar och svåra förhandlingar med de respektive riksförsvarskommissarierna. Dessa siffror måste hela tiden ses över och justeras till följd av de nya omflyttningar som helt plötsligt blev nödvändiga. Härjämte måste transportfrågan lösas med hjälp av kommunikationsministeriet, matförsörjningen med livsmedelsministeriet, den ekonomiska försörjningen och ytterligare frågor med andra myndigheter.[532]

Emellertid var det oundvikligt att de sociala spänningarna i Tyskland ökade på grund av omflyttningarna, vilka också utsatte infrastruktur och livsmedelsförsörjning för ökade påfrestningar. Åtskilliga av de hemlösa befann sig dessutom i en svår psykologisk stressituation, vilken inte direkt förbättrades vid mötet med tveksamma eller direkt fientliga invånare i mottagningsområdena.

•

Bland alla aktörerna i den tyska flyktingkatastrofen 1945 var det nazistpartiet som spelade den ödesdigraste rollen. Riksförsvarskommissarierna i öster, Koch, Greiser, Bracht, Hanke och Schwede, reagerade upp till en vecka för sent på det militära sammanbrottet vid Weichsel. Inte ens Warszawas fall den 17 januari ledde till några omedelbara evakueringsåtgärder. Först när det fientliga stridsvagnsmullret redan hördes i fjärran den 18–20 januari startade de första begränsade utrymningsaktionerna i gränsområdena, men dessa övergick hastigt i kaos och panik. Därefter sprang händelseutvecklingen ifrån de ansvariga. Särskilt tydligt var detta i Warthegau och Ostpreussen. Många invånare lydde sitt förnuft och tog till flykten utan att invänta order från högre ort. Fienden var då redan hack i häl på dem. Redan den 21 januari rapporterade OKW att 3,5 miljoner tyska civila befann sig på flykt undan ryssarna.[533] Katastrofens konturer stod då klara i blixtbelysning. Trots att flyktingarna från början inte alls var militärens ansvar ledde kaoset till att krigsmakten snabbt blev inblandad i försöken att stävja och reglera flykten.

Flottan vaknade tidigast av alla och organiserade snabbt stora konvojer från Pillau och Danzig-Gotenhafen, där väldiga människomassor samlades. Första gången flyktingproblemet bevisligen fördes på tal i Führerhögkvarteret var när marinchefen, storamiral Dönitz, den 22 januari meddelade Hitler att

Rikskommissarien för Sjöfarten, Gauleiter Karl Kaufmann i Hamburg, endast kunde ställa upp 18 civila fartyg för evakueringen av de två miljonerna civila i Ostpreussen. Ytterligare skepp kunde inte avvaras för detta utan att de militära sjötransporterna blev lidande – förrådslaster och soldater behövde skeppas mellan hemmahamnarna i Tyskland och armégruppen i Kurland och det ockuperade Norge. Det rådde svår brist på kol till skeppspannorna, men det såg något bättre ut när det gällde brännolja och därför deklarerade Dönitz att marinen skulle göra allt för att evakuera flyktingar på de oljedrivna fartyg som inte deltog i några militära operationer.

> Führern håller med om marinchefens åsikter och beslutar att ännu tillgängliga kolförråd måste reserveras enbart för militära operationer och inte får utnyttjas för att evakuera flyktingar,

står det i det bevarade protokollet.[534]

Så småningom kom emellertid fartyg av alla sorter att delta i räddningsaktionen. Sjöevakueringarna fick en särställning sedan landvägen från Ostpreussen skurits av den 23–26 januari och fler fickor med flyktingar bildats kring hotade Östersjöhamnar. Konvojerna diskuterades vid flera tillfällen av Dönitz och andra marinofficerare i Hitlers högkvarter under de kommande månaderna, men dessa frågor överskuggades alltid av andra sjötransportproblem, såsom bekymren att försörja de avskurna armégrupperna i Kurland och Ostpreussen med vapen, ammunition och bränsle.

Arméstabschefens Guderian adjutant, major Bernd Freytag von Loringhoven, som deltog i de flesta av Hitlers militära konferenser under de sista elva krigsmånaderna, bekräftar dock att Hitler egentligen aldrig brydde sig om det fortsatta krigets konsekvenser för den egna befolkningen:

> Det är förskräckligt att i efterhand säga att flyktingproblemet praktiskt taget inte spelade någon roll vid ”Führerlage”. Jag kan inte påminna mig att man därvid på allvar befattat sig med problemet med den egna, flyende befolkningen. Hitler ignorerade detta problem precis på samma sätt som ödeläggelsen av de tyska städerna genom de allierade flygangreppen. Han besökte aldrig någon förstörd tysk stad.[535]

Albert Speer försökte närma sig Hitler med betryckande fotografier av frysande flyktingar från Oberschlesien, men Hitler sköt resignerat eller ointresserat ifrån sig bilderna utan att titta på dem.[536] Tvärtom försökte han via sina militära och politiska organ återställa det lugn som en totalitär stat behöver för sin överlevnad. Den 28 januari 1945, då ryssarna redan nått Oder på båda sidor om Breslau och stod i begrepp att bryta igenom de tyska gränsbefästningarna vid Meseritz rakt öster om Berlin – försökte han få bukt med de flyende med hjälp av en OKW-order riktad till armégrupperna Weichsel och Mitten. Ordern, som var undertecknad av fältmarskalk Keitel, förbjöd alla evakueringar i områdena bakom befästningarna mot Polen öster om Berlin. Ordern fick i det avseendet en förödande betydelse, eftersom marskalk Zjukovs styrkor snabbt stormade gränsbefästningarna och nådde Küstrin vid Oder under de följande tre dagarna, varvid huvuddelen av befolkningen i östra Brandenburg blev fast.

Samma order fastslog också att befolkningen i Schlesien inte fick evakueras längre bak än 30 kilometer väster om Oder, vilket inte ens utgjorde en dagsetapp för en fientlig pansarkår. Vidare begränsades de fortsatta evakueringarna från de hotade provinserna Schlesien, Warthegau och Västpreussen ytterligare, på grund av att resurserna ansträngts till det yttersta i mottagningsområdena. Varje ytterligare utrymning måste leda till störningar av redan pågående aktioner, enligt OKW. ”Ytterligare evakueringar innebär att de drabbade utsätts för hunger, kyla och faran att bli överflyglade av fientliga stridsvagnar.”[537] Därutöver antydde ordern att det uppkommit slitningar mellan retirerande fronttrupper och flyende civila, i och med att militären förbjöds att konfiskera civila fordon, även i stridszonen. Inte heller kunde fästningskommendanterna vägra att ta emot flyktingar, såvida inte ”fästningen” hotades av omringning.

I skenet av de överväldigande händelserna på östfronten i januari 1945 uppmjukades det kategoriska flyktförbudet ett par millimeter några dagar senare, då Keitel meddelade frontbefälhavarna att ansökningar om civila evakueringar skulle ställas till OKW:s operationsavdelning.

•

Det nazistiska partikansliet teg emellertid om befolkningens ödeslott i flera dagar efter Warszawas fall och de första allmänna direktiven till alla provinsguvernörer i denna fråga behandlade endast indirekt utrymningarna. Mot bakgrund av att många partifunktionärer i öster flytt sin kos och lämnat befolkningen i sticket tvingades nämligen Bormann den 23 januari mana sina partikamrater att ”utföra sina uppgifter föredömligt”, och han betonade att de ”inte i något fall får... lämna sina hemorter före civilbefolkningen”.[538]

Uppmaningen fick inte avsedd effekt, för redan sju dagar senare på tolvårsdagen av nazisternas maktövertagande, måste han åter utgjuta sig över samma tema:

> Nu skiljer sig ledartyperna från svikarna, de starka från de svaga... Just i detta ögonblick är de politiska ledarnas HUVUDUPPGIFT inte att organisera samlingar eller ens evakueringen, utan huvuduppgiften är och förblir att organisera det andliga och materiella motståndet...[539]

De här uppropen upprepades gång på gång under de sista veckorna, vilket kan tas som intäkt för att partifolkets ovärdiga uppträdande vid fara blivit ett allvarligt problem för krigsmoralen.[540] Åtskilliga föredrog helt enkelt att hålla sig undan och den 12 februari gav Bormann order om att alla funktionärer ”som följt med flyktingkolonnerna” måste anmäla sig hos närmaste partikontor senast den 12 februari, annars skulle de behandlas som desertörer.

Först i början av februari, då stora delar av de östra tyska provinserna redan var i fiendens händer, skickade partikansliet ut de första praktiska evakueringsregleringarna. Den 5 februari instruerades exempelvis lantbruket att ställa upp med dragdjur för att underlätta människotransporterna från stridszonerna[541] och följande dag upplystes partiorganen om att tomma militärfordon på väg västerut fick utnyttjas för att frakta kvinnor och barn. Dessutom måste militären förse flyktingarna med mat.[542]

Försöken från OKW:s sida att komma till rätta med flyktingkatastrofen i samarbete med partikansliet gick i stöpet när befälhavaren för armégrupp Weichsel, Heinrich Himmler, satte sig på tvären. Himmler, vilken ej att förglömma tillika var inrikesminister och Stuckarts närmaste chef, ansåg att en central styrning av evakueringarna – vilket var just det Stuckart försökte åstadkomma – var omöjlig och deklarerade att han ensam dirigerade evakueringarna inom sitt eget befälsområde.[543] En av hans första åtgärder som fältherre blev dock att inskärpa det redan existerande flyktförbudet i Pommern och Brandenburg, förutom inom en smal landremsa direkt bakom frontlinjen.

Myndigheterna och militären fortsatte att arbeta febrilt för att återvinna kontrollen över situationen. Den 3 februari utgick ett dekret från OKW att armégrupperna skulle hjälpa till att evakuera kvinnliga medlemmar av Riksarbetstjänsten, ungdomar som gjorde sitt obligatoriska lantbruksår samt stadsbarn som evakuerats till daghem på landet på grund av flygkriget.[544] Två dagar senare gav OKW, Bormann och Tredje rikets ”slavgeneral” Fritz Sauckel[545] gemensamt order om att alla vapenföra män som påträffades i flyktingkolonnerna skulle skickas till fronten. Detta fick till följd att det fåtal armstarka män som fanns bland flyktingarna försvann, vilket medförde att kvinnor, barn och åldringar blev ännu mer utsatta under de fortsatta strapatserna på vägarna.

•

Trots myndigheternas försök att återfå balansen valde verkligheten att obevekligt tränga sig på. En del mottagningsorter fördubblade hastigt invånarantalet med följd att matförsörjning och sjukvård stod på sammanbrottets gräns. Mottagningsområden förvandlades därjämte till hotade frontzoner från ena dagen till den andra, vilket ledde till en oavbruten klappjakt. Virrvarret i det krympande Nazityskland var obeskrivligt. Förvaltningen kollapsade. Miljontals flyende skulle plötsligt ha mat, husrum och läkarvård på nya orter. Polismakt, livsmedelsförråd och hälsovård klarade inte anstormningen. Städer och byar översvämmades av hemlösa som skulle samsas om de begränsade resurserna med 1,5 miljon människor som evakuerats från Berlin och ett par miljoner flyktingar från Rhenlandet. Myndigheterna dammsög orterna efter lediga lokaler att ta i anspråk. En rapport från inrikesministeriet uppgav:

> Den genomsnittliga beläggningen uppgick i mitten av april till tre omflyttade per anvisat hushåll, eller – annorlunda uttryckt – 300 procent. I vissa delar av riket, framför allt de nordvästtyska, är beläggningen avsevärt högre med cirka 400–500 procent.[546]

Mottagningsorganisationen arbetade för högtryck, men trots öar av ordning här och där upphörde i allmänhet den annars så hårda kontrollen och registreringen av människor som var i omlopp under de sista krigsveckornas oreda.

•

Röda arméns framgångar och ryktena om det ryska uppträdandet mot tyska civila, vilket det gärna anspelades på i propagandan, ledde ändå inte till några förändringar i nazistpartiets syn på evakueringar. Endast en smal zon bakom främsta frontlinjen utrymdes, även på mycket utsatta avsnitt där fienden befarades fortsätta sina framstötar inom den närmaste framtiden. Den 8 februari startade Första Ukrainska Fronten en ny offensiv vid Breslau, vilken sålunda utlöste ännu en flyktvåg mot Sachsen och Böhmen-Mähren. Den 24 februari påbörjades det sovjetiska angreppet mot Hinterpommern, vars invånare fick mindre än en vecka på sig att rädda sig.

Genom improvisationer och nära samarbete med andra ministerier försökte statssekreterare Stuckart samordna insatserna för de evakuerade. Den 15 februari samlade han en rad höga ämbetsmän till ett möte i Berlin för att diskutera flyktingproblematiken.[547] Bland de närvarande märktes statssekreteraren i partikansliet Gerhard Klopfer, vars chef samma dag satt stopp för ytterligare evakueringar på västra sidan av Oder. I det aktuella cirkuläret dekreterade Bormann att Berlin inte skulle betraktas som hotat, eftersom försvarslinjen vid Oder skulle hållas till varje pris. Andra deltagare i konferensen var statssekreteraren Hans Joachim Riecke, som representerade riksministeriet för folkförsörjning, statssekreterare Friedrich Wilhelm Kritzinger, vilken var där för rikskansliets räkning, samt lägre ombud för kommunikationsministeriet, justitieministeriet, rustningsministeriet, OKW och NSV.

Vid det laget hade marskalk Konjev inlett belägringen av Breslau och fortsatte att tränga fram mot Neisse och de tjeckiska bergen. Med anledning därav konstaterade konferensdeltagarna att ytterligare en halv miljon invånare omkring Hirschberg och Görlitz i Niederschlesien måste förflyttas. Det rapporterades också att cirka 1,4 miljon människor befann sig på flykt från Ostpreussen och att ytterligare 400 000 ostpreussare måste föras i säkerhet.

På västfronten hade partikansliet likaledes förbjudit befolkningen att fly annat än för att undvika direkt fientlig artillerield. Icke desto mindre diskuterade statssekreterarna huruvida hela området väster om Rhen måste utrymmas inför en väntad angloamerikansk offensiv. Mellan 800 000 och en miljon invånare behövde förflyttas därifrån och man enades om att de skulle uppmanas att ge sig av, men att det inte skulle vara förknippat med tvång. Inrikesministeriets beräkningar visade att det fortfarande gick att ta emot 1–2 miljoner flyktingar från västfronten på östra sidan av Rhen.

Statssekreterare Kritzinger rapporterade att livsmedelsförsörjningen höll på att rämna på grund av att de allierades bombningar förstört infrastrukturen och stora jordbruksdistrikt gått förlorade i öster, framför allt i Ostpreussen. Följaktligen måste matransonerna minskas med en fjärdedel, anmälde han.

Sex dagar senare hölls en ny konferens[548], då även statssekreterarna Theodor Ganzenmüller från kommunikationsministeriet och Herbert Klemm från justitieministeriet deltog. Pressen på försörjningsorganisationen hade blivit ännu hårdare och det redovisades att 8,35 miljoner tyskar för närvarande befann sig på flykt. Inrikesministeriet räknade med att evakueringarna från Ostpreussen skulle vara avklarade inom de närmaste 14 dagarna, vilket visade sig vara en alltför optimistisk förutsägelse. I själva verket löpte konvojerna från Ostpreussen ända fram till kapitulationen, utan att alla civila hann räddas. I Schlesien hade det första kaoset bedarrat efter Konjevs förnyade inbrytningar och där avlöpte evakueringstransporterna numera under ordnade former. Stora stockningar rapporterades däremot från Sachsen, där det fanns omkring 400 000 schlesiska flyktingar och lika många till från östra Sachsen, samt 400 000 hemlösa efter de massiva allierade bombräderna mot Dresden och Chemnitz den 13–14 februari.

Säkerhetsventiler utanför Tysklands gränser var nödvändiga och redan den 4 februari 1945 befallde Hitler, att även det ockuperade Danmark skulle tvingas ta emot tyska flyktingar från öster. I egenskap av inrikesminister reglerade Himmler sedan att Danmark måste bereda plats för 30 000–100 000 evakuerade, men enbart i offentliga lokaler och inte i privata hem för att undvika en ytterligare försämring av den spända relationen mellan ockupant och ockuperad.[549] Ansvaret för att ta hand om alla dessa människor föll på Tredje rikets man i Danmark, riksbefullmäktigade dr Werner Best, med assistans av krigsmakten.

Tiotusentals personer, främst ostpreussare, kom med båt och fyllde skolor och idrottshallar. Till slut blev de så många att befälhavaren för de tyska ockupationsstyrkorna, generalöverste Georg Lindemann, började knorra. Lindemann väntade sig fortfarande en västallierad landstigning i Danmark och då utgjorde säkerheten för civila tyskar i landet ett stort problem.

Vid konferensen den 20 februari uppgav Stuckart att inrikesministeriet ville inkvartera uppemot 150 000 flyktingar på de danska öarna men tillade att det var en fråga som måste handläggas av utrikesministeriet.

·

Transportsystemet i Tyskland gick på knäna på grund av alla människotransporter och den allvarliga decimeringen av vagnparken som kom sig av av allierade flygbombningar. Därför fick rustningsministern Speer den 20 februari Hitlers uppdrag att sätta upp en prioriteringslista för transporterna och återställa det nästan lamslagna järnvägsnätet.

Prioriteringslistan[550] som Speer utarbetade satte flyktingarna lägst:

1. Militärtransporter.
2. Kol.
3. Livsmedel.
4. Rustningsministeriets nödprogram.
5. Flyktingar.

Därmed försvann transporttågen i stort ur evakueringsansträngningarna i slutet av februari till förmån för försöken att upprätthålla den kollapsande krigsekonomin och förlänga kriget ytterligare några veckor. Vanliga persontåg fortsatte emellertid att rulla fullastade med soldater och flyktingar.

Samma dag som sistnämnda flyktingkonferens gav Hitler dessutom order om att regeringsorganen måste stanna kvar i Berlin utifall staden hamnade i stridslinjen. Det var en order som successivt förlamade ministeriernas och centralmyndigheternas arbete i det eskalerande bombkriget. Däremot tilläts kvinnor och barn att lämna huvudstaden, även om det inte kungjordes allmänt.

·

För varje flyktvåg ökade svårigheterna att hitta utrymme åt de flyende. Guvernörerna protesterade mot överbeläggningarna, vilket föranledde Bormann att ta sina riksförsvarsskommissarier i kragen den 23 mars:

> Inkvarteringen av medborgare i de centrala tyska mottagningsprovinserna är lika besvärlig som evakueringen och transporten. Detta skenbart helt omöjliga omhändertagande av landsmän från de utrymda områdena måste icke desto mindre klaras av. Führern förväntar sig att de inre tyska provinserna visar den nödvändiga förståelsen för stundens allvar och krav.[551]

Vid statssekreterarkonferensen i Berlin den 28 februari[552] presenterade Stuckart färsk statistik som visade att 150 000 människor väntade på att skeppas ut från Ostpreussen och 400 000 från Danzig-Västpreussen. Flyktingarna skulle logeras i Danmark och riksprotektoratet Böhmen-Mähren. Åtminstone 300 000 personer skulle kunna inhysas i riksprotektoratet, enligt inrikesministeriet. Frågan om upplösningen av de organiserade flyktingkolonnerna, vilka fortfarande hölls samman i mottagningsområdena, skulle avgöras mellan den 5 och 10 mars, bestämdes det. En av orsakerna till detta var att det från och med den 1 juni 1945 inte skulle finnas tillräckligt med foder åt alla hästar.

Slutligen fastslog man att livsmedelsransonerna omedelbart måste minskas med 25 procent och från den 9 april med 35 procent, något som innebar att tyskarna nu stod på svältens rand.

·

Inrikesministeriet arbetade för att pumpa in fler människor i Danmark och den 5 mars dök dr Werner Best upp i Berlin för att delta i en av Stuckarts konferenser, vilken denna gång hölls hos utrikesministeriet. Stuckart krävde att Danmark skulle ta emot så många som 1,5–2 miljoner flyktingar, men Best sa nej med hänvisning till att situationen i Danmark var kritisk.

Slutligen enades man om att den danska kvoten skulle uppgå till 100 000 personer, men överenskommelsen bröts snabbt. Redan i mitten av april hade 133 000 flyktingar landsatts i danska hamnar och vid kapitulationen i början av maj befann sig 200 000 tyska civila och 24 000 flyktingar av andra nationaliteter i landet. Militärens resurser räckte inte till för att ta hand om alla och efter nederlaget tog den danska förvaltningen över. Flyktingarna, som till en början kunnat röra sig öppet, spärrades in i taggtrådsomgärdade läger och det tog ofta flera år innan de kunde skickas tillbaka över gränsen till någon av de tyska staterna.

·

I mars–april upphörde de centrala riksmyndigheterna att fungera. Vissa ministerier och byråer satte sig i säkerhet till Bayern och andra platser, en del blev handlingsförlamade och åter andra ägnade sig åt att verkställa Hitlers ”Nero-order” från den 19 mars om brända jordens taktik, vilket prisgav de överlevande tyskarna åt hungersnöd och epidemier.

Flertalet centralmyndigheter ägnade större delen av arbetstiden åt att rekonstruera akter och arkiv som skadats i bombräderna samt åt att leta upp lämpliga reträttkvarter. Huvuddelen av de dokument och direktiv som producerades hade liten förankring i verkligheten och folkets nöd. Bormanns kansli på Wilhelmstrasse 64 fortsatte att sprida cirkulär och direktiv till provinsernas partiapparater, fastän adressaterna många gånger inte längre gick att nå eller hade lamslagits så att de inte kunde omsätta instruktionerna i praktiken. Goebbels kallade föraktfullt partikansliet för ”papperskansliet”, bland annat för att de mer än 400 cirkulär som producerades 1945 innehöll allt från föreskrifter om skjututbildning för flickor och kvinnor till anvisningar åt civilbefolkningen att börja äta vildsallad, vildgrönsaker, vildfrukter och svamp som näringstillskott för att hålla den hotande svälten stången.

Det var främst på det lokala planet i uppsamlingsområdena som det verkliga arbetet för flyktingarna skedde. Lokalmyndigheterna var oftast utlämnade åt sig själva, eftersom det var svårt för direktiv och regleringar av olika slag att tränga ner genom den byråkratiska apparaten, som råkat i olag.

·

I månadsskiftet februari–mars trodde sig Stuckart ha genomdrivit sin uppfattning att fortsatta evakueringar på västfronten måste stå tillbaka för evakueringarna i öster.[553] Men bakslaget kom mycket snabbt för inrikesministeriet, när västfronten plötsligt fångade Hitlers intresse igen. Den 7 mars lyckades amerikanska trupper erövra en intakt bro över Rhen vid Remagen, medan general Pattons amerikanska 3. armé började rensa Saar-Pfalz-triangeln. Hitler befallde storskaliga evakueringar[554], men dessa visade sig vara betydligt svårare att genomföra än vad statsledningen i Berlin anat. Rysskräcken i öster hade ingen motsvarighet i fråga om britter och amerikaner, av vilka tyskarna väntade sig en humanare behandling. Därför vägrade många västtyskar att lämna sina hem.

Vid den militära konferensen i Führerhögkvarteret den 18 mars framlades en rapport från den tyske överbefälhavaren på västfronten, fältmarskalk Kesselring, enligt vilken befolkningen hindrade de egna styrkornas kamp mot amerikanerna. Det förekom till och med att tyska trupper inte blev insläppta i byarna och att officerare åtlydde de civilas vädjanden att inte ödelägga samhällena genom strider. Men när Hitler hörde detta befallde han genast att hela befolkningen i väster skulle tvångsevakueras. Konsekvenserna av ett sådant beslut berörde han inte. Speer uppgav i sina memoarer:

> En av de närvarande generalerna försökte övertala Hitler att det var omöjligt att genomföra evakueringen av hundratusentals människor. Det fanns ju

Segerherrarna i Berlin. Marskalk Zjukov åtföljd av Rokossovskij och brittiske fältmarksalken Montgomery efter segerceremonin i den tyska huvudstaden den 12 juli 1945. Vid den tiden pågick fördrivningen av den kvarvarande tyska befolkningen från områdena öster om Oder som bäst. Foto: Imperial War Museum.

inte längre några tåg tillgängliga. Kommunikationerna hade brutit samman för länge sedan. Hitler förblev oberörd. ”Då får de marschera till fots”, svarade han. Inte heller gick det att organisera, inflikade generalen, det behövdes livsmedelsförråd, människoströmmen måste ledas genom glest bebodda trakter, och människorna hade inte heller lämpliga skodon. Han hann inte prata färdigt. Hitler vände sig bort utan att ha tagit intryck.[555]

Fältmarskalk Keitel presenterade därefter utkastet till evakueringsordern och ingen av de församlade militärerna vågade protestera när Hitler slog fast: ”Någon hänsyn till befolkningen kan vi inte längre ta.” Emellertid blev det långt ifrån den massutrymning Hitler hade räknat med. Den 22 mars tog propagandaminister Goebbels upp ämnet i sin dagbok:

> Führern har återigen utfärdat en kategorisk order att de områden i väster som hotas av fienden ska evakueras. I praktiken kan den här ordern helt enkelt inte verkställas, därför att folk inte längre vill ge sig av och vi inte har några styrkor tillgängliga för att tvinga dem. Det finns inte någon i inrikesministeriet eller partikansliet som har modet att säga det rakt i ansiktet

> på Führern. Så problemet får ha sin gång, med andra ord gör man på stället marsch och utdelar naturligtvis samtidigt ett hårt slag mot myndigheternas auktoritet.[556]

Riksförsvarskommissarierna i väster protesterade mot Hitlers order, som de ansåg var omöjlig att utföra. Det gick inte att evakuera fler civila, bara soldater, framhöll de. Men fem dagar senare stod Hitler fortfarande fast vid sitt beslut, enligt Goebbels. Den 2 april blev emellertid fältmarskalk Models armégrupp B på en halv miljon man innesluten i Ruhrområdet av amerikanerna. Vägen till Elbe och Berlin låg vidöppen för de västallierade och Hitler fick andra saker att tänka på.

Vid Oder väntades dessutom ryssarnas slutgiltiga offensiv mot Berlin, men det blev aldrig tal om några ytterligare evakueringar på västra sidan av floden, helt enkelt därför att det inte fanns någon plats för dessa människor att ta vägen.

·

Strapatserna för flyktingarna upphörde likväl inte när de nått sina destinationsorter. Många blåstes fram och tillbaka som torra höstlöv i vinden i det krympande nazistiska schaktet mellan öst- och västfronten. Ett par av dessa irrande själar var Dagmar Mrongovius och hennes väninna Alexa som illustrerar det öde åtskilliga olyckskamrater drabbades av. Efter båtresan från Danzigbukten sattes de iland i Kiel.

”Vi var två flickor, 15 och 16 år gamla, som stod på kajen”, berättar Dagmar.

> Det enda vi ägde var en kam som vi delade på. Inte ett öre hade vi. Ingen identitet. Ingenting! Eftersom det trots allt fortfarande var välorganiserat fanns det någonting som kallades ”Bahnhofsmission”, ett slags mission eller några rödakorsare på järnvägsstationen. Vi hade inget annat val än att gå dit, och där blev vi utfrågade om vad vi hette och vad vi hade för ärende. Sedan kom nästa fråga: ”Har ni några släktingar här borta?” Jag kom ihåg att vi hade en faster i Westfalen, hon hette Schmücker som gift. ”Det är bra. Då kan vi ordna så att ni kan åka dit”, sa de. En enkel tågbiljett fick vi, men ingenting mer. Inte heller hade vi någon aning om hur det såg ut i Westfalen, för vi hade aldrig varit där förut. Vi åkte tåg och bytte tåg. Sista stationen kom vi inte fram till, för den var sönderbombad. Tåget stannade mitt på banan och vi fick börja gå till fots. När vi äntligen kom fram till byn

där fastern skulle bo, mindes jag att någon sagt att min fasters svärfar hade en mack. Vi frågade efter någon som hette Schmücker, och då visade det sig att varannan familj i det här samhället hette det. Men sedan hittade vi macken och det visade sig att ägaren var fasters svåger. Svärfadern bodde i andra änden av huset och vi knackade på hos honom. Då vi kom in var det dukat för middag. Det var ett jättestort kök, det stod jättemånga tallrikar på bordet och många stolar runtomkring. I detta kök arbetade en yngre kvinna, medan en äldre kvinna och en man vid hög ålder beskådade detta. Denna familj hade samlat alla sina barn och barnbarn hos sig under krigets sista skede, så huset var fullt till brädden av folk från alla håll och kanter. Och så kom vi också. Vi blev väldigt välkomnade av de gamla och ungdomarna, men min faster hade andra åsikter om vår ankomst, men det hade ingenting med ransoneringen att göra.

Vi fick mat och husrum, men faster var mycket reserverad mot oss. Det berodde på att byborna var stränga katoliker utom faster som var protestant. Och så dök en ung släkting – alltså jag – upp från ingenstans som en opassande påminnelse. Vi blev tillsagda att vi måste skaffa oss ett arbete om vi ville stanna. Det gick ganska fort att ordna ett. Jag blev hjälpreda i en lanthandel och Alexa hembiträde i en grannby.

Den här tillvaron varade dock bara några veckor innan det var dags att fly på nytt, men den här gången tillbaka mot öster. En vacker dag i påskveckan kom en bil med tyska soldater till lanthandeln, där jag jobbade. De talade om att engelsmännen var på frammarsch från söder. Min väninna och jag hade aldrig rotat oss i det katolska området, för när det gick flyglarm åkte katolikerna först in i skyddsrummet, men vi andra som inte var katoliker var det inte så noga med. Vi fick följa med om vi ville eller låta bli. Jag sa till soldaterna: ”Jag kan inte vara kvar här när engelsmännen kommer.” ”Då får du väl ta dina pinaler och följa med oss, för vi åker nu”, svarade de.

I en pappkartong samlade jag ihop lite kläder och klänningar om jag fått. Jag tog kartongen under armen och åkte med till nästa by, där min väninna arbetade. Hon fick smörgåsar med sig från ”sin” familj, men jag fick inget från min. För övrigt kunde jag inte ens ta farväl av min faster, för hon var inte hemma. Hon var ute för att plocka påskris i bergen. Sedan ställde vi oss och liftade i ett gathörn. En lastbilschaufför från Friesland kom förbi och vi fick åka med. Vi var väldigt stolta för att vi fick sitta i förarhytten. Snart blev också flaket fullt av flyktingar, som ville bort från engelsmännen. Det var flykt nummer två för oss och den gick först till Bückeburg. Där fick vi stiga av.

I Bückeburg såg jag för första gången blommande magnolior och tyckte det var fantastiskt. Återigen stod vi två flickor där och visste inte vart vi skulle ta vägen. Det var natt och vi hörde fordon komma bakifrån. Vi visste inte om det var engelsmän, fransmän eller banditer. Ändå stod vi mitt i gatan och vinkade. Fordonet stannade och det visade sig vara en tysk militärbil full med skrattande soldater. De frågade vart vi skulle och sa: ”Ni följer med oss, för någon mat har ni väl inte fått i er?” Vi fick åka med till deras förläggning ute i skogen. Där åt vi lunghaschi och den har aldrig smakat så gott i hela mitt liv.

Följande morgon tog vi tåget till Hamburg, för vi hade ju tjänat ihop lite pengar tidigare. Mitt i natten stannade tåget emellertid en bra bit från Hamburg. Vi stod där länge. Passagerarna blev otåliga och arga för att tåget inte gick. Då det satte sig i rörelse igen passerade vi en järnvägsstation, som inte existerade längre. Det var bara ett stort hål. Kvintessensen av detta är: Ta det lugnt! Ha inte bråttom, för du vet inte vad som väntar!

Via Hamburg kom vi tillbaka till Kiel, där järnvägsmissionen ordnade husrum åt oss. Den här gången hamnade vi i ett hem för flickor som jobbade på varvet, men snart tjöt flyglarmet över staden. Vi lämnade huset och sprang till nästa kvarter, där det fanns en ”Hochbunker”, dvs. en skyddsbunker ovan jord. Människorna forsade in, dörrarna slogs igen och sedan stod vi där, packade som sillar. Ljuset flackade och bunkern vajade. Därefter kom ljuset tillbaka och vi gick ut igen. Då var hela kvarteret runtomkring borta.

Dagen därpå var vi med om en sällsam scen i bombrädens spår. Vi befann oss i gatuplanet på ett hörnhus och gjorde smörgåsar åt utbombade människor. Där lärde jag mig verkligen att göra smörgåsar. Vad jag särskilt minns därifrån var tystnaden som härskade. Rummet där smörgåsar, kaffe och te serverades var fullt av hemlösa, men inte ett ord sades, utom att smöret skulle bredas ända ut till kanten. Då var det fortfarande krig och ransonering, men de som förlorat allt i bombanfallen skulle i alla fall få äta sig mätta. Alla åt och teg.

Efter detta blev flickorna i huset skickade ut på landet. Jag och Alexa hamnade i ett träningsläger för ”Werwolf” (”Varulvar”) utanför staden, där vi fick tjänst i köket. I lägret utbildades 15–16-åriga pojkar i hur man spränger broar, skjuter med pistol och kulsprutepistol samt gör försåtsmineringar. Pojkarna skulle bli ”varulvar” som förde gerillakrig bakom fiendens linjer.[557] Också vi måste lära oss att hantera en Luger 08-pistol. Men hur vi än försökte lyckades vi aldrig träffa konservburkarna vid övningarna nere på stranden. Vi tog inte misslyckandet så hårt – vad som var värre var det eviga jagandet efter mat till lägret. Vi måste bokstavligt talat koka soppa på en spik. Det fanns ingen mat åt pojkarna. De brukade därför göra kvällsräder i böndernas källare och förråd. Kålrötter och purjolök var det mesta bytet. Vad gör man när man bara får ett fång purjolök till köket och inget annat? Jo, att tulla ägg i hönshus var inte svårt det heller, så vi gjorde pannkakor med stuvad purjolök. Det är det godaste som finns, jag lovar.

Engelsmännen kom närmare och det blev krisartat i slutet av april. Engelsmännen hade satt pengar på ”varulvarnas” huvuden och ledningen anmodade oss att ge oss av. Då hade jag redan fått ett kort från farfar, som var bosatt i Berlin, att mamma hamnat någonstans i Mecklenburg. Det blev ett avskedskalas med pannkaka och purjolök, innan Alexa och jag for iväg till Mecklenburg. Det var dock lättare sagt än gjort, för vi kom till en järnvägsstation och där var det stopp. Tåget gick inte längre. Sedan sa högtalarna att stationen måste utrymmas på folk på grund av risken för flyglarm under natten. Vi gick längs gatan och undrade vart vi skulle ta vägen och då mötte vi två soldater som undrade om vi inte hade någonstans att sova. Vi följde med dem och hamnade i ett växthus fullt av halm. Det var svart natt och vi såg nästan ingenting, men soldaterna visste var de hade sina platser. De puttade väck sina kompisar, som motvilligt makade på sig i halmen. Där låg vi sedan och sov. När vi vaknade på morgonen hördes det visslingar och skratt överallt, för ingen hade vetat att vi två flickor legat bland 50 soldater.

Därefter återvände vi till stationen för att komma vidare. Vi lyckades, men vi tvingades sitta mellan fastsurrade kanoner på en militärtransport. Det blåste ganska kallt om öronen och vi kom bara en bit innan vi måste hoppa av igen. Soldaterna sa: ”Det går inte att ta sig dit ni ska, ryssarna är på väg.” Men jag hade ju kortet från min mamma som skrev att jag åtminstone skulle komma dit och hämta mina sommarklänningar. Den sista milen tvingades vi gå till fots. Det var 50 meter mellan varje träd och vi var så trötta att vi måste stanna och ta en paus vid varje träd. I skymningen hade vi äntligen byn nedanför oss. Den låg i dalen, vid kanten av en liten sjö med en stor herrgård intill. Där nere fanns min mamma och mina syskon. ”Detta är världens ände”, tänkte jag när vi gick ned. Och det var det också. Tre dagar senare kom ryssarna.[558]

Sex år senare var Dagmar på flykt igen: den gången från det kommunistiska Östtyskland till Sverige i sällskap med sin man Helmuth och svågern Alfred Adomeit. Men det är, som det brukar heta, en helt annan historia.

Ödeläggelsen och grymheterna som begicks av båda sidor på östfronten 1941–45 överträffade alla tidigare krig i omfattning, i bland annat Polen och de landområden som tyskarna tvingades avträda tog återuppbyggnaden årtionden. Foto: Imperial War Museum.

Slutord

> År 1951 stod jag på kajen i Helsingborg, och då såg jag två barn hålla sig för magen av skratt. Jag hade glömt hur det kändes att skratta…
> (En tysk flyktingkvinna och fördriven som emigrerade till Sverige)

Att vara flykting, hemlös, utan hembygd. Det är något som har präglat livet på olika sätt för människorna som har intervjuats för denna bok. Gemensamt för dem alla är att upplevelsen satt outplånliga spår. Flyktingskapet är ett trauma. ”Det går aldrig att glömma. Upplevelserna går inte ur kroppen”, utbrast en kvinna som avböjde att medverka i denna bok. Ett annat ögonvittne, Lothar Rexin, menar:

> Jag var länge hatisk mot ryssarna efter kriget, men tiden läker alla sår. Det är inte så gärna jag berättar om den tiden, det brukar bli vid födelsedagar eller när man tagit sig ett glas – då kan jag berätta för mina vänner, men det är lite plågsamt att så få tror på vad man varit med om. De tror inte att det kan ha varit fullt så fruktansvärt som jag berättar.[559]

De första organiserade fördrivningarna av tyska invånare på östra sidan Oder-Neisse började sommaren 1945 och fortsatte i olika vågor under de följande åren. I början av 1950-talet var de flesta tyskarna utrensade från de områden som tillfallit Polen och Sovjetunionen. Hela denna fördrivning gick under den eufemistiska benämningen ”befolkningstransfer”.

Statistik från tyska inrikesministeriet 1993 visar att totalt 11,7 miljoner tyskar fördrevs eller flydde från sina hem i Östeuropa mellan 1945 och 1950 (därav 6,9 miljoner från Tyska rikets östprovinser, 2,9 från Tjeckoslovakien samt 1,9 från övriga länder). Vidare tros 2,1 miljoner människor ha förlorat livet under flykten eller fördrivningen (därav 1,2 från Tyska riket, 0,3 från Tjeckoslovakien och 0,6 från övriga länder).[560]

Tyskarna från östra sidan Oder-Neisse förlorade inte bara sina hem i kriget, de miste även sin hembygd och inte sällan nära anhöriga. Hela deras sociala sammanhang förintades, som om samhällena smulats sönder till atomer innan de ströddes för vinden. Rotlöshet, vanmakt och emotionell isolering drabbade många av dessa flyktingar eller fördrivna. Efter kriget levde flyktingarna i åratal med hunger, uppsamlingslägrens trängsel, fattigdom, längtan efter hemland eller -bygd samt saknaden efter försvunna familjemedlemmar. Kvinnornas sviter efter massvåldtäkterna och samhällets brist på hjälp att bearbeta detta trauma har vi tidigare berört. En oförstående eller i bästa fall oengagerad attityd hos många tyskar i västra Tyskland gentemot flyktingarna, som utgjorde en femtedel av befolkningen i Väst- och Östtyskland, bidrog till deras svårigheter att finna sig till rätta i början. Helga Thamm, som åtta år gammal upplevde massutvisningen från Schlesien, berättar:

> Efter kriget fick man ju börja om med allt. Det fanns inget välstånd, det var fattigt och ransonering på allt. Man måste verkligen kämpa. På den tiden jag började arbeta – det var 1952, i textilindustrin, var det kris. Alla jobbade bara två dagar i veckan och det rådde stor arbetslöshet. År 1961 kom jag till Sverige för första gången och jobbade på en gård i tio månader. Det var av ren nyfikenhet, men sedan bosatte jag mig här. Jag tror att det var drömmen om ett oförstört land helt enkelt, ett land som inte var sönderbombat eller sönderskjutet. Jag tror att jag stannade i Sverige eftersom jag aldrig trivdes i Västtyskland. År 1966 sa någon till mig att ”kriget har haft två hemska saker med sig: coloradoskalbaggarna och flyktingarna”. Man kände sig inte välkommen.[561]

På grund av det tyska ekonomiska undret som tog sin början på 50-talet lyckades dock anpassningen och assimileringen av östflyktingarna i det västtyska samhället i sinom tid förvånansvärt väl. Genom sina organisationer växte de dessutom till en stark faktor i västtysk politik. I det kommunistiska Östtyskland tystades dock alla diskussioner om flyktingarnas upplevelser och de förlorade östområdena av regimen, med hänsyn till de kommunistiska broderländerna.

•

Gemensamt för de intervjupersoner som då tillhörde de yngsta barnen (10–12 år och därunder) är att de idag sällan kan påminna sig om eller ge uttryck för den skrämmande atmosfären, den omedelbara rädslan och oron under flykten. Några upplevde allt som ett ”äventyr”, men många har förträngt det otäckaste. Andra utsattes för direkta skräckupplevelser som etsat sig fast i minnet, men saknar ofta ett känslospråk för att förmedla eller bearbeta dessa. Erhard Krüger uppger:

> Varje år i slutet av januari återupplever jag den kolossala förändringen i livet som jag genomgick 1945. Brutaliteten gör sig påmind, men jag har också blivit avtrubbad mot krig och våld. Tänker bara att det är så det är.[562]

En kvinna anförtrodde författaren att hennes egen dotter avrått henne från att ställa upp på en intervju (”Mamma, du vet ju hur dåligt du brukar må när du talar om den tiden.”), men hon valde ändå att berätta för att få andra att förstå hur det var.

Bortträngning var en strategi som åtskilliga av dessa människor använde, medvetet eller omedvetet, för att kunna gå vidare. Men ingen kan springa ifrån sitt förflutna hela livet. För Dagmar Adomeit (flicknamn Mrongovius) kom krisreaktionen först 50 år senare:

> Det konstiga är att så länge man är aktiv och inte har tid att tänka, eftersom man bara jobbar för att få livet att fungera, då är det ett lock över alltihop. Nu är jag pensionär och efter jul köpte jag några skivor med klassisk musik. Det var inte bra. Det var som en lavin som rasade över mig, för då kom allt det där gamla upp igen. Nu sitter jag här… Jag sa till mina barn att jag är tvungen att ”byta kamouflage” för jag klarar inte av det längre. Tar du en fisk och flyttar den från ett akvarium till ett annat anpassar den sig efter bottensedimentet för att kamouflera sig. Jag har fått göra så för att överleva och jag har lyckats. Men nu lyckas jag inte längre behålla kamouflaget. Jag måste ömsa skinn, men jag vet inte hur jag ska bära mig åt.[563]

Kampen för det dagliga brödet var hård i det besegrade Tyskland under åren strax efter krigsslutet och de vardagliga problemen pockade på hela uppmärksamheten. Krigs- och flyktupplevelserna fick helt enkelt läggas åt sidan. Dessutom fanns det så många som upplevt samma saker att få orkade höra talas om det.

Andra som varit bättre rustade att hantera eller bearbeta upplevelserna har kunnat göra något gott av det hela. Så till exempel Franziska Franzén (Hatwig), flykting från Ostpreussen:

> Jag har haft förmånen att träffa mycket förstående människor och kunnat tala om mina upplevelser. Mina [svenska] svärföräldrar var underbara och förstående. Så jag har pratat av mig det. Det har hjälpt mig enormt mycket. Min syster hade inte samma tur. Hon hade inget att jämföra med och ingen att prata med. Mig bekommer det inte ens att se en krigsfilm idag, men min syster lider på annat sätt… psykiskt.[564]

Christa-Marie Widahl tillhör också dem som det gått bra för:

> Upplevelserna från kriget och flykten har nog påverkat mig både på gott och ont. Jag säger som så, att det som man lagt i vaggan en gång får man vara tacksam för. Jag tror att mina upplevelser har gjort att jag haft lättare att konfrontera problem. En annan sak är att jag förstår människor bättre och har lätt för att känna med folk som har det svårt.[565]

Även Helga Munck från Danzig tycker att hon har tagit det hela bra genom livet:

> Minnena finns kvar, men man har förträngt lite. Jag tror inte att jag påverkats av kriget och flykten från mitt hemland, eftersom jag kom ifrån allt så snabbt. Har man ett glatt och framåt humör kommer man över mycket.[566]

Sibylle Larsson, född Krahmer, framstår som den starkaste av de människor författaren träffat inför den här boken. Själv säger hon:

> Jag glömmer ingenting, inte det onda, men inte heller det goda. Jag minns allt. Och jag måste minnas allt för att kunna berätta för andra vad jag varit med om, för att få dem att förstå hur krig är. När de visar krig, flyktingar och andra hemskheter på teve, så måste jag titta på det, för det var just så det var. Att förtränga vad som hänt gör ingen gott.[567]

Relationen till den förlorade hembygden är också olika. Många blev medlemmar i organisationerna för de fördrivna i Västtyskland efter kriget (i Östtyskland var däremot varje sådan sammanslutning förbjuden). I det längsta drömde åtskilliga om en återkomst till sina gårdar och hus, kraven luktade emellertid inte sällan krigsrevanschism och ansågs inte vara riktigt rumsrena. Andra föredrar att bevara hembygden i minnet, så som de kom ihåg den, däribland Franziska Franzén:

> Jag skulle aldrig vilja besöka min hemort. Min äldsta dotter har frågat mig om jag inte skulle vilja göra resan tillbaka. Men flykten var så fruktansvärd att jag aldrig vill tänka på det. Andra som varit där har blivit så besvikna. Sverige är mitt hemland sedan 46 år och jag känner mig mer som svensk än tysk.[568]

Samma sak säger Irmgard Johansson från Danzigtrakten:

> Jag vill aldrig återvända till min hemby. Jag vill inte se hur det ser ut idag. Bara jag blundar ser jag framför mig hur det såg ut då och denna bild vill jag ha kvar. Jag vet att vårt hus är förstört, att kyrkan bombades och att fars grav är borta. Men jag vill inte se det.[569]

Turisttrafiken från Tyskland till de forna tyska områdena i öster har emellertid blivit ganska välutbyggd efter kommunismens fall. Orter som Wroclaw (Breslau), Olsztyn (Allenstein), Kaliningrad (Königsberg) och Elblag (Elbing) besöks av bussar med ålderstigna tyskar som hoppas få en glimt av sitt forna hem. Många blir besvikna över att hitta ett barndomshem i förfall eller ingenting alls. De enda tyska spåren Herbert Rump hittade i sin födelsestad var texten på locken till gatubrunnarna. Christa-Marie Widahl bevarar en burk med jord som hennes bror fört med sig från Tilsit i Ostpreussen, men själv har hon ingen längtan efter att åka ”hem”. Alfred Adomeit har dock inte bara hittat sitt barndomshem i dåvarande Angerapp, han välkomnades även in av den ryska familjen som bor där idag och fick ta sig en titt, något som gör att han har kunnat stilla sina funderingar över hur det ser ut där borta och kunna gå vidare. För Helga Thamm från Niederschlesien blev bilturen till barndomshemmet en resa bakåt i tiden, där ytterst lite hade förändrats. Det svartvita fotot av huset från förkrigstiden är nästan identisk med färgbilden från början av 1990-talet.

•

Avslutningsvis en personlig reflexion av journalisten Günter Graffenberger, själv fördriven från Memellandet och Ostpreussen, om nazismens brott och fördrivningen av tyskarna från öster:

Efter kriget fanns det inget utrymme att tänka på nazistiska hemskheter, alla var fullt sysselsatta med att skaffa mat i magen. Vi levde i ruiner, det fanns inga fönster, inga glödlampor, pengarna hade inget värde längre. Bara amerikanska cigaretter, tuggummin och choklad var värda något. Samhället var arkaiskt. Vi hade inga kläder, frös som hundar, kvinnorna blev våldtagna och slagna, vi blev sparkade i häcken av ockupationsmaktens soldater. Varenda natt var vi ute och knyckte mat och vi förvandlades till riktiga stortjuvar. Var och en knyckte av den andre, det gällde bara att överleva. Vi hade så lite mat att tänderna satt lösa, för att tandköttet hade sjunkit undan på grund av undernäring. När man bara har en enda kostym – den man har på kroppen –, bara ett par skor, och ingen tvål eller tandborste och inte ens vet på morgonen vad man ska äta på eftermiddagen eller kvällen, då har man kommit till en nivå som liknar neanderthalarnas. Det var en neanderthalnivå i Tyskland efter krigsslutet, man levde bara från hand till mun. Det var det enda som räknades.

Allt annat kom först tio år senare när vi hade magen full igen och hade återuppbyggt våra städer. Först då var vi mogna att hänga upp tavlor i rummen och att fundera över varför alla andra hatade oss. Det intressanta var att jag såsom journalist skrivit om Auschwitz, Treblinka, rättegången mot Eichmann och den tyska skuldfrågan. Men folk läste inte det. Folk vägrade läsa det. På biblioteken fanns det hur många böcker som helst om nazisternas brott, men ingen ville veta. Vi slog ifrån oss. Vi frågade oss bara vad ryssarna gjort mot oss, men inte varför. Ingen ville veta förrän det kom en Hollywoodfilm – då vaknade det tyska samvetet plötsligt.

Vi ska inte kacka i eget bo. Det fanns en anledning till att vi hade förlorat Ostpreussen och Pommern. Då jag åkte tillbaka till Ostpreussen för första gången som journalist på 50-talet tog jag omvägen via Auschwitz, på grund av att jag först ville veta vad vi hade gjort innan jag var redo för Ostpreussen. Sedan dess förstår jag att polackerna sitter i vårt land idag, jag har varit i Auschwitz och sett varför. Det var vårt eget fel, inte ryssarnas eller polackernas. Om detta skrev jag sedan i *Tagesspiegel* i Berlin. Som jag blev attackerad av mina ostpreussiska landsmän för det! ”Schwein! Lump! Nestbeschmutzer!”, kallade man mig, bara för att jag skrev det som är sanning.

Första gången jag återvände till min egen hembygd i Memelområdet var år 1995. Jag åkte via Litauen över gränsbron vid Tilsit, som heter Sovjetsk idag, till Kaliningradenklaven. Där jag föddes bor det ryssar idag, väldigt trevliga människor som välkomnade mig med te och bullar. Men ingenting var som jag minns det: överallt obeställda åkrar, förfall, fattigdom, plast, skräp och smuts.

På återvägen sa jag till min chaufför Harry, som var litauer från Klaipeda (före detta Memel), att det var mycket bättre i Litauen. Jag sa: ”Herregud, det här med att återställa DDR efter återföreningen har kostat så förfärligt mycket pengar att hela den västtyska industrin och ekonomin kom i gungning. Vad tror du att det skulle kosta att återställa Pommern, Schlesien och Ostpreussen? Det skulle inte ens räcka med summor av amerikanska mått för att återställa dessa landsändar, ja till och med återställa landskapet som blivit fullständigt förvanskat. Hur skulle man göra då? Skulle man driva bort ryssarna och polackerna? En ny etnisk rensning? Vart skulle dessa polska och ryska människor då ta vägen, som har bott där i hela sina liv? Vems är egentligen vems?"[570]

Noter

1 Kurt Dieckert och Horst Grossmann, *Der Kampf um Ostpreussen* (München 1960), s. 28.

2 Bundesarchiv-Ostdokumentation (hädanefter BA-Ostdok) 8/510: Kurt Dieckert, *Kampf um Ostpreussen* (ej att förväxla med boken i not 1, där Dieckert är medförfattare). Militärledningen fick ta emot åtskilliga klagomål från befolkningen över soldater som fortsatte att plundra och vandalisera som om de fortfarande vore i fiendeland. Se bland annat Bernhard Fisch, *Nemmersdorf Oktober 1944 – Was tatsächlich in Ostpreussen geschah* (Berlin 1997), s. 139–140. Även vittnesmål av Lise Pettersson, född Puschzian, författarens arkiv: ”En gång hade soldater förstört och smutsat ned som svin i huset när vi inte var hemma. Mamma blev riktig arg och gick till en officer och gav honom ovett: 'Ska våra tyska soldater bete sig som svin?'” Se även en förment dagorder från dåvarande befälhavaren för 3. pansararmén, generalöverste Hans-Georg Reinhardt, den 11 juli 1944, med anledning av att hans underhållsbaser flyttats till Ostpreussen: ”Detta nödvändiggör en radikal förändring av de existerande reglerna och vanorna. Rysslands vidder erbjöd armén en handlingsfrihet, vilken det inte finns plats för på Tysklands territorium. Frånvaron av en systematiskt arbetande lokal administration i Ryssland tillät och dikterade godtyckliga handlingar, när man tillfredsställde sin bekvämlighet och sina behov. Allting som behövdes kunde beslagtas var det än påträffades... Människorna som vi nu kommer i kontakt med är våra landsmän, vilka vi måste respektera och som det är vår plikt att hjälpa.” Författaren har inte kunnat verifiera denna dagorders äkthet, men den citerades i Ilja Ehrenburgs artikel ”Ve Tyskland”, i *Soviet War News*, den 22 augusti 1944. Faksimil hos Manfred Zeidler, *Kriegsende im Osten* (München 1996), s. 217.

3 Dieckert-Grossmann, s. 14.

4 Helga Zimmermann, intervju.

5 BA-Ostdok. 2/6/154. Om Eydtkaubornas vidare öden berättar Karl Samel: ”I oktober [1944] evakuerades de drabbade till Pommern, Thüringen och Sachsen. Jag kan inte säga om alla kom med. Men jag tror bestämt att en del blev upp-

hunna av fiendens trupper och återvände hem. En annan del lär ha klarat sig. Eydtkau ockuperades av ryssarna den 17 oktober 1944. Denna dag lämnade också tjänstemännen och myndigheterna staden. Ingen blev kvar. Hur och vid vilken tidpunkt de evakuerade senare kom till Västtyskland, kan jag inte säga."

6 Alfred Adomeit, intervju.

7 Theodor Schieder (utgivare på uppdrag av västtyska Bundesministerium für Vertriebene und Flüchtlinge): *Dokumentation der Vertreibung der deutschen Bevölkerung aus Ost-Mitteleuropa* (Bonn 1953), vol. I/1, rapport 16. Härefter citerat som "Dokumentation".

8 BA-Ostdok. 8/557: Burkhard Müller-Hillebrand, "Die Kämpfe der 3. Panzerarmee in Ostpreussen 1944–1945".

9 Ibid.

10 BA-Ostdok. 8/530: Erich Dethleffsen, "Die Rolle des Gauleiters Koch bei der Verteidigung der Provinz Ostpreussen".

11 BA-Ostdok. 8/559: Överste Mendzryk, "Gegensatz zwischen Verwaltungs- und Parteidienststellen und der Führung der 3. Panzerarmee in der Frage der Räumung". Endast 770 hästar kunde senare räddas och rasen föds numera upp i Schleswig-Holstein. I början av 1990-talet fanns det 4 000 trakehnerhästar (en korsning mellan fullblodsaraber och engelska hästar).

12 BA-Ostdok. 8/507: Kurt Jacobi.

13 Ibid.

14 Ibid.

15 BA-Ostdok. 1/20/417.

16 BA-Ostdok. 8/230: Dr Hans Leeser, "Räumungsvorbereitungen für die Stadt Elbing, verspätete Räumung und Belagerung der Stadt 1944–45".

17 Russel of Liverpool, *The Scourge of the Swastika* (London 1955), s. 6.

18 Heinz Höffkes, *Hitlers politische Generäle* (Tübingen 1986), s. 186.

19 Ibid., s. 184–185.

20 Hermann Rauschning, *Männen kring Hitler tala* (Stockholm 1943), s. 323–324.

21 Rosenberg dömdes till döden i Nürnberg 1946 och hängdes, bland annat på grund av brott mot mänskligheten begångna under hans tid som riksminister i öster.

22 William Shirer, *Det tredje rikets uppgång och fall* (Stockholm 1984), vol. IV, s. 47.

23 Alexander Dallin, *German Rule in Russia* (London 1957), s. 452, uppger att de ukrainska slavarbetarna i Tyskland uppgick till sammanlagt 2 196 166 personer.

24 Ibid., s. 157.

25 Jörg Friedrich, *Das Gesetz des Krieges* (München 1993), s. 815.

26 Ann Lencyk Pawliczko, *Ukraine and the Ukrainians Throughout the World* (Toronto 1994), s. 62. I siffran ingår förutom dödsoffer, även de som deporterades av Hitler och Stalin.

27 Heinz Guderian, *Erinnerungen eines Soldaten* (Heidelberg 1951), s. 328.

28 BA-Ostdok. 8/584: Oberregierungsrat Wenzel, "Die Einstellung des Gauleiters

Koch zum Ostwallbau und zur Räumung Ostpreussens, Verhalten zwischen Koch und Regierungs-Präzident Dargel 1944–45".

29 Ibid.

30 Enligt Werner Haupt, *Heeresgruppe Nord* (Bad Nauheim 1966), s. 239, förfogade Raus över fem infanteridivisioner och en pansardivision samt diverse mindre skyddsstyrkor. En fulltalig tysk infanteridivision hade 12 000–15 000 man beroende på typ, under det att en pansardivision hade 14 000–17 000 man samt 103–125 stridsvagnar. År 1944–45 hade de flesta tyska divisionerna dock bara 50–75 procent av sin avsedda numerära styrka. Sovjetiska skyttedivisioner var något mindre än sina tyska motsvarigheter och bestod på pappret av 11 780 soldater, men nådde ofta inte över 7 000 man under krigets sista skede. En sovjetisk pansarkår bestod av 11 700 man, 220 stridsvagnar och 40 stormkanoner. Därmed motsvarade den ungefär en tysk pansardivision.

31 BA-Ostdok. 8/557.

32 Dieckert-Grossmann, s. 50.

33 BA-Ostdok. 8/557.

34 Ingrid Bidlingmaier, *Entstehung und Räumung der Ostseebrückenköpfe 1945* (Neckargemünd 1962), s. 43.

35 Guy Sajer, *Denn dieser Tage Qual war gross* (Wien 1969), s. 444–445.

36 BA-Ostdok. 8/510.

37 BA-Ostdok. 8/530.

38 Dieckert-Grossmann, s. 62.

39 BA-Ostdok. 8/530.

40 Dieckert-Grossmann, s. 52–53.

41 Lise Pettersson, född Puschzian, intervju.

42 Günter Wegat, intervju.

43 Ibid.

44 Det kursiverade understruket i originalet.

45 NSV = Nationalsozialistische Volkswohlfahrt. Nazistisk hjälporganisation.

46 BA-Ostdok. 2/2/59–64.

47 Günter Wegat, ibid.

48 BA-Ostdok. 2/2/59–64.

49 Günter Wegat, ibid.

50 BA-Ostdok. 2/2/59–64. Den version av evakueringen som publicerats av Edgar-Günter Lass, *Die Flucht – Ostpreussen 1944/45* (Bad Nauheim 1964), s. 57–60, skiljer sig i flera avseenden kraftigt från den ovanstående, som hämtats ur det tyska riksarkivets samlingar i Bayreuth. Enligt Lass ska Uschdraweit bland annat ha förbigått Gauleiter Koch genom att ta kontakt med den lokale chefen för den nazistiska säkerhetstjänsten, SD, och därigenom ha nått fram till SS-ledaren och inrikesministern Himmler, vilken gav tillstånd att evakuera. Lass hävdar också att han utnyttjat det vittnesmål som Uschdraweit levererat till Bundesarchiv, men det är svårt att i efterhand avgöra vad som är fria utbroderingar

eller huruvida Lass kompletterat redogörelsen genom egna kontakter med Uschdraweit eller andra nyckelvittnen. Uppgifterna i Lass bok går hur som helst inte att belägga i andra källor, men det vore ytterst förvånande om Paul Uschdraweit skulle glömma bort att nämna ett godkännande från Himmler i sin redogörelse för evakueringen. Lass version bör därför starkt betvivlas.

51 Fisch, s. 22.

52 BA-Ostdok. 8/510.

53 Fisch, s. 87.

54 Ibid., s. 90.

55 Nemmersdorf heter idag Majakovskoje och ligger i Kaliningradenklaven.

56 BA-Ostdok. 2/13/49–50.

57 Kreisarchiv Gumbinnen (Bielefeld), C5/142, Gerda Meczulat.

58 BA-Ostdok. 2/13/49–50.

59 Fisch, s. 133.

60 Ibid., s. 124–126.

61 Dokumentation, rapport 6.

62 *Völkischer Beobachter*, 2 november 1944 ("Augenzeugen berichten aus Nemmersdorf"). Kungliga Biblioteket, Stockholm.

63 BA-Ostdok. 2/13/30–33.

64 Fisch, s. 131–132.

65 Ibid., 160–174.

66 Ibid., s. 168.

67 Ett typiskt exempel på detta är Edgar-Günter Lass, vilken nöjer sig med ett svepande uttalande av generalmajoren Erich Dethleffsen, att tyskarna alltid behandlade den ryska civilbefolkningen väl. Dethleffsens utsago återfinns även i tyska riksarkivets samlingar, BA-Ostdok. 2/13/30–33.

68 *Völkischer Beobachter*, 27 oktober 1944. Kungliga Biblioteket, Stockholm.

69 Ibid.

70 *Courrier de Genève*, 7 november 1944. Faksimil av artikeln hos Fisch, s. 152.

71 Friedrich Hossbach, "Aus den Kämpfen der 4. Armee", del II, s. 282, ur *Allgemeine Schweizerische Militärzeitschrift* 1950.

72 Alfred Adomeit, intervju.

73 Bidlingmaier, ibid., s. 24. Den 15-procentiga befolkningsökningen gäller mottagningsområden i både Ost- och Västpreussen.

74 Ibid., s. 22.

75 Stephen G. Fritz, *Hitlers Frontsoldaten* (Berlin 1998), s. 11. Amerikanska originalet: *Frontsoldaten* (Kentucky University Press 1995).

76 Den som är bekant med romerska tal inser snabbt att "48" är felskrivet. Denna beteckning användes dock i alla dåtida tyska militära dokument.

77 Ett slags tornlös stridsvagn. Tornet hade offrats till förmån för ett starkare frontalpansar. Förmågan att vrida kanonen i sidled var mycket begränsad, med följd att hela vagnen ibland måste riktas in mot målet. Stormkanonerna kon-

struerades ursprungligen av tyskarna som ett mobilt artilleri som kunde skydda infanteristernas anfall. De kom dock att användas som ”surrogatstridsvagnar”, främst i försvarsstrider mot anfallande fiendepansar. Även Röda armén tog ett antal stormkanonsmodeller i tjänst under kriget.

78 David M. Glantz: *Transcripts of the Proceedings of the 1986 Art of War Symposium* (utan ort 1986), s. 516. Härefter citerat som ”Art of War”.

79 Uppgift från generalens son, Leopold von Edelsheim.

80 Milovan Djilas, *Samtal med Stalin* (Stockholm 1962), s. 51.

81 G. Spahr, *Zhukov – The Rise and Fall of a Great Captain* (Novato, Ca. 1993), s. 68 och 110.

82 Ivan S. Koniev: *Year of Victory* (Moskva 1984), s. 21.

83 Även under operationerna utanför Sovjetunionens gränser 1944–45 använde Röda armén Moskvatid, vilken låg två timmar före tysk tid. Uppgifterna om klockslaget varierar starkt mellan källorna, men författaren har valt att i stor utsträckning stödja sig på Konjevs redogörelse för slaget, eftersom denne inte hade några skäl att bortförklara några misslyckanden och förmodligen inte stod under lika hård psykisk press som tyskarna.

84 Egon Naggert, brev till författaren.

85 Ibid.

86 Koniev, s. 18; Eike Middeldorf, ”Die Abwehrschlacht am Weichselbrückenkopf Baranow”, ur *Wehrwissenschaftliche Rundschau* 1953, häfte 4, s. 191.

87 I den delvis förvånansvärt sansade sovjetiska militärvetenskapliga studien *Geschichte der Kriegskunst*, som publicerades i Östberlin 1973 (ryska originalet från 1970) anges tiden till 15 minuter, vilket nog får betraktas som rimligt. Tidsangivelserna på den tyska sidan är i allmänhet mycket förvirrade och motstridiga beträffande anfallet vid Sandomierz/Baranow.

88 Koniev, s. 18–19.

89 Wilhelm Schmidt, brev till författaren.

90 H.G. Liebisch: ”17th Panzer Division Operations to 27 January 1945”, s. 617; hos Glantz, *Art of War*.

91 Koniev, s. 20–21.

92 Middeldorf (1953), s. 190. Edelsheims artilleri förbrukade samma dag 75 000 granater. Under de tre dagarna före offensivens början hade pansarkåren dessutom avlossat 50 000 granater mot de sovjetiska uppmarschområdena.

93 Middeldorf (1950), s. 191. Däremot klarade sig nämnda division lindrigast undan blodiga förluster till följd av artillerield. Den bataljon som utsattes för det hårdaste bombardemanget på divisionens avsnitt förlorade bara fem som redan var sårade tack vare att den hade så välbyggda försvarsställningar, närmare bestämt underjordiska gångar i klippbranter.

94 Koniev, s. 19.

95 *Art of War*, s. 508.

96 Middeldorf (1953), s. 191.

97 Wilhelm Schmidt, brev till författaren.
98 Ibid.
99 Den ryska anfallstaktiken vid Baranow bestod av två vågor av stridsvagnar och stormkanoner, som förstörde de motståndsnästen som låg i deras direkta väg innan de fortsatte framåt, varefter det kom tre vågor av skyttesoldater på bestämda avstånd från varandra, vilket gav anfallet en oerhörd tyngd. Först tredje vågens soldater ägnade sig åt att rensa upp de kvarvarande tyska motståndsnästena.
100 Middeldorf, 1953 s. 190.
101 *Art of War*, s. 511.
102 Koniev, s. 19.
103 Egon Naggert. Divisionen klarade sig dock lindrigare än kårens övriga styrkor.
104 Liebisch, s. 619; hos *Art of War*.
105 Ibid., s. 613 (citat av överste Brux).
106 Wilhelm Schmidt, brev till författaren.
107 Middeldorf, 1953 s. 192. Uppgifterna härstammar från XXXXVIII. pansarkårens stab. I tyska överkommandots (OKW) krigsdagbok anges däremot en lägre siffra: 78 stridsvagnar.
108 Heinz Magenheimer: "Abwehrschlacht an der Weichsel 1945" (Freiburg 1976), s. 96.
109 Ibid., s. 96.
110 Gerhard Boldt, *Hitlers sista dagar* (Stockholm 1973), s. 50.
111 Middeldorf, opublicerade memoarer.
112 Middeldorf, intervju.
113 General von Edelsheim avled i Konstanz vid Bodensjön 1994 och var enligt dem som kände honom ytterst restriktiv med att ge upplysningar åt historiker.
114 Middeldorf (1953), s. 196.
115 Middeldorf, memoarer.
116 Ibid.
117 Vassily Chuikov, *The End of the Third Reich* (Moskva 1978), s. 101.
118 Igor Mikajov, intervju för Cornelius Ryan. Ur Cornelius Ryan Collection, Alden Library, Ohio University (hädanefter CRC).
119 Vladimir Abyzov, *Sista stormningen* (Moskva 1980), s. 28–29. Abyzov omtalar också i det här sammanhanget en tysk massaker på polska civila i staden Przasnysz, men han måste dock ha förväxlat Przasnysz med någon annan polsk ort. I Przasnysz ägde någon dylik massaker aldrig rum i januari 1945, enligt Mariusz Bondarczuk, tidningsredaktör på orten. Det finns inte ens någon sjö i närheten. Och till råga på allt låg Przasnysz i Rokossovskijs framryckningsväg och inte i Zjukovs.
120 Chuikov, s. 143.
121 Ibid.
122 Denna passus återfinns ej i den engelskspråkiga upplagan, utan enbart i den östtyska, *Gardisten auf den Weg nach Berlin* (Berlin öst 1976), s. 287. Om inget annat anges kommer citaten ur den engelska versionen.

123 Eike Jünke, intervju.
124 Erich Kuby, *Ende des Schreckens* (München 1956), s. 12.
125 Ibid.
126 Ingrid Tüten, född Friede, intervju.
127 Förutom bildandet av provinsen Warthegau, inlemmades andra polska gränsområden i provinserna Danzig-Västpreussen, Ostpreussen och Oberschlesien. Dessa polska områden hade ingått i Preussen och Tyska riket efter Polens delning 1794, men överförts till den nybildade polska republiken efter 1918.
128 Wolfgang Benz (red.), *Die Vertreibung der Deutschen aus dem Osten* (Frankfurt am Main 1995), s. 45.
129 Dvs. distrikten Warszawa, Kraków, Radom och Lublin. Efter invasionen av Sovjetunionen 1941 tillkom också Galizien.
130 Jonasson, *Nazismen i dokument* (Stockholm 1965), s. 100.
131 Joachim C. Fest, *The Face of the Third Reich* (Harmondsworth 1970), s. 325.
132 Jfr BA-Ostdok. 8/399–400. Walter Petzel: *Die Befestigungen im Warthegau 1944* samt *Militärische Vorbereitungen für die Verteidigung des Warthegaues.*
133 BA-Ostdok. 8/401.
134 Ibid.
135 Jürgen Thorwald: *Es begann an der Weichsel* (München 1979), s. 67.
136 Magenheimer, s. 118.
137 Theodor Busse, ”Die letzte Schlacht der 9. Armee”, ur *Wehrwissenschaftliche Rundschau* 1955, häfte 6, s. 146.
138 Bruno Heise, samtida brev (2 februari 1945). Publicerat med tillstånd av sonen dr Werner Heise, München.
139 Chuikov, s. 99.
140 Ibid.
141 BA-Ostdok. 8/402. ”Bericht ds. Gauleiters und Reichsstatth. Greiser über Aufstellung u. Einsatz ds. Volksturms vom 20.2.45 u. Stellungsnahme ds. Gen. Petzel.”
142 BA-Ostdok. 8/499, Fritz Harder.
143 Dokumentation, rapport 90.
144 Jämför Kreisleiter Theodor Lorenzens rapport till inrikesministeriet angående evakueringen av tyskarna i distriktet Gnesen (Gniezno): ”Goslin var helt människotomt. Det fanns inte ett spår av parti- eller andra myndigheter, eller av den livsmedelsstation som skulle ha funnits där. Vid ankomsten till Obornik höll invånarna på att packa. Inte heller här hade någon livsmedelsstation inrättats; inte heller fanns det något spår av någon partimyndighet… Därefter fortsatt resa till Samter [Szamotuly]. Ankomst dit på morgonen den 21 januari 45… en livsmedelsstation för de förbipasserande flyktingkolonnerna [hade] inte inrättats.” BA-Berlin, R18/2876. Se även BA-Ostdok. 8/481. Emil Kleinschmidt: ”Räumung des Warthelandes 1945”.
145 Dokumentation, rapport 98.

146 Eike Jünke, intervju.

147 Ingrid Tüten, född Friede, intervju.

148 Kurt Friede, intervju.

149 Eike Jünke, intervju.

150 Ingrid Tüten, född Friede, intervju.

151 Eike Jünke, intervju.

152 Författaren Jürgen Thorwald ansåg att Greiser kan ha fallit offer för den rävaktige Bormanns intriger genom en falsk ”Führerorder”. Gauleitern var nämligen lierad med Bormanns rival Himmler. En intrig var också något som Greiser själv misstänkte, och han ägnade de sista krigsmånadernas sysslolöshet åt att försöka återupprätta sitt anseende och samla bevis mot Bormann. Det tjänade emellertid ingenting till och slutligen gav han sig iväg till det ”ryssäkra” Bayern, där han mottog nyheten om sin Führers död och kapitulationen. Av adjutanten Fritz Harders redogörelse, författad några år efter krigsslutet, går det inte att dra någon slutsats om den första Führerorderns äkthet. Dessutom är det svårt att frigöra sig från misstanken att adjutanten Harder kan ha försökt rättfärdiga sin chefs, och därmed sin egen, flykt. Ändå ser det ut som om Hitlers order var genuin, för med hjälp av ytterligare källor av skiftande värde kan vi rekonstruera ett sannolikt händelseförlopp. Enligt denna i och för sig bräckliga beviskedja gavs ordern till Greiser att lämna Poznań muntligen av Bormann på förmiddagen den 20 januari. Så långt är andrahandskällorna eniga. Kontraordern som ska ha nått honom i Frankfurt an der Oder omkring den 22 januari – om det existerade en sådan order – har inte heller återfunnits i några primära källor. Eftersom den första ordern aldrig tycks ha bekräftats i skriftlig form uppstod det ett missförstånd i Berlin, där propagandaminister Goebbels blev ursinnig över att en så hög ämbetsman flytt sin kos i stället för att försvara sin residensstad. Någon information om Führerordern hade propagandaministeriet uppenbarligen inte fått från Bormanns partikansli, för någon rapporteringsskyldighet existerade inte mellan de båda organen. Följaktligen lär en av Greisers medarbetare, den lokale propagandachefen i Warthegau, ha arresterats av Goebbels och skickats till en straffbataljon vid Oder när han försökte avlägga rapport i propagandaministeriet. Ryktena kring Greisers feghet verkar till sist ha antagit sådana proportioner inom partiet och hos allmänheten att Bormann tvingades utfärda ett mycket intressant cirkulär till partimyndigheterna runtom i riket den 12 februari. Cirkuläret är unikt i sitt slag och bär rubriken: ”Rykten i samband med evakueringsåtgärderna i provinsen Wartheland.” Efter att ha gått igenom omständigheterna kring den totala evakueringen av provinsen (”Bolsjevikernas snabba frammarsch gjorde det omöjligt att hejda den fientliga anstormningen i Wartheland.”) deklarerade Bormann entydigt: ”Gauleiter Greiser, vilken hade meddelat att han tänkte låta sig bli omringad i Posen [Poznań] tillsammans med den militära garnisonen, lämnade staden på Führerns uttryckliga order.” Det är svårt att tänka sig att Bormann skulle ha kostat på sig

att rädda Greisers heder med så distinkta ord om han tidigare hade störtat densamme med hjälp av en falsk order, i synnerhet som han hade haft ett ypperligt tillfälle att statuera exempel. Det faktum att Greiser aldrig blev arresterad och ställd inför rätta, talar också emot intrigteorin. Informationen om Greisers upprättelse verkar dock ha stannat på de högsta partiexpeditionerna, om uppgifterna ens blev trodda där. Så sent som den 2 mars klagar Goebbels på Greiser i sin dagbok och kallar honom för "en verklig skam för partiet". En hel hög protestbrev från allmänheten angående Greisers påstådda feghet ska ha samlats hos propagandaministeriet, och fyra dagar senare fortsatte Goebbels att kritisera den detroniserade Gauleitern "vilken i förtid övergav en stad som inte var omringad".

153 Middeldorf, opublicerade memoarer.
154 Middeldorf, brev till författaren.
155 BA-Ostdok. 8/710. Julius Hinz.
156 Ursula Grosser-Dixon, manuskript ställt till författarens förfogande.
157 Dokumentation, s. 31E.
158 Middeldorf, memoarer.
159 Middeldorf, brev till författaren.
160 Frau komm! = tyska för "Kom kvinna!", vilket var en fras som åtskilliga sovjetiska soldater lärt sig behärska med skorrande accent, och som i allmänhet var signalen till en våldtäkt. Mer om detta längre fram.
161 Erhard Krüger, intervju.
162 Joachim C. Fest, *Hitler* (Stockholm 1974), s. 829.
163 Sibylle Larsson, född Krahmer, intervju.
164 Ibid.
165 Däremot framstår marskalk Zjukovs beskrivning av erövringen av Kienitz som en överdrift: "I det ögonblick då förtruppsavdelningen trängde in i staden Kienitz gick tyska soldater och promenerade lugnt på gatorna. Restaurangerna var fyllda med officerare. Tågen på linjen Kienitz–Berlin avgick enligt tidtabellen och kommunikationerna fungerade som vanligt." I verkligheten var Kienitz inte en stad utan ett samhälle, förbi vilket enbart en smalspårig bijärnväg till Küstrin gick. Tony LeTissier, *Durchbruch an der Oder* (Augsburg 1997), s. 56.
166 Richard Lakowski, *Seelow 1945* (Berlin 1996), s. 35.
167 Chuikov, s. 154–155.
168 Lakowski, s. 35–36.
169 Britte von Bredow, intervju.
170 Ibid.
171 Ibid.
172 Hans-Georg von Studnitz, *Als Berlin brannte* (Stuttgart 1963), s. 242–243.
173 Kuby, s. 47.
174 Stefan Doernberg: *Befreiung 1945* (Berlin öst 1985), s. 18.
175 Heinz Krüger, intervju.

176 BA-Ostdok. 8/710.
177 Studnitz, s. 245.
178 Earl F. Ziemke, *Stalingrad to Berlin* (Washington D.C. 1968), s. 439.
179 Amerikanska och västeuropeiska krigshistoriker, med ett sentida undantag av David M. Glantz, har ofta behandlat den här vinteroffensiven i ytterst svepande ordalag, men det är just denna operation som studerades noggrannast vid de sovjetiska militärakademierna efter kriget, därför att den ryska operationsförmågan nådde sin höjdpunkt där.
180 Vid offensivens början den 12 januari hade Första Ukrainska och Första Vitryska Fronten tillsammans 2,25 miljoner man, 6 464 stridsvagnar och stormkanoner, 32 143 artilleripjäser och 4 772 flygplan. Mot dessa hade tyska armégrupp A bara kunnat ställa upp 400 000 man, 318 stridsvagnar, 616 stormkanoner, 1 816 artilleripjäser samt 793 pansarvärnskanoner. Tillförlitlig statistik över sovjetiska förluster under kriget återfinns hos David M. Glantz, *When Titans Clashed* (University Press of Kansas), s. 291–307.
181 Alexander Werth, *Russia at War* (New York 1964), s. 959.
182 Iwan Bagramjan, *Geschichte der Kriegskunst* (Berlin öst 1973), s. 377.
183 Boris Oljsjanskij, *My prikhodim s vostoka* (Buenos Aires 1950), s. 236.
184 Jfr bl.a. *The Tehran, Yalta & Potsdam Conferences* (Moskva 1969), s. 104.
185 En utmärkt sammanfattning av det politiska spelet finns hos Klaus Dietmar Henke: "Der Weg nach Potsdam – Die Alliierten und die Vertreibung"; ur Benz, s. 58–85. Se även Zeidler.
186 Sibylle Larsson, född Krahmer, ibid.
187 BA-Ostdok. 2/68/120–125.
188 Enligt ett tyskt vittnesmål från Kreuzburg (20 000 invånare före kriget) "förstördes staden till hälften av bränder. Efter erövringen av staden måste samtliga invånare som blivit kvar lämna staden utan att kunna ta med sig det ringaste. När de återvände var redan en del av bostäderna besatta av polacker". Johannes Kaps, *Die Tragödie Schlesiens 1945/46* (München 1952–53), s. 168–169.
189 Michail Korjakov, *I'll Never Go Back* (New York 1948), s. 76.
190 Rolf O. Becker, *Niederschlesien 1945* (Bad Nauheim 1965), s. 65. Boken byggd på vittnesmål ur Bundesarchivs samlingar, den verkar dock mest ha skrivits i spekulativt syfte.
191 Ibid., s. 84.
192 Rolf Dieter Müller och Gerd R. Ueberschär: *Kriegsende 1945 – Die Zerstörung des Deutschen Reiches*, s. 63.
193 BA-Ostdok. 2/107/395–397.
194 BA-Ostdok. 2/124/2–3.
195 OKW/Wehrmachtführungsstab, geh. I B 4, 4 april 1945. Ur "Behaviour of Red Army in occupied Germany Feb.–April 45 (SD reports)". German Documents Collection, Imperial War Museum (hädanefter citerat IWM).
196 Sergei Golbov, intervju för CRC.

197 Ibid.
198 Schnellbrief RSHA an OKW, 1 april 1945. IWM.
199 Bundesarchiv: "Vertreibung und Vertreibungsverbrechen 1945–1948 – Bericht des Bundesarchivs vom 28. Mai 1974" (Bonn 1989), s. 39–40 (hädanefter Vertreibung). I Dokumentation s. 65 E uppskattades antalet dödade till 75 000–100 000.
200 Även hårdhänta arbetsledare och förmän riskerade att drabbas av samma öde. Från byn Hasselgrund i trakten av Gleiwitz i Oberschlesien heter det till exempel: "Inom kort blir herrgårdens traktorförare avrättad inför familjens ögon, därför att han en gång slagit en ukrainare då han vägrade arbeta." Kaps, s. 155.
201 BA-Ostdok. 2/27/129–130. Liknande uppgifter exempelvis från Nesselwitz utanför Cosel i Oberschlesien. Kaps, s. 173.
202 Dokumentation, rapport 106.
203 BA-Ostdok. 2/80/30–32.
204 Schnellbrief RSHA an OKW, 1 april 1945. IWM.
205 Den sovjetiska befrielsen av Bulgarien 1944 tycks däremot ha varit ett undantag. Där uppförde sig marskalk Tolbuchins trupper exemplariskt. Den amerikanske historikern Norman Naimark anser att frånvaron av övergrepp i Bulgarien kan ha berott på "bättre ledning och disciplin", och "ett århundrade av vänskapliga relationer, liknande kultur och språk samt ett äkta öppet välkomnande av de sovjetiska trupperna från den bulgariska befolkningens sida". Samma truppers odisciplinerade framfart i Ungern, då även den svenska legationen i Budapest drabbades, kan ha berott på den alienering som skapades genom ungrarnas "främmande språk och kultur och högre levnadsstandard, vilken var en källa till harm i den segerrika sovjetiska armén. Dessutom fortsatte många ungrare att ge sitt bidrag till tyskarnas försvar..." Norman Naimark, *The Russians in Germany* (Cambridge, Massachusetts 1997), s. 70.
206 Kaps, s. 239–240.
207 Vertreibung, s. 38.
208 Wilfried Ahrens: *Verbrechen an Deutschen – Dokumente der Vertreibung* (Arget 1983), s. 18.
209 Konstantin Rokossovskij skrev i sina memoarer *A Soldier's Duty* (Moskva 1970): "När våra trupper överskred den tyska gränsen utfärdade Frontens militärråd en dagorder som gratulerade våra män och befälhavare till denna stora händelse och påminde dem om att vi också gick in i Tyskland som befriare. Röda armén hade kommit för att hjälpa det tyska folket att göra sig av med naziklicken och dess giftiga propaganda. Militärrådet uppfordrade alla våra officerare och soldater att upprätthålla den största disciplin och sovjetsoldaternas heder." Men i samma andetag går han längre än så och hävdar: "Jag måste säga att vårt folk visade äkta mänsklig godhet och storsinthet på tysk mark." Vittnesmålen från författarna Alexander Solzjenitsyn och Lev Kopelev, vilka var officerare i Andra Vitryska Fronten, samt från nuvarande ledamoten av Bundestag Heinrich

von Einsiedel, som tillhörde Moskvastyrda ”Nationalkommittén Fritt Tyskland”, berättar däremot en dystrare historia.

210 Lev Kopelev, *I evigt förvar* (Stockholm 1977), s. 124.

211 Michail Semirjaga, ”Die Rote Armee in Deutschland im Jahre 1945”; ur Peter Jahn och Reinhard Rürup, *Erobern und Vernichten – Der Krieg gegen die Sowjetunion 1941–1945* (Berlin 1991), s. 201.

212 Jfr bl.a. Zeidler, s. 109.

213 Ortwin Buchbender, *Das tönende Erz* (Stuttgart 1978), s. 305. Ryska originaltexten hos Heinz Nawratil, *Vertreibungsverbrechen an Deutschen* (München 1982), s. 99–100.

214 Ahrens, s. 16.

215 Ibid., s. 17.

216 Zeidler, s. 106.

217 Ibid., s. 120.

218 Ibid., s. 149.

219 ”Geschichte des Grossen Vaterländischen Krieges der Sowjetunion 1941–45” (Berlin öst 1967), band 5, s. 123.

220 N.A. Antipenko, *In der Hauptrichtung* (Moskva 1973), s. 96.

221 Korjakov.

222 Arno Surminski, ”Der Schrecken hatte viele Namen”; ur Herbert Reinoss (utgivare): *Letzte Tage in Ostpreussen* (München 1993), s. 320–321.

223 Naimark, s. 82.

224 Amerikansk lastbil, del av de amerikanska krigsleveranserna till Sovjetunionen.

225 Dvs. amerikanskbyggda jeepar.

226 Oljsjanskij, s. 223–225.

227 Klocka på tyska heter ”uhr”, på vilket ryssarna lade till den ryska pluraländelsen -i.

228 BA-Ostdok. 2/21/497.

229 Ibid. Generalöverste Lothar Rendulic hävdade i sina memoarer att han tagit del av ett erövrat sovjetiskt fältpostbrev med följande ordalydelse: ”Då jag ser den prakt och rikedom som tyskarna lever i, förstår jag inte varför de kom till oss för att ta ifrån oss våra stugor.” Rendulic, *Gekämpft – gesiegt – geschlagen* (Heidelberg 1952), s. 350.

230 Zeidler, s. 140–141.

231 BA-Ostdok. 2/21/495. Jfr även Dokumentation, s. 66E not 1.

232 Kopelev, s. 123.

233 Korjakov, s. 77–78.

234 Kaps, s. 286.

235 Mr Tarassuk, ”View of a Red Army Soldier”; ur *Art of War*, s. 58–59.

236 Korjakov, s. 76.

237 Eftersom uppgiften härstammar från ett tyskt förhörsprotokoll finns alltid misstanken att fången påverkats att framlägga en falsk bekännelse, men med tanke på att uppgifterna inte var ämnade för offentligt bruk i propagandan, utan skulle

ligga till grund för hemligstämplade miltära bedömningar av Röda arméns stridsförmåga kan Metelitsas utsago klassas som sannolik. IWM.

238 Korjakov, s. 69.

239 BA-Ostdok. 8/511. ”Bei den Kämpfen im Samland erbeutete russische Befehle vorwiegend taktischer Art und sonstige Papiere.” (Der Kommandant der Festung Königsberg, Abt. Ic).

240 Ibid.

241 Schnellbrief RSHA an OKW, 1 april 1945. IWM.

242 Kopelev, s. 134.

243 Heinrich von Einsiedel, ”Tagebuch der Versuchung” (Berlin 1985), s. 175.

244 BA-Ostdok. 2/21/496.

245 BA-Ostdok. 8/511.

246 John Erickson, *Stalin's War with Germany* (London 1983), band 2, s. 746.

247 BA-Ostdok. 8/511.

248 Zeidler, s. 221. Faksimil av artikeln i *Pravda*, publicerad i *Soviet War News* den 15 april 1945. Jfr Oljsjanskij, s. 237–238.

249 Milovan Djilas, s. 86.

250 Basil Henry Liddell-Hart, *The Red Army* (New York 1956), s. 279.

251 Thorwald, s. 91.

252 BA-Ostdok. 8/523.

253 Sebastian Siebel-Achenbach: *Lower Silesia from Nazi Germany to Communist Poland 1942–1949* (Basingstoke 1994), s. 66.

254 Becker, s. 335.

255 Dokumentation, s. 83 E.

256 Understruket i originalet. Även följande.

257 Politisches Archiv des Auswärtigen Amts: Gesandtschaft Bern, P15/9 (sign-Nr 3553).

258 Studnitz, s. 259.

259 Ibid.

260 Sibylle Larsson, född Krahmer, intervju.

261 Inom tyska krigsmakten rådde dödsstraff för våldtäkt, men den regeln tycks dock inte alltid ha efterlevts av militärdomstolarna i de besatta områdena i öster, trots det faktum att nazisterna energiskt bekämpade ”rasblandning”. Jfr Helke Sander och Barbara Johr: *Befreier und Befreite* (München 1992).

262 Vertreibung, s. 226.

263 BA-Ostdok. 2/37/103–108.

264 Ibid.

265 BA-Ostdok. 2/68/121–125.

266 Sander-Johr, s. 58.

267 Ibid.

268 Ruth Seifert, ”Våldtäkt i krig”; publicerad i *Fred & Frihet*, 1/1994, utgiven av Internationella Kvinnoförbundet för Fred och Frihet.

269 Sibylle Larsson, född Krahmer, intervju.
270 Peter Poralla, *Unvergänglicher Schmerz* (Freiburg 1985), s. 10.
271 Djilas, s. 83.
272 Alexander Werth, *Russia at War 1941–45* (New York 1965).
273 Ivan V., intervju i Estland.
274 von Lehndorff, Hans: *Farväl mitt land* (Stockholm 1963), s. 12.
275 Kurt Zentner: *Der Zweite Weltkrieg in Bildern und Tatsachenberichte* (Köln, utan tryckår), band 2, s. 569.
276 BA-Ostdok. 8/559.
277 BA-Ostdok. 8/557.
278 Alfred Adomeit, intervju.
279 von Lehndorff, s. 16–17.
280 Alfred de Zayas: *Anmerkungen zur Vertreibung der Deutschen aus dem Osten* (Stuttgart 1987), s. 61.
281 Hermann Krupke, intervju.
282 Dieckert-Grossmann, s. 77.
283 BA-Ostdok. 8/557.
284 BA-Ostdok. 8/510.
285 Mycket av det som skrivits av tyska generaler om krigsslutet i Ostpreussen luktar av urskuldanden. Det var tacksamt att utpeka Erich Koch och hans underhuggare som de enda syndabockarna. Det ska inte förnekas att generaler som Reinhardt, Hossbach och Raus ihärdigt försökte få igång evakueringar i god tid, men signalerna från armén var säkerligen inte entydiga. Misstänksamma nazister som Koch och Dargel hämtade med största sannolikhet inte sina så kallat pålitliga informationer från de högsta armégeneralerna utan litade mer på officerare som sa vad de ville höra, vilket var samma metod som Hitler använde. Och under den sovjetiska vinteroffensivens första tre dagar höll 3. pansararméns front ihop, vilket kunde förleda en utomstående lekmannabetraktare att tro att det ännu fanns gott om tid. Vid tiden för de stora sovjetiska genombrotten på östfronten hade ingen general ännu öppet vågat dryfta möjligheten att hela Ostpreussen kunde falla i fiendens händer i ett enda drag. Även om bilden måste justeras på detta sätt, råder det dock inget tvivel om att huvudskulden för bristen på evakueringsförberedelser ändå vilar på Kochs och Hitlers axlar.
286 BA-Ostdok. 8/559.
287 Dokumentation, rapport 16.
288 Marianne Birks, född Wineig, intervju.
289 Ibid.
290 Thorwald, s. 165.
291 Alfred Adomeit, brev till författaren.
292 Herbert Rausch, opublicerat manuskript.
293 Ibid.

294 Ibid.
295 Lise Pettersson, född Puschzian, intervju.
296 Dödslägret Majdanek vid Lublin, vars rester erövrades av ryssarna sommaren 1944.
297 På de tyska soldaternas bältesspännen stod det ”Gott mit uns” (Gud med oss).
298 Dvs. förintelseläger som Majdanek.
299 Felaktigt daterat till den 13 januari 1945 i dagboken.
300 Öknamn på de tyska gasvagnarna som användas för att mörda judar.
301 Felaktigt daterat till den 13 januari 1945 i originalet.
302 Bundesarchiv-Militärarchiv, RH2/2688/46–53.
303 Alexander Sjvejtser, brev till författaren.
304 Ibid.
305 Dessa händelser skildrar Lev Kopelev i sin bok *I evigt förvar*.
306 Matthew Lippman: ”War Crimes – American Prosecution of Nazi Military Officers”; ur *Touro International Law Review* häfte 6, 1995.
307 Friedrich, s. 531.
308 Jfr exempelvis Friedrich, s. 525–546, angående Reinhardts roll i krigföringen mot partisanerna i Sovjetunionen.
309 Ibid., s. 572. Jfr s. 568–572 angående Reinhardts roll i jakten på slavarbetskraft.
310 Reinhardt ställdes inför rätta i en krigsförbrytarprocess i Nürnberg 1948 och där försvarade han sig bland annat med motiveringen: ”…en pansargeneral är inte någon jurist i internationell rätt, vilken under ett krig är i stånd att göra undersökningar som varar flera månader, eller att fråga jurister i internationell rätt om juridiska expertråd angående riktigheten i hans rättsuppfattning eller huruvida den också skulle kunna vidmakthållas inför utsikten av ett förlorat krig.” Domstolen blev inte imponerad av den här förklaringen att en så hög befälhavare inte hade förmåga att bedöma vad som var rätt och fel. Inte heller accepterade domarna hans påstående att bevismaterialet måste vara förfalskat. Reinhardt dömdes till 15 års fängelse, men frisläppes vid en amnesti i början av 50-talet. Han levde i Västtyskland fram till sin död 1963.
311 Thorwald, s. 113.
312 Otto Heidkämper: ”Die Abwehrschlacht in Ostpreussen in den Krisentagen des Januar 1945”; ur *Wehrkunde*, juli 1954, s. 226.
313 BA-Ostdok. 8/230.
314 Ibid.
315 BA-Ostdok. 8/247. Eberhard Schöpffer: ”Der Kampf um Elbing 1944–45.”
316 Efter kriget blev namnet känt på den sovjetiske pansarchef som fått infallet att göra en tjurrusning rakt igenom staden, nämligen kapten Djatjenko, som var befälhavare för en pansarbataljon ur 29. pansarkåren, vilken utgjorde Rokossovskijs spjutspets. Djatjenko fick order att med sina sju stridsvagnar kringgå Elbing från öster, men skyndade igenom staden för att vinna tid och nådde vid midnatt kusten med sina återstående stridsvagnar. De efterföljande trupperna

upptäckte att stadens försvarare var på alerten och kringgick staden på dess östra sida. Huvuddelen av 5. gardespansararmén, i vilken den aktuella pansarstyrkan ingick, nådde kusten vid Tolkemit öster om Elbing under de följande dagarna. Erickson, band II, s. 467–468.

317 Fritz Rump, brev till författaren.

318 Ibid.

319 BA-Ostdok. 8/230.

320 Heidkämper.

321 Några år efter krigsslutet utbröt det en kontrovers om vem som sagt eller gjort vad under dessa ödesmättade dagar. Publicisten Jürgen Thorwald hävdade i klassikern *Es begann an der Weichsel* (1949) Hossbachs självsvåldiga roll i dramat. Ståndpunkten att Hossbach och Reinhardt varit helt eniga framfördes däremot av armégruppens tidigare stabschef Heidkämper (1954) i ett försök att tysta ner kontroversen och sluta leden. General Hossbachs egen redogörelse (1951) bidrar knappast med några avslöjande inblickar i de olika aktörernas bevekelsegrunder och meningsskiljaktigheterna inom armégrupp Mitten. Reinhardts efterträdare Rendulic hävdade i sina memoarer (1955) att operationen varit dödsdömd från början och att den inte skedde *för* flyktingarnas skull, utan *trots* dem. Tyska militära dokument, som den amerikanske militärhistorikern Earl F. Ziemke förde fram (1968), stödde oväntat Rendulics kritik och tog kål på myten att utbrytningen skulle ha gjorts i första hand för att rädda civilbefolkningen. Ändå kan man ännu idag på vissa håll läsa att generalerna främst hade civilbefolkningen i tankarna. Men om cirka 1,5 miljon civila i långsamma hästvagnar eller till fots skulle pressas igenom ett några tiotal kilometer brett nålsöga ut ur provinsen hade detta slutat i ett blodbad, eftersom Rokossovskij skulle ha satt in allt han hade på marken och i luften för att blockera vägen igen. Och om man spekulerar i att 4. armén hade lyckats hålla korridoren öppen några veckor, är det långt ifrån säkert att nästa länk i kedjan, generalöverste Weiss 2. armé (som också låg i Rokossovskijs sektor), skulle ha kunnat stå emot.

322 Friedrich Hossbach: ”Aus den Kämpfen der 4. deutschen Armee um Ostpreussen”; ur *Allgemeine Schweizerische Militärzeitschrift* 1950, s. 360–361.

323 BA-Ostdok. 8/529.

324 Walther von Seydlitz-Kurzbach, tysk general som blivit krigsfånge vid Stalingrad och därefter ordförande i den antinazistiska Nationalkommittén Fritt Tyskland i Moskva.

325 Guderian, s. 363.

326 Rokossovsky, s. 287.

327 Ibid., s. 287–288.

328 Thorwald, s. 121.

329 Rendulic, s. 338.

330 BA-Ostdok. 8/529.

331 Thorwald, s. 184.

332 I denna betydelse: surrogat.
333 Henry Steele-Commager: *The Pocket History of the Second World War* (New York 1945), s. 405.
334 Marianne Birks, född Wineig, intervju.
335 Ibid.
336 Helga Zimmermann, intervju.
337 Hermann Krupke, intervju.
338 BA-Ostdok. 2/20/149–156.
339 Jämför Alfred Adomeits och Herbert Rauschs flyktberättelse.
340 Dagmar Adomeit, född Mrongovius, intervju.
341 Dieckert-Grossmann, s.151–152.
342 Tre infanteridivisioner, två s.k. folkgrenadjärdivisioner och en pansardivision.
343 Otto Lasch: *So fiel Königsberg* (Stuttgart 1976), s. 57.
344 BA-Ostdok. 8/586. Dr. Victor Werbke: "Aufstellung neuer Truppenteile in Königsberg, Verhältnis zwischen Stab Lasch (Gen.d.Inf.) u. Kommandant d. Festg. Königsberg und Parteidienststellen 1945."
345 Sanningen ligger troligtvis närmare den tyska än den ryska siffran. Den tyska siffran, som levereras av Lasch själv utan närmare förklaring, anger troligtvis enbart antalet soldater som låg i själva frontlinjen med vapen. Men även om tross och andra icke-stridande militärmyndigheter inkluderas är den ryska siffran osannolikt hög. Memoarskrivare och historiker på den sovjetiska sidan hade för övrigt för vana att överdriva fiendens numerär för att rättfärdiga sina egna svårigheter att nå framgång.
346 Dagmar Adomeit, född Mrongovius, intervju.
347 Lasch, s. 59.
348 von Lehndorff, s. 33.
349 Steele-Commager, s. 404–405.
350 Dokumentation, rapport 32.
351 Dokumentation, rapport 16.
352 Sajer, s. 476.
353 Enligt ofullständig statistik från tyska sjökrigsledningen fraktades minst 418 000 människor ut från Pillau. Källa: Fritz Brustat Naval: *Unternehmen Rettung* (Bergisch-Gladbach 1987), s. 296. Cajus Becker uppger att 451 000 flyktingar och 141 000 sårade reste med konvojerna därifrån, samt att ytterligare 180 000–200 000 skeppades över sundet från Pillau till Frische Nehrung. Källa: Cajus Becker, *Flucht über's Meer* (Frankfurt am Main 1976), s. 233 och 237.
354 Marianne Birks, född Wineig, intervju.
355 Dagmar Adomeit, född Mrongovius, intervju.
356 BA-Ostdok. 2/20/149–156.
357 Lass, s. 301.
358 Den 8 februari upphörde 3. pansararmén formellt att existera i Samland, då dess stab förflyttades till Pommern istället. Generalen Gollnick, som dittills lett för-

svaret av Memel, tog befälet över alla styrkor i brohuvudet, vilka härefter gick under namnet arméavdelning Samland.

359 Jfr Ivan Bagramian: *The Storming of Königsberg*, s. 221–223; ur John Erickson: *The Main Front – Soviet Leaders Look Back at World War II* (London 1987), citeras härefter som *Main Front*.

360 Ibid., s. 225.

361 Bland annat lyckades de tyska trupperna erövra en regementsstabs arkiv, i vilket det fanns rapporter som visade att disciplinen upphört i vissa sovjetiska enheter. En inspektion som officerare från 113. armékårens stab gjorde hos ett regemente ur 338. skyttedivisionen den 9 februari gav vid handen att de därvarande officerarna inte ens lyckades samla ihop alla sina soldater – och det manskap som till sist ställde upp var ingen imponerande syn. Deras vapen var till stor del smutsiga och rostiga samt saknade ammunition. Rapporten fortfar: "I alla bataljoner anträffades nästan alla officerare, underbefäl och soldater utan axelklaffar och stjärnor. Inte en enda hade någon tornister. Det yttre var slarvigt. Ett planerat försvar mot fientligt angrepp hade inte förberetts, varken med regementets officerare eller manskap... Regementets underhållsfordon är överlastade med allehanda krigsbyte. Regementschefens företrädare i politavdelningen, överstelöjtnant Tsypin, har ett dubbelspann som är fullpackat med krigsbyte... Disciplinen i regementet är bristfällig. Officerarna uteblir från tjänstgöringen, kräver för lite disciplin av sina underordnade och utgör ingen förebild för sina underordnade." Stabschefen för ett regemente ur 262. skyttedivisionen, också i närheten av Metgethen, straffades med fem dagars husarrest och 50 procents löneavdrag för sitt uppträdande: "Det har hänt att regementsstaben inte haft någon kontakt alls med divisionsstaben på åtta–tio timmar, så att ingen rapport kunde avläggas. Detta berodde på att kamrat Landsov ledde stabsarbetet illa och inte alls kontrollerade det. I stället ägnade han sig åt omåttlig alkoholkonsumtion och plundring." BA-Ostdok. 8/511.

362 BA-Ostdok. 8/579. Hans-Heinrich Wendlandt: "Der Endkampf (Die Öffnung des Landweges vom Samland nach Königsberg, Kampf in Königsberg, Gefangenschaft) 1945–1949."

363 Rendulic, s. 350.

364 BA-Ostdok. 2/9/309–310.

365 BA-Ostdok. 2/20/8.

366 BA-Ostdok. 2/14/106.

367 BA-Ostdok. 1/31/547.

368 BA-Ostdok. 8/579.

369 Ingen dylik undersökning beträffande Metgethen är känd för dr Ulrich Ringsdorf, föreståndare för Bundesarchivs Institut für Ostdokumentation i Bayreuth.

370 Brustat-Naval, s. 103.

371 Mellan den 25 januari och 22 mars 1945 evakuerades 76 475 flyktingar, 1 245 sårade och 20 soldater från Königsberg till Pillau, enligt tyska register. Det

verkliga antalet torde gissningsvis ha varit högre eftersom myndigheterna inte längre fungerade problemfritt. Bidlingmaier, s. 63–64.

372 BA-Ostdok. 2/20/149–156.

373 Ibid.

374 Lasch, s. 77–78.

375 Goebbels, *Final Entries* (New York 1978), s. 271.

376 BA-Ostdok. 8/584.

377 BA-Ostdok. 8/586.

378 Goebbels, s. 378.

379 BA-Ostdok. 2/20/149–156.

380 Möjligen ett av de långa, pansarbrytande gevär som Röda armén förfogade över.

381 Irmgard W., intervju.

382 BA-Ostdok. 8/532. Dr Walther Grosse: ”Der Heiligenbeiler Kessel 1945 (Verteidigung ds. Brückenkopfes Heiligenbeil).”

383 Lothar Rendulic hävdade efter kriget att räddningen av flyktingarna var det primära målet även för armégrupp Nords (f.d. Mitten) del. Rendulic, ibid., s. 354.

384 Ursula Ney, född Lowsky, intervju.

385 Irmgard W., intervju.

386 BA-Ostdok. 8/532.

387 BA-Ostdok. 8/523. Kurt Chill: ”Das Los der ostpreussischen Treckfahrer 1945.”

388 Ursula Ney, född Lowsky, intervju.

389 Hildegard Aminde och hennes mor lyckades ta sig via Nehrung till Weichseldeltat, varifrån de fick åka med en båt till Danzig den 6 februari. Följande dag fick de husrum hos släktingar i en förort till Danzig, där de emellertid upplevde ryssarnas intåg drygt en och en halv månad senare.

390 BA-Ostdok. 8/532.

391 Irmgard W., intervju

392 Dokumentation, rapport 16.

393 Dokumentation, rapport 23.

394 Ibid.

395 Den 14 mars fortsatte Lore Ehrich flykten tillsammans med barnen. De steg på den stora hjälpkryssaren *Hektor* som gick till Danmark med 5 000 passagerare. Där inväntade de krigsslutet, men det tog flera år innan de kunde återvända till tysk mark i den dåvarande västzonen.

396 Enligt en hög tysk officer i 4. armén. BA-Ostdok. 8/532.

397 Dieckert-Grossmann, s. 139.

398 Franziska Franzén, född Hatwig, intervju.

399 Ursula Ney, född Lowsky, intervju.

400 Dokumentation, rapport 16.

401 Franziska Franzén, född Hatwig, intervju.

402 BA-Ostdok. 8/532.

403 Dieckert-Grossmann, s. 149.

404 Major von Knebel-Döberitz, "24th Panzer Division Operations", s. 424; ur *Art of War*.

405 BA-Ostdok. 8/532.

406 Ziemke, s. 461. Ziemkes uppgifter är baserade på bland annat tyska krigsdagböcker och andra dokument. Fritz Brustat-Naval, själv transportofficer i tyska flottan under kriget, uppger att 4 838 civilpersoner, 10 170 soldater och 60 285 sårade evakuerades från Balga till Frische Nehrung från och med den 18 mars. Brustat-Naval, s. 179.

407 Dokumentation, s. 46E.

408 Helga Munck, intervju.

409 Marianne Birks, född Wineig, intervju.

410 Brustat-Naval, s. 297.

411 Minst 2 022 602 människor räddades sjövägen. Av dessa skeppades cirka 1,3 miljon direkt västerut till trygga hamnar, medan de övriga transporterades en eller flera kortare etapper, främst från Pillau till Danzig-Gotenhafen eller Hela. Detta gör totalsiffran 2,2 miljoner problematisk, eftersom statistiken bara visar antalet människor som gått ombord, men inte tar hänsyn till om en och samma person gjort flera kortare resor. Enligt Bidlingmaier, s. 131, bör cirka 1,5 miljon sjöevakuerade människor vara en mer korrekt summa, även om detta inte på något sätt förringar den totala transportprestationen. Brustat-Naval stödjer sig på uppgifter från tyska flottans transportchef, konteramiral Engelhardt, då han för fram summan 1 958 014 sjöevakuerade. Brustat-Naval, s. 297.

412 Jfr bl.a. Brustat-Naval, s. 291.

413 *Fuehrer Conferences on Naval Affairs 1939–1945* (London 1990), s. 430. Hädanefter citerat som *Naval Affairs*.

414 Percy-Ernst Schramm: *Kriegstagebuch des Oberkommandos der Wehrmacht* (Frankfurt am Main 1961), band IV/2, s. 1329. Härefter citerat som *Kriegstagebuch*.

415 Dokumentation, rapport 16.

416 *Wilhelm Gustloffs* undergång har även skildrats i ett par engelska böcker, dels Christopher Dobson, John Miller och Ronald Payne: *The Cruellest Night* (London 1979), dels Arthur V. Sellwood: *The Damned don't Drown* (utan ort 1979).

417 Becker (1976), s. 177.

418 Heinz Schön, *Die Gustloff-Katastrophe – Bericht eines Überlebenden*, s. 436. På skeppslistan återfinns namnen på 4 369 flyktingar, men de som kom ombord i sista stund registrerades troligen aldrig.

419 Ibid.

420 BA-Ostdok. 2/2/65-80. Paul Uschdraweit: *Ein Ostpreusse erlebt den Untergang der "Wilhelm Gustloff"*.

421 Karl Hoffmann, brev, utnyttjat med tillstånd av WWII Preservation Society, Ashland, Kentucky.

422 BA-Ostdok. 2/2/65–80.
423 Meningsutbytet har återgivits av Heinz Schön: *Der Untergang der Wilhelm Gustloff* (Göttingen 1952).
424 Nazistisk byggorganisation.
425 BA-Ostdok. 2/2/65–80.
426 Hoffmann, brev.
427 BA-Ostdok. 2/2/65–80.
428 Ibid.
429 Ibid.
430 Schön, *Die Gustloff-Katastrophe*, s. 445.
431 Kriegstagebuch, s. 1603.
432 En rimlig förklaring till detta saknas. Kanske var fartyget snedlastat och förklaringen om minorna endast ett påhitt för att lugna sjöovana landbor. Helga Munck, intervju.
433 Helga Munck, intervju.
434 Dagmar Adomeit, född Mrongovius, intervju.
435 Irmgard W., intervju.
436 Hellmut Lindenblatt, *Pommern 1945* (Leer 1993), s. 179.
437 Erhard Raus, ”The Battle in Pomerania and the Defensive Actions along the Oder”. The Directorate of Military Intelligence, AHQ Ottawa 1952. IWM, AL 1421.
438 Erich Murawski, *Die Eroberung Pommerns durch die Rote Armee* (Boppard am Rhein 1969), s. 30.
439 Herbert Rausch, intervju.
440 Alfred Adomeit, intervju.
441 Elisabeth Andersson, född Kloss, intervju.
442 Ibid.
443 Christa-Marie Widahl, född Murawski, intervju.
444 Ottilie W., intervju.
445 BA-Ostdok. 8/523. Kurt Chill: ”Das Los der Ostpreussischen Treckfahrer.”
446 Ziemke, s. 457.
447 Erich Klöfkorn, intervju.
448 BA-Ostdok. 8/523.
449 Hans Wachholz, intervju.
450 Rokossovsky, s. 304.
451 Günter Wegat, intervju.
452 Raus, *Battle in Pomerania.*
453 Ibid.
454 Osannolikt att Gestapo upprättade vägspärrar. Troligen rörde det sig om folkstorm, ordningspolis eller militärpolis.
455 Herbert Rausch, intervju.
456 Murawski, s. 47.

457 Sten E., brev till författaren.
458 Divisionen bestod huvudsakligen av holländare som frivilligt gått med i Waffen-SS.
459 KB = Kriegsberichter, vilket var den officiella beteckningen på krigskorrespondenterna i Waffen-SS.
460 NS = Nationalsozialistisch. Kvinnor från en nazistisk partiorganisation.
461 Sten E., brev till författaren.
462 Ibid.
463 Lindenblatt, s. 287.
464 Goebbels, s. 205–206.
465 Hanna F., opublicerat manuskript.
466 Lothar Rexin, intervju.
467 Ursula Ney, född Lowsky, intervju.
468 Ibid.
469 SS-majoren Otto Günsche.
470 Boldt, s. 89–90.
471 Ibid.
472 Thorwald, s. 231.
473 Dokumentation, rapport 75.
474 Gerhard Schulz, intervju.
475 Ibid.
476 Ibid.
477 Irmgard Johansson, född Ferst, intervju.
478 Hanna F., intervju.
479 Michail Katukov: *Na ostrie glavnovo udara* (Moskva 1985), s. 386.
480 Rokossovsky, s. 311–312.
481 Gerhard Schulz, intervju.
482 Dieckert-Grossmann, s. 217.
483 Poralla, s. 372.
484 Ibid.
485 Dokumentation, rapport 78.
486 Ibid.
487 Rysk-tysk rotvälska för ”Rysk major! Klockor och snaps!”
488 Lothar Rexin, intervju.
489 Dokumentation, rapport 78.
490 Ibid.
491 Hanna F., intervju.
492 Rokossovsky, s. 312.
493 Erich Klöfkorn, intervju.
494 Bidlingmaier, s. 79.
495 Heimatbrief Kreis Gerdauen: *Flucht und Vertreibung – Kreis Gerdauen* (utan ort 1992), s. 38.
496 BA-Ostdok. 2/68/450–455.

497 Dokumentation, rapport 75.
498 Bidlingmaier, s. 79. Sammanlagt 495 810 civila, soldater och sårade passerade Hela under de sista krigsveckorna enligt Brustat-Naval, s. 83.
499 Hannelore Fischer, född Bartlau, intervju.
500 Kuby.
501 I staden fanns det därjämte 15 000 utländska slavarbetare.
502 Lasch, s. 80 och 84.
503 *Main Front*, s. 234.
504 Ibid., s. 232.
505 Ryssarna hävdade senare att den tyska garnisonen uppgick till 135 000 man, vilket måste anses som en stark överdrift. Enligt *Main Front* var opponenterna i stort jämbördiga i fråga om artilleri, medan den ryska överlägsenheten i antal stridsvagnar och flygplan var överväldigande. Vid tidpunkten för anfallet förfogade general Lasch endast över ett tiotal stormkanoner och han räknade med att det stod ett hundratal sovjetiska stridsvagnar eller stormkanoner mot var och en av dessa.
506 BA-Ostdok. 8/579.
507 Lehndorff, s. 59. Han feldaterar dock angreppet till den 5 april.
508 BA-Ostdok. 8/579.
509 Ibid.
510 BA-Ostdok. 2/20/149–156.
511 I en intervju som Bundesarchiv gjorde med Wenzel efter kriget heter det: "Vid början av den stora flykten visade det sig att NSV delvis svek på ett katastrofalt sätt. Det blev särskilt tydligt vid överslussningen av flyktingarna över Haff och senare Nehrung, där de mest primitiva förberedelser, livsmedelsstationer, sjukstationer osv. saknades. Det uppstod en häftig konflikt mellan Koch och Post. Det måste ha blivit så pass otrevligt för den sistnämnde att han begav sig till Tyskland i början av februari under förevändningen att han måste kontrollera inkvarteringen av de ostpreussiska flyktingarna. Då Bormann fick veta detta började han ställa frågor hos Koch, vilken visserligen skyddade Post utåt, men aldrig förlät honom för den här flykten. Då Post uppenbarade sig i Pillau igen blev han så illa behandlad av alla att han inte längre vågade uppträda i partiuniform, tills han slutligen skickades in till Königsberg." Post och SD-ledaren torde ha omkommit i striderna eller begått självmord. BA-Ostdok. 8/584.
512 BA-Ostdok. 8/579.
513 BA-Ostdok. 2/20/149–156.
514 Lasch, s. 95–96. BA-Ostdok. 8/510.
515 Lasch, s. 114. En intressant och målande redogörelse för mötet mellan general Lasch och marskalk Vassiljevskij återfinns hos *Main Front*, s. 242–243.
516 BA-Ostdok. 8/579.
517 BA-Ostdok. 2/20/149–156.

518 BA-Ostdok. 8/579.

519 BA-Ostdok. 8/523. Kurt Chill: ”Koch, ein wackerer Kämpfer und wie es wirklich war.” I sina memoarer hävdade Lasch att han vägrat medverka i några flygblad, men tillåtits skriva en redogörelse riktad till general Müller angående motiven till kapitulationen. Denna redogörelse spreds emellertid av ryssarna som flygblad bakom hans rygg, menade han.

520 BA-Ostdok. 8/523. ”Koch, Windhund und Mercedes – Die letzte Fahrt des ehemaligen Gauleiters von Ostpreussen” (anonym författare).

521 En slavisk folkspillra i dåvarande Danzig-Västpreussen.

522 Hermann Sasse, intervju.

523 *Pommersche Zeitung*, 29 april 1995.

524 Hans-Werner Mau, intervju.

525 Gertrud Hansen, intervju.

526 Joseph B. Schechtman: *European Population Transfers 1939–1945* (New York 1946), s. 29.

527 Av dessa kom 370 000 från Sovjetunionen, 210 000 från Rumänien, 166 000 från Polen, 127 000 från Baltikum och 35 000 från Jugoslavien. Gerhard Reichling: *Die deutschen Vertriebenen in Zahlen* (Bonn 1986), band I, s. 21.

528 BA-Ostdok. 8/590. Dr. Werner Schmidt: ”Die Umquartierung d. luftkriegsbetroffenen oder bedrohten Bevölkerung (Eidesstattl. Erklärung f.d. Militärtribunal IV in Nürnberg).”

529 Christopher Duffy: *Red Storm on the Reich* (New York 1993), s. 281.

530 Bundesarchiv-Berlin, R18/2876 ”Niederschrift über die mit der militärischen Entwicklung im Bereich der Heeresgruppe Mitte zusammenhängenden Evakuierungs- und Bergungsfragen vom 6. Juli 1944”.

531 I totalsiffran 8,95 miljoner ingår även 840 000 arbetare som evakuerats tillsammans med sina fabriker på grund av bombkriget. Olaf Groehler: *Bombenkrieg gegen Deutschland* (Berlin 1990), s. 282.

532 BA-Ostdok. 8/590.

533 Kriegstagebuch, s. 1324.

534 *Naval Affairs*, s. 430.

535 Bernd Freytag von Loringhoven, brev till författaren.

536 Albert Speer: *Erinnerungen* (Berlin 1969), s. 430.

537 Kriegstagebuch, s. 1324–1325.

538 BA-Berlin, NS6/353/106.

539 BA-Berlin, NS6/353/15.

540 BA-Berlin, NS6/353/30, NS6/353/49 samt NS6/353/91.

541 BA-Berlin, NS6/353/24.

542 BA-Berlin, NS6/353/57–59.

543 Kriegstagebuch, s. 1327.

544 Ibid.

545 Sauckels formella titel var ”Generalbefullmäktigad för Arbetsinsatsen”. Han avrättades i Nürnberg 1946 för sin roll i den grymma behandlingen av slavarbetskraften.
546 BA-Ostdok. 8/590.
547 Kriegstagebuch, s. 1326–1327.
548 Ibid., s. 1327.
549 Jfr Erich Thomsen: *Deutsche Besatzungspolitik in Dänemark 1940–1945* (Düsseldorf 1971). Även Brustat-Naval, s. 96–97.
550 Kriegstagebuch, s. 1323.
551 BA-Berlin, NS6/354/103–104.
552 Kriegstagebuch, s. 1329.
553 Jfr Goebbels, s. 39.
554 Goebbels dagbok den 14 mars 1945: ”Führern har beslutat att ytterligare evakueringar ska ske i väster; detta beslut kommer naturligtvis att få enorma konsekvenser, eftersom vi inte har någon aning om var vi kan inkvartera människor evakuerade västerifrån. Führern anser emellertid att huvudsaken är att inte låta vapenföra män falla i fiendens händer.” Goebbels, s. 166–167.
555 Speer, s. 444.
556 Goebbels, s. 253–254.
557 ”Werwolf” leddes av SS-generalen Prützmann, som även hade en egen radiostation, vilken sände uppdiktade meddelanden om lyckade bakhåll och andra gerillaaktioner bakom fiendens rygg. Varje tysk som samarbetade med de allierade var ett mål för ”varulvarna”. En del bakhåll och mord begicks, men de flesta av dåden var påhittade för att sätta skräck i folk. Organisationen fick aldrig någon praktisk betydelse.
558 Dagmar Adomeit, född Mrongovius, intervju.
559 Lothar Rexin, intervju.
560 de Zayas, s. 217. I summan ingår ej de som flydde undan den framryckande Röda armén innan krigets slut. År 1950 fanns det fortfarande 2,6 miljoner tyskar kvar i Östeuropa, vilka till stor del fördrevs eller förmåddes emigrera under efterkrigstiden.
561 Helga Thamm, intervju.
562 Erhard Krüger, intervju.
563 Dagmar Adomeit, född Mrongovius, intervju.
564 Franziska Franzén, född Hatwig, intervju.
565 Christa-Marie Widahl, född Murawski, intervju.
566 Helga Munck, intervju.
567 Sibylle Larsson, född Krahmer, intervju.
568 Franziska Franzén, född Hatwig, intervju.
569 Irmgard Johansson, född Ferst, intervju.
570 Günter Graffenberger, intervju.

Käll- och litteraturförteckning

(enbart citerade källor har medtagits)

Arkivmaterial

Alden Library, University of Ohio, akter ur:
    Cornelius Ryan Collection
Bundesarchiv i Bayreuth, akter ur samlingarna:
    Ostdokumentation 1
    Ostdokumentation 2
    Ostdokumentation 8
Bundesarchiv i Berlin, akter ur samlingarna:
    NS6 (Parteikanzlei der N.S.D.A.P.)
    R 18 (Reichsministerium des Innern)
Bundesarchiv-Militärarchiv i Freiburg/Br., akter ur samlingen:
    RH2
Imperial War Museum, akter ur:
    German Documents Collection
Kreisarchiv Gumbinnen i Bielefeld, akter ur samlingen:
    C5 (Nemmersdorf)
Politisches Archiv des Auswärtigen Amts, akter ur samlingen:
    P15

Dokumentsamlingar, offentliga publikationer, samlingar av vittnesmål

Bundesarchiv, Vertreibung und Vertreibungsverbrechen 1945–1948 (Bonn 1989)
Fuehrer Conferences on Naval Affairs 1939-1945 (London 1990)
Glantz, David M.,Transcripts of the Proceedings of the 1986 Art of War Symposium (utan ort 1986)
Heimatbrief Kreis Gerdauen, Flucht und Vertreibung – Kreis Gerdauen (utan ort 1992)
Poralla, Peter, Unvergänglicher Schmerz (Freiburg/Br. 1985)
Reinoss, Herbert (utg.), Letzte Tage in Ostpreussen (München 1993)

Rendulic, Lothar, Gekämpft – gesiegt – geschlagen (Heidelberg 1952)
Schieder, Theodor (utg.), Dokumentation der Vertreibung der deutschen Bevölkerung aus Ost-Mitteleuropa, vol. I/1 (Bonn 1953)
Schramm, Pervy Ernst, Kriegstagebuch des Oberkommandos der Wehrmacht (Frankfurt am Main 1961)
The Tehran, Yalta & Potsdam Conferences (Moskva 1969)

Memoarer

Abyzov, Vladimir, *Sista stormningen* (Moskva 1980)
Antipenko, N. A., *In der Hauptrichtung* (Moskva 1973)
Boldt, Gerhard, *Hitlers sista dagar* (Stockholm 1973)
Djilas, Milovan, *Samtal med Stalin* (Stockholm 1962)
Doernberg, Stefan, *Befreiung 1945* (Berlin öst 1985)
Einsiedel, Heinrich von, *Tagebuch der Versuchung* (Berlin 1985)
F., Hanna, opublicerade memoarer
Goebbels, Joseph, *Final Entries* (New York 1978)
Guderian, Heinz, *Erinnerungen eines Soldaten* (Heidelberg 1951)
Katukov, Michail, *Na ostrie glavnovo udara* (Moskva 1985)
Koniev, Ivan S., *Year of Victory* (Moskva 1984)
Kopelev, Lev, *I evigt förvar* (Stockholm 1977)
Korjakov, Michail, *I'll Never Go Back* (New York 1948)
Middeldorf, Eike, opublicerade memoarer
Lasch, Otto, *So fiel Königsberg* (Stuttgart 1976)
Lehndorff, Hans von, *Farväl mitt land* (Stockholm 1963)
Oljsjanskij, Boris, *My prikhodim s vostoka* (Buenos Aires 1950)
Rausch, Herbert, opublicerat manuskript
Rauschning, Hermann, *Männen kring Hitler tala* (Stockholm 1943)
Rokossovskij, Konstantin K., *A Soldier's Duty* (Moskva 1970)
Sajer, Guy, *Denn dieser Tage Qual war gross* (Wien 1969)
Schön, Heinz, *Die Gustloff-Katastrophe – Bericht eines Überlebenden* (Stuttgart 1984)
Schön, Heinz, *Der Untergang der Wilhelm Gustloff* (Göttingen 1952)
Speer, Albert, *Erinnerungen* (Berlin 1969)
Studnitz, Hans-Georg von, *Als Berlin brannte* (Stuttgart 1963)
Tjujkov (Chuikov), Vassilij, *The End of the Third Reich* (Moskva 1978), även tyska upplagan *Gardisten auf dem Weg nach Berlin* (Berlin öst 1976)

Intervjuer och brevväxling (inom parentes efternamn som ogift)

Personerna nedan har intervjuats av författaren under perioden 1994–1999. Brev och utskrifter av intervjuer är i författarens ägo. Intervjuerna har gjorts på svenska, tyska eller engelska och har översatts av författaren.

Adomeit, Alfred
Adomeit, Dagmar (Mrongovius)
Andersson, Elisabeth (Kloss)
Birks, Marianne (Wineig)
Bredow, Britte von [har annat efternamn idag]
E., Sten
Fischer, Hannelore (Bartlau)
Franzén, Franziska (Hatwig)
Freytag von Loringhoven, Bernd
Friede, Kurt
Graffenberger, Günter
Grosser-Dixon, Ursula
Hansen, Gertrud
Johansson, Irmgard (Ferst)
Jünke, Eike
Klöfkorn, Erich
Krupke, Hermann
Krüger, Erhard
Krüger, Heinz
Larsson, Sibylle (Krahmer)
Mau, Hans-Werner
Middeldorf, Eike
Munck, Helga
Naggert, Egon
Ney, Ursula (Lowsky)
Pettersson, Lise (Puschzian)
Rexin, Lothar
Rump, Fritz
Sasse, Hermann
Schmidt, dr Wilhelm
Schulz, Gerhard
Sjvejtser, Alexander
Thamm, Helga
Tüten, Ingrid (Friede)
V., Ivan
W., Irmgard
W., Ottilie
Wachholz, Hans
Wegat, Günter
Widahl, Christa-Marie (Murawski)
Zimmermann, Helga

Sekundärkällor

Ahrens, Wilfried, *Verbrechen an Deutschen – Dokumente der Vertreibung* (Arget 1983)
Bagramjan, Ivan, *Geschichte der Kriegskunst* (Berlin öst 1973)
Becker, Cajus, *Flucht über's Meer* (Frankfurt am Main 1976)
Becker, Rolf O., *Niederschlesien 1945* (Bad Nauheim 1965)
Benz, Wolfgang (red.), *Die Vertreibung der Deutschen aus dem Osten* (Frankfurt am Main 1995)
Bidlingmaier, Ingrid, *Entstehung und Räumung der Ostseebrückenköpfe 1945* (Neckar–gemünd 1962)
Brustat Naval, Fritz, *Unternehmen Rettung* (Bergisch Gladbach 1987)
Dallin, Alexander, *German Rule in Russia* (London 1957)
Dieckert, Kurt och Grossmann, Horst, *Der Kampf um Ostpreussen* (München 1960)
Dobson, Christopher, Miller, John och Payne, Ronald, *The Cruellest Night* (London 1979)
Duffy, Christopher, *Red Storm on the Reich* (New York 1993)
Erickson, John, *Main Front – Soviet Leaders look back at World War II* (London 1987)
Erickson, John, *Stalin's War with Germany* (London 1983)
Fest, Joachim C., *The Face of the Third Reich* (Harmondsworth 1970)
Fest, Joachim C., *Hitler* (Stockholm 1974)
Friedrich, Jörg, *Das Gesetz des Krieges* (München 1993)
Frisch, Bernhard, *Nemmersdorf Oktober 1944 – was tatsächlich in Ostpreussen geschah* (Berlin 1997)
Fritz, Stephen, *Hitlers Frontsoldaten* (Berlin 1998)
Geschichte des Grossen Vaterländischen Krieges der Sowjetunion 1941–1945 (Berlin öst 1967)
Glantz, David M., *When Titans Clashed* (University Press of Kansas utan år)
Groehler, Olaf, *Bombenkrieg gegen Deutschland* (Berlin 1990)
Haupt, Werner, *Heeresgruppe Nord* (Bad Nauheim 1966)
Höffkes, Heinz, *Hitlers politische Generäle* (Tübingen 1986)
Jahn, Peter och Rürup, Reinhard, *Erobern und Vernichten – Der Krieg gegen die Sowjetunion 1941–1945* (Berlin 1991)
Jonasson, Stig, *Nazismen i dokument* (Stockholm 1965)
Kaps, Johannes, *Die Tragödie Schlesiens 1945/46* (München 1952–53)
Kuby, Erich, *Ende des Schreckens* (München 1956)
Lakowski, Richard, *Seelow 1945* (Berlin 1996)
Lidell-Hart, Basil H., *The Red Army* (New York 1956)
Lindenblatt, Hellmut, *Pommern 1945* (Leer 1993)
Magenheimer, Heinz, *Abwehrschlacht an der Weichsel 1945* (Freiburg/Br. 1976)
Murawski, Erich, *Die Eroberung Pommerns durch die Rote Armee* (Boppard am Rhein 1969)
Müller, Rolf Dieter och Ueberschär, Gerd R., *Kriegsende 1945 – Die Zerstörung des Deutschen Reiches* (Frankfurt 1994)

Naimark, Norman, *The Russians in Germany* (Cambridge Ma. 1997)
Nawratil, Heinz, *Vertreibungsverbrechen an Deutschen* (München 1982)
Pawliczko, Ann Lencyk, *Ukraine and the Ukrainians Throughout the World* (Toronto 1994)
Reichling, Gerhard, *Die deutschen Vertriebenen in Zahlen* (Bonn 1986)
Russel of Liverpool, Lord, *The Scourge of the Swastika* (London 1955)
Sander, Helke och Johr, Barbara, *Befreier und Befreite* (München 1992)
Schechtman, Joseph B., *European Population Transfers 1939–1945* (New York 1946)
Sellwood, Arthur V., *The Damned don't Drown* (utan ort 1979)
Shirer, William, *Tredje Rikets uppgång och fall* (Stockholm 1984)
Siebel-Achenbach, Sebastian, *Lower Silesia from Nazi Germany to Communist Poland 1942–1949* (Basingstoke 1994)
Spahr, G., *Zhukov – The Rise and Fall of a Great Captain* (Novato, ca 1962)
Steele-Commager, Henry, *The Pocket History of the Second World War* (New York 1945)
Thomsen, Erich, *Deutsche Besatzungspolitik in Dänemark 1940–1945* (Düsseldorf 1971)
Thorwald, Jürgen, *Es begann an der Weichsel* (München 1979)
LeTissier, Tony, *Durchbruch an der Oder* (Augsburg 1997)
Werth, Alexander, *Russia at War* (New York 1964)
DeZayas, Alfred, *Anmerkungen zur Vertreibung der Deutschen aus dem Osten* (Stuttgart 1987)
Zeidler, Manfred, *Kriegsende im Osten* (München 1996)
Zentner, Kurt, *Der Zweite Weltkrieg in Bilder und Tatsachenberichte* (Köln utan år)
Ziemke, Earl F., *Stalingrad to Berlin* (Washington D.C. 1968)

Tidningar och uppsatser

Busse, Theodor, "Die letzte Schlacht der 9. Armee" (*Wehrwissenschaftliche Rundschau*, nr 6, 1955)
Heidkämper, Otto, "Die Abwehrschlacht in Ostpreussen in den Krisentagen des Januar 1945" (*Wehrkunde*, juli 1954)
Hossbach, Friedrich, "Aus den Kämpfen der 4. Armee" (*Allgeimeine Schweizerische Militärzeitschrift*, 1950)
Lippman, Matthew, "War Crimes – American Prosecution of Nazi Military Officers" (*Touro International Law Review* nr 6, 1995)
Middeldorf, Eike, "Die Abwehrschlacht am Weichselbrückenkopf Baranow" (*Wehrwissenschaftliche Rundschau*, nr 4, 1953)
Pommersche Zeitung 1995
Seifert, Ruth, "Våldtäkt i krig" (*Fred & Frihet*, nr 1, 1994)
Völkischer Beobachter 1944–45

Person- och ortsnamnsregister